5 善・悪・誤を表す接頭辞

□ **bene-**	*bénef* ... *factor*「恩人」, *benéf* ...
□ **mal-**	*máli* ... *ion*「故障」
□ **mis-**	*mist* ... する」, *mís* ... 断をする」

6 内・間・外を表す接頭辞

□ **in-** **im-**	*inclúde*「含む」, *íncome*「収入」, *invólve*「巻き込む」 *impórt*「輸入する」, *ímmigrant*「移民」
□ **intro-**	*introdúction*「紹介」, *introvért*「内向的な人」
□ **inter-**	*interchánge*「交換する」, *interrúpt*「中断する」
□ **out-**	*óutbreak*「ぼっ発」, *óutcome*「結果」, *óutlet*「出口」
□ **ex-**	*exténd*「延長する」, *expórt*「輸出する」, *expóse*「さらす」, *expánd*「拡大する」

7 共同・貫通を表す接頭辞

□ **co-** **con-** **com-**	*coexístence*「共存」, *coóperate*「協力する」 *conclúde*「結論づける」, *consént*「同意する」 *combíne*「結合する」, *compáre*「比較する」
□ **syn[sym]-**	*sýnchronize*「同時に動く」, *sýmpathy*「同情」
□ **trans-**	*transpórt*「輸送する」, *transpárent*「透明な」

8 分離を表す接頭辞

□ **ab-**	*ábsent*「欠席の」, *abstráct*「抽出する」
□ **de-**	*detách*「離す」, *depárt*「出発する」
□ **di-**	*divíde*「分ける」, *divórce*「離婚する」

9 数を表す接頭辞

□ **mono-**	*monópoly*「独占」, *mónotone*「単調」
□ **uni-**	*uníque*「唯一の」, *úniform*「制服」
□ **bi-, tri-**	*bilíngual*「2か国語を話じる」, *tríangle*「三角形」
□ **quadr-**	*quádrangle*「四角形」
□ **penta-**	*péntagon*「五角形」
□ **hexa-**	*héxagon*「六角形」

DataBase

デ ー タ ベ ー ス

4800

完成英単語・熟語

麗澤大学教授

望月正道 [監修]

桐原書店

　「もっと自由に英語を使うことができたらいいのになあ」と思っている人は，きっとたくさんいることでしょう。しかし，こうした切実な望みにもかかわらず，思うように英語力が身につかないと悩んでいる人もまた多いことでしょう。

　ひと口に英語力と言っても，さまざまな場面で多様な力が要求されます。本書の目的である英単語の力，つまり語い力もその１つです。語い力を身につけることだけが英語力向上の方法ではありませんし，それで十分でもありません。しかし確実に言えるのは，語い力なくしては英語で読むことや書くこと，話すこともできないということです。

　本書は，大学入試に必要な英単語1,872と英熟語361を最重要語として収録しています。語の選定にあたっては，高校の教科書で学習する語に加え，過去の大学入学共通テストや全国主要大学の入試問題を調査しました。さらに語の現れる頻度を，テーマ別・語法別に分析し，「入試での問われ方」の視点から収録語を決定しています。

　また，見出し語にはすべて例文を用意し，学習効果がさらに高まるようにしました。音声についても，すべての見出し語とその意味に加え，例文が収録されています。

　単語帳は，単語の持つ本質的な意味を効率よく，リズム感を持って身につけられることが必須条件です。「継続は力なり」と言われますが，本書により，まさに「継続」が容易なものとなり，英語力のさらなる向上を目指す皆さんの日々の学習の役に立つことを願っています。

2023年秋
桐原書店編集部

①厳選された英単語・熟語

本書では，国公立大・私立大入試対策を視野に入れ，英単語1,872と英熟語361を見出し語として入念に選びました。英単語・熟語の選定は，主要な高校英語の教科書を調査し，また長年にわたる主要な大学の入試問題分析の結果も活用して行っています。

②レベル別・テーマ別の効率的な学習

本書全体をレベル別に6段階に分け，関連づけて覚えやすいように，英単語・熟語をテーマ別に分類して提示しました。

③全単語・熟語に例文が完全対応。赤シート学習が可能

右ページに，すべての見出し語に対応する例文を掲載しました。赤シートを使うことにより，英⟷和の双方向から定着度をチェックできます。

④単語に関する情報の充実

発音やアクセントに注意すべき単語には，それぞれ 発 ア のマーカーをつけました。また，反意語・同意語や派生語，関連語や注意事項なども示しています。

⑤文法・語法がわかる ○GF▶

Level 1～4では，意味別分類のほかに，文法・語法問題で使い方が問われやすい単語をまとめて提示しました。「GF（Grammar Focus）」には文法・語法上のワンポイント・アドバイスを入れています。チェック問題（QRコードから確認）にも必ず取り組みましょう。

⑥入試長文を知る テーマ解説

Level 5，6では，入試長文頻出テーマに合わせて選ばれた注目トピックについて，キーワードや背景知識などを解説しています。さらに入試長文(抜粋)「Challenge Reading」(QRコードから確認)を読んで知識を広げましょう。

⑦長文を読んでみる 長文読解

各Levelに，学習した単語・熟語が多く使われている長文を掲載しました。学習した語の意味を，長文の中で再確認できます。また，Quick Check! で関連語の知識も確認してください。読解（設問）にもチャレンジしてみましょう。

⑧入試問題を実際に解く 実践問題

各Levelの最後に，過去に入試で出題された問題を掲載しました。そのLevelで学習した単語や熟語が出題のポイントとなっているので，復習をかねて取り組んでください。

⑨さまざまな音声を活用して，耳から学習

全見出し語と意味，および例文の音声を聞くことができます。また，「発音記号と発音のポイント」「長文読解」などの音声も収録されています。まず発音記号の読み方を音声で確認してから，本章へと進みましょう。どの音声にもQRコードから簡単にアクセス可能です。桐原書店ホームページからダウンロードすることもできます。（詳しくはp.11参照）

⑩巻末付録「英作文の重要表現100例文」で発展学習

本書の最後に，英作文問題で役立つ116の単語・フレーズを盛り込んだ100の例文を掲載しています。身につけた知識を確認しながら，さらに語い力を磨いていきましょう。

もくじ

単母音

[æ]	あ	唇を左右に強く引っ張って「ェア」と言う。
[ʌ]	ア	のどの奥のほうで「アッ」と強く言う。口はあまり開けない。
[ɑː]	アー	口を大きく開いて，のどの奥から明るく「アー」と言う。
[ɑːr]	アー	上の [ɑː] を言ってから，舌先を上げて力を抜いて「ア」をそえる。
[ə]	ア・イ・ウ・エ・オ	口を大きく開けず，力を抜いてあいまいに「ア」と言うのが基本だが，直前の子音の影響を受けて発音が変わる。
[ər]	ア	舌先を上げて，口を大きく開けず，力を抜いてあいまいに「ア」と言う。
[əːr]	ア〜	[ər] をのばして長く言う。
[ɪ]	イ	口は「エ」を言う形で，力を入れずに「イ」と言う。
[iː]	イー	唇を左右に引っ張って「イー」と言う。
[i]	イ	上の [iː] を短く弱く言う。
[ʊ]	ウ	力を抜いて，唇を丸めて「ウ」と言う。
[uː]	ウー	日本語の「ウ」より唇を前に突き出して「ウー」と言う。
[u]	ウ	上の [uː] を短く弱く言う。
[e]	エ	日本語の「エ」と同じように言えばよい。
[ɔː]	オー	口は日本語の「オ」の形で「アー」と言う。
[ɔːr]	オー	上の [ɔː] を言ってから，舌先を上げて力を抜いて「ア」をそえる。

二重母音

[aɪ]	アイ	「ア」を強く，ややのばす感じで「アーイ」と言う。
[aʊ]	アウ	「ア」を強く，ややのばす感じで「アーウ」と言う。
[ɪər]	イア	[ɪ] のあとに [ər] を軽くそえる。

[ʊər]	ウァ	[ʊ] のあとに [ər] を軽くそえる。
[eər]	エア	[e] のあとに [ər] を軽くそえる。
[eɪ]	エイ	「エ」を強く、ややのばす感じで「エーイ」と言う。
[ɔɪ]	オイ	日本語の「オ」より大きく丸く口を開け、「オーイ」とややのばす感じで言う。
[oʊ]	オウ	口を小さく丸め、「オ」を強く、ややのばす感じで「オーウ」と言う。

子音		
[p]	プ	唇を閉じ、息だけ勢いよく出して「プッ」と言う。
[b]	ブ	唇を閉じ、のどの奥で声を出しながら息を出して「ブッ」と言う。
[t]	ト	上の歯ぐきに舌の先をあてて息だけを出す。
[d]	ド	上の歯ぐきに舌の先をあてて、のどの奥で声を出しながら息を出す。
[k]	ク	日本語の「ク」より強く激しく言う。
[g]	グ	[k] を言うときに、同時にのどの奥で声を出す。
[m]	ム	唇を閉じて、鼻の奥で「ム」と声を出す。
[n]	ヌ	上の歯ぐきに舌先をつけ、鼻の奥で「ンヌ」と声を出す。
[ŋ]	ング	[k] や [g] の前の [n] が [ŋ] の音になる。[n] の音をのばして [k] や [g] に続けることが多い。舌先をどこにもつけずに、口を開けた状態で鼻から声を出す。
[l]	る	舌先を上の歯ぐきにつけて、鼻の奥のほうで「ウ」と声を出す。
[r]	ル	舌先を軽く上げ、軽く「ウ」をそえる感じで言う。
[f]	ふ	下唇に前歯の先をあてて、息だけそこから出す。

[v]	ヴ	下唇に前歯の先をあてて，声を出しながら息を出す。
[θ]	す	前歯の先に舌先を軽くつけて，そこから息だけを出す。
[ð]	ず	前歯の先に舌先を軽くつけて，声を出しながら息を出す。
[s]	ス	上の歯ぐきに舌先を近づけて，そこから息を出す。
[z]	ズ	上の歯ぐきに舌先を近づけて，声を出しながら息を出す。
[ʃ]	シュ	日本語で「静かに」と言うときの「シー」に近い感じ。息だけを出す。
[ʒ]	ジュ	上の [ʃ] の音を出すときに，のどの奥で声を出す。
[j]	イ	[ɪ] の口の形をして，あとに続く母音の発音へ移る。
[h]	フ	口を次に続く音の形にし，のどの奥から息だけを出す。
[w]	ウ	唇を丸めて突き出し，「ウ」と言う。
[tʃ]	チ	舌先を上の歯ぐきにつけて，そこから「チ」と息を出す。
[dʒ]	ヂ	舌先を上の歯ぐきにつけ，のどの奥で声を出しながら息を出す。
[ts]	ツ	舌は日本語の「ツ」の位置で，息だけを出す。
[dz]	ヅ	舌は日本語の「ヅ」の位置で，声を出す。

無料学習サービス「きりはらの森」を使った学習法

スマホでも
パソコンでも

※サービスの詳しい内容についてはこちら

暗記カード

スキマ時間を使って，単語・熟語を覚えましょう。英語→日本語，日本語→英語，どちらも可能。また，わからなかったカードのみを選んで復習することもできます。

◀パソコン版画面

▶スマートフォン版画面

即戦クイズ

選択式（英→日／日→英）の問題で繰り返し学習して，知識を定着。不正解だった問題のみやり直せます。

※本書の音声は桐原書店ホームページ上のストリーミング再生で聞くこともできます（音声ダウンロードも可能です）。

スマートフォン／タブレット／ PC
→「ストリーミング再生 /DL」

【ご案内・DL はこちらから】

▼

（ ）	①意味上の補足　②省略可能な語（句） ③反意語・同意語・類義語の明示 (例) ① blossom (果樹の) 花　② keep (on) -ing 〜し続ける 　　　③ answer (＝ reply)　/　agree (↔ disagree)
[ ]	置きかえが可能な語（句） (例) be anxious about[for] ...　…を心配している
《 》	文法・語法上の補足説明 (例) look 動《look at ... で》…を見る
《 》	アメリカ用法《米》・イギリス用法《英》 (例) neighbor　/　《英》neighbour
〈 〉	不規則動詞の活用変化〈過去形 - 過去分詞形〉 (例) wind〈wound - wound〉
➡	派生語，重要関連語や関連熟語，参考となる表現 (例) enter　➡ entrance 名 入口，入場，入学 　　　weather　➡ climate 名 (年間を通じての)気候 　　　reach　➡ reach for ...　…に手を伸ばす 　　　border　➡ border dispute 国境(境界)紛争
↔	反意語 (例) public 名 公共の，公衆の (↔ private 私用の)
＝	同意語 (例) appear 動 〜のように見える (＝ look)
≒	類義語および，ほぼ同じ意味を持つ語や表現 (例) shrimp 名 (小)エビ (≒ prawn)
(複)	複数形 (例) leaf (複)leaves　/　look 名《(複)で》容姿，表現
発 ア	発：発音に注意すべき語　　ア：アクセントに注意すべき語 (例) weather [wéðər] 発　　temperature [témpərtʃər] ア
注意	注意すべき事柄 (例) dessert [dizə́:rt] 名 デザート　注意 desert [dézərt] 名 砂漠
〔同・類〕	同意語(熟語)・類義語(熟語)
〔関連〕	関連語(熟語)

Level
1

入試への足固め（1）

Level 1では，高校の教科書によく出てくる基本的な単語を中心に学習します。
単語の意味を覚えるだけではなく，「discussは自動詞か他動詞か」，
「feelはどの文型でよく用いられるか」など，
文法・語法を確認しながら身につけましょう。
また，goやhaveなどの基本動詞を含む熟語も学習します。

天気に関する語

1. **weather**
   [wéðər] 発
   名 (特定の場所の一時的な) 天気, 天候　注意 不可算名詞。
   ➡ □climate [kláimət] 名 (年間を通じての) 気候

2. **temperature**
   [témpərtʃər] ア
   名 ① 温度, 気温
   ② 体温 (= □body temperature)

3. **wind**
   名 [wínd]
   動 [wáind] 発
   名 風　➡ □wíndy 形 風のある, 風の強い
   動 注意 (時計・糸など) を巻く,
   (道などが) 曲がりくねる　　〈wound - wound〉

4. **ray**
   [réɪ]
   名 光線, 放射線
   ➡ □X-ray 名 X線, レントゲン写真

5. **view**
   [vjúː]
   名 ① 眺め, 視界　② 見解, 意見
   ➡ □viewer 名 テレビの視聴者
   □with a view to -ing ～するために

6. **fine**
   [fáɪn]
   形 ① 晴れた　② 立派な　③ (きめが) 細かい
   名 注意 罰金 (= □penalty)
   動 に罰金を科す

7. **calm**
   [káːm] 発
   形 穏やかな, 落ち着いた, 静かな
   動 を落ち着かせる, を静める, 静まる

前置詞をつけてしまいたくなる他動詞 (1) 　○GF▶

8. **answer**
   [ǽnsər]
   動 ① に答える　② に応答する
   名 答え, 解決策, 返事 (= □reply)

9. **approach**
   [əpróutʃ] 発
   動 ① に近づく　② に取り組む
   名 ① (研究などの) 方法　② 接近

10. **attend**
    [əténd]
    動 ① に出席する　注意 ②《attend to ... で》…に注意を払う
    ➡ □atténdance 名 出席, 出席者

11. **discuss**
    [dɪskʌ́s] ア
    動 について議論する, を論じる
    ➡ □discússion 名 議論

12. **enter**
    [éntər]
    動 に入る, に入学する
    ➡ □éntrance 名 入口, 入場, 入学

☐ The weather in Tokyo has been very hot lately.	東京では最近，非常に暑い天気が続いている。
☐ The temperature rose in the afternoon.	午後に気温が上昇した。
☐ⓐ My hat was blown off by the wind. ☐ⓑ You have to wind this clock because it doesn't use batteries. ☐ⓒ The road winds sharply here.	ⓐ 私の帽子は風で吹き飛ばされた。 ⓑ この時計は電池を使わないので（ねじを）巻かなければならない。 ⓒ ここは道が急激に曲がりくねっている。
☐ The sun's rays are strong in summer.	夏は太陽光線が強い。
☐ⓐ The view from here is beautiful. ☐ⓑ We support his views.	ⓐ ここからの眺めは美しい。 ⓑ 私たちは彼の見解を支持する。
☐ⓐ The weather was fine on Sunday. ☐ⓑ He got a 75 dollar fine for speeding.	ⓐ 日曜日は晴れだった。 ⓑ 彼はスピード違反で75ドルの罰金を科せられた。
☐ Today was a calm day.	今日は穏やかな日だった。

▶ 他動詞：動詞のすぐあとに目的語がくる動詞。動詞と目的語の間に前置詞は不要。日本語の意味につられて，前置詞を入れてしまわないように注意する。

☐ He didn't answer my question.	彼は私の質問に答えなかった。
☐ⓐ We approached the house. ☐ⓑ Let's try a new approach.	ⓐ 私たちはその家に近づいた。 ⓑ 新しい方法を試してみよう。
☐ All of the members attended the meeting.	メンバー全員が会議に出席した。
☐ She discussed the matter with them.	彼女は彼らとその問題について議論した。
☐ I entered the room with him.	私は彼と一緒にその部屋に入った。

植物に関する語

13 **plant**
[plǽnt] 発
名① 植物 ② 工場 ➡ □plantátion 名 大農場
動① を植える ② (考えなど) を植えつける

14 **blossom**
[blá:səm] 発
名 (果樹の) 花, 開花 (期)
動 (花が) 開く, 栄える

15 **bloom**
[blú:m]
名① (観賞用の) 花 ② 開花 (期), 花盛り
➡ □in (full) bloom (満開に) 花が咲いて
動 (花が) 開く, 栄える

16 **leaf**
[lí:f]
名① 葉 ② (本などの紙の) 1枚 (複) leaves
➡ □a leaf of paper 1枚の紙

17 **fruit**
[frú:t]
名① 果物, 実 注意 ② 成果
➡ □bear fruit 実を結ぶ, 成果を上げる

18 **pick**
[pík]
動① (花・実など) を摘む ② を拾う
➡ □pick up ... ① …を拾い上げる
② (車で) …を迎える, …を迎えに行く

19 **grow**
[gróu]
動① 成長する, 大きくなる ② を育てる 〈grew - grown〉
③ ～になる(= □become) ➡ □grow up 成長する

前置詞をつけてしまいたくなる他動詞 (2)

20 **marry**
[mǽri]
動① と結婚する ② を結婚させる ➡ □márriage 名 結婚
□be married to ... …と結婚している

21 **mention**
[ménʃən]
動① 《mention that ... で》…と述べる
② に言及する(= □refer to)

22 **obey**
[oubéi] ア
動 に従う, に服従する
➡ □obédience 名 従順, 服従

23 **reach**
[rí:tʃ]
動① に達する ② に手が届く ③ に着く
➡ □reach for ... …に手を伸ばす
名 (手の) 届く範囲
➡ □out of (the) reach 手の届かないところに

24 **resemble**
[rizémbl]
動 に似ている 注意 進行形にしないこと。
➡ □resémblance 名 類似

25 **survive**
[sərváiv] ア
動① を生き延びる, 生き残る
② をうまく切り抜ける, うまくやっていく
➡ □survíval 名 生存, 存続

Level 1

ⓐ Don't forget to water the plants.	ⓐ 植物に水をやるのを忘れないで。
ⓑ Many people work at the plant.	ⓑ 多くの人々がその工場で働く。
The apple trees are covered in white blossoms.	リンゴの木が白い花で覆われている。
The roses are *in full* bloom now.	今やバラが満開だ。
The leaves are turning yellow.	葉が黄色くなってきた。
I think her research will *bear* fruit.	彼女の研究は実を結ぶと思う。
I'll pick you *up* at the airport tomorrow.	明日あなたを空港に迎えに行く。
Potatoes grow in the ground.	ジャガイモは地中で成長する。

ⓐ Lisa married a man from Japan.	ⓐ リサは日本出身の男性と結婚した。
ⓑ Lisa *is* married *to* a Japanese man.	ⓑ リサは日本人男性と結婚している。
They mentioned the accident in the report.	彼らは報告書の中でその事故に言及した。
You must obey the rules.	あなたは規則に従わなければならない。
ⓐ Sales reached one million yen.	ⓐ 売上は100万円に達した。
ⓑ Keep medicines *out of the* reach of children.	ⓑ 薬を子どもたちの手の届かないところにしまっておきなさい。
Katie resembles her aunt.	ケイティは彼女のおばに似ている。
All the passengers survived the plane crash.	すべての乗客がその航空機墜落 (事故) を生き延びた。

26	**continent**	名 大陸
	[ká:ntənənt]	➡ □ **continéntal** 形 大陸の

27	**area**	名 ① (ある特定の) 地域，区域　② (活動の) 範囲
	[éəriə] 発	➡ □ **area code** 〈米〉(電話の) 市外局番

28	**part**	名 ① 部分，部品，(国や都市の) 地域　② 役 (割)
	[pá:rt]	動 注意 ① を分ける　② 別れる，離れる

29	**horizon**	名 地平線，水平線
	[həráɪzən] 発 ア	➡ □ **horizontal** [hɔ̀rəzɔ́:ntl] ア 形 地 (水) 平線の，同等の

30	**border**	名 ① 国境，境界　② へり，境目
	[bɔ́:rdər]	➡ □ **border dispute** 国境 (境界) 紛争

31	**foreign**	形 ① 外国の　② 異質な
	[fɔ́:rən] 発	➡ □ **fóreigner** 名 外国人

32	**apologize**	動 謝罪する，わびる
	[əpá:lədʒàɪz] ア	➡ □ **apologize to** 〈人〉〈人〉に謝る
		□ **apologize for ...** …について謝る　□ **apólogy** 名 謝罪

33	**argue**	動 ① 言い争う　② 議論する
	[á:rgju:]	➡ □ **argue with** 〈人〉〈人〉と言い争う(議論する)
		□ **árgument** 名 議論

34	**complain**	動 不平を言う，苦情を言う
	[kəmpléɪn] ア	➡ □ **complain of[about] ...** …について不平 (苦情) を言う
		□ **compláint** 名 不平，苦情

35	**graduate**	動 卒業する
	[grǽdʒuèɪt] ア	➡ □ **graduate from ...** (学校など) を卒業する
		□ **graduátion** 名 卒業

36	**agree**	動 意見が一致する，同意する，賛成する
	[əgríː] ア	(↔ □ **disagree** 意見が合わない)
		➡ □ **agree with** 〈人〉〈人〉と意見が一致する
		□ **agree to ...** (案など) に同意する
		□ **agréement** 名 合意，協定

☐ How many continents are there in the world?	世界にはいくつ大陸がありますか。
☐ There are many restaurants in this area.	この地域には多くの飲食店がある。
☐ My grandparents live in the northern part of Japan.	私の祖父母は日本の北部に住んでいる。
☐ The moon rose above the horizon.	月が地平線の上に昇った。
☐ You cannot cross the border without a passport.	あなたはパスポートなしで国境を越えることはできない。
☐ Learning about a foreign culture is interesting.	外国文化について学ぶことはおもしろい。

> ◑ 自動詞：動詞のすぐあとに目的語を続けることができない動詞。〈動詞＋前置詞＋名詞〉という語順になる。動詞と前置詞の組み合わせを1つにして覚える。
> （例：arrive at ...「…に着く」, reply to ...「…に返事をする」, listen to ...「…を聞く」）

☐ We apologized *to* him *for* the mistake.	私たちは彼にその間違いについて謝った。
☐ They sometimes argue *with* each other.	彼らはときどき言い争う。
☐ The neighbors are complaining *about* our barking dog.	近所の人たちは、わが家の吠えているイヌについて苦情を言っている。
☐ She graduated *from* a famous university in 2020.	彼女は2020年に有名な大学を卒業した。
☐ⓐ I agreed *with* him on that point. ☐ⓑ I agreed *to* their proposal.	ⓐ 私はその点では彼と意見が一致した。 ⓑ 私は彼らの提案に同意した。

37 **creature**
[krí:tʃər] 発
名 生き物, 動物
➡ □ creáte 動 を創作する, を創造する

38 **tail**
[téil]
名 尾, しっぽ
➡ 注意 〈同音語〉□ tale 名 物語

39 **alive**
[əláiv]
形 ① 生きている(↔ □ dead 死んだ) ② 生き生きして
➡ □ come alive 活気づく □ lively 生き生きとした

40 **bite**
[báit]
動 をかむ, かみつく 〈bit - bit[bitten]〉
名 かむこと, 1口分

41 **dig**
[díg]
動 (地面・穴など) を掘る,
(埋まっているもの) を掘り出す 〈dug - dug〉

42 **feel**
[fí:l]
動 ① ～の感じがする ② を感じる, と感じる
③ にさわってみる 〈felt - felt〉
➡ □ feel like -ing ～したい気がする
□ féeling 名 感情, 感じ

43 **smell**
[smél]
動 ① ～のにおいがする ② (におい) をかぐ
名 におい, 嗅覚 〈smelled[smelt] - smelled[smelt]〉

44 **taste**
[téist]
動 ① ～の味がする ② を味見する
名 味, 好み, 嗜好

45 **seem**
[sí:m]
動 ～のように思われる, ～のように見える,
～であるらしい

46 **look**
[lúk]
動 ① ～のように見える(= □ appear)
② 《look at ... で》…を見る
名 見ること, 外観, 《(複) で》容姿, 表情

47 **appear**
[əpíər]
動 ① ～のように見える(= □ look)
② 現れる, 登場する(↔ □ disappear 消える)
➡ □ appéarance 名 見かけ, 外観, 出現

Level 1

What kind of creatures live in the pond?	その池にはどのような種類の生き物が生息していますか。
Our cat has a very short tail.	私たちのネコはとても短い尾をしている。
After that accident, you're lucky to be alive.	その事故の後に，生きているとはあなたは幸運だ。
ⓐ I was bitten by the cat.	ⓐ 私はそのネコにかまれた。
ⓑ Can I have a bite of your hot dog?	ⓑ 君のホットドッグを一口もらってもいい？
My dog often digs holes in the garden.	私のイヌはよく庭に穴を掘る。

> ● SVCの文型で用いられる動詞 [V] のあとの補語 [C] には，名詞，代名詞，形容詞，現在分詞，過去分詞がくる。

I feel a little sick this morning.	今朝は少し気持ち悪い感じがする(気分が悪い)。
That soup smells delicious.	あのスープはおいしそうなにおいがする。
This medicine tastes bitter.	この薬は苦い味がする。
Kate seems bored at her new job.	ケイトは新しい仕事に退屈しているように思われる。
ⓐ He looks tired after the long drive.	ⓐ 長い運転の後なので，彼は疲れているように見える。
ⓑ Take a close look at the photograph.	ⓑ 写真をよく見なさい。
He tried hard to appear calm.	彼は落ち着いて見えるように懸命に努めた。

48 **relationship**
[rɪléɪʃənʃìp]
名 関係, 関連 (= □relation)
➡ □reláte 動 関係がある, を関連づける

49 **population**
[pàːpjəléɪʃən]
名 ① 人口, 住民数　② (全) 住民
➡ □large population 多くの人口

50 **generation**
[dʒènəréɪʃən]
名 ① 世代, 同世代の人々　② 一世代　③ 発電
➡ □génerate 動 を生み出す

51 **hero**
[híːrou]
名 英雄, (男性) 主人公
(↔ □heroine (女性) 主人公)

52 **trust**
[trʌ́st]
動 を信頼する, を信用する
名 信頼, 信用

53 **village**
[vílɪdʒ]
名 村　注意 town より小さい。
➡ □víllager 名 村人

54 **common**
[káːmən]
形 ① 共通の, 共同の (↔ □personal 個人の)
② よくある, ありふれた

55 **public**
[pʌ́blɪk]
形 公共の, 公衆の (↔ □private 私用の)
名 《the public で》一般の人々, 公衆
➡ □in public 人前で, 公然と

56 **give**
[gív]
動 を与える, を渡す　〈gave - given〉
➡ □give up -ing ～するのをやめる

57 **send**
[sénd]
動 を送る　〈sent - sent〉

58 **show**
[ʃóu]
動 ① を見せる, を示す　② を教える
③ 姿を現す　〈showed - shown[showed]〉
➡ □show up 姿を現す (= □appear)
名 ショー, 展示会

59 **pass**
[pǽs]
動 ① を手渡す　② (を) 通り過ぎる
③ に合格する
➡ □pass by (時が) 過ぎる
名 通行 (許可) 証

☐ We have a friendly relationship. 私たちは友好的な関係を持っている。

☐ What is the population of India? インドの人口はどのくらいですか。

☐ My grandfather doesn't understand our generation. 祖父は私たちの世代を理解していない。

☐ The president was a hero to them. その大統領は彼らにとって英雄だった。

☐ I trust my sister's opinion. 私は姉の意見を信頼している。

☐ Many apple farmers live in our village. 私たちの村にはたくさんのリンゴ農家の人々が住んでいる。

☐ Spanish is the common language in many countries. スペイン語は多くの国で共通言語だ。

☐ⓐ Please be quiet because this is a public place. ⓐ ここは公共の場所なので静かにしてください。
☐ⓑ The temple is open to the public on weekdays. ⓑ その寺院は平日に一般公開されている。

❍ give型の動詞のSVOOの文型の文をSVOの文型で表現すると, SVO₁O₂ → SVO₂ to O₁ となる。56〜59のほかに, pay「を払う」, lend「を貸す」, offer「を申し出る」など。

☐ⓐ I gave Angie a box of chocolates. ⓐⓑ 私はアンジーにチョコレートの箱をあげた。
☐ⓑ I gave a box of chocolates *to* Angie.

☐ⓐ Can you send me some money? ⓐⓑ 私にお金を送ってもらえますか。
☐ⓑ Can you send some money *to* me?

☐ⓐ I'll show you some pictures from my vacation. ⓐⓑ あなたに私の休暇中の写真をお見せします。
☐ⓑ I'll show some pictures from my vacation *to* you.

☐ⓐ Could you please pass me the salt? ⓐⓑ 私にその塩を渡していただけませんか。
☐ⓑ Could you please pass the salt *to* me?

23

60 **society**
[səsáɪəti]
名 ① 社会　② 交際　③ 協会
➡ □ sócial 形 社会の, 社交の

61 **culture**
[kʌ́ltʃər]
名 ① 文化　② 教養
➡ □ cúltural 形 文化の, 文化的な
□ cúltured 形 教養のある

62 **custom**
[kʌ́stəm]
名 ① (社会的な) 慣習, (個人の) 習慣
② 《(複)で》関税

63 **tradition**
[trədíʃən]
名 伝統, 慣習
➡ □ tradítional 形 伝統的な

64 **rule**
[rúːl]
名 ① 規則, 原則　② 支配　➡ □ as a rule 概して
動 を支配する

65 **role**
[róʊl]
名 役割, 役目　➡ □ play an important role in ...
…で重要な役割を果たす

66 **address**
[ədrés]
名 ① 住所　注意 ② 演説
動 ① (郵便物)にあて先を書く
注意 ② に演説する　③ に取り組む

67 **ceremony**
[sérəmòʊni]
名 式, 儀式
➡ □ wedding ceremony 結婚式

68 **cash**
[kǽʃ]
名 現金
➡ □ pay in[by] cash 現金で支払う

69 **buy**
[báɪ]
動 を買う　　　　　　　　　　　　　〈bought - bought〉
➡ □ buy and sell 売買する　注意 日本語と順序が逆。

70 **cook**
[kʊ́k]
動 (を) 料理する, (を) 作る
名 料理を作る人, 料理人

71 **choose**
[tʃúːz] 発
動 を選ぶ　　　　　　　　　　　　　〈chose - chosen〉
➡ □ chóice 名 選択　□ make a choice 選択する

72 **get**
[gét]
動 ① を得る, を買う　② にする
③ になる　④ 着く　　　　　　　〈got - got[gotten]〉

☐ We should create a better society.	よりよい社会をつくるべきだ。
☐ I love meeting people from different cultures.	私は異なる文化出身の人たちに会うのが好きだ。
☐ It is our custom to take off our shoes.	靴を脱ぐのが私たちの習慣だ。
☐ The tea ceremony is an ancient Japanese tradition.	茶道は古くからある日本の伝統だ。
☐ We must obey the traffic rules.	私たちは交通規則に従わなければならない。
☐ She *played an important* role *in* the project.	彼女はその企画で重要な役割を果たした。
☐ⓐ Can you write your address here? ☐ⓑ The President gave an address to the nation.	ⓐ ここに住所を書いてもらえますか。 ⓑ 大統領は国民に演説をした。
☐ The couple had their *wedding* ceremony at a church in Hawaii.	その夫婦はハワイの教会で結婚式をあげた。
☐ I don't carry very much cash.	私はあまり多くの現金を持ち歩かない。

▶ buy型の動詞のSVOOの文型の文をSVOの文型で表現すると，SVO₁O₂ → SVO₂ for O₁ となる。69〜72のほかに，make「を作る」，find「を見つける」，leave「を残す」など。

☐ⓐ My mother bought me a new shirt. ☐ⓑ My mother bought a new shirt *for* me.	ⓐ ⓑ 母は私に新しいシャツを買ってくれた。
☐ⓐ Will you cook me a meal? ☐ⓑ Will you cook a meal *for* me?	ⓐ ⓑ 私に食事を作ってくれますか。
☐ⓐ I'll choose him a new jacket. ☐ⓑ I'll choose a new jacket *for* him.	ⓐ ⓑ 私は彼に新しいジャケットを選んであげるつもりだ。
☐ⓐ My parents got me this dress. ☐ⓑ My parents got this dress *for* me.	ⓐ ⓑ 両親が私にこのワンピースを買ってくれた。

73 **proud**
[práʊd]

形 誇りに思って
➡ □ be proud of ... …を誇りに思っている
□ príde 名 誇り
□ take pride in ... …を誇りに思う

74 **grateful**
[gréɪtfl]

形 感謝して
➡ □ be grateful (to〈人〉) for ...
…に対して(〈人〉に) 感謝している

75 **afraid**
[əfréɪd]

形 恐れて, 心配して
➡ □ be afraid of ... …を恐れて(心配して) いる
□ I'm afraid (that) ... 残念ながら…

76 **anxious**
[ǽŋkʃəs] 発

形 ① 心配して　② 切望して
➡ □ be anxious about[for] ... …を心配している
□ be anxious for ... …を切望している
□ anxiety [æŋzáɪəti] 発 名 ① 心配　② 切望

77 **ashamed**
[əʃéɪmd]

形 恥じて　➡ □ be ashamed of ... …を恥じている
□ sháme 名 恥ずかしさ

78 **angry**
[ǽŋgri]

形 怒って　➡ □ get angry with ... …に怒る
□ ánger 名 怒り

79 **miserable**
[mízərəbl]

形 みじめな, 不幸な
➡ □ mísery 名 みじめさ, 悲惨さ

80 **ask**
[ǽsk]

動 ① を尋ねる, を頼む　② (を) 求める
➡ □ ask〈人〉to do〈人〉に~するよう頼む
□ ask a favor of ... …にお願いをする

81 **cost**
[kɔ́(ː)st] 発

動 (費用) がかかる, (犠牲など) を払わせる　〈cost - cost〉
名 費用, 経費, 犠牲　➡ □ at the cost of ... …を犠牲にして

82 **save**
[séɪv]

動 ① を省く, を節約する
② を救う　③ を蓄える

83 **envy**
[énvi]

動 をうらやむ, をねたむ　名 ねたみ (≒ □ jealousy)
注意 jealousy は, ねたみから憎しみまでを含む。

84 **spare**
[spéər]

動 ① (時間) をさく　② をなしですます
形 余分の, 予備の

26

Level 1

☐Lucy's family *is* so proud *of* her.	ルーシーの家族は彼女のことをとても誇りに思っている。
☐I'm so grateful *for* all your help.	私はあなたのあらゆる支援にとても感謝している。
☐ⓐ I'm afraid *of* crowded places.	ⓐ 私は混雑した場所を恐れている。
☐ⓑ I'm afraid *that* I can't help you.	ⓑ 残念ながら私はお手伝いできません。
☐ⓐ He *was* anxious *about* his test scores.	ⓐ 彼はテストの点数を心配していた。
☐ⓑ They *were* anxious *for* peace in their country.	ⓑ 彼らは自国の平和を切望していた。
☐I'm ashamed *of* my behavior.	私は自分のふるまいを恥じている。
☐Please don't *get* angry *with* me.	私に怒らないでください。
☐He *led* a miserable life.	彼はみじめな人生を送った。

☐ⓐ Let's ask someone the way to the station.	ⓐ 駅までの道を誰かに尋ねよう。
☐ⓑ I asked him *to* buy some bread.	ⓑ 私は彼にいくつかパンを買ってきてくれるよう頼んだ。
☐The shoes cost about 4,000 yen.	その靴はおよそ4,000円した。
☐You can save time by going this way.	この道を行くことであなたは時間を省くことができる。
☐Johnny envies you your success.	ジョニーは君の成功をうらやんでいる。
☐Can you spare a few minutes?	数分，時間をさいてもらえますか。

85	**age** [éɪdʒ]	名 ① 年齢　② 時代　動 年をとる ➡ □ **for one's age** 年齢の割に
86	**kid** [kíd]	名 子ども　動 注意 冗談を言う, をからかう ➡ □ **no kidding** まさか, 冗談でしょう
87	**cousin** [kʌ́zən]	名 いとこ ➡ □ **néphew** 名 おい　□ **níece** 名 めい
88	**host** [hóust]	名 (男) 主人 (役) (↔ □ **hostess** (女) 主人 (役)), (テレビ番組の) 司会者, 主催者
89	**female** [fíːmeɪl]	名 女性, 雌　形 女性の, 雌の ➡ □ **féminine** 形 女性の, 女性らしい
90	**male** [méɪl]	名 男性, 雄　形 男性の, 雄の ➡ □ **másculine** 形 男性の, 男性らしい
91	**human** [hjúːmən]	名 人間, 人類 (= □ **human being**) 形 人間の, 人間的な ➡ □ **humánity** 名 人類, 人間性, 人情

SVOO の文型で注意すべき動詞（2）　🔍 **GF** ▶

92	**owe** [óu]	動 ① (お金) を借りている　② (義務) を負っている ③ (恩恵など) を受けている ➡ □ **owe ... to ~** …は~のおかげである
93	**allow** [əláu] 発 ア	動 ① を許す　② (時間・金など) を取っておく ➡ □ **allow 〈人〉 to do** 〈人〉が~するのを許す
94	**cause** [kɔ́ːz]	動 ① (苦痛・被害) をもたらす ② を引き起こす, の原因となる ➡ □ **cause 〈人〉 to do** 〈人〉に~させる 名 原因
95	**charge** [tʃɑ́ːrdʒ]	動 (代金) を請求する 名 ① 料金　② 責任 ➡ □ **be in charge of ...** …の担当 (担任) である
96	**loan** [lóun]	動 (お金) を貸し付ける, を貸す 名 貸付 (金)

Level 1

This song is loved by people of all ages.	この歌はあらゆる年齢の人々に愛されている。
All the kids went to the park.	子どもたちはみんな公園に行った。
One of my cousins lives abroad.	私のいとこの1人は海外に住んでいる。
He was the host at the birthday party.	彼が誕生日会の主催者だった。
Ten females took part in the experiment.	10人の女性が実験に参加した。
There are more females than males in my company.	私の会社は男性よりも女性のほうが多い。
Humans arrived in Australia many thousands of years ago.	人類は何千年も前にオーストラリアに到着した。

○ owe, allow, cause などは SVOO の文型での用法が問われやすいので，目的語とあわせて覚えておこう。なお，allow の SVOO の文型での用法はやや古めかしい。

ⓐ I owe my friend 50 dollars.	ⓐ 私は友人に50ドルを借りている。
ⓑ I owe everything *to* my parents.	ⓑ 何もかも両親のおかげである。
My parents don't allow me *to* go out at night.	両親は私が夜に外出するのを許してくれない。
My mistake caused them a lot of trouble.	私のミスが彼らに多くのトラブルをもたらした。
ⓐ The restaurant charged us 50 dollars for the wine.	ⓐ そのレストランはワインの代金として私たちに50ドルを請求した。
ⓑ She *is in* charge *of* our department.	ⓑ 彼女は私たちの部署の責任者だ。
Can you loan me ten dollars?	10ドルを貸してもらえますか。

97 □ **false**
□ [fɔ́:ls] 発
形① 誤った，いつわりの (↔ □true 本当の)
② 本物でない (= □fake) (↔ □genuine 本物の)

98 □ **bitter**
□ [bítər]
形① つらい　② (味が) 苦い (↔ □sweet 甘い)
➡ □bitter experience つらい経験

99 □ **empty**
□ [émpti]
形 からの，空虚な
動 をからにする

100 □ **short**
□ [ʃɔ́:rt]
形 注意 ① 不足した　② 短い，背の低い
➡ □be short of ... …が不足している
□in short 要するに
□shórtage 名 不足

101 □ **absent**
□ [ǽbsənt]
形 不在で，欠席で (↔ □present 出席して)
➡ □be absent from ... …を欠席している
□ábsence 名 ① 不在，欠席　② 欠如，欠乏

102 □ **waste**
□ [wéist] 発
動① (お金・時間) をむだに使う，を浪費する
② を荒廃させる
名 浪費，廃棄物

103 □ **trouble**
□ [trʌ́bl]
動 を悩ませる，に迷惑をかける
名 心配，迷惑，困難，もめごと

104 □ **leave**
□ [líːv]
動① を〜のままにしておく　② (を) 去る，出発する
③ を置き忘れる　④ を〜に任せる　〈left - left〉
名 注意 休暇，許可

105 □ **find**
□ [fáind]
動① が〜だとわかる　② を見つける
③ に判決を下す　〈found - found〉
➡ □find out ... …を知る，…を調べる

106 □ **elect**
□ [ilékt]
動 を〜に選出する　注意 役職を表す補語には冠詞がつかない。
➡ □eléction 名 選挙

107 □ **believe**
□ [bilíːv]
動① が〜だと思う　② (を) 信じる
➡ □believe in ... …の存在を信じる
□belíef 名 信念

Level 1

Don't believe that false information.	その誤った情報を信じてはいけない。
You can learn a lot from a bitter *experience*.	あなたはつらい経験から多くのことを学ぶことができる。
The gas tank is almost empty.	ガス(ガソリン) タンクはほとんどからだ。
We *are* a little short *of* time.	私たちは少し時間が足りない。
Why *were* you absent *from* school yesterday?	なぜ昨日あなたは学校を欠席したのか。
You're wasting a lot of time.	あなたはたくさんの時間をむだに使っている。
ⓐ I'm sorry to trouble you.	ⓐ あなたを悩ませてすみません。
ⓑ I had trouble contacting him.	ⓑ 私は彼と連絡をとるのに苦労した。

> ● SVOCの文型では動詞 [V] に続く目的語 [O] と補語 [C] に，〈目的語＝補語〉の関係がある。この文型をとる動詞は104 〜 107 のほか，make, get「〜にする」，paint「〜に塗る」，call「〜と呼ぶ」，name「〜と名づける」，drive「〜の状態に追いやる」，think「〜と考える」，consider「〜と思う」などの使用頻度が高い。

Don't leave the door open.	ドアを開けたままにしておくな。
She found the work very difficult.	彼女はその仕事がとても難しいとわかった。
They elected her mayor.	彼らは彼女を市長に選出した。
I believe him to be honest.	私は彼が正直だと思っている。

108 **tourist**
[túərɪst] 発
名 観光客
➡ □ tóur 名 (観光・視察) 旅行
　　□ tóurism 名 観光旅行, 観光事業

109 **travel**
[trǽvl]
名 (周遊・観光) 旅行
動 ① 旅行する　② (光や音が) 進む

110 **voyage**
[vɔ́ɪdʒ] 発
名 航海, 船旅, 空 (宇宙) の旅
➡ □ jóurney 名 (陸路を使った長期の) 旅行, 旅

111 **rest**
[rést]
名 ① 休息　注意 ② 《the rest で》残り
➡ □ take a rest ひと休みする
動 休む, を休ませる

112 **leisure**
[líːʒər] 発
名 余暇, ひま
➡ □ at one's leisure ひまなときに, 時間をかけて

113 **airport**
[éərpɔ̀ːrt]
名 空港
➡ □ pórt 名 港

114 **abroad**
[əbrɔ́ːd] 発
副 外国へ, 海外に (= □ overseas)
➡ □ go abroad 外国へ行く

115 **sightseeing**
[sáɪtsìːɪŋ]
名 観光, 見物
➡ □ sightseeing tour 観光旅行

116 **rise**
[ráɪz]
動 (自動詞) ① 上がる, 昇る　② 立ち上がる, 起床する
名 上昇, 増加　　　　　　　　　　　　　〈rose - risen〉

117 **raise**
[réɪz]
動 (他動詞) ① を上げる　② を育てる　〈raised - raised〉
➡ □ raise money (資) 金を集める

118 **lie**
[láɪ]
動 (自動詞) ① 横たわる, 横になる
　　② (ある位置・状態に) ある　　〈lay - lain ; lying〉
動 注意 うそを言う　　　　　(規則活用)〈lied - lied ; lying〉
名 うそ　➡ □ tell a lie うそを言う

119 **lay**
[léɪ]
動 (他動詞) を横たえる, を置く　　〈laid - laid ; laying〉

Level 1

Many American tourists visit the UK every year.	毎年, 多くのアメリカ人観光客がイギリスを訪れている。
He spoke about his travels through Europe.	彼は彼のヨーロッパ旅行について話してくれた。
They prepared for a long voyage.	彼らは長い航海の準備をした。
Let's *take a* rest when we arrive at the station.	駅に着いたらひと休みしよう。
I don't have enough leisure time to travel.	私には旅行に行くほど十分な余暇がない。
We took a bus from the airport to the city.	私たちは空港から市内まではバスに乗った。
I will *go* abroad during the summer vacation.	私は夏休みのあいだ海外へ行く予定だ。
Spring is a good season for sightseeing.	春は観光によい季節だ。

● 他動詞は raise one's hand のように目的語とあわせて覚えておくのがよい。lay は他動詞 lay「を横たえる」の原形でもあり, 自動詞 lie「横たわる」の過去形でもあるので, 特に注意が必要。

The sun rises in the east and sets in the west.	太陽は東から昇り, 西に沈む。
Raise your hand if you know the answer.	答えがわかったら手を上げなさい。
ⓐ You may lie on my bed if you are tired. ⓑ I knew he was *telling a* lie.	ⓐ 疲れているなら, 私のベッドで横になってもいいですよ。 ⓑ 私は彼がうそを言っているとわかっていた。
She laid her baby down on the sofa.	彼女はソファに自分の赤ん坊を横たえた。

120 **conversation**
[kàːnvərséɪʃən]
图 会話
➡ convérse 動 談話する

121 **speech**
[spíːtʃ]
图 ① 演説 ② 話すこと ③ 話し方
➡ make[give] a speech 演説をする

122 **attention**
[əténʃən]
图 注意, 注目
➡ pay attention to ...
…に注意を払う, …を注意して見る(聞く)

123 **contact**
[káːntækt] 🔊
图 接触, 連絡
動 に連絡する, に接触する
➡ keep (in) contact with ... …と連絡を取り合う

原則的に進行形にしない動詞 ○GF▶

124 **remain**
[rɪméɪn]
動 ① ～のままである ② 残っている
➡ remain to be done まだ～されずに残っている
图 《(複)で》① 遺跡 ② 残りもの ③ 遺体, 化石

125 **own**
[óʊn]
動 を所有している
形 自分自身の
➡ of one's own -ing 自分自身で～した

126 **belong**
[bɪlɔ́(ː)ŋ]
動 《belong to ... で》…に所属している, …のものである
➡ belóngings 图 《(複)扱い》所持品

127 **contain**
[kəntéɪn]
動 ① を含む ② (怒り・興奮など) を抑える

128 **exist**
[ɪgzíst] 🔊
動 存在する
➡ exístence 图 存在 coexístence 图 共存

129 **hate**
[héɪt]
動 を憎む, をひどく嫌う
图 嫌悪, 憎悪
➡ hátred 图 憎しみ

130 **understand**
[ʌ̀ndərstǽnd] 🔊
動 を理解する, わかる 〈understood - understood〉
➡ understánding 图 理解
misunderstánding 图 誤解

☐ I enjoyed an interesting conversation with Mike last night.	私は昨夜, マイクとおもしろい会話を楽しんだ。
☐ His speech was too difficult for me to understand.	彼の演説は私には難しすぎて理解できなかった。
☐ They *paid* attention *to* the lecture.	彼らはその講義を注意して聞いた。
☐ I've *kept in* contact *with* a few old friends.	私は旧友2, 3人と連絡を取り合っている。

◆ 英語の動詞には動作動詞と状態動詞があるが, 状態動詞はもともと継続の意味が含まれているので, 原則として進行形にしない。ただし, 例外的に「まさに今」と強調したい場合には進行形にすることもある。

☐ The child remained silent for a while.	その子どもはしばらく黙ったままでいた。
☐ He doesn't own a car.	彼は車を所有していない。
☐ My brother belongs *to* the baseball club.	兄 (弟) は野球部に所属している。
☐ This coffee contains milk and sugar.	このコーヒーはミルクと砂糖を含む。
☐ Do you think ghosts exist?	幽霊は存在すると思いますか。
☐ I don't want to hate anyone.	私は誰も憎みたくない。
☐ I couldn't understand the novel.	私はその小説を理解することができなかった。

131 □ □ **subject**
□ [sʌ́bdʒekt]

名① 話題, 題目 ② 学科 ③ 主語
形 受けやすい
➡ □ **be subject to ...** …に左右される
　□ **subjéctive** 形 主観的な (↔ □ **objective** 客観的な)

132 □ □ **fake**
□ [féɪk]

形 にせの, 本物でない (＝□ **false**)
名 にせもの
動 (を)偽造する

133 □ □ **opinion**
□ [əpínjən]

名 意見, 考え

134 □ □ **fact**
□ [fǽkt]

名 事実, 現実
➡ □ **in fact** 実際に

135 □ □ **example**
□ [ɪgzǽmpl]

名 例, 手本
➡ □ **for example** たとえば
　□ **sámple** 名 見本, 標本, サンプル

136 □ □ **reason**
□ [ríːzən]

名① 理由 ② 理性 ③ 道理
動 を推論する, 思考する
➡ □ **réasonable** 形 もっともな, (値段が) 手ごろな

137 □ □ **knowledge**
□ [náːlɪdʒ] 発

名 知識
➡ □ **knówledgeable** 形 知識の豊富な

138 □ □ **make**
□ [méɪk]

動①《make ... do で》…に～させる【強制】
②を作る ③ ～になる 〈made - made〉

139 □ □ **let**
□ [lét]

動①《let ... do で》…に～させる【許可】
②《let us[let's] do で》～しよう 〈let - let〉

140 □ □ **have**
□ [hǽv]

動①《have ... do で》…に～させる【依頼】
②《have ... done で》…を～される, …を～してもらう
③を持っている ④を食べる, を飲む 〈had - had〉

ⓐ Let's change the subject.	ⓐ 話題を変えよう。
ⓑ Our plan *is* subject *to* weather conditions.	ⓑ 私たちの計画は天候に左右される。

This news article is fake.	このニュース記事はにせものだ。

In my opinion, that's a bad plan.	私の意見では，それは悪い計画だ。

I was surprised at the fact.	私はその事実に驚いた。

I will give you some examples.	いくつかあなたに例を挙げてあげよう。

You can't take a day off without a reason.	理由なしに休みを取ることはできない。

You can get a lot of knowledge from good books.	よい本から多くの知識を得ることができる。

○ 使役動詞は3つ，make【強制】，let【許可】，have【依頼】と覚える。使役動詞は〈動詞＋目的語＋原形不定詞〉の形で使われる。makeの受動態は〈be ＋ made（過去分詞）＋ to不定詞〉となる。使役動詞で問われるのは，各動詞のニュアンスの違いと，受動態で原形不定詞がto不定詞になる点。

ⓐ His words made me change my mind.	ⓐ 彼の言葉が私の心を変えさせた。
ⓑ I *was* made *to* work overtime by my boss.	ⓑ 私は上司に残業させられた。

He let his dog play in the garden.	彼はイヌを庭で遊ばせていた。

ⓐ My mother had me clean the room.	ⓐ 母は私にその部屋を掃除させた。
ⓑ I had my suitcase carried to my room.	ⓑ 私はスーツケースを部屋まで運んでもらった。

141 ☐ **stranger**
☐ [stréɪndʒər]

名 ① 見知らぬ人
② (場所に) 不案内な人

142 ☐ **safe**
☐ [séɪf]

名 金庫
形 ① 安全な　② 無事な
➡ ☐ **sáfely** 副 安全に
　☐ **sáfety** 名 安全, 無事

143 ☐ **copy**
☐ [kά:pi]

名 ① (本や印刷物の) ～部, ～冊
② 写し, コピー
動 (を) 複写する, (を) まねる

144 ☐ **line**
☐ [láɪn]

名 ① 職業, 商売
② 線
③ 列, (文章の) 行

145 ☐ **word**
☐ [wə́:rd]

名 ① 約束
② 単語, ことば

146 ☐ **ring**
☐ [ríŋ]

名 ① (ベル・電話などが) 鳴ること, を鳴らすこと
② (に) 電話をかけること
③ (指) 輪

147 ☐ **hear**
☐ [híər]

動 が聞こえる
➡ ☐ **hear ... do** …が～するのを聞く, …が～するのが
　聞こえる

148 ☐ **listen**
☐ [lísən]

動 《listen to ... で》(注意して) …を聴く(聞く)
➡ ☐ **listen to ... do** …が～するのを聴く(聞く)
※ listen は自動詞だが, listen to で目的語 + 原形不定詞の形をとる。

149 ☐ **see**
☐ [síː]

動 ① (が) 見える　② に会う
③ (が) わかる　④ 目撃する
➡ ☐ **see ... do** …が～するのを見る

150 ☐ **watch**
☐ [wά:tʃ]

動 ① (を) よく見る　② (に) 注意する
➡ ☐ **watch ... do** …が～するのを見守る
名 腕時計

ⓐ There was a stranger in the room. ／ ⓐ 部屋には 1 人見知らぬ人がいた。
ⓑ I am a stranger here. ／ ⓑ 私はこのあたりは不案内である。

He keeps a safe in his office. ／ 彼はオフィスに金庫を置いている。

I have a copy of the book. ／ 私はその本を 1 冊持っている。

What line of work are you in? ／ あなたはどのような仕事をしていますか。

He is a man of his word. ／ 彼は約束を守る人間だ。

Give me a ring tomorrow. ／ 明日, 私に電話をください。

Did you hear someone knock at the door? ／ 誰かがドアをノックするのを聞いた?

I listened *to* her play the piano. ／ 私は彼女がピアノを弾くのを聞いた。

I saw a cat cross the road. ／ 私は 1 匹のネコが道路を渡るのを見た。

He watched his son become a professional singer. ／ 彼は息子がプロの歌手になるのを見守った。

151 **situation**
[sìtʃuéɪʃən]
名 ① 状況　② 立場　③ 位置

152 **position**
[pəzíʃən]
名 ① 位置, 場所　② 地位
➡ in position 適所に

153 **front**
[fránt] 発
名 ①《the front で》前部 (↔ the rear 後部)　② 正面
➡ in front of ... …の前で(に), …の正面で(に)

154 **bottom**
[bá:təm]
名《the bottom で》(最)下部, (最)低部(↔ the top 最上部)
➡ from the bottom of one's heart 心の底から

155 **neighborhood**
[néɪbərhʊd]
《英》neighbourhood 名 ① 近所, 付近　② 近所の人々
➡ néighbor /《英》néighbour 名 隣人, 近所の人

156 **point**
[pɔ́ɪnt]
名 ① 点, 地点, 先端　②《the point で》要点　③ 得点　④ 目的
➡ There is no point (in) -ing ～してもむだである
be at[on] the point of -ing まさに～しようとしている
point of view 観点, 見解
動 (を)指し示す　➡ point out ... …を指摘する

157 **want**
[wánt]
動 に～してほしいと思っている

158 **enable**
[ɪnéɪbl]
動 に～することを可能にする
注意 無生物を主語にとることが多い。

159 **persuade**
[pərswéɪd]
動 ① を説得して～させる　② を納得させる
➡ persuásion 名 説得

160 **encourage**
[ɪnkə́:rɪdʒ]
動 ① に～するように励ます　② を勇気づける
(↔ discourage にやる気をなくさせる)
➡ cóurage 名 勇気

161 **expect**
[ɪkspékt]
動 ① が～するだろうと思う　② を予期する
➡ expectátion 名 期待, 予想
expéctancy 名 期待(値), 予測(値)

162 **invite**
[ɪnváɪt]
動 ① に～するように依頼する(誘う)
② を招待する, を誘う　➡ invitátion 名 招待

☐ Peter was in a difficult situation.	ピーターは困難な状況にあった。
☐ ⓐ I couldn't see the moon from my position. ☐ ⓑ He holds an important position in his company.	ⓐ 私の位置からは月が見えなかった。 ⓑ 彼は会社で重要な地位についている。
☐ Don't stand *in* front *of* the TV.	テレビの前に立つな。
☐ The bottom of my pants got wet in the rain.	雨でズボンの裾が濡れた。
☐ He lives in my neighborhood.	彼は私の近所に住んでいる。
☐ ⓐ I agree with you on that point. ☐ ⓑ I *was at the* point *of* quitt*ing* my job.	ⓐ その点ではあなたに同意する。 ⓑ 私はまさに仕事をやめようとしていた。

○ この構造をとる動詞は, 157 〜 162のほかに tell「に〜するよう命じる」, ask「に〜するよう頼む」, advise「に〜することを勧める」, cause「に〜させる」, allow「が〜するのを許す」など。

☐ Our teacher wants all the students to write an essay in English.	私たちの先生は生徒全員に英語でエッセーを書いてほしいと思っている。
☐ The internet enables us to take classes at home.	インターネットは私たちに自宅で授業を受けることを可能にしている。
☐ We persuaded him to join the club.	私たちは彼を説得してクラブに参加させた。
☐ They encouraged her to practice speaking English every day.	彼らは彼女に毎日英語を話す練習をするように励ました。
☐ He expected us to work on Sunday.	彼は私たちが日曜日も働くだろうと思った。
☐ They invited her to join the party.	彼らは彼女にパーティーに参加するように誘った。

41

163 **clothes**
[klóuz] 発
名《複数扱い》服, 衣服, 着物
➡ □**clothing** [klóuðıŋ] 発 名 衣類
□**cloth** [klɔ́(:)θ] 発 名 布 (複) cloths

164 **comb**
[kóum] 発
名 くし 動 (くしで) 髪をとかす
注意 語末の b は発音しない。

165 **grocery**
[gróusəri]
名 食料品店,《(複)で》食料雑貨類

166 **gift**
[gíft]
名 ① 贈り物 ② (生まれつきの) 才能
動 を贈る
➡ □**gifted** 形 才能のある

167 **seat**
[síːt]
名 座席
➡ □**take[have] a seat** 席に着く
動 を着席させる

168 **cover**
[kávər]
名 ① カバー, 覆い, (本の) 表紙 ② 避難場所
動 ① を覆う, を包む ② (範囲が) にわたる

〈他動詞＋目的語＋ to 不定詞〉の形をとる動詞 (2) 🔍**GF ▶**

169 **force**
[fɔ́ːrs]
動 ① に〜することを強制する
② (仕事・考えなど) を押しつける
名 武力, 暴力

170 **compel**
[kəmpél]
動 ① に〜することを強いる
② を強要する

171 **oblige**
[əbláidʒ]
動 ① に〜することを義務づける ② に親切にする
➡ □**obligátion** 名 義務, 義理

172 **require**
[rɪkwáɪər]
動 ① に〜するように要求する(義務づける)
② を必要とする
➡ □**requírement** 名 必要条件, 資格

173 **permit**
[pərmít]
動 が〜することを許す(可能にする) (= □allow)
➡ □**weather permitting** 天気がよければ
□**permíssion** 名 許可

☐ She always wears very expensive clothes.	彼女はいつもとても高価な服を着ている。
☐ I need to buy a new comb.	私は新しいくしを買う必要がある。
☐ He works at the local grocery store.	彼は地元の食料品店で働いている。
☐ Those flowers are a gift from my friend.	それらの花は友人からの贈り物だ。
☐ Excuse me. Is this seat taken?	すみません。この席は誰か座っていますか。
☐ I'm looking for a nice cover for my bed.	私はベッド用のすてきなカバーを探している。

❶ force, compel などの動詞は受動態で使われることが多く、「〈人〉は〜せざるをえない」と訳すこともできる。

☐ He forced the people to leave the village.	彼は人々に村を去ることを強制した。
☐ They compelled me to take care of them.	彼らは私に彼らの面倒を見ることを強いた。
☐ ⓐ Japanese law obliges parents to give their children an education. ☐ ⓑ She obliged us by switching seats.	ⓐ 日本の法は親たちに子どもに教育を与えることを義務づけている。 ⓑ 彼女は親切に私たちと席を替えてくれた。
☐ We require you to sign this form.	私たちはあなたにこの用紙に署名するよう要求する。
☐ The museum does not permit you to take pictures.	その博物館は写真を撮ることを許可していない。

建物に関する語

174 **factory**
[fǽktəri]
名 工場, 製作所
➡ □manufácture 名 製造 動 を製造する

175 **museum**
[mju(ː)zíəm] 🇩
名 博物館,
美術館 (=□art museum)

176 **store**
[stɔ́ːr]
名 ① 《おもに (米) で》店 注意 ② 蓄え
➡ □shóp 名《おもに (英) で》店
動 注意 を蓄える

177 **office**
[ɑ́ːfəs]
名 ① 事務所, 会社 ② 官職 (の地位)
➡ □ófficer 名 役人, 警官

178 **story**
[stɔ́ːri]
名 注意 ① (建物の) 階 (=□floor)
② 話, 物語

179 **frame**
[fréɪm]
名 ① 骨組み ② (窓などの) 枠
動 を組み立てる

動名詞ではなく不定詞を目的語にとる動詞 (1) 🔍 GF ▶

180 **afford**
[əfɔ́ːrd]
動 ① 《can afford to do で》~する余裕がある,
~できる ② を与える
➡ □affórdable 形 手ごろな価格の

181 **attempt**
[ətémpt]
動 ① ~することを試みる ② を企てる
名 試み, 企て, 努力

182 **fail**
[féɪl]
動 ① ~しそこなう ② (を) 失敗する
➡ □never fail to do 必ず~する
□fáilure 名 失敗

183 **hope**
[hóʊp]
動 ① ~したいと思う ② (を) 望む, (を) 期待する
➡ □hope for ... …を望む
名 希望, 見込み

184 **intend**
[ɪnténd]
動 ① ~するつもりである ② を意図する
➡ □inténtion 名 意図

185 **manage**
[mǽnɪdʒ] 発
動 ① 《manage to do で》どうにかして~する
② を経営する, を管理する
➡ □mánagement 名 経営, 管理

44

Level 1

There are a lot of factories in my town.	私の町には工場がたくさんある。
The museum is proud of its collection.	その美術館はコレクション(所蔵品)を誇りにしている。
ⓐ I bought some fruit at the store near the station. ⓑ We need to store food in case of a disaster.	ⓐ 私は駅近くの店でいくつか果物を買った。 ⓑ 災害時に備えて食料を蓄えておく必要がある。
I usually get to the office around eight o'clock.	私はふつうは8時ごろに事務所に着く。
This building has five stories.	この建物は5階建てだ。
They built the frame of the new house.	彼らは新しい家の骨組みを作った。

● 不定詞は「まだ行われていないこと」や「可能性のあること」など，これから先の時点で起こることを表す。

I *can't* afford *to* travel abroad this year.	私は今年，海外旅行に行く余裕がない。
The cat attempted to escape.	そのネコは脱走を試みた。
ⓐ He failed to achieve the goal. ⓑ She *never* fails *to* catch the 8 o'clock train.	ⓐ 彼は目標を達成しそこなった。 ⓑ 彼女は必ず8時の電車に乗る。
I hope to sing this song on stage some day.	私はいつの日かこの曲を舞台で歌いたいと思う。
She intends to study abroad during college.	彼女は大学在学中に留学するつもりである。
We managed *to* persuade him.	私たちはどうにか彼を説得した。

186 **nature**
[néɪtʃər]
名① 自然　② 性格　③ 性質
➡ □ **by nature** 生まれつき
□ **nátural** 形 自然の，当然の
□ **náturally** 副 自然に，当然

187 **source**
[sɔ́:rs]
名① 水源　② 出所，源　③ 原因
➡ □ **résource** 名《通常（複）で》資源

188 **desert**
名 [dézərt]
動 [dɪzə́:rt] ア
名 砂漠　動 注意 を見捨てる
➡ □ **desertificátion** 名 砂漠化
注意 □ **dessert** [dɪzə́:rt] 名（食事の）デザート

189 **space**
[spéɪs]
名① 宇宙　② 空間，余地
➡ □ **in space** 宇宙で（に，へ）

190 **even**
[í:vən] 発
形①（表面などが）平らな　② 等しい　③ 偶数の
副① ～でさえ　②《比較級を強めて》さらに
➡ □ **even if ...** たとえ…だとしても

191 **pretend**
[prɪténd] ア
動① ～するふりをする　② と偽る
➡ □ **preténder** 名 偽善者

192 **refuse**
[rɪfjú:z] ア
動① ～することを拒む　② を断る
③（許可）を与えない
➡ □ **refúsal** 名 拒否

193 **promise**
[prá:məs] 発
動① ～することを約束する　② ～する見込みがある
名① 約束　② 見込み

194 **offer**
[ɔ́(:)fər]
動① ～することを申し出る　② を提供する
名 申し出，提案

195 **desire**
[dɪzáɪər] ア
動① ～することを強く望む　② を強く望む
名 願望，要望，欲望

196 **plan**
[plǽn] ア
動① ～することを計画する　② ～するつもりである
名① 計画，案　②《通常（複）で》予定

Level 1

We love the beauty of nature.	私たちは美しい自然を愛している。
ⓐ The source of this river is high in the mountains.	ⓐ この川の水源は山の高いところにある。
ⓑ What is the source of the information?	ⓑ その情報源は何ですか。
ⓐ The Sahara is the largest desert in the world.	ⓐ サハラは世界最大の砂漠である。
ⓑ The man deserted the army.	ⓑ その男は軍を見捨てた(脱走した)。
I want to be a researcher in space science.	私は宇宙科学の研究者になりたい。
The floor must be perfectly even before we lay the tiles.	タイルを敷く前に床が完ぺきに平らになっていなければならない。

○ 他動詞には目的語に,①不定詞のみをとるもの,②動名詞のみをとるもの,③両方とり,意味が変わらないもの,④両方とり,意味が異なるもの,がある。③に関しては意識しなくてもよいが,④はそれぞれの意味を必ず覚え,①②はどちらをとるかを確実に覚えておこう。

The boy pretended to be ill.	その少年は病気のふりをした。
The man refused to pay the fine.	その男は罰金の支払いを拒否した。
They promised to see each other again after a year.	彼らは1年後に再会することを約束した。
She offered to pick us up.	彼女は車で私たちを迎えに来ると申し出た。
He desired to return to Mexico.	彼はメキシコに戻ることを強く望んだ。
He plans to go to Ireland in the near future.	彼は近い将来アイルランドに行くことを計画している。

197 **chance**
[tʃǽns]
名 ① (偶然の) 機会, 好機　② 見込み
➡ □by chance 偶然に

198 **courage**
[kə́:rɪdʒ] 発
名 勇気　➡ □courágeous 形 勇気のある
□encóurage 動 を励ます, を勇気づける

199 **familiar**
[fəmíljər] アク
形 ① よく知られた　② 親しい
➡ □be familiar to ... …によく知られている
□be familiar with ... …をよく知っている

200 **sure**
[ʃúər]
形 確信して, 確実な　➡ □súrely 副 確かに
□be sure of ... …を確信している
□be sure to do きっと～するはずだ

201 **true**
[trú:]
形 本当の, 本物の, 真実で (↔ □false 誤った)
➡ □come true 実現する
□be true of ... …にあてはまる
□trúth 名 真実　□trúly 副 本当に

不定詞ではなく動名詞を目的語にとる動詞 (1)　🔍 GF ▶

202 **enjoy**
[ɪndʒɔ́ɪ]
動 ① ～して楽しむ
② を楽しむ, を享受する

203 **avoid**
[əvɔ́ɪd]
動 ① ～するのを避ける　② を避ける

204 **finish**
[fínɪʃ]
動 ① ～し終える　② を終える, 終わる
名 終わり, 仕上げ

205 **mind**
[máɪnd]
動 ①《疑問文・否定文で》(を) いやだと思う, (を) 気にする
②《通常は命令文で》(に) 気をつける
➡ □Would you mind -ing? ～していただけませんか。
□Never mind. 気にするな。
名 ① 心　② 考え　③ 理性, 正気

206 **stop**
[stɑ́:p]
動 ① ～するのをやめる　② 止まる, を止める
注意 ➡ □stop to do 立ち止まって(立ち寄って)～する
□stop ... from -ing …が～するのをやめさせる
名 ① 停止　② 停留所

☐ I got a chance to meet my favorite singer.	私はお気に入りの歌手に会う機会を得た。
☐ He faced the disease with courage.	彼は勇気を持って病気に立ち向かった。
☐ⓐ Her name *is* familiar *to* Japanese people.	ⓐ 彼女の名は日本人によく知られている。
☐ⓑ Most people *are* familiar *with* the rules of soccer.	ⓑ ほとんどの人はサッカーのルールをよく知っている。
☐ⓐ I'*m* sure *of* his success.	ⓐ 私は彼の成功を確信している。
☐ⓑ She *is* sure *to* pass the test.	ⓑ 彼女はきっと試験に合格するはずだ。
☐ⓐ I know your dream will *come* true.	ⓐ 私はあなたの夢が叶うであろうことを知っている。
☐ⓑ The same *is* true *of* most animals.	ⓑ 同じことがほとんどの動物にあてはまる。

> ● 不定詞がこれから先の時点で起こることを表すのに対して，動名詞は「している最中のこと」や「すでにしたこと」など，すでに事実として存在していることを表す。

☐ He enjoys play*ing* the guitar on Sundays.	彼は日曜日にはギターを弾いて楽しむ。
☐ You should avoid walk*ing* in that area at night.	夜にその地域を歩くのは避けるべきだ。
☐ He finished clean*ing* his room in an hour.	彼は1時間で部屋を掃除し終えた。
☐ⓐ *Would you* mind wait*ing* here? — Not at all.	ⓐ ここで待っていただけませんか。 —いいですよ。
☐ⓑ Keep that rule in mind.	ⓑ そのルールを心に留めておきなさい。
☐ⓐ Stop us*ing* your smartphone in class.	ⓐ 授業中にスマートフォンを使うのをやめなさい。
☐ⓑ I stopped *to* buy a bottle of water.	ⓑ 私は立ち止まって水を1びん買った。

方向・距離などを表す語

207 **close**
　形 副 [klóus] 発
　動 [klóuz]

形 ① 近い，接近した　② 綿密な，きめ細かい
副 近くに，接近して
動 ① 閉まる，を閉める　② を終える
➡ □ **closely** [klóusli] 副 密接に，ぴったりと，綿密に

208 **far**
　[fáːr]

形 遠い(↔ □ **near**)　副 ① 遠くに　② (程度が)はるかに
➡ □ **far from ...** 決して…でない
　□ **as[so] far as ...** …する限り(では)

209 **distant**
　[dístənt]

形 遠い，離れた　➡ □ **distant from ...** …から遠い
　□ **dístance** 名 距離，道のり

210 **upstairs**
　[ʌ́pstéərz]

副 階上に，2階で
(↔ □ **downstairs** 階下に，1階で)

不定詞ではなく動名詞を目的語にとる動詞 (2)

211 **forgive**
　[fərgív]

動 (を)許す
➡ □ **forgive ⟨人⟩ for -ing** ⟨人⟩が～したことを許す

212 **practice**
　[prǽktɪs]

動 ① ～する練習をする　② を実行する
③ (医者・弁護士など)(を)開業している
名 ① 練習　② 実践　③ 慣習，習慣
➡ □ **put ... into practice** …を実行する
　□ **práctical** 形 実践的な

213 **consider**
　[kənsídər] ア

動 ① ～するのをよく考える　② を～と思う(見なす)
➡ □ **considerátion** 名 考慮，思いやり
　□ **consíderable** 形 かなりの，相当な

214 **escape**
　[ɪskéɪp]

動 ① ～するのをまぬがれる　② 逃げる　名 逃亡，脱出
➡ □ **escape from ...** …から逃げる

215 **admit**
　[ədmít] ア

動 ① ～したのを認める (↔ □ **deny**)
② (入場・入学など)を許可する
➡ □ **admíssion** 名 入場(入学)許可，入場料

216 **deny**
　[dɪnáɪ] 発 ア

動 ① ～したのを否定する (↔ □ **admit**)
② を拒む，を認めない　➡ □ **deníal** 名 否定

217 **miss**
　[mís]

動 ① ～しそこなう　② に乗り遅れる (↔ □ **catch**)
③ がないのに気づく，を恋しく思う　④ をまぬがれる

□ⓐ They live in a house close to an elementary school.	ⓐ 彼らは小学校の近くにある家に住んでいる。
□ⓑ Would you mind if I closed the window?	ⓑ 窓を閉めてもかまいませんか。

□ⓐ Osaka is not so far from Kyoto.	ⓐ 大阪は京都からそれほど遠くない。
□ⓑ This suitcase is far *from* cheap.	ⓑ このスーツケースは決して安くはない。
□ⓒ *As* far *as* I know, he is single.	ⓒ 私の知る限り，彼は独身だ。

□ Can you see that distant light?	あの遠くの光が見えますか。

□ Our children are playing upstairs.	うちの子どもたちは2階で遊んでいる。

□ Please forgive my be*ing* late.	どうか私の遅刻を許してください。

□ⓐ Today we're going to practice sing*ing*.	ⓐ 今日，私たちは歌う練習をするつもりだ。
□ⓑ He got the chance to *put* his ideas *into* practice.	ⓑ 彼は自分の考えを実行する機会を得た。

□ We are considering mov*ing* to Saitama.	私たちは埼玉に引っ越すことを検討している。

□ The dog narrowly escaped be*ing* hit by a bus.	そのイヌはかろうじてバスにひかれるのをまぬがれた。

□ She admitted tell*ing* a lie about that.	彼女はそれについてうそをついたことを認めた。

□ The boy denied cheat*ing* on the test.	少年は試験での不正行為を否定した。

□ⓐ I missed see*ing* the famous singer.	ⓐ 私はその有名な歌手に会いそこなった。
□ⓑ I missed the last train.	ⓑ 私は最終電車に乗り遅れた。

重要性を表す語

218 □ **important**
□ [ɪmpɔ́:rtnt]

形 重要な, 大切な
➡ □ impórtance 名 重要性
□ of great importance 極めて重要な

219 □ **precious**
□ [préʃəs]

形 ① 貴重な, 大切な　② 高価な
➡ □ precious metal 貴金属

220 □ **main**
□ [méin]

形 おもな, 主要な
➡ □ máinly 副 主として, おもに

221 □ **perfect**
□ [pɔ́:rfɪkt]

形 完全な, 完ぺきな
➡ □ perféction 名 完全 (さ)
□ pérfectly 副 完全に, 完ぺきに

目的語が不定詞か動名詞かで意味の異なる動詞　🔍 **GF ▶**

222 □ **need**
□ [ní:d]

動 を必要とする
➡ □ need to do　〜する必要がある
□ need -ing　〜される必要がある
名 必要, 要求

223 □ **remember**
□ [rɪmémbər] 🅐

動 を覚えている, を思い出す
➡ □ remember to do 忘れずに〜する
□ remember -ing 〜したことを覚えている

224 □ **forget**
□ [fərgét] 🅐

動 を忘れる　　　　　　〈forgot - forgot[forgotten]〉
➡ □ forget to do 〜するのを忘れる
□ forget -ing 〜したことを忘れる

225 □ **try**
□ [trái]

動 を試みる, を試す
➡ □ try to do 〜しようと努力する
□ try -ing 試しに〜してみる
名 試み, 努力　➡ □ trial 名 裁判, 試験, 試練

226 □ **regret**
□ [rɪgrét]

動 を後悔する, を残念に思う　　〈regretted-regretted〉
➡ □ regret to do 残念ながら〜する
□ regret -ing 〜したことを後悔する
名 後悔, 遺憾
➡ □ regréttable 形 (行為が) 後悔させる, 残念な
□ regrétful 形 (人が) 後悔して, 残念に思って

☐ It's important for you to listen to others carefully.	君は他人の言うことを注意深く聞くことが重要である。
☐ Water is very precious in this desert area.	水はこの砂漠地帯ではとても貴重だ。
☐ What is your main reason for choosing this university?	この大学を選ぶおもな理由は何ですか。
☐ His answer to this question was perfect.	この質問に対する彼の答えは完ぺきだった。

> ◐ 不定詞の行為はこれから起こることであり，主語の意思が含まれている。一方，動名詞の行為はすでに起こったことや実際の行為である。不定詞と動名詞の表す意味の違いを考えるとよい。

☐ ⓐ You need *to* show your passport.	ⓐ あなたはパスポートを提示する必要がある。
☐ ⓑ The bathroom needs clean*ing*.	ⓑ バスルームは掃除される必要がある。
☐ ⓐ Remember *to* contact her.	ⓐ 忘れずに彼女に連絡しなさい。
☐ ⓑ I remember watch*ing* the movie with my father.	ⓑ 私は父とその映画を見たことを覚えている。
☐ ⓐ I forgot *to* set the alarm.	ⓐ 私は目覚まし時計をセットするのを忘れた。
☐ ⓑ I'll never forget see*ing* the Grand Canyon.	ⓑ グランドキャニオンを見たことは忘れられない。
☐ ⓐ I tried *to* get up at six, but I couldn't.	ⓐ 私は6時に起きようと努力したが，起きられなかった。
☐ ⓑ I tried call*ing* again, but there was no answer.	ⓑ 私は試しにもう一度電話をかけてみたが，応答はなかった。
☐ ⓐ We regret *to* inform you that this flight has been cancelled.	ⓐ 残念ながら当便はキャンセルとなったことをお知らせします。
☐ ⓑ I regret not see*ing* the Mona Lisa in Paris.	ⓑ 私はパリでモナリザを見なかったことを後悔している。

Level 1

可能性・頻度を表す語

227 **certain**
[sə́:rtn] 発

形 確実な, 確信して ➡ □ cértainly 副 確かに
□ be certain to do 〜するのは確実である

228 **likely**
[láɪkli]

形 ありそうな (↔ □ unlikely ありそうにない)
➡ □ be likely to do 〜しそうである

229 **almost**
[ɔ́:lmoust]

副 ほとんど, もう少しで (= □ nearly)
➡ □ almost all ... ほとんどすべての…

思いがけない意味を持つ動詞 🔍 GF ▶

230 **become**
[bɪkʌ́m]

動 ① に似合う ② 〜になる 〈became - become〉
➡ □ What has become of ...? …はどうなったか。

231 **count**
[káʊnt] 発

動 ① 重要である, 価値がある ② を数える
➡ □ count on[upon] ... …をあてにする

232 **face**
[féɪs]

動 ① (困難など) に直面する ② に面する
名 顔, 表面 ➡ □ face to face 向かい合って

233 **follow**
[fɑ́:loʊ]

動 ①《it follows that ... で》…ということになる
② (に) ついて行く, (に) 続く

234 **last**
[lǽst]

動 ① 続く ② 持ちこたえる 形 ① 最後の ② この前の
③《the last で》もっとも…しそうにない 副 最後に

235 **run**
[rʌ́n]

動 ① を経営する ② を動かす ③ 立候補する ④ 流れる
⑤ 走る ➡ □ run out of ... …を使い果たす 〈ran - run〉

236 **stand**
[stǽnd]

動 ①《疑問・否定文で》をがまんする ② 立つ 名 立場
➡ □ stand for ... …を表す 〈stood - stood〉

237 **cast**
[kǽst]

動 ① (ものを) 投げる ② (役などを) 割り当てる
名 ① 投げること ② 配役 〈cast - cast〉

238 **pay**
[péɪ]

動 ① 得になる ② (に) 報いる ③ (を) 払う 〈paid - paid〉
名 給料, 手当

239 **read**
[rí:d]

動 ① 解釈される, 読める ② 読む, 読解する

240 **sell**
[sél]

動 ①《自動詞で》売れる ② を売る 〈sold - sold〉
➡ □ sále 名 販売, 特売

Level 1

It is certain that there will be an election in May.	5月に選挙があるのは確実だ。
My grandmother *is* likely *to* live to one hundred.	私の祖母は100歳まで生きそうだ。
It's an almost impossible task.	それはほとんど達成不可能な課題だ。

○ たとえばwearは中学校でも学ぶ基本的な単語だが,「を身につけている」だけでなく「をすり減らす」という意味もある。よく知っている単語でも,一度辞書をひいて単語に対するイメージをふくらませるとよいだろう。

This blue dress really becomes you.	この青いドレスは本当に君に似合う。
ⓐ That's what counts. ⓑ Can we count *on* your help?	ⓐ それが重要なことだ。 ⓑ 私たちはあなたの助けをあてにすることができますか。
Young people are facing various problems in that country.	その国では若者がさまざまな問題に直面している。
The country's population is increasing, so *it* follows *that* more houses will be needed.	国の人口が増加しているので,もっと多くの家が必要になるだろう。
ⓐ The hot weather lasted until the middle of September. ⓑ He is *the* last person to tell a lie.	ⓐ 暑さが9月中旬まで続いた。 ⓑ 彼はもっともうそをつきそうにない人だ。
For a while, she ran a restaurant in Boston.	しばらくの間,彼女はボストンでレストランを経営した。
She couldn't stand the noise from the party.	彼女はパーティーの騒音をがまんすることができなかった。
The wizard cast the stones into the water.	魔法使いは水の中に石を投げ入れた。
It doesn't pay to argue with her.	彼女と議論しても得にならない。
The word reads two different ways.	その語は2つの異なる方法(発音)で読める。
Her latest book is selling well in Japan.	彼女の最新の本は日本でよく売れている。

241 **change**
[tʃéɪndʒ]
名① つり銭，小銭　② 変化
➡ **Keep the change.** おつりはとっておいてください。
動① を変える，変わる　② を取り替える

242 **mine**
[máɪn]
名① 鉱山，鉱坑　② 地雷，機雷（＝ landmine）
代 私のもの

243 **fire**
[fáɪər]
動① を解雇する（＝ dismiss）
　　（↔ hire を雇う）
　　② を興奮させる　③ 発砲する
名 火，火事

244 **book**
[búk]
動（を）予約する
名 本

245 **charm**
[tʃáːrm]
名① お守り，魔よけ　② 飾り物　③ 魅力，魔力
動① （を）うっとりさせる　② （に）魔法をかける

246 **break**
[bréɪk]
名 休憩
動① を壊す，壊れる　② を折る，折れる

247 **hand**
[hǽnd]
動 を手渡す，を渡す
名① 手　② 側，面　③ 手助け，人手
➡ get out of hand 手に負えなくなる

248 **place**
[pléɪs]
名① 地位，身分　② 場所，位置
動 を置く

249 **flat**
[flǽt]
形① パンクした，空気が抜けた
　　② 平らな，平たい
副（時間が）きっかり
名〔英〕アパート

250 **lot**
[láːt]
名① 運命　② （土地の）一区画　③ くじ
➡ parking lot 駐車場
代 たくさんのこと
➡ a lot はるかに　注意 比較級を強調する表現。

251 **will**
[wíl]
名① 遺言（書）　② 意欲，意志
助① ～だろう　② ～するつもりだ
　　③《Will you do? で》～してくれませんか

Level 1

Do you have change for a 10,000 yen bill?	1万円札でおつりがありますか。
Japan had many mines in the past.	日本は過去に多くの鉱山を持っていた。
He was fired for being late so often.	彼はあまりにひんぱんに遅刻するため解雇された。
I want to book a room at that hotel.	私はそのホテルの部屋を予約したい。
I wear a charm for good luck.	私は幸運のためのお守りを身につけている。
Let's take a break at 3.	3時に休憩をとろう。
Can you hand me the key?	私にカギを渡してくれる？
ⓐ In those days, women had a high place in society.	ⓐ 当時，女性たちは社会で高い地位を持っていた。
ⓑ She placed the vase on the table.	ⓑ 彼女はテーブルの上にその花瓶を置いた。
While riding my bicycle in the park, I got a flat tire.	公園で自転車に乗っている最中，タイヤがパンクした。
This seems to be my lot in life.	これは私の人生の運命のようだ。
The old man wrote a will several years before he died.	その老人は亡くなる数年前に遺言を書いた。

252	well [wél]	副 うまく
		名 井戸
		形 健康で　➡ □get well 元気になる
		間 さて, おや, まあ

253	end [énd]	名 ① 目的　② 終わり　③ 端
		動 終わる, を終える
		➡ □end up ... 最後には…になる
		□end up (by) -ing 〜することで終わる

254	edge [édʒ]	名 ① 有利な状況・立場　② ふち, 端　③ (刃物の) 刃

255	table [téɪbl]	名 ① 表, 目録
		② テーブル, 卓

256	spell [spél]	名 ① 期間　② 呪文
		動 をつづる
		➡ □spélling 名 つづり, スペル

257	touch [tátʃ]	名 ① 少量　② 触れること, 感触
		動 (に) 触れる, (を) 感動させる

258	game [géɪm]	名 ① 獲物
		② ゲーム, 遊び
		③ 競技, 試合

259	room [rú:m]	名 ① 場所, あき
		② 余地, 機会
		③ 部屋, 室

260	match [mætʃ]	動 ① (と) 調和する, 調和させる, 組み合わせる
		② に匹敵する, よい相手となる
		名 ① 試合　② 競争相手, 好敵手
		③ 似合いの人・もの　④ マッチ(棒)

261	fall [fɔ́:l]	名 ① 《米》秋　② 滝　③ 落ちること
		動 ① 落ちる　② 倒れる
		③ (温度・値段などが) 下がる

262	park [pá:rk]	動 駐車する
		名 ① 公園　② 駐車場

| They searched for a well in the desert. | 彼らは砂漠で井戸を探した。 |

| ⓐ They reached the end of their journey. | ⓐ 彼らは旅の目的（地）にたどり着いた。 |
| ⓑ We ended *up* mov*ing* to a small town. | ⓑ 最後には私たちは小さな町に引っ越した。 |

| Our team has the edge today. | 今日は私たちのチームが有利だ。 |

| Fill in this table with the data. | そのデータをこの表に記入しなさい。 |

| We had a warm spell in January this year. | 今年の1月に暖かい時期があった。 |

| The vegetable soup needs a touch of salt. | その野菜スープには塩が少々必要だ。 |

| The hunters were looking for big game in Africa. | ハンターたちはアフリカで大きな獲物を探していた。 |

| Our garage has room for two cars. | 私たちのガレージには車2台の場所がある。 |

| The curtains don't match this room. | そのカーテンはこの部屋に合っていない。 |

| Fall is the season I enjoy sweet potatoes. | 秋は私がサツマイモを楽しむ季節だ。 |

| You can park your car there. | あなたはそこに駐車することができる。 |

make (1)

① を作る
② (事態・状態) を生み出す, を引き起こす
③ を(ある状態) にする
④ に〜させる

make は, ものごとに働きかけて, 新しい別のものや状況を生み出すことを表す。いろいろな文型で使われるので, 注意が必要である。

come (1)

① (自分の方に) 来る
② (相手の方に) 行く
③ (ある状態に) なる

come は, 人やものが自分のところに向かって来ることを表す。相手を中心に考え, 相手のところに行くことも come で表すことができる。

263 ☐ **be made from ...**
(原料) から作られている

264 ☐ **be made of ...**
(材料) でできている

265 ☐ **be made up of ...**
…で構成されている

266 ☐ **make ... into ~**
…を(製品) に加工する

267 ☐ **make up one's mind to do**
〜しようと決心する

268 ☐ **make a point of -ing**
〜することにしている

269 ☐ **make progress in ...**
…において進歩をとげる

270 ☐ **come across ...**
…に出くわす, …に偶然会う

271 ☐ **come true**
実現する

272 ☐ **come to (oneself)**
意識を取り戻す

273 ☐ **come to do**
〜するようになる

274 ☐ **come off**
① 行われる ② 落ちる, 取れる

275 ☐ **come to think of it**
考えてみると, そう言えば

276 ☐ **come by (...)**
① …を手に入れる ② 立ち寄る

Level 1

263 ☐ Cheese is made from milk. チーズは牛乳から作られている。

注意 from は製品を見て原材料がわからないときに使う。

264 ☐ This spoon is made of wood. このスプーンは木でできている。

注意 of は製品を見て原材料がわかるときに使う。

265 ☐ The group is made up of four students. そのグループは4人の学生で構成されている。

266 ☐ We make old things into new products. 我々は古いものを新しい製品に加工する。

267 ☐ She made up her mind to work harder. 彼女はもっと一生懸命働こうと決心した。

注意 〔同・類〕decide to do

268 ☐ I make a point of reading the Bible before going to bed. 私は寝る前に聖書を読むことにしている。

注意 〔同・類〕make it a point to do

269 ☐ He made great progress in speaking English. 彼は英語を話すことにおいて大きな進歩をとげた。

270 ☐ I came across my old friend in a bookstore. 私は書店で古い友人に出くわした。

271 ☐ Her dream of becoming a teacher finally came true. 教師になるという彼女の願いがようやく実現した。

272 ☐ After a few minutes, she came to herself. 数分後, 彼女は意識を取り戻した。

273 ☐ Paul came to like *natto* after living in Japan. ポールは日本に住んでから納豆が好きになった。

274 ☐ The party came off as we planned. パーティーは私たちが計画したとおりに行われた。

275 ☐ Come to think of it, I did see her. 考えてみると, 私は彼女を見た。

注意 〔同・類〕talking about it, speaking of it

276 ☐ How did you come by these tickets? どうやってこれらのチケットを手に入れたの？

go

① (現在の位置から離れて) 行く
② (道・ものが) 至る
③ (悪い状態) になる

go は，come と逆に，自分や相手のところから遠ざかっていくことを表す。悪い状態を表す形容詞を補語にする SVC の文型での用法にも注意する。

277 ☐ **go on -ing**
〜し続ける

278 ☐ **go on to do**
さらに続けて〜する

279 ☐ **go on with ...**
…を続ける

280 ☐ **go -ing at[in, on] 〈場所〉**
〈場所〉に〜しに行く

281 ☐ **go through ...**
…を経験する，…を通り抜ける

282 ☐ **go bad**
(食べ物などが) 腐る

283 ☐ **go wild**
荒っぽくなる，興奮する

284 ☐ **go from bad to worse**
さらに悪く(つまらなく) なる

285 ☐ **go ahead with ...**
…を始める，…を進める

286 ☐ **go over ...**
…をよく調べる(考える)

287 ☐ **go with ...**
…と調和する，…と交際する

288 ☐ **go out of one's way to do**
(必要がないのに) わざわざ〜する，無理して〜する

289 ☐ **be on the go**
仕事に追われている，常に活動している

277 ☐ He <u>went on</u> walk*ing* in the forest.　彼は森の中を歩き続けた。

注意 〔同・類〕 continue -ing[to do], keep (on) -ing

278 ☐ She <u>went on to</u> write several novels.　彼女は続けていくつかの小説を書いた。

279 ☐ Please <u>go on with</u> your work.　どうぞ仕事を続けてください。

280 ☐ They <u>went</u> shopp*ing* <u>at</u> the shopping mall.　彼らはショッピングモールへ買い物に行った。

281 ☐ She <u>went through</u> a hard time.　彼女は苦しい時期を経験した。

注意 〔関連〕 go through with ... (…をやり通す)　〔同・類〕 experience (…を経験する)

282 ☐ Bananas <u>go bad</u> quickly in summer.　バナナは夏にはすぐ腐る。

283 ☐ The fans <u>went wild</u> when their team scored the winning goal.　彼らのチームが勝利のゴールを決めたとき, ファンは興奮した。

284 ☐ Matters <u>went from bad to worse</u>.　事態はさらに悪い方向に向かった。

285 ☐ <u>Go ahead with</u> the work right now.　今すぐ仕事を始めなさい。

注意 〔同・類〕 begin, start (…を始める)

286 ☐ We <u>went over</u> the plan several times.　私たちはその計画を何度もよく調べた。

287 ☐ Do you think these shoes <u>go with</u> this dress?　この靴はこのドレスに似合うと思いますか。

288 ☐ He <u>went out of</u> his <u>way to</u> help me while I was sick.　私が体調を崩している間, 彼はわざわざ助けてくれた。

注意 〔関連〕 go out of the way (回り道する, 取り乱す)

289 ☐ I've <u>been on the go</u> all day.　私は1日中仕事に追われている。

注意 この文での go は名詞 (行くこと, 活動)。

give

① を与える，を渡す
② を催す
③ （圧力などに負けて）譲る，崩れる

give は，他動詞「を与える」の意味だけでとらえがちだが，自動詞「譲る，崩れる」の意味を含む熟語も重要である。

290 □ **give 〈人〉 a hand**
〈人〉に手を貸す，
〈人〉の手伝いをする

291 □ **give 〈人〉 a call[ring]**
〈人〉に電話をする

292 □ **give birth to …**
…を産む

293 □ **give up (...)**
（…を）あきらめる，
（…を）断念する

294 □ **give in (...)**
① 譲る，屈服する
② …を提出する

295 □ **give way to …**
① …に譲歩する，…に屈する，
…に負ける　② …に道を譲る

296 □ **given …**
…を考慮に入れれば，
もし…があれば

297 □ **give out ...**
…を配る

298 □ **give away …**
① （秘密など）を明かす
② …を無料で配る

299 □ **give rise to …**
…を引き起こす，…の原因となる

300 □ **give off …**
（におい・熱など）を発する，
…を出す

Level 1

290 ☐ Can you <u>give</u> me <u>a</u> <u>hand</u> with this desk?

この机を運ぶのに手を貸してくれませんか。

注意 〔同・類〕give a hand to 〈人〉

291 ☐ I'll <u>give</u> you <u>a</u> <u>call</u> at about seven.

7時頃あなたに電話をします。

注意 〔同・類〕call, telephone

292 ☐ Ann <u>gave</u> <u>birth</u> <u>to</u> a baby boy.

アンは男の子を産んだ。

注意 〔同・類〕bear

293 ☐ I <u>gave</u> <u>up</u> my plan to study abroad.

私は留学する計画をあきらめた。

注意 〔関連〕give up -ing（〜するのをやめる）, give〈人〉up for lost（〈人〉が行方不明とあきらめる）

294 ☐ He never <u>gives</u> <u>in</u> easily.

彼は決して簡単に降参しない。

注意 〔関連〕give in to ...（…に屈服する）（＝ yield to ... ） 〔同・類〕hand in ...（…を提出する）

295 ☐ She <u>gave</u> <u>way</u> <u>to</u> temptation.

彼女は誘惑に負けた。

注意 〔同・類〕yield to ...

296 ☐ <u>Given</u> a typhoon is coming, you should stay home.

台風が近づいてきていることを考慮に入れれば，家にいるべきだ。

297 ☐ Our teacher <u>gave</u> <u>out</u> the test papers.

私たちの先生が試験用紙を配った。

注意 〔同・類〕distribute

298 ☐ Don't <u>give</u> <u>away</u> our secret.

私たちの秘密を明かさないで。

299 ☐ His careless words <u>gave</u> <u>rise</u> <u>to</u> misunderstandings.

彼の不注意な発言が誤解を引き起こした。

300 ☐ The river <u>gave</u> <u>off</u> a terrible smell.

その川はひどいにおいを発していた。

take (1)

① を取る
② を持って行く，を連れて行く
③ を必要とする
④ を〜とみなす，を〜と思う

take は，ものを持って（人を連れて）その場から遠ざかることを表す。「を〜とみなす，を〜と思う」の意味を含む熟語も重要である。

leave

① を去る
② を置き忘れる，を残す
③ を(ある状態のまま)に放っておく

leave は，ものごとをそのままにして，その場を離れることを表す。離れたあとの状態に注目した意味が「を残す」だと考えればよい。

301 □ **take care of ...**
…の世話をする，…に気を配る

302 □ **take over (...)**
（…を）引き継ぐ，交代する

303 □ **take part in ...**
…に参加する

304 □ **it takes〈人〉〈時間〉to do**
〈人〉が〜するのに〈時間〉がかかる

305 □ **take ... for granted**
…をあたりまえに思う，
…を当然のことと思う

306 □ **take it easy**
気楽にする

307 □ **take ... for**
① (誤って)…を〜だと思い込む
② …を〜だと思う

308 □ **leave ... behind**
① …を置き忘れる
② (財産など)をあとに残す

309 □ **leave much[a lot] to be desired**
問題が多い，
不満な点が多く残っている

310 □ **leave ... alone**
…を1人にしておく，
…をそっとしておく

311 □ **leave ... out**
…を省く，…を入れ忘れる

301 ☐ Who is <u>taking care of</u> the dog? 注意 〔同・類〕look after ...（…の世話をする）	誰がそのイヌの世話をしているの？
302 ☐ My father wants me to <u>take over</u> his business.	父は私に自分の会社を引き継いでほしいと思っている。
303 ☐ About 40 students <u>took part in</u> the volunteer activity. 注意 〔同・類〕participate in ...	40人ほどの学生がボランティア活動に参加した。
304 ☐ <u>It takes</u> me about 20 minutes <u>to</u> get to work. 注意 〔同・類〕it takes〈時間〉for〈人〉to do	私は通勤するのに20分ほどかかる。
305 ☐ My mother <u>took</u> it <u>for granted</u> that I would go to college.	母は私が大学に行くことをあたりまえだと思った。
306 ☐ Just <u>take it easy</u> and relax. 注意 〔関連〕take ... seriously（…を深刻に受けとめる）	少し気楽にして，リラックスしなさい。
307 ☐ I <u>took</u> the woman <u>for</u> Mike's mother. 注意 〔同・類〕mistake ... for 〜（…を〜だと思い込む）	私はその女性をマイクの母親だと思い込んだ。
308 ☐ I <u>left</u> my wallet <u>behind</u> at the restaurant.	私はレストランに財布を置き忘れた。
309 ☐ This kind of product <u>leaves a lot to be desired</u>. 注意 〔関連〕leave nothing to be desired（全然問題がない）	この種の製品は問題が多い。
310 ☐ Can you please <u>leave</u> me <u>alone</u> for a while?	しばらくのあいだ1人にしておいてくれませんか。
311 ☐ Tell me everything you heard. Don't <u>leave</u> anything <u>out</u>.	あなたが聞いたことはすべて打ち明けなさい。何も省いてはいけない。

Level 1

keep (1)

① を持っている
② を取っておく
③ を(ある状態)にしておく
④ (約束・規則など)を守る

keepは，ものごとを変化させないで同じ状態に保つことを表す。〈keep＋目的語＋補語〉の形に注意する。

set

① を置く
② を整える
④ (太陽や月が)沈む
③ を(ある状態)にする

setは，ものごとをある固定された状態にすえることを表す。

312 ☐ **keep good[early] hours**
早寝早起きをする

313 ☐ **keep a diary**
日記をつける

314 ☐ **keep good time**
(時計の)時間が正確である

315 ☐ **keep (on) -ing**
〜し続ける

316 ☐ **keep ... -ing**
…を〜するままにしておく

317 ☐ **keep 〈人〉company**
〈人〉に同行する，
〈人〉につき合う

318 ☐ **keep 〜 in mind**
〜を覚えている，
〜を心に留めておく

319 ☐ **keep up with 〜**
(時勢など)に遅れずについていく

320 ☐ **set out (...)**
① 《on, forを伴って》(…に)出発する
② …に着手する

321 ☐ **set in**
① (季節・天気が)始まる
② (よくないことが)定着する，流行する

322 ☐ **set about ...**
…に取りかかる，…に着手する

312 ☐ The doctor advised him to <u>keep good hours</u>.

医者は彼に早寝早起きをするように忠告した。

313 ☐ My grandfather has <u>kept a diary</u> for 70 years.

祖父は70年間日記をつけている。

314 ☐ The watch is very old but <u>keeps good time</u>.

その時計はとても古いが，時間は正確である。

315 ☐ We must <u>keep on</u> try*ing*.

私たちは挑戦し続けなければならない。

注意〔同・類〕continue -ing[to do] 〔関連〕keep on with ... (…を続ける)

316 ☐ They <u>kept</u> us wait*ing* for more than an hour.

彼らは私たちを1時間以上待たせたままにした。

317 ☐ I'll <u>keep</u> you <u>company</u> on the way to Osaka.

私が大阪まであなたに同行しよう。

注意〔関連〕in company with ... (…といっしょに)

318 ☐ <u>Keep</u> the weather <u>in mind</u> when you climb Mt. Fuji.

富士山に登るときは天気のことを忘れるな。

319 ☐ It is necessary to <u>keep up with</u> world news.

世界のニュースに遅れずについていくことが必要だ。

320 ☐ They <u>set out</u> on their dangerous journey.

彼らは危険な旅に出発した。

注意〔同・類〕leave (出発する)

321 ☐ The animal gathers nuts before winter <u>sets in</u>.

その動物は冬が始まる前に木の実を集める。

322 ☐ <u>Set about</u> your work as soon as possible.

すぐに仕事に取りかかりなさい。

have (1)

① を持っている
② を食べる, を飲む
③ に〜してもらう, に〜させる

have は, ものごとや状況を手に入れた状態にあることを表す。使役の用法「に〜させる」の意味に注意する。

323 □ **have a good time -ing**
〜して楽しむ

324 □ **have no idea**
わからない, 全然知らない

325 □ **have an eye for ...**
…を見る目がある

326 □ **have only to do**
〜しさえすればよい

327 □ **have ... done**
…を〜してもらう,
…を〜される

328 □ **have words with ...**
…と口論する

329 □ **have an effect on ...**
① …に影響を与える
② …に効果がある

330 □ **have[take, go] one's own way**
自分の思い通りにする

331 □ **have a good command of ...**
…を自由にあやつる

332 □ **have no choice but to do**
〜せざるをえない,
〜するほかに選択の余地がない

音声 ▶
No.323～332

Level 1

323 □ They <u>had</u> <u>a</u> <u>good</u> <u>time</u> play*ing* games together.
彼らはいっしょにゲームをして楽しんだ。

注意〔関連〕have a hard time -ing（～してつらい思いをする）

324 □ I <u>have</u> <u>no</u> <u>idea</u> about our new English teacher.
私は，私たちの新しい英語の先生について全然知らない。

325 □ She <u>has</u> <u>an</u> <u>eye</u> <u>for</u> beautiful art.
彼女は美しい芸術作品を見る目がある。

326 □ You <u>have</u> <u>only</u> <u>to</u> press this button.
あなたはこのボタンを押しさえすればよい。

注意〔関連〕have to do（～しなければならない）

327 □ My sister <u>had</u> her bicycle stolen by someone.
私の姉（妹）は誰かに自転車を盗まれた。

328 □ My mother <u>had</u> <u>words</u> <u>with</u> me last night.
昨夜，母は私と口論した。

329 □ The trip really <u>had</u> <u>an</u> <u>effect</u> <u>on</u> her.
その旅は実に彼女に影響を与えた。

注意〔関連〕be of no effect（効果がない）

330 □ You can't <u>have</u> <u>your</u> <u>own</u> <u>way</u> in everything.
君はすべてにおいて自分の思い通りにすることができるわけではない。

331 □ Misaki <u>has</u> <u>a</u> <u>good</u> <u>command</u> <u>of</u> English.
ミサキは英語を自由にあやつる。

332 □ She <u>had</u> <u>no</u> <u>choice</u> <u>but</u> <u>to</u> agree.
彼女は同意せざるをえなかった。

71

get (1)

① を得る，を受け取る
② を(ある状態)にする
③ (ある状態)になる

get は，人が主語の場合は，意図的にものやある状態を手に入れることを表す。また，人以外が主語の場合は，自然とある状態になることを表す。

333 □ **get to do**
～するようになる

334 □ **get ... to do**
① …に～させる
② …に～してもらう

335 □ **get ... done**
…を～してしまう

336 □ **get in touch with ...**
…と連絡を取る

337 □ **get on[along] with ...**
…と仲よくやっていく

338 □ **get nowhere**
進展しない，目的を達成しない

339 □ **get on one's nerves**
～をいらつかせる，
～の神経にさわる

340 □ **get[stand] in one's way**
～のじゃまをする

341 □ **get around**
① あちこち移動する，歩き回る
② (うわさなどが)広まる

342 □ **get back to ~**
(元の話題など)に戻る，
～に折り返し連絡する

333 □ How did you <u>get to</u> know him?	君はどうやって彼を知るようになった(彼と知り合いになった)の?
334 □ <u>Get</u> him <u>to</u> wash his hands first.	まずは彼に手を洗わせなさい。
335 □ I have to <u>get</u> all my work done by 5 o'clock.	私は5時までにすべての仕事をしてしまわなければならない。
336 □ You can always <u>get in touch with</u> me by email.	あなたはいつでも私とメールで連絡を取ることができる。
337 □ I want to <u>get along with</u> all my classmates.	私は級友みんなと仲よくしたい。
338 □ You will <u>get nowhere</u> if you complain all the time.	ずっと不満を言っていては進展しない。
注意 〔関連〕get ... nowhere (…に利益をもたらさない)	
339 □ The noise from downstairs was starting to <u>get on my nerves</u>.	下の階からの騒音が私をいらつかせ始めていた。
340 □ I didn't mean to <u>get in your way</u>.	私はあなたのじゃまをするつもりはなかった。
注意 〔同・類〕get in the way of ...	
341 □ I can easily <u>get around</u> with my bicycle.	私は自転車で簡単にあちこち移動することができる。
342 □ I'll <u>get back to</u> work after the break.	休憩後に仕事に戻ります。

Level 1

※語句の下の数字は，参考となるWord No.です。

1　The Sahara ①**Desert** is on the ②**continent** of Africa. In this ①**desert**, there are few ③**plants** and ④**creatures**. There is sand everywhere. Occasionally, there are camels and ⑤**humans**.

2　There is little water in the Sahara but there is one ⑥**area** with water. This place is called an oasis. A ⑦**village** is usually near an oasis. People *are* ⑧**grateful** *for* water in the ①**desert** and ⑨**save** every drop to stay ⑩**alive**. They *are* often ⑪**short** *of* water and it cannot be ⑫**wasted**.

3　There is a big oasis on the ⑬**border** of Libya and Egypt. It is near the ⑦**village** of Siwa. A few ⑭**tourists** ⑮<u>go out of their way to</u> visit Siwa. There is no airport or train station, so people ⑯<u>have no choice but to</u> take a bus or car to ⑰**get** there. Visitors go ⑱**sightseeing** *at their* ⑲**leisure**.

4　Many of the ⑳**important** places in Siwa are very old. A ㉑**journey** here takes ㉒**courage** because it is ㉓**far** from any towns or cities. You can ㉔**lie** on the ground at night and ㉕**look** *at* the ㉖**distant** stars. You can ㉗**find** *out* a lot about the history of ancient Greek and Egyptian ㉘**cultures**. You can ㉙**choose** to go to the ㉚**main** attraction of Siwa — the beautiful oasis that is open to the ㉛**public** every day.

(214 words)

Quick Check!

①「デザート」を意味する名詞は？　　　　⇨　_____

④「を創造する」を意味する動詞は？　　　⇨　_____

⑤「人間性」を意味する名詞は？　　　　　⇨　_____

⑪「不足」を意味する名詞は？　　　　　　⇨　_____

⑫ 名詞 waste の意味は？　　　　　　　　⇨　_____

また，右ページの問いと下のQuick Check!で，
読解力と語い力の定着を確認してみましょう。　　➡ 訳・解答は p.79

🔊))) 音声 ▶

Level 1

問1 波線部と同じ意味を表す英文を①〜④の中から選びなさい。

① are unable even to

② can but will not

③ cannot choose to

④ have no other way than to

問2 本文の内容に合っているものを①〜④の中から1つ選びなさい。

① People can use as much water as they please in an oasis.

② There are no towns or cities near the village of Siwa.

③ Siwa is a popular tourist destination for many visitors to Egypt.

④ Watching stars at night is the main attraction of Siwa.

⑳ 「重要性」を意味する名詞は？　　　　　　⇨　_____

㉒ 「を励ます」を意味する動詞は？　　　　　⇨　_____

㉖ 名詞 distance の意味は？　　　　　　　　⇨　_____

㉘ 「文化的な」を意味する形容詞は？　　　　⇨　_____

㉛ 「私用の」を意味する反意語は？　　　　　⇨　_____

□1. Would you (　　) me?
① be married　② get married　③ marry　④ marry with
〈武蔵大〉

□2. The salesperson persuaded (　　) the expensive automobile.
① me buying　② me to buy　③ buying me　④ to buy me
〈大阪産業大〉

□3. Stomach pains are sometimes (　　) by too much worry.
① caught　② seemed　③ effected　④ caused　〈関東学院大〉

□4. My teacher wanted (　　) a speech in class.
① I talk to　② myself to give　③ me to give　④ to talk to　〈北里大〉

□5. The traffic accident happened when he (　　) the corner of the street.
① arrived　② reached　③ got　④ came　〈摂南大〉

□6. I'll never forget (　　) Geneva when I was a student.
① to have visited　② to visit　③ visited　④ visiting　〈京都産業大〉

□7. I wonder how long this fine weather will (　　).
① end　② last　③ pass　④ stop　〈南山大〉

□8. I can't afford (　　) a new car.
① to buying　② to buy　③ buy　④ bought　〈福岡大〉

実践問題
Level 1
ANSWERS
(p.77)

9. ② ➡ 140	10. ④ ➡ 305	11. ② ➡ 117
12. ① ➡ 223	13. ③ ➡ 139	14. ④ ➡ 35
15. ③ ➡ 24		

□ **9.** He should have a mechanic ( ) the car before he buys it.
　　① checking　② check　③ have checked　④ checked　〈愛知工大〉

□ **10.** We ( ) it for granted that tap water is cheap and safe to drink.
　　① admit　② think　③ believe　④ take　〈国士舘大〉

□ **11.** After losing his wife, the man ( ) his six children alone.
　　① rose　② raised　③ risen　④ arise　〈愛知学院大〉

□ **12.** Please remember ( ) a dozen of eggs and several oranges before you come home tonight.
　　① to buy　② buying　③ bought　④ buy　〈芝浦工業大〉

□ **13.** "Oliver's gone to see his friends. He said he would be home by midnight."
　"Did he? We shouldn't ( ) him stay out so late. He has school tomorrow."
　　① have　② help　③ let　④ make　〈学習院大〉

□ **14.** I want to be a teacher when I ( ) this school.
　　① end　② graduate at　③ graduate　④ graduate from　〈浜松大〉

□ **15.** The girl ( ) her mother in many respects.
　　① resembling　② is resembled to　③ resembles　④ resembles to　〈関西学院大〉

実践問題
Level 1
ANSWERS
(p.76)

1. ③	➡ 20	**2.** ②	➡ 159	**3.** ④	➡ 94
4. ③	➡ 157	**5.** ②	➡ 23	**6.** ④	➡ 224
7. ②	➡ 234	**8.** ②	➡ 180		

1. 私と結婚してくださいますか。

   ※「Aと結婚する」は〈marry A〉。この意味でのmarryは他動詞であることに注意。

2. その販売員は，私を説得して高価な自動車を買わせた。

   ※〈persuade A to do〉で，「Aを説得して~させる」の意味。

3. 胃痛はときどき，過度の悩みによってもたらされる。

   ※causeは「（苦痛・被害）をもたらす」，〈be caused by ...〉で「…によってもたらされる」の意味。

4. 私の先生は，私に授業でスピーチをしてほしいと思った。

   ※〈want A to do〉で「Aに~してほしいと思う」の意味。

5. 彼が通りの角にさしかかったとき，交通事故が起こった。

   ※「に着く，さしかかる」を1語で表すのはreach。arriveとgetにはそれぞれ前置詞at, toが必要。comeは「~に来る」という意味で前置詞toが必要。

6. 私は学生だったときにジュネーブを訪れたことを絶対に忘れないだろう。

   ※〈forget -ing〉で「（以前）~したことを忘れる」の意味。〈forget to do〉は「（これから）~するのを忘れる」の意味になることに注意。

7. このいい天気がどのくらい続くのかな。

   ※lastは形容詞だと「最後の」の意味だが，動詞「続く，持ちこたえる」の意味も押さえておく。

8. 私は新車を買う余裕がない。

   ※affordは目的語に不定詞をとる。〈can afford to do〉で「~する余裕がある」の意味。

9. 彼は車を買う前に整備士にそれを点検させたほうがよい。

   ※使役動詞haveは〈have A do〉で，「Aに~させる」の意味で，【依頼】のニュアンスがある。〈have A done〉で「Aを~してもらう」となり，設問文を書きかえると，He should have the car checked by a mechanic .... となる。

10. 私たちは水道水が安価で飲むのに安全であることを当然だと思っている。

    ※〈take it for granted that ...〉で「…を当然のことと思う」の意味。itはthat以下を指す形式（仮）目的語。

11. 妻を失ったあと，その男は1人で6人の子どもを育てた。

    ※raiseは他動詞で「を育てる」の意味。rise「昇る」は自動詞〈活用：rise-rose-risen〉。

12. 今夜帰宅する前に1ダースの卵とオレンジをいくつか，忘れずに買ってきてください。

    ※〈remember to do〉で「忘れずに~する」の意味。〈remember -ing〉だと「（以前に）~したことを覚えている」の意味になることに注意。

13. 「オリバーは友達に会いに行ったよ。帰宅は深夜になると言っていた」「そうなの？　私たちは彼をそんなに遅くまで外出させるべきじゃないわ。彼は明日，学校があるのよ」

    ※〈let A do〉は「Aに（本人が希望することを）~させる」という意味で，【許可】を表す。have, makeにも「~させる」という意味があるが，それぞれ「~するよう仕向ける」「強制的に~させる」という意味でここでは不適切。

14. この学校を卒業したら，私は先生になりたい。

    ※〈graduate from A〉で「Aを卒業する」の意味。

15. その少女は多くの点で彼女の母親に似ている。

    ※resembleは他動詞で「に似ている」の意味。他動詞なので前置詞は不要。また，状態動詞なので，進行形にしない。

長文読解 Level 1　　**日本語訳と解答** ━━━━━━━━━━━━━━━━━━

①サハラ①砂漠はアフリカ②大陸にある。この①砂漠には，③植物や④生き物はほとんどいない。いたるところに砂がある。ときおり，ラクダや⑤人間がいる。

②サハラ砂漠には水がほとんどないが，水のある⑥地域がある。この場所はオアシスと呼ばれている。⑦村はたいていオアシスの近くにある。人々は①砂漠にある水に対して⑧感謝していて，⑩生き続けるために１滴１滴を⑨蓄える。しばしば水が⑪不足するので，⑫むだに使うことはできない。

③リビアとエジプトの⑬国境に大きなオアシスがある。それはシワの⑦村の近くだ。わずかな⑭観光客が⑮わざわざシワを訪れる。空港や鉄道の駅がないので，人々がそこに⑰着くためには，バスや車に乗る⑯ほかに選択の余地がない。訪れる人々は，⑲時間のあるときに⑱観光に行く。

④シワの⑳重要な場所の多くはとても古い。ここでの㉑旅は㉒勇気を必要とする。というのは，シワはどの町や都市からも㉓遠いからだ。夜には地面に㉔横たわって，㉖遠くの星を㉕見ることができる。古代ギリシャやエジプトの㉘文化の歴史について多くのことを㉗知ることができる。シワの㉚メインの名所に行くことを㉙選ぶことができる―毎日㉛一般の人々に開放されている美しいオアシスに。

問1　　④

ここのbutは「～以外の」という意味の前置詞。no choice but to doで「～する以外の選択肢はない」という意味。

問2　　②

第４段落第２文の内容に合致。

Quick Check! ━━━━━━━━━━━━━━━━━━

① dessert　　④ create　　⑤ humanity　　⑪ shortage　　⑫ **浪費，廃棄物**
⑳ importance　　㉒ encourage　　㉖ **距離，道のり**　　㉘ cultural　　㉛ private

日本語の中ですでにカタカナ語として定着していたり，カタカナ語として使われたりすることが多い語を，発音や関連表現などとともに確認しておこう。英語の場合の発音と大きく異なるものもあるので注意しよう。

□ **recipe** [résəpi] レシピ

調理法。ちなみに，レシピで分量を表すのに使われる「大さじ」は tablespoon，「小さじ」は teaspoon。

□ **percentage** [pərséntɪdʒ] パーセンテージ

（全体を100とした場合の）割合。率。

□ **select** [səlékt] セレクト

…を選ぶ。同じく「選ぶ」という意味の choose よりも，やや改まった，フォーマルなイメージ。「選ぶこと，選ばれたもの・人」は selection。

□ **campaign** [kæmpéɪn] キャンペーン

（社会的な意味合いでの）運動。選挙活動。日本でよく使われる販売促進的な意味でのキャンペーンは sales campaign とするか，promotion という語で表現するほうが適切。

□ **puzzle** [pʌ́zl] パズル

難問。動詞で「…を困らせる，悩ませる」という意味も。また，be in a puzzle「当惑している」といった表現も覚えておきたい。

□ **digital** [dídʒətəl] デジタル

デジタル（方式）の。対義語は analog（アナログ）。digital divide（情報格差）や，digital detox（デジタル機器から一定期間離れること）といった言葉も知っておこう。

□ **switch** [swítʃ] スイッチ

転換。変更。動詞では，電気のスイッチだけでなく，さまざまな事物を対象に「交換する」「切り替える」といった意味で使われる。

□ **stress** [strés] ストレス

圧力。現代日本では「精神的な重圧」の意味で使われることが多いが，物理的な意味での圧力も stress。ほかに「強調」「強勢（アクセント）」の意味にも注意。

□ **peak** [píːk] ピーク

最高点。観光地などが最も賑わう時期は peak season（繁忙期）であり，山の最も高いところは mountain peak（山頂）である。

□ **pace** [péɪs] ペース

速度。歩く際のスピードや生活のテンポを表すときなどに使われる。ただし，「マイペース」というのは和製英語で，正しくは one's own pace という表現を使う。

Level 2

入試への足固め（2）

Level 2では引き続き，入試への足固めとなる基本的な単語を学習します。
〈remind A of B〉で「AにBを思い出させる」，
〈prevent A from -ing〉で「Aが〜するのを妨げる」
などの典型的な語法を身につけましょう。
また，holdやputなどの基本動詞を含む熟語も引き続き学習します。

音声 ▶
Level 2

よくない状況を表す語

343 □ **accident**
□ [ǽksədənt]

名 ① (交通) 事故　② 偶然
➡ □**by accident** 偶然に
　□**accidéntal** 形 偶然の

344 □ **pain**
□ [péɪn]

名 ① 痛み, 苦痛　② 《(複) で》苦労, 努力
➡ □**páinful** 形 つらい, 痛い

345 □ **ill**
□ [íl]

形 ① 病気で　② 悪い　　　　　　〈worse - worst〉
➡ □**fall ill** 病気になる
副 悪く (↔ □**well** 元気な, よく)
➡ □**speak ill of ...** …の悪口を言う
　□**íllness** 名 病気

346 □ **die**
□ [dáɪ]

動 死ぬ, (植物が) 枯れる
➡ □**déath** 名 死
　□**déad** 形 死んだ, (植物が) 枯れた

〈他動詞 + A of B〉の形をとる動詞 (1)【関連の of】　🔵 GF ▶

347 □ **remind**
□ [rɪmáɪnd]

動 に思い出させる, に気づかせる
➡ □**remind 〈人〉of ...** 〈人〉に…を思い出させる

348 □ **inform**
□ [ɪnfɔ́ːrm] ⑦

動 に知らせる
➡ □**inform 〈人〉of ...** 〈人〉に…を知らせる
　□**informátion** 名 情報

349 □ **convince**
□ [kənvíns] ⑦

動 に納得させる, に確信させる
➡ □**convince 〈人〉of ...** 〈人〉に…を納得 (確信) させる
　□**be convinced (that) ...** …だと確信している
　□**convíction** 名 確信

350 □ **warn**
□ [wɔ́ːrn] 発

動 に警告する
➡ □**warn 〈人〉of ...** 〈人〉に…を警告する
　□**wárning** 名 警告

351 □ **suspect**
□ [səspékt] ⑦

動 ① を疑う　② に感づく
➡ □**suspect 〈人〉of ...** 〈人〉に…の疑いをかける
名 [sʌ́spekt] ⑦ 容疑者
➡ □**suspícion** 名 疑惑　□**suspícious** 形 疑わしい

82

□ⓐ He broke his left leg in an accident.	ⓐ 彼は事故で左脚を骨折した。
□ⓑ She discovered a cure to the disease *by* accident.	ⓑ 彼女は偶然その病気の治療法を発見した。
□ I felt pain in my shoulders this morning.	私は今朝, 両肩に痛みを感じた。
□ⓐ He is ill and in the hospital.	ⓐ 彼は病気で入院している。
□ⓑ Don't *speak* ill *of* others.	ⓑ 他人の悪口を言うな。
□ Three people died in the fire.	3人がその火事で死んだ。

○ 前置詞ofには「…についての」という,【関連】の意味がある。

□ That song always reminds me *of* our first date.	あの歌はいつも私たちの初めてのデートを思い出させる。
□ Please inform me *of* the result as soon as possible.	なるべく早く私に結果を知らせてください。
□ⓐ She convinced them *of* her innocence.	ⓐ 彼女は彼らに自分の無罪を納得させた。
□ⓑ I *am* convinced *that* our products will sell well.	ⓑ 私は, 私たちの製品がよく売れるだろうということを確信している。
□ I warned him *of* the risks of smoking.	私は彼に喫煙の危険性を警告した。
□ The police suspect him *of* being a spy.	警察は彼にスパイの疑いをかけている。

Level 2

会社・職業に関する語

352 **company**
[kámpəni]
名 ① 会社　② 仲間　③ 同席すること
➡ in company with ... …といっしょに

353 **project**
[prá:dʒekt] ⑦
名 計画, 企画, 事業
動 [prədʒékt] ⑦ ① を予測する　② (画像) を映写する

354 **career**
[kəríər] ⑦
名 (生涯の) 仕事, 職業, 経歴

355 **clerk**
[klə́:rk]
名 ① 《米》店員　② (会社などの) 事務員

356 **document**
[dá:kjəmənt]
名 文書, 書類
➡ documéntary 形 文書の　名 実録作品

357 **envelope**
[énvəlòup] ⑦
名 封筒
➡ envelop [envéləp] ⑦ 動 を包む

〈他動詞＋ A of B〉の形をとる動詞 (2)【分離の of】　🔍 GF ▶

358 **rob**
[rá:b]
動 を奪う, を強奪する
➡ rob〈人〉of ... 〈人〉から…を奪う
ró bber 名 強盗　róbbery 名 強盗 (事件)

359 **deprive**
[dɪpráɪv] ⑦
動 (能力・権利など) を奪う, を剥奪する
➡ deprive〈人〉of ... 〈人〉から…を奪う

360 **cure**
[kjúər]
動 を治す, を治療する　名 治療 (法), 回復
➡ cure〈人〉of ... 〈人〉の…を治療する

361 **cheat**
[tʃí:t]
動 ① をだます, をだまし取る　② カンニングをする
➡ cheat〈人〉(out) of ... 〈人〉から…をだまし取る

362 **clear**
[klíər]
動 ① を片づける　② を取り除く　③ 晴れる
➡ clear〈場所〉of ... 〈場所〉から…を片づける
形 ① はっきりした　② 晴れた

363 **relieve**
[rɪlíːv]
動 ① を和らげる　② を安心させる
➡ relieve〈人〉of ... 〈人〉から…を除いて楽にする

364 **rid**
[ríd]
動 を取り除く　　　〈rid[ridded] - rid[ridded]〉
➡ rid〈もの〉of ... 〈もの〉から…を取り除く
get rid of ... …を取り除く, …を捨てる

ⓐ Which company do you work for?	ⓐ どちらの会社にお勤めですか。
ⓑ Unfortunately, he ended up in bad company.	ⓑ 残念ながら，彼は悪い仲間に巻き込まれた。
The project to build a new office building has started.	新しいオフィスビルを建設するプロジェクトが始まった。
What kind of career will you choose?	どのような仕事を選ぶつもりですか。
He is a clerk at a convenience store.	彼はコンビニエンスストアの店員だ。
You need to sign many documents to buy a home.	家を買うためには多くの書類に署名する必要がある。
I put the letter in an envelope.	私はその手紙を封筒に入れた。

● 前置詞ofには「…から」という，【分離】【剥奪】の意味がある。ほかに〈strip A of B〉で，「AからBをはぎ取る」も覚えておこう。

The man robbed her *of* her bag.	その男性は彼女からバッグを奪った。
The children were deprived *of* a normal life due to the war.	子どもたちは戦争のために普通の生活を奪われた。
This medicine will cure him *of* the disease.	この薬が彼の病気を治すだろう。
The men cheated the tourists *out of* all their money.	その男たちは旅行者たちからすべての所持金をだまし取った。
They cleared the road *of* fallen leaves.	彼らは道路の落ち葉を片づけた。
These new shoes will relieve you *of* a lot of stress while walking.	この新しい靴は歩行時の多くのストレスを取り除いてくれるだろう。
He rid his house *of* white ants.	彼は家からシロアリを駆除した。

Level 2

生活に関する動詞

365 **act**
[ǽkt]
動 ① 行動する ② (を) 演じる 名 行為, 法律
➡ □ áction 名 行動, 行い

366 **consume**
[kəns(j)úːm]
動 を消費する (↔ □ produce)
➡ □ consúmer 名 消費者

367 **burn**
[bə́ːrn]
動 ① 燃える, を燃やす ② 焦げる, を焦がす
➡ □ burn out 燃え尽きる

368 **continue**
[kəntínjuː] ⑦
動 続く, を続ける
➡ □ continue -ing[to do] 〜し続ける

369 **gather**
[ɡǽðər]
動 ① 集まる, を集める ② (速度など) を増す

370 **include**
[ɪnklúːd] ⑦
動 を含む, を含める (↔ □ exclude を除外する)
➡ □ inclúding 前 〜を含めて

371 **spend**
[spénd]
動 ① (お金) を費やす, を使う
② (時間) を費やす, を過ごす 〈spent - spent〉

372 **wake**
[wéɪk]
動 を起こす, 目が覚める (= □ awake) 〈woke - woken〉
➡ □ wake (...) up …を起こす, 目を覚ます

〈他動詞 + A from -ing〉の形をとる動詞【禁止の from】 🔍 GF ▶

373 **prevent**
[prɪvént] ⑦
動 を妨げる, を防ぐ
➡ □ prevent ... from -ing …が〜するのを妨げる

374 **keep**
[kíːp]
動 ① を妨げる ② を持っている ③ を取っておく
④ を〜の状態にしておく 〈kept - kept〉
➡ □ keep ... from -ing …が〜するのを妨げる

375 **prohibit**
[prouhíbət] ⑦
動 を禁止する
➡ □ prohibítion 名 禁止
□ prohibit ... from -ing …が〜するのを禁止する

376 **discourage**
[dɪskə́ːrɪdʒ]
動 にやる気をなくさせる, を落胆させる
➡ □ discourage ... from -ing
…が〜するのを思いとどまらせる

My mother always tells me to act more quickly.	母はいつも私にもっとすばやく行動しなさいと言う。
We consume a lot of electricity every day.	私たちは毎日たくさんの電気を消費している。
Paper will burn easily, so be careful.	紙は燃えやすいから注意しなさい。
Oil prices continue *to* rise.	原油価格は上昇し続けている。
ⓐ Thousands of people gathered for the leader's speech.	ⓐ 数千の人々がリーダーのスピーチのために集まった。
ⓑ The rocket gathered speed and went into space.	ⓑ ロケットは速度を増して宇宙に向かって行った。
ⓐ This bus tour doesn't include meals.	ⓐ このバスツアーは食事を含んでいません。
ⓑ How much is it including tax?	ⓑ 税込みでいくらですか。
My brother spent the whole day watching TV.	兄（弟）はテレビを見てまる1日過ごした。
I'll wake you up tomorrow morning.	明日の朝，私があなたを起こしてあげる。

◉ 前置詞 from には【禁止】【制止】の意味があり，【妨害】【抑制】【禁止】を表す他動詞と結びつき，〈他動詞 + A from -ing〉で「Aが〜しないようにする」を意味する。

The heavy snow prevented the plane *from* tak*ing* off.	大雪のために飛行機は離陸することができなかった。
Nobody will keep me *from* buy*ing* a new car.	誰も私が新車を買うのを止められないだろう。
The company prohibits workers *from* tak*ing* pictures in the factory.	その会社は労働者が工場内で写真を撮ることを禁止している。
My parents discouraged my brother *from* leav*ing* home.	両親は兄（弟）が家を出ることを思いとどまらせた。

377 **personality**
[pə̀ːrsənǽlɪti] ⑦
名 個性, 性質, 人格
➡ □ **pérsonal** 形 個人的な

378 **shy**
[ʃáɪ]
形 ① 恥ずかしがりの, 内気な
② (動物が) 臆病な

379 **brave**
[bréɪv]
形 勇敢な, 勇気のある
➡ □ **brávely** 副 勇敢に

380 **smart**
[smáːrt]
形 ① 頭のよい, 賢い　② しゃれた
注意 日本語で人の体型や物の形などに関して使われる「スマート」は, 英語では slim「ほっそりした」を用いる。

381 **lazy**
[léɪzi]
形 怠惰な, 怠け者の
➡ □ **láziness** 名 怠惰

382 **independent**
[ìndɪpéndənt] ⑦
形 独立した (↔ □ **dependent** 依存した)
➡ □ **be independent of ...** …から独立している
□ **indepéndence** 名 独立

383 **serve**
[sə́ːrv]
動 ① (に) 仕える　② (食事など) (を) 出す　③ 役立つ
➡ □ **serve 〈人・場所〉with ...** 〈人・場所〉に…を供給する

384 **provide**
[prəváɪd] ⑦
動 ① を供給する, を提供する　② 備える
➡ □ **provide 〈人・場所〉with ...**
〈人・場所〉に…を供給 (提供) する
□ **provide for[against] ...** …に備える

385 **supply**
[səpláɪ] 発 ⑦
動 を供給する　名 供給 (↔ □ **demand** 需要)
➡ □ **supply 〈人〉with ...** 〈人〉に…を供給する

He was a man with a strong personality.	彼は強い個性を持つ男だった。
She is very shy in front of strangers.	彼女は見知らぬ人の前ではとても恥ずかしがりだ。
It was brave of you to save the cat from the burning house.	燃えている家からネコを救ったあなたは勇敢だ。
How smart you are to solve this problem!	この問題を解決するとは、あなたはなんと賢いのだろう！
My biggest problem is that I'm lazy.	私の最大の問題は怠惰であることだ。
He *became* independent *of* his parents at the age of 18.	彼は18歳で両親から独立した。

> ◑ 前置詞with は【供給】【贈与】を表す他動詞と結びつき，〈他動詞＋A with B〉の形で「A（人・場所）にB（もの）を与える」の意味を表す。この形は【利益】【目的】を表す前置詞forを使って書きかえることができ，〈他動詞＋B for A〉の語順となる（AとBの順序が入れかわることに注意）。383 〜 385のほかにpresentも覚えておこう。

We will serve you a salad first.	まず私どもはあなたにサラダをご提供いたします（お出しします）。
ⓐ The internet provides us *with* a lot of information. ⓑ You should save money to provide *for* your future.	ⓐ インターネットは私たちにたくさんの情報を提供する。 ⓑ 将来に備えてお金を貯めるべきだ。
The rescue team supplied people *with* food.	救助隊は人々に食料を供給した。

386 **central**
[séntrəl]
形 ① 中心の, 中央の　② 主要な
➡ □ cénter 名 中心, 中央, 中心地

387 **shape**
[ʃéɪp]
名 形, 姿, 状態　動 を形づくる
➡ □ stay[keep] in shape 体調を維持する

388 **surface**
[sə́ːrfəs] 発ア
名 表面, 外面
形 表面の, 外面の

389 **spot**
[spáːt]
名 ① 場所, 地点　② はん点, しみ
➡ □ on the spot その場で, 即座に

390 **thick**
[θík]
形 ① 厚い (↔ □ thin 薄い)　② 太い
③ (液体・気体が) 濃い

391 **tight**
[táit]
形 きつい (↔ □ loose [lúːs] 発 ゆったりした)
副 きつく, しっかりと

392 **rough**
[rʌ́f] 発
形 ① (表面が) でこぼこした, ざらざらした　② 荒っぽい
③ おおよその　➡ □ róughly 副 乱暴に, おおよそ

393 **dull**
[dʌ́l] 発
形 ① (色・光・感覚などが) 鈍い, くすんだ
② 退屈な　③ (刃物が) 切れ味の悪い

394 **blame**
[bléɪm]
動 ① を非難する　② の責任にする　名 非難
➡ □ blame 〜 for ... (= □ blame ... on 〜)〜を…で非難する
□ be to blame 責任がある

395 **praise**
[préɪz]
動 を賞賛する, をほめる　名 賞賛
➡ □ praise 〈人〉 for ... 〈人〉 を…で賞賛する

396 **criticize**
[krítəsàɪz] ア
《英》 criticise 動 を批判する
➡ □ criticize 〈人〉 for ... 〈人〉 を…で批判する
□ críticism 名 批判　□ crític 名 批評家

397 **punish**
[pʌ́nɪʃ] 発
動 を罰する
➡ □ punish 〈人〉 for ... 〈人〉 を…で罰する
□ púnishment 名 処罰

398 **thank**
[θǽŋk]
動 に感謝する　名 《(複) で》感謝, 謝意
➡ □ thank 〈人〉 for ... 〈人〉 に…のことで感謝する

☐ The central station is crowded during rush hour.	ラッシュアワーの間, 中央駅は混雑する。
☐ ⓐ The cake was in the shape of a star.	ⓐ そのケーキは星の形をしていた。
☐ ⓑ The desk is old but in good shape.	ⓑ その机は古いが状態はよい。
☐ The surface of the river was very calm.	川面はとても穏やかだった。
☐ ⓐ How did I get this spot on my shirt?	ⓐ 私はどうやってシャツにこのしみをつけたのだろう。
☐ ⓑ He made a decision *on the* spot.	ⓑ 彼は即座に決心した。
☐ I can't read such a thick book in a day.	私はそんな厚い本は1日で読めない。
☐ These pants are too tight for me now.	このパンツは今の私にはきつすぎる。
☐ I am not good at driving on rough roads.	私はでこぼこした道を運転するのが得意でない。
☐ ⓐ This painting has dull colors.	ⓐ この絵は色がくすんでいる。
☐ ⓑ The movie had some dull parts.	ⓑ 映画には多少退屈な部分があった。

● 前置詞 for は【非難】【賞賛】【感謝】を表す他動詞と結びついて,〈他動詞 + A for B〉の形で「B（理由）のことでA を責める／ほめる／感謝する」の意味を表す。394 〜 398 のほかに〈scold A for B〉で「B のことでA をしかる」も覚えておこう。

☐ ⓐ They blamed him *for* the failure.	ⓐ ⓑ 彼らはその失敗を彼のせいにした。
☐ ⓑ They blamed the failure *on* him.	
☐ ⓒ He *is to* blame *for* his actions.	ⓒ 彼は自分の行動に責任がある。
☐ The mayor praised the rescue team *for* their courage.	市長は救助隊を勇敢だと賞賛した。
☐ Everyone criticizes him *for* his laziness.	皆が彼をその怠慢さで批判する。
☐ He will be punished *for* the crime.	彼はその罪で罰せられることになるだろう。
☐ I thanked Tom *for* his kind advice.	私はトムに彼の親切な助言のことで感謝した。

399 **alone**
[əlóʊn]
副 ひとりで

400 **liable**
[láɪəbl]
形 ① 《be liable to ... で》しやすい
② 責任がある

401 **home**
[hóʊm]
副 ① わが家へ(に)　② 十分に, 痛烈に
名 家庭, 自宅
➡ at home 家で, くつろいで (= comfortable)
make oneself at home くつろぐ

402 **indeed**
[ɪndíːd]
副 たしかに, 実に, 本当に

403 **relatively**
[rélətɪvli]
副 比較的, 相対的 (に)
➡ rélative 名 親せき　形 ① 関係のある　② 比較上の

404 **respectively**
[rɪspéktɪvli]
副 それぞれに, めいめいに

405 **ever**
[évər]
副 ① 《疑問文で》かつて, これまでに
② 《否定文で》いまだかつて(〜ない)

406 **badly**
[bǽdli]
副 ① ひどく　② 悪く　③ とても

407 **first**
[fə́ːrst]
副 ① まず最初に　② 初めて　③ 第1位の
名 ① (月の)1日　② 初め, 始まり　③ 第1位

〈他動詞 + A to B〉の形をとる動詞

408 **take**
[téɪk]
動 ① を取る
② を持って行く, を連れて行く
③ を必要とする
④ を〜とみなす, を〜と思う

409 **bring**
[bríŋ]
動 ① を持ってくる, を連れてくる
② (ある状態) に導く
③ をもたらす
➡ bring 〈人・もの〉 to ...
〈人・もの〉を…に連れて(持って) くる,
〈人・もの〉が…に着く

☐ She likes to travel to foreign countries alone.	彼女はひとりで外国へ旅行するのが好きだ。
☐ Elderly people *are* liable *to* fall.	高齢者は転倒しやすい。
☐ It takes thirty minutes to get home from here.	ここから家に帰るのには30分かかる。
☐ Indeed, it is a beautiful day today.	たしかに，今日はいい天気だ。
☐ Japanese vegetables are relatively sweet.	日本の野菜は比較的甘い。
☐ Mary and Joe went to bed at 9 and 10 respectively.	メアリーとジョーはそれぞれ9時と10時に寝た。
☐ ⓐ Have you ever read a Japanese novel?	ⓐ あなたはこれまでに日本の小説を読んだことがありますか。
☐ ⓑ I haven't ever seen him before.	ⓑ 私はいまだかつて彼に会ったことがない。
☐ He was badly injured in the earthquake.	彼は地震でひどく負傷した。
☐ First, let me give you today's schedule.	まず最初に，あなた方に本日の予定を伝えさせてください。
☐ My mother took us *to* the concert.	母は私たちをコンサートに連れて行った。
☐ ⓐ John brought his sister *to* the party.	ⓐ ジョンはパーティーに妹（姉）を連れてきた。
☐ ⓑ A few minutes' walk brought her *to* the park.	ⓑ 数分歩いて彼女は公園に着いた。

交通・交通機関に関する語

410 **traffic**
[træfik]

名《不可算名詞》交通, 交通量
➡ □ **traffic jam** 交通渋滞
　□ **traffic accident** 交通事故

411 **transportation**
[trænspərtéiʃən]

名《米》輸送機関, 輸送
➡ □ **transport** [trænspɔ́:rt] ⑦ 動 を輸送する, を運ぶ
　　[trænspɔ:rt] ⑦ 名《英》輸送, 輸送機関

412 **path**
[pǽθ] 発

名 小道, 細道

413 **fuel**
[fjú:əl] 発

名 燃料
➡ □ **fuel consumption** 燃料消費量
動 (に) 燃料を補給する

「動く」「移動する」ことなどを表す語

414 **move**
[mú:v]

動 ① 動く, を動かす　② 引っ越す　③ を感動させる
➡ □ **móvement** 名 動き, (社会) 運動
　□ **móving** 形 感動的な
　□ **móved** 形 感動して

415 **cross**
[krɔ́(:)s]

動 ① (を) 横切る　② を交差させる
名 ① 十字架　② 交差点

416 **return**
[ritə́:rn]

動 戻る, を戻す
名 戻すこと, 返却

417 **turn**
[tə́:rn] 発

動 ① 回る, を回す　② 向く, を向ける
　③ 曲がる, を曲げる
➡ □ **turn over ...** …を裏返しにする
　□ **turn out (to be) ...** …だとわかる
名 ① 回転　注意 ② 順番

418 **spread**
[spréd] 発

動 広がる, を広げる　　　　　　　〈spread - spread〉
名 広まり, 広がり

419 **hurry**
[hə́:ri]

動 急ぐ, を急がせる　➡ □ **hurry up** 急ぐ
名 急ぐこと　➡ □ **in a hurry** 急いで

420 **ride**
[ráid]

動 (車など) (に) 乗る　　　　　　　〈rode - ridden〉
名 乗ること　➡ □ **go for a ride** (車などで) 出かける

☐ I was late for the meeting because of a traffic *jam*.	交通渋滞のために、私は会議に遅れた。
☐ Tokyo has excellent public transportation.	東京は優れた公共交通機関を持っている。
☐ We found a pond at the end of the path.	私たちは小道の終点に池を見つけた。
☐ This rocket has two fuel tanks.	このロケットには2つ燃料タンクがある。

☐ⓐ This robot can move like a human.	ⓐ このロボットは人間のように動くことができます。
☐ⓑ Hiroshi moved to Kyoto last month.	ⓑ ヒロシは先月京都に引っ越した。
☐ⓒ Her speech moved everyone in the hall.	ⓒ 彼女のスピーチはホールの全員を感動させた。
☐ Be careful when you cross the street.	通りを横切るときには気をつけなさい。
☐ She will return around noon.	彼女はお昼ごろ戻る予定です。
☐ⓐ Turn the key to the right to open the door.	ⓐ ドアを開けるには鍵を右に回しなさい。
☐ⓑ He turned and looked at me.	ⓑ 彼は振り向いて私を見た。
☐ⓒ Turn left at the next corner.	ⓒ 次の角で左に曲がって。
☐ⓓ Turn your answer sheets *over*.	ⓓ 解答用紙を裏返しにしなさい。
☐ Panic spread through the town.	町中にパニックが広がった。
☐ They were hurrying to catch their train.	彼らは電車に間に合うように急いでいた。
☐ It is difficult for me to ride a bicycle.	私には自転車に乗ることは難しいです。

判断の基準に関する語

421 **impression**
[ɪmpréʃən]
名① 印象, 感銘　② 思い込み
➡ impréss 動 に印象づける

422 **image**
[ímɪdʒ] 発 ア
名① イメージ　② 像　③ 映像, 画像
➡ imágine 動 (を) 想像する

423 **personal**
[pə́:rsənəl]
形① 個人的な, 私的な　② 個人の
➡ personal opinion 個人的な意見

424 **private**
[práɪvət]
形 私用の, (個人) 専用の (↔ public 公共の)
➡ prívacy 名 私生活, プライバシー

425 **individual**
[ìndəvídʒuəl] ア
形① 個々の, 個人の　② 独特の
名 個人, 個体　➡ indivídualism 名 個人主義

感情を伝える動詞

426 **celebrate**
[séləbrèɪt] ア
動 (を) 祝う, (を) ほめたたえる
➡ celebrátion 名 祝い, 祝典

427 **nod**
[nɑ́:d]
動 うなずく　注意 yes を表すジェスチャー。
名 うなずき

428 **pardon**
[pɑ́:rdən]
動 を許す　名 許し　➡ I beg your pardon?
ごめんなさい。もう一度おっしゃってください。

429 **please**
[plí:z]
動 を喜ばせる, を満足させる　副 どうぞ
➡ pléasure 名 喜び　□ pléasing 形 楽しい
pléased 形 うれしい
be pleased with ... …が気に入っている

430 **worry**
[wə́:ri] 発
動 心配する, を心配させる
➡ worry about[over] ... …のことを心配する

431 **wish**
[wíʃ]
動① (を) 望む, (を) 祈る　②《wish to do で》〜したいと
願う　③《wish + 仮定法で》〜ならいいと思う
名 望み, 願い (ごと)

432 **depend**
[dɪpénd]
動《depend on[upon] ... で》…に頼る, …次第である
➡ depéndence 名 頼ること, 依存
depéndent 形 頼っている, 依存した
be dependent on[upon] ... …に頼っている

433 **rely**
[rɪláɪ]
動《rely on[upon] ... で》…に頼る, …をあてにする
➡ relíance 名 依存, 信頼

What was your impression of the movie?	その映画の印象はどうでしたか。
I'm afraid I don't have a good image of sharks.	残念ながら私はサメに対してよいイメージを持っていない。
It is a personal problem.	それは個人的な問題だ。
Each room has a private bathroom.	各部屋に(個人)専用の浴室がある。
We need to protect our individual rights.	私たちは個人の権利を守る必要がある。
How do you usually celebrate your birthday?	いつもはどのように誕生日を祝いますか。
She nodded without saying anything.	彼女は何も言わずにうなずいた。
The king pardoned her for her crime.	国王は彼女の罪を許した。
His performance pleased the audience.	彼のパフォーマンスは聴衆を喜ばせた。
My grandmother always worries *about* us.	祖母はいつも私たちのことを心配している。
ⓐ I wish you the best of luck! ⓑ I wish you were here with me now.	ⓐ 君の幸運を祈る。 ⓑ 君が今, 僕といっしょにここにいたならいいと思う。
ⓐ She always depends *on* others for everything. ⓑ His mood changes depending *on* the weather.	ⓐ 彼女はいつも何でも人に頼る。 ⓑ 彼の気分は天気によって変わる。
Many people rely *on* their smartphone for news.	多くの人々がニュースを知るためにスマートフォンに頼っている。

Level 2

434 **minute**
名 [mínət]
形 [maɪn(j)úːt] 発

名 ① 分　② 少しの間
➡ □ the minute ... …するとすぐに
　□ for a minute 少しの間
形 微小な, 詳細な

435 **moment**
[móʊmənt] 発

名 瞬間, 少しの間
➡ □ the moment ... …するとすぐに
　□ for a moment 少しの間
　□ at any moment 今にも

436 **rapid**
[rǽpɪd]

形 速い, 急激な
➡ □ rapid growth 急成長
　□ rápidly 副 速く

437 **brief**
[bríːf]

形 ① 短時間の　② 簡潔な　名 要約
➡ □ in brief ① 手短に　② 要するに

438 **immediately**
[ɪmíːdiətli]

副 ただちに
➡ □ immédiate 形 即座の

439 **current**
[kə́ːrənt] ア

形 ① 現在の　② 流行の
名 ① 流れ　② 風潮　③ 電流
➡ □ cúrrency 名 ① 普及　② 貨幣, 通貨
　□ cúrrently 副 現在は, 一般に

440 **instantly**
[ínstəntli] ア

副 すぐに, 即座に（= □ right away）
➡ □ ínstant 形 即座の　名 瞬間

441 **repeat**
[rɪpíːt]

動 （を）くり返す, （を）くり返して言う
➡ □ History repeats itself. 歴史はくり返す。《諺》

442 **whisper**
[wíspər]

動 （を）ささやく, ひそひそと話す
名 ささやき, うわさ

443 **pronounce**
[prənáʊns]

動 （を）発音する
➡ □ pronunciation [prənʌnsiéɪʃən] 発 名 発音
　注意 つづりと発音に注意。

444 **excuse**
[ɪkskjúːz]

動 ① を許す, を大目に見る　② 言いわけをする
➡ □ excuse 〈人〉 for ... 〈人〉の…を許す
名 [ɪkskjúːs] 発 弁解, 言いわけ

Level 2

□ⓐ The last train leaves in five minutes. / ⓐ 最終電車はあと 5 分で発車する。

□ⓑ He explained the plan in minute detail. / ⓑ 彼はその計画を事細かに説明した。

□ The next moment she was gone. / 次の瞬間, 彼女はいなくなった。

□ Society is changing at a rapid pace. / 社会は急速に変化している。

□ I made a brief visit to Kyoto. / 私は京都へ短時間の訪問をした。

□ I will be back immediately. / すぐに戻ります。

□ Today, we will discuss the current energy problems. / 本日は, 現在のエネルギー問題について話し合います。

□ I found him instantly in the crowd. / 人ごみの中ですぐに彼を見つけた。

□ Don't repeat the same mistake. / 同じ間違いをくり返すな。

□ She whispered something in his ear. / 彼女は彼の耳元で何かささやいた。

□ How do you pronounce this word? / あなたはこの語をどう発音しますか。

□ Tom's teacher excused him *for* coming late. / トムの先生は彼が遅れて来たのを大目に見た。

445 **literature**
[lítərətʃər] 🅐
名① 文学（作品）　② 文献, 論文
➡ □**líterary** 形 文学の

446 **novel**
[nά:vl]
名 小説　形 ざん新な
➡ □**nóvelty** 名 ざん新さ, 目新しいもの

447 **sentence**
[séntəns]
名① 文　注意 ② 判決
動 注意 に判決を下す

448 **content**
[kά:ntent]
名① 内容,《(複) で》(容器などの) 中身
②《(複) で》もくじ, 項目

449 **author**
[ɔ́:θər] 🅟
名 著者, 作者

450 **judge**
[dʒʌ́dʒ]
動① (を) 判断する　② (を) 裁判する　名 裁判官
➡ □**júdgment** /(英)**júdgement** 名 判断, 裁判

451 **solve**
[sά:lv]
動 (問題) を解く, (困難) を解決する
➡ □**solútion** 名 解決, 解決策

452 **prove**
[prú:v] 🅟
動① を証明する　②《**prove (to be) ...** で》…だとわかる
➡ □**próof** 名 証拠, 証明

453 **notice**
[nóutəs]
動 (に) 気づく, (に) 注意する
名 注意, 通知, 掲示
➡ □**take notice of ...** …に注意する

454 **realize**
[rí:əlàız] 🅐
(英)**realise** 動① に気づく, がはっきりわかる
② を実現する

455 **check**
[tʃék]
動① (を) 調べる, (を) 点検する　② (を) 阻止する
名① 点検　②《米》小切手 注意 (英)**cheque**

456 **explain**
[ıksplém]
動 (を) 説明する
➡ □**explain ... to**〈人〉〈人〉に…を説明する

457 **imagine**
[ımǽdʒın]
動 (を) 想像する　➡ □**imaginátion** 名 想像 (力)
□**imáginative** 形 想像力豊かな
□**imáginary** 形 架空の　□**imáginable** 形 想像できる

458 **adjust**
[ədʒʌ́st]
動① を調整 (調節) する
②《**adjust to ...** で》…に適合する, …に慣れる

My sister is studying Japanese literature in college.	私の姉（妹）は大学で日本文学を学んでいる。
I read a long novel during my summer vacation.	私は夏休みの間に長編小説を読んだ。
ⓐ Write your answers in full sentences.	ⓐ 完全な文で答えを書きなさい。
ⓑ He received an eight-year sentence.	ⓑ 彼は8年の判決を受けた。
The report has some very interesting content.	その報告書には非常に興味深い内容が書かれている。
The author still writes novels by hand.	その著者はいまだ手書きで小説を書く。

You should never judge people by their looks.	決して人を容姿で判断するべきではない。
You can't solve anything by running away.	あなたは逃げることでは何も解決できない。
ⓐ I can prove that I am right.	ⓐ 私が正しいことを証明できます。
ⓑ He proved to be innocent.	ⓑ 彼は無実だとわかった。
I noticed that her hands were shaking.	私は，彼女の両手が震えているのに気づいた。
ⓐ Do you realize you are wrong?	ⓐ 自分が間違っていると気づいているの？
ⓑ I want to realize my dream.	ⓑ 私は自分の夢を実現したい。
I checked the current top ten songs in Japan.	私は日本の流行のトップ10の曲を調べた。
Explain your plan to us simply.	あなたの計画を私たちにシンプルに説明して。
Imagine that you are now on the moon.	今あなたが月にいると想像してください。
It took a few seconds for her eyes to adjust to the darkness.	彼女の目が暗闇に慣れるのに，数秒かかった。

Level 2

459 **expert**
[ékspə:rt] ⑦
名 専門家, 熟練者
形 熟練した

460 **professor**
[prəfésər] ⑦
名 教授
➡ □professor of economics 経済学の教授

461 **instruction**
[ɪnstrʌ́kʃən]
名 ① 指導　② 《通常(複)で》指示
➡ □instrúct 動 に指導する, に指示する

462 **survey**
[sə́rveɪ] ⑦
名 ① 調査　② ざっと見渡すこと
動 [sərvéɪ] ⑦ ① を調査する　② をざっと見渡す

463 **grade**
[gréɪd]
名 ① 《米》成績 (=《英》□mark)
② 学年　③ 等級, 程度

464 **major**
[méɪdʒər]
動 専攻する　➡ □major in ... …を専攻する
名 《米》専攻科目　形 ① 多数派の　② 主要な
(↔ □minor ① 少数派の　② 重要でない)
➡ □majórity 名 多数派 (↔ □minority 少数派)

465 **appeal**
[əpíːl]
動 (世論・武力などに)訴える, 求める　名 訴え
➡ □appeal to 〈人〉for ... 〈人〉に…を求める

466 **communicate**
[kəmjúːnəkèɪt] ⑦
動 を伝える, 意思を伝え合う, 連絡を取る
➡ □communicate with ... …と連絡を取る,
…と意思を伝え合う, …と通信し合う
□communicátion 名 (意思)伝達, 通信(手段)

467 **introduce**
[ɪ̀ntrəd(j)úːs]
動 ① を紹介する　② を導入する
➡ □introdúction 名 ① 紹介　② 導入

468 **react**
[riǽkt]
動 反応する　➡ □react to ... …に反応を示す
□reáction 名 反応, 反発, 反動

469 **respond**
[rɪspɑ́ːnd]
動 (に)対応する, (に)応答する
➡ □respónse 名 応答

470 **support**
[səpɔ́ːrt]
動 を支える, を扶養する, を支持する, を応援する
名 支え, 扶養, 支持

471 **treat**
[tríːt] ⑰
動 ① を扱う　② を治療する　③ をもてなす
名 ① もてなし　② ごちそう　③ おごり
➡ □tréatment 名 治療(法), 取り扱い(方)

☐ He is an expert in computers.	彼はコンピュータの専門家だ。
☐ She works as a professor at a university.	彼女は大学教授として働いている。
☐ I had instruction in singing.	私は歌の指導を受けた。
☐ I must report the results of this survey next week.	来週, 私はこの調査の結果を報告しなければならない。
☐ I got a good grade in English.	私は英語でよい成績をとった。
☐ He is majoring *in* economics.	彼は経済学を専攻している。

☐ Farmers have appealed *to* the government *for* help.	農業従事者たちは政府に援助を求めている。
☐ ⓐ She communicated the information to me by email.	ⓐ 彼女はメールで私に情報を伝えた。
☐ ⓑ They communicate *with* each other by using sign language.	ⓑ 彼らは手話を使ってお互いに意思を伝え合う。
☐ Let me introduce you to my brother.	あなたを私の兄 (弟) に紹介させてください。
☐ She reacted happily *to* the news.	彼女はそのニュースに喜んで反応した。
☐ Please respond as soon as possible.	できるだけ早く対応してください。
☐ My friend always supports me.	友人がいつも私を支えている。
☐ My mother still treats us like children.	母はいまだに私たちを子どものように扱う。

姿・形に関する語

472 **size**
[sáɪz]
名 大きさ, (服などの) 寸法
➡ □ be the size of ... …と同じ大きさである

473 **fat**
[fǽt] 発
形 太った ➡ □ get fat 太る
名 脂肪

474 **bare**
[béər]
形 裸の, むきだしの
➡ □ in one's bare feet 素足で
□ bárely 副 ほとんど～ない

提案・要求などを表す動詞 🔵 **GF** ▶

475 **advise**
[ədváɪz] 発 ア
動 ① (に) 忠告する, (に) 助言する
② 《advise〈人〉to doで》〈人〉に～することを勧める
➡ □ advice [ədváis] 名 忠告

476 **decide**
[dɪsáɪd]
動 ① を決める ② 《decide to doで》～しようと決心する
➡ □ decísion 名 決定, 決断

477 **demand**
[dɪmǽnd]
動 を要求する
名 要求, 需要 (↔ □ supply 供給)
➡ □ be in demand 需要がある

478 **insist**
[ɪnsíst]
動 (と) 主張する, (と) 強く要求する
➡ □ insist on ... …を主張する

479 **forbid**
[fərbíd]
動 を禁止する　　　　　　〈forbade[forbad]-forbidden〉

480 **propose**
[prəpóuz]
動 ① を提案する　② 結婚を申し込む
➡ □ propósal 名 提案, 申し込み, プロポーズ

481 **request**
[rɪkwést]
動 を要請する
名 要請, 依頼
➡ □ make a request 要請をする

482 **suggest**
[sə(g)dʒést]
動 を提案する, を示唆する
➡ □ suggéstion 名 提案, 示唆

104

☐ Sorry, but this size doesn't fit me.	申し訳ないが，この大きさは私に合っていない。
☐ Our dog is *getting* fat.	私の家のイヌは太りだしている。
☐ⓐ Human beings come into the world bare.	ⓐ 人間は裸でこの世に生まれてくる。
☐ⓑ She walked on the grass *in her* bare *feet*.	ⓑ 彼女は素足で芝生の上を歩いた。

◉【要求】【提案】【命令】などを表す動詞に続くthat 以下の部分では，事実ではなく話者の考えを述べる場合，助動詞should が用いられる。ただし，アメリカ英語では命令の意味を表す原形が用いられるのが普通である。

☐ I advised her that she (should) see a doctor.	私は彼女に医者にみてもらうよう忠告した。
☐ⓐ It was decided that four hospitals (should) be closed.	ⓐ 4つの病院が閉鎖されることが決められた。
☐ⓑ I decided *to* study abroad.	ⓑ 私は留学しようと決心した。
☐ⓐ People demanded that the government (should) support poor students.	ⓐ 人々は政府が貧しい学生を支援することを要求した。
☐ⓑ They couldn't meet the demands.	ⓑ 彼らはその要求に応えることができなかった。
☐ⓐ He insisted that everybody (should) come to the party.	ⓐ 彼は皆がパーティーに来ることを主張した。
☐ⓑ He insisted *on* paying for dinner.	ⓑ 彼はディナーの支払いを主張した。
☐ The church forbids that women (should) pray with men.	その教会は女性が男性と一緒に祈ることを禁止している。
☐ He proposed that they (should) do a volunteer activity.	彼は彼らがボランティア活動をすることを提案した。
☐ They requested that we (should) wear a mask.	彼らは私たちにマスクを着用するよう要請した。
☐ I suggested that we (should) have a welcome party.	私は歓迎会を開くことを提案した。

Level 2

歴史・社会に関する語

483 **origin**
[ɔ́:rədʒin] ⑦
名 起源, 生まれ
➡ oríginal 形 ① 最初の　② 原文の　名 原作

484 **civilization**
[sìvələzéiʃən] ⑦
名 文明　➡ cívilize 動 を文明化する
cívilized 形 文明化した, 教養のある

485 **race**
[réis]
名 ① 人種, 民族, 種族　② 競争, 競走
動 (と) 競争する, (と) 競走する

486 **progress**
[prá:gres] ⑦
名《不可算名詞》進歩　➡ make progress 進歩する
動 [prəgrés] ⑦ 進歩する, 前進する, 上達する
➡ progréssive 形 進歩的な

487 **event**
[ɪvént] ⑦
名 できごと, 事件, 行事
➡ evéntually 副 結局は, いつかは

488 **adventure**
[ədvéntʃər]
名 ① 冒険　② 予期せぬできごと

489 **treasure**
[tréʒər] 発
名 宝物, 貴重品
動 を大切に取っておく, を大事にする

490 **crop**
[krá:p]
名 農作物, 収穫高

491 **harvest**
[há:rvəst] ⑦
名 ① 収穫, 収穫期　② 成果, 報い
動 を収穫する, を取り入れる

「手を使ってする」ことを表す語

492 **sew**
[sóu] 発
動 ① を縫う, を縫いつける　② 縫いものをする
〈sewed - sewed[sewn]〉

493 **receive**
[rɪsí:v]
動 ① を受け取る, を受ける　② を歓迎する
➡ recéipt [rɪsí:t] 発 名 領収書　recéption 名 歓迎(会)

494 **bend**
[bénd]
動 ① を曲げる, 曲がる　② かがむ　〈bent - bent〉
➡ bend down かがむ

495 **collect**
[kəlékt]
動 を集める
➡ colléction 名 収集 (物)

496 **fix**
[fíks]
動 ① を修理する　② を固定する
③ (日程など) を決定する　④〖米〗(を) 用意する

497 **grab**
[grǽb]
動 をつかむ, をつかみ取る
名 つかむこと

106

□ There are various debates about the origin of the universe.	宇宙の起源についてはさまざまな議論がある。
□ One of the earliest civilizations was on the African continent.	もっとも初期の文明の1つはアフリカ大陸にあった。
□ There is actually only one race, the human race.	実は人類という1つの人種があるだけだ。
□ There was no progress in the peace talks.	平和交渉において進展はなかった。
□ It was the most shocking event in Japan last year.	それは昨年の日本でもっともショッキングなできごとだった。
□ In the past, traveling between continents was an adventure.	過去, 大陸間の旅は冒険だった。
□ A lot of treasures were stolen during the war.	たくさんの宝物が戦争中に盗まれた。
□ The main crop in Japan is rice.	日本のおもな農作物は米である。
□ We should have a good harvest this year.	私たちは今年, 十分な収穫が得られるはずだ。

□ She sewed an old shirt for her son.	彼女は息子のために古いシャツを縫った。
□ He received a lot of emails that day.	その日, 彼は多くのメールを受け取った。
□ Don't bend the picture.	その写真を折り曲げないで。
□ We collected empty cans.	私たちは空き缶を集めた。
□ He fixed a broken fence on Sunday.	日曜日に彼は壊れたフェンスを修理した。
□ I grabbed a bottle of water.	私は水のペットボトルをつかみ取った。

Level 2

107

498	**excellent**	形 優れた，優秀な
	[éksələnt] ⑦	➡ □**excél** 動 にまさる　□**éxcellence** 名 優秀，卓越

499	**essential**	形 不可欠の，本質的な
	[ɪsénʃəl] ⑥	➡ □**be essential to[for] ...** …に不可欠である
		□**esséntially** 副 本質的に
		名 不可欠のもの　➡ □**éssence** 名 本質

500	**proper**	形 適切な，ふさわしい
	[prá:pər]	➡ □**próperly** 副 適切に

501	**worth**	前 ～の価値がある　名 価値
	[wə́:rθ]	➡ □**worth -ing** ～する価値がある

502	**severe**	形 ① (人・規律が) 厳しい　② (天候が) 厳しい
	[sɪvíər]	③ (痛みが) ひどい

503	**awful**	形 ひどい，恐ろしい，ものすごい
	[ɔ́:fl] ⑨	➡ □**áwe** 名 畏敬 (畏怖) の念

504	**evil**	形 ① 邪悪な (= □**wicked**)　② 不吉な，不幸な
	[í:vl] ⑨	名 悪，害悪

505	**ugly**	形 ① みにくい　② 不快な
	[ʌ́gli] ⑦	

506	**increase**	動 増える，を増やす　名 [ínkri:s] ⑦ 増加
	[ɪnkrí:s] ⑦	(↔ □**decrease** 動 減る　名 減少)
		➡ □**incréasingly** 副 ますます，だんだん

507	**reduce**	動 を減らす，を縮小する　名 減少，割引
	[rɪd(j)ú:s]	➡ □**redúction** 名 減少，削減

508	**lose**	動 ① を失う，をなくす (↔ □**gain** を得る)
	[lú:z] ⑨	② (に) 負ける　③ を見失う　〈lost - lost〉
		➡ □**lose one's way** 道に迷う　□**be lost** 迷子になる
		□**lóss** 名 損失

509	**produce**	動 ① を生産する，を製造する　② を演出する
	[prəd(j)ú:s]	➡ □**reprodúce** 動 を再生する，を複製する
		名 [próud(j)u:s] ⑦ (農) 産物
		➡ □**próduct** 名 製品，産物　□**prodúction** 名 生産，製造

☐ He received excellent grades in high school.	彼は高校では優秀な成績だった。
☐ Water *is* essential *for* most living things.	水はほとんどの生き物に不可欠だ。
☐ Proper exercise is important for good health.	健康には適切な運動が重要だ。
☐ The film is worth see*ing*.	その映画は見る価値がある。
☐ We were surprised at the severe judgment during the game.	私たちはその試合中の厳しい判定に驚いた。
☐ It was a really awful concert.	それは実にひどい演奏会だった。
☐ The story was about an evil king.	その物語は邪悪な王についてのものだった。
☐ We need to cover up the ugly hole in the wall.	私たちはその壁のみにくい(見た目の悪い)穴を隠す必要がある。
☐ Africa's population continues to increase.	アフリカの人口は増え続けている。
☐ Our company needs to reduce costs.	我が社はコストを削減する必要がある。
☐ ⓐ I lost my wallet in the library. ☐ ⓑ We lost *our way* in a strange land.	ⓐ 私は図書館で財布をなくした。 ⓑ 私たちは見知らぬ土地で道に迷った。
☐ This factory produces TVs.	この工場はテレビを製造している。

期間・順序などを表す語

510 □ **period**
□ [píəriəd]
名① 期間　②《the period で》時代　③ 授業時間
④ 終止符 (.)

511 □ **former**
□ [fɔ́:rmər]
形① 前の, 元の
②《the former で》前者 (の) (↔ □ the latter)

512 □ **latter**
□ [lǽtər]
形①《通常 the latter で》あとの, 後半の
②《the latter で》後者 (の) (↔ □ the former)

513 □ **modern**
□ [mɑ́:dərn] 発 ア
形 現代 (近代) の, 現代 (近代) 的な, 最新 (式) の
➡ □ **módernize** 動 を近代化する

514 □ **ancient**
□ [éɪnʃənt]
形① 古代の　② 時代がかった, 古くさい
名《the ancients で》古代人

515 □ **afterward(s)**
□ [ǽftərwərd(z)] ア
副 あとで (= □ later), そのあと

「発話する」ことを表す動詞　〇GF ▶

516 □ **tell**
□ [tél]
動① (を) 話す　② に知らせる, に教える　〈told - told〉
③《tell〈人〉to do で》〈人〉に〜するように命じる
注意 伝える内容と相手に重点を置く。SVO, SVOO の文型をとる。
➡ □ **tell ... from 〜** …を〜と見分ける

517 □ **say**
□ [séɪ]
動①《say that ... で》…と言う, (本などに) …と書いてある
② (を) 言う　〈said - said〉
注意 伝える内容に重点を置く。SV, SVO の文型をとる。

518 □ **speak**
□ [spí:k]
動① 話す　② (外国語などの言語) を話す〈spoke - spoken〉
注意 口から出される音を意識する。② の用法以外は, 基本的に
SV の文型をとる。
➡ □ **speak to ...** …と話をする
□ **spéech** 名 演説, 話すこと

519 □ **talk**
□ [tɔ́:k]
動 話す　注意 相手を意識する。SV の文型をとる。
➡ □ **talk to ...** …と話をする, …に話しかける

☐ She stopped working for a period of two months.	彼女は2か月の期間，働くのをやめた。
☐ I saw my former homeroom teacher on the train.	私は電車の中で前の担任の先生を見かけた。
☐ *The* latter method would be simpler.	後者のやり方のほうがより簡単だろう。
☐ In modern life, most people use the internet.	現代の生活では，ほとんどの人がインターネットを利用している。
☐ Rome is a famous ancient city.	ローマは有名な古代都市である。
☐ Charles arrived shortly afterwards.	チャールズはそのあとまもなく到着した。

Level 2

◐ 516〜519の動詞はどの文型をとるかが問われるので，しっかり覚えておこう。

☐ ⓐ Please tell me what happened to you.	ⓐ 何があったのかを話してください。
☐ ⓑ The teacher told the children *to* sit down quietly.	ⓑ 先生は子どもたちに静かに腰を下ろすように命じた。
☐ ⓐ She said *that* she didn't like coffee.	ⓐ 彼女はコーヒーは好きではないと言った。
☐ ⓑ What does the dictionary say about it?	ⓑ それについて辞書には何と書かれているの？
☐ ⓐ I haven't spoken *to* him since last Monday.	ⓐ 私は先週の月曜日から彼と話をしていない。
☐ ⓑ In Canada, they speak English and French.	ⓑ カナダでは，英語とフランス語が話されている。
☐ I want to talk *to* you about him.	彼のことであなたと話したい。

520 **complete**
[kəmplí:t]

形 ① 完全な，全部の ② 完成した
動 を完成する，を仕上げる
➡ □ complétely 副 完全に，すっかり

521 **ideal**
[aɪdí:əl] 🅐

形 ① 理想的な ② 想像上の
名 理想

522 **complex**
[kà:mpléks] 🅐

形 複雑な，複合の 名 [ká:mpleks] 🅐 ① 複合体，合成物
② 固定概念，コンプレックス(劣等感)
➡ □ compléxity 名 複雑さ

523 **general**
[dʒénərəl]

形 概略の，全体の，一般の (↔ □ special 特別の，専門の)
➡ □ in general 一般に □ génerally 副 一般に

524 **plain**
[pléɪn]

形 ① 明らかな，わかりやすい ② 質素な，無地の
注意 ③ 味つけしていない

525 **available**
[əvéɪləbl] 🅐

形 利用できる，入手できる
➡ □ aváil 動 (に) 役立つ 名 利益

526 **fortunately**
[fɔ́:rtʃənətli] 🅐

副 幸運にも (↔ □ unfortunately 不幸にも)
➡ □ fórtunate 形 幸運な
□ fórtune 名 ① 幸運 ② 財産

527 **borrow**
[bá:rou]

動 ① (無料で) を借りる ② (考え・言葉) を借用する
➡ □ borrow a book 本を借りる

528 **rent**
[rént]

動 ① (土地・家など) を賃借りする
② (土地・家など) を賃貸しする
名 使用料，賃貸料，家賃
➡ □ réntal 形 賃借 (賃貸) の 名 賃借 (賃貸) 料

529 **exchange**
[ɪkstʃéɪndʒ] 🅟

動 を交換する，を両替する 名 交換，両替
➡ □ exchange ... for ~ …を~と交換する

530 **lend**
[lénd]

動 (もの・金) を貸す 〈lent - lent〉
➡ □ lend a (helping) hand 手を貸す，手伝う

112

She has a complete collection of the band's albums.	彼女はそのバンドのアルバムの完全なコレクションを持っている。
This is an ideal city for families with children.	ここは子どものいる家庭にとって理想的な街だ。
His speech was too complex for me to understand.	彼の話はとても複雑だったので，私には理解できなかった。
I will write about my general idea in the report.	報告書には私の考えの概略を書く。
ⓐ It was plain to see that she liked him.	ⓐ 彼女が彼のことが好きなのは明らかだった。
ⓑ The food was very plain, but I enjoyed it.	ⓑ 食べ物はとても質素だったが，私はそれを楽しんだ。
Free Wi-Fi is available in our hotel.	私たちのホテルでは無料Wi-Fiが利用できる。
Fortunately, it didn't rain on that day.	幸運にも，その日は雨が降らなかった。

▶ 「借りる」を表す動詞は borrow, rent のほかに，use（例：Can I use your pen? 君のペンを借りてもいいですか）も覚えておこう。

Can I borrow your car this weekend?	今週末あなたの車を借りられますか。
ⓐ My sister rented an apartment near the university.	ⓐ 私の姉は大学近くのアパートを借りた。
ⓑ I have to pay the rent at the beginning of every month.	ⓑ 毎月月初に，私は家賃を払わなければならない。
We exchanged phone numbers at the party.	私たちはパーティーで電話番号を交換した。
I lent him my dictionary for two days.	私は彼に辞書を2日間貸した。

Level 2

531 **fashion**
[fǽʃən]

名 ① 流行, ファッション　② やり方
➡ be in fashion 流行している
fáshionable 形 流行の

532 **crowd**
[kráud] 発

名 群衆, 人ごみ
➡ a crowd of ... たくさんの…, …の群れ
動 (に) 群がる
➡ be crowded with ... …で混雑している

533 **avenue**
[ǽvən(j)ùː] ア

名 大通り
➡ stréet 名 通り

534 **suburb**
[sʌ́bəːrb] ア

名 ①《the suburbs で》郊外, 近郊
②《a suburb で》郊外の1地区

535 **local**
[lóukəl]

形 ① 地元の, その土地の　② 各駅停車の
➡ lócally 副 地元で, 現地で

536 **suppose**
[səpóuz]

動《suppose that ... で》① …と思う, …と推測する
② もし…なら
➡ be supposed to do ～することになっている
supposítion 名 仮定

537 **associate**
[əsóuʃièit] 発 ア

動 ①《associate ... with ～で》…で～を連想する
②《associate with ... で》…と交際する
名 [əsóuʃiət] 発 仲間
➡ associátion 名 協会, 連想

538 **regard**
[rɪɡɑ́ːrd] ア

動 ①《regard ... as ～で》…を～とみなす
② を尊敬する
名 ① 配慮　② 敬意, 尊敬
➡ with[in] regard to ... …に関して(は)

539 **wonder**
[wʌ́ndər] 発

動 ～だろうかと思う, (に) 驚く
名 驚き, 驚くべきもの

540 **determine**
[dɪtə́ːrmən] ア

動 ① を決心する, を決心させる　② を決定する
➡ be determined to do ～することを決心している
determinátion 名 決心

541 **identify**
[aɪdéntəfài] ア

動 が誰 (何) だかわかる, (身元) を確認する
➡ identify ... with ～ …を～と同一に考える

114

ⓐ I don't follow the latest fashions.	ⓐ 私は最新の流行を追わない。
ⓑ Long hair *is in* fashion this year.	ⓑ 今年はロングヘアが流行している。

ⓐ She walked through the crowd.	ⓐ 彼女は群衆の中を歩いた。
ⓑ The restaurant *is* always crowded *with* young people.	ⓑ そのレストランはいつも若者で混雑している。

There are many cherry trees along the avenue.	大通り沿いにたくさんの桜の木がある。

My uncle lives in *a* suburb of Tokyo.	私のおじは東京の郊外の1地区に住んでいる。

The fire was reported in the local newspaper.	その火災は地元の新聞で報道された。

ⓐ I suppose *that* she will come to the party.	ⓐ 私は彼女がパーティーに来ると思う。
ⓑ He *was* supposed *to* come here before five o'clock.	ⓑ 彼は5時前にここに来ることになっていた。

ⓐ Most Japanese people associate Brazil *with* soccer.	ⓐ ほとんどの日本人はブラジルでサッカーを連想する。
ⓑ She associates *with* people in the arts.	ⓑ 彼女は芸術分野の人々と交際している。

ⓐ We regard him *as* a great writer.	ⓐ 私たちは彼を偉大な作家とみなしている。
ⓑ *With* regard *to* the weather, it will be fine on Sunday.	ⓑ 天候に関しては，日曜日はよい日になるだろう。

I wonder which university I should go to.	自分はどの大学に進学すべきだろうかと思う。

We *are* determined *to* move this year.	私たちは今年引っ越すことを決意している。

I could not identify the singer on the program.	私はその番組に出ている歌手が誰だかわからなかった。

生活に関する動詞 (1)

542 **wrap**
[rǽp]
動 を包む, (布など) を巻きつける
名 《米》包むもの, ラップ

543 **press**
[prés]
動 (を)押す, (を)押しつける
名 ①押すこと
注意 ②《the press で》新聞, 雑誌, 報道機関, マスコミ
➡ préssure 名 圧力

544 **polish**
[pá:lɪʃ]
動 をみがく, のつやを出す
名 つや出し

545 **pack**
[pǽk]
動 ①を詰め込む ②(を)荷造りする
名 包み, 荷物
➡ páckage 名 包み, 小包

546 **mend**
[ménd]
動 を修繕する, を直す
➡ mend a dress ドレスを繕う

547 **hang**
[hǽŋ]
動 ①を掛ける, 掛かる
②をぶら下げる, ぶら下がる 〈hung - hung〉
注意 ③を絞首刑にする (規則活用)〈hanged - hanged〉
➡ hánger 名 掛けるもの, ハンガー

感情に働きかける他動詞とそこから派生した形容詞 (1) 🔍 GF ▶

548 **excite**
[ɪksáɪt]
動 を興奮させる
➡ excite the audience 観客を興奮させる(あおる)
excítement 名 興奮, 動揺

549 **exciting**
[ɪksáɪtɪŋ]
形 興奮させる, わくわくさせる

550 **excited**
[ɪksáɪtɪd]
形 (人が) 興奮した, わくわくした
➡ be excited at[by] ... …に興奮している

She wrapped the box with colorful paper.	彼女はその箱をカラフルな紙で包んだ。
Press the button to open the door.	ドアを開けるにはそのボタンを押しなさい。
My father polishes his shoes every Sunday afternoon.	父は毎週日曜日の午後に靴をみがく。
She packed her clothes into a suitcase.	彼女はスーツケースに自分の洋服を詰め込んだ。
This sweater needs mending.	このセーターは繕わなければならない。
I want to hang this picture on the wall.	この絵を壁に掛けたい。

○ excite, satisfy, tire など人の感情に影響を与える他動詞から派生した形容詞 (exciting /excited, satisfying / satisfied, tiring / tired など) は分詞形容詞と呼ばれる。現在分詞は「〜させるような」という能動の意味, 過去分詞は「〜させられる」という受動の意味を表す。元になる動詞が他動詞であることを押さえ, 現在分詞＝能動, 過去分詞＝受動と考えること。

His speech excited us all.	彼の演説は私たち皆を興奮させた。
ⓐ His speech was exciting to us all.	ⓐ 彼の演説は私たち皆を興奮させるものだった。
ⓑ I saw an exciting movie last night.	ⓑ 昨晩, わくわくする映画を見た。
We *were* all excited *by* his speech.	私たちは皆, 彼の演説に興奮した。

生活に関する動詞（2）

551 □ **fasten**
□ [fǽsən] 発
動 を固定する，を締める
➡ □ **fástener** 名 《英》ファスナー

552 □ **fold**
□ [fóuld]
動 を折りたたむ，（手・腕など）を組む
➡ □ **with one's arms folded** 腕を組んで

553 □ **pour**
□ [pɔ́ːr] 発
動 ①（液体など）を注ぐ　②流れ出る
注意 ③《it pours で》雨が激しく降る

554 □ **fit**
□ [fít]
動 （に）合う，を合わせる，を適合させる
➡ □ **be fit for ...** …に適している

555 □ **care**
□ [kéər]
動 を気にかける，気にかける
名 ①心配　②注意　③世話
➡ □ **cáreful** 形 注意深い　□ **cárefully** 副 注意深く

感情に働きかける他動詞とそこから派生した形容詞（2）

556 □ **interest**
□ [íntərəst] ア
動 に興味を持たせる
名 ①興味，関心　②利害，利益　③利子
➡ □ **have an interest in ...** …に興味（関心）を持つ

557 □ **interesting**
□ [íntərəstɪŋ]
形 興味深い，おもしろい

558 □ **interested**
□ [íntərəstɪd]
形 （人が）興味を持った
➡ □ **be interested in ...** …に興味（関心）がある

559 □ **satisfy**
□ [sǽtəsfàɪ] ア
動 ①を満足させる　②（必要・条件など）を満たす
➡ □ **satisfáction** 名 満足

560 □ **satisfying**
□ [sǽtəsfàɪɪŋ]
形 満足のいく，満足な

561 □ **satisfied**
□ [sǽtəsfàɪd]
形 （人が）満足した
➡ □ **be satisfied with ...** …に満足している

562 □ **tire**
□ [táɪər]
動 ①を疲れさせる　②を飽きさせる
名 《米》タイヤ 注意 《英》tyre

563 □ **tiring**
□ [táɪərɪŋ]
形 疲れる，退屈な

564 □ **tired**
□ [táɪərd]
形 （人が）疲れた，飽きた
➡ □ **be tired from ...** …で疲れている
□ **be tired of ...** …に飽きている

☐ Please fasten your seat belt.	シートベルトを締めてください。
☐ Tom folded the cloth in half.	トムは布を半分に折りたたんだ。
☐ Pour the tea into this cup, please.	このカップの中に紅茶を注いでください。
☐ⓐ The uniform fits him perfectly. ☐ⓑ This movie *isn't* fit *for* children.	ⓐ その制服は彼にぴったり合っている。 ⓑ この映画は子どもに適していない。
☐ⓐ I will always care about you. ☐ⓑ I had to take care of her dog.	ⓐ 私は常にあなたを気にかけます。 ⓑ 私は彼女のイヌの世話をしなくてはいけなかった。

☐ The news interested me a lot.	そのニュースは私にとても興味を持たせた。
☐ⓐ The news was interesting to me. ☐ⓑ I have an interesting story.	ⓐ そのニュースは私には興味深かった。 ⓑ おもしろい話があるんだ。
☐ I *was* very interested *in* the news.	私はそのニュースにとても興味があった。
☐ My present job satisfies me.	今の仕事は私を満足させてくれる。
☐ My present job is satisfying to me.	今の仕事は私にとって満足のいくものだ。
☐ I *am* satisfied *with* my present job.	私は今の仕事に満足している。
☐ The long walk tired me.	長時間の歩行が私を疲れさせた。
☐ The long walk was tiring for me.	長時間の歩行は私にとって疲れるものだった。
☐ I *was* tired *from* the long walk.	私は長時間の歩行で疲れていた。

Level 2

発生・終局を表す語

565 **occur**
[əkə́:r] 🚗
動 ①起こる (= □ happen) ②(心に)浮かぶ
➡ □ it occurs that ... …が起こる
□ it occurs to 〈人〉that ... 〈人〉に…が浮かぶ

566 **quit**
[kwít]
動 (を)やめる 〈quit - quit /(英)quitted - quitted〉
➡ □ quit school 学校を中退する

567 **retire**
[rɪtáɪər]
動 退職する, 引退する ➡ □ retire from ... …を退職する
□ retírement 名 退職

568 **settle**
[sétl]
動 ①(紛争・問題など)を解決する
②定住する, を定住させる, 入植する
③を静める, 静まる, を落ち着かせる
➡ □ settle down 落ち着く

感情に働きかける他動詞とそこから派生した形容詞 (3)

569 **amaze**
[əméɪz]
動 をびっくりさせる, を驚嘆させる
➡ □ amázement 名 驚き, 驚嘆

570 **amazing**
[əméɪzɪŋ]
形 びっくりするような, 驚くべき

571 **amazed**
[əméɪzd]
形 (人が)びっくりした, 驚嘆した
➡ □ be amazed at[by] ... …にびっくりしている

572 **amuse**
[əmjú:z]
動 をおもしろがらせる, を楽しませる
➡ □ amúsement 名 娯楽, 楽しみ

573 **amusing**
[əmjú:zɪŋ]
形 おもしろい, 楽しませる

574 **amused**
[əmjú:zd]
形 (人が)おもしろがって, 楽しそうな
➡ □ be amused at[by] ... …をおもしろがる

575 **bore**
[bɔ:r]
動 を退屈させる 名 退屈な人 (こと)
➡ □ bóredom 名 退屈

576 **boring**
[bɔ́:rɪŋ]
形 退屈な

577 **bored**
[bɔ:rd]
形 (人が)退屈した
➡ □ be bored with ... …に退屈している

120

Level 2

Those two events occurred at the same time.	それらの２つのできごとは同時に起こった。
Why did you quit your job?	なぜあなたは仕事をやめたの？
He will retire *from* the company this spring.	彼はこの春，会社を退職する。
ⓐ The government tried to settle the international problem.	ⓐ 政府は国際問題を解決しようとした。
ⓑ We decided to settle in Yokohama.	ⓑ 我々は横浜に定住することを決めた。

Kento's excellent English speaking ability amazed me.	ケントの優れた英会話力には驚かされた。
ⓐ Kento's excellent English speaking ability was amazing to me.	ⓐ ケントの優れた英会話力は私にとって驚くべきものだった。
ⓑ That's an amazing skill.	ⓑ それは驚くべき技術だ。
I *was* amazed *at* Kento's excellent English speaking ability.	私はケントの優れた英会話力に驚かされた。
His idea amused me very much.	彼の発想は私を非常におもしろがらせた。
ⓐ His idea was very amusing to me.	ⓐ 彼の発想は私にとって非常におもしろいものだった。
ⓑ I want to read an amusing novel.	ⓑ 私はおもしろい小説を読みたい。
I *was* very amused *at* his idea.	私は彼の発想を非常におもしろがった。
The movie bored me.	その映画は私を退屈させた。
ⓐ The movie was boring to me.	ⓐ その映画は私にとって退屈だった。
ⓑ I had to listen to a boring speech.	ⓑ 私は退屈なスピーチを聞かされた。
I *was* bored *with* the movie.	私はその映画に退屈した。

宗教・精神などに関する語

578	**religion** [rɪlídʒən] ㋑	名 宗教　➡ □ belief in a religion 宗教への信仰 □ **relígious** 形 宗教の，信心深い

579	**soul** [sóʊl]	名 魂，精神 ➡ 注意 〈同音語〉 □ sole 形 唯一の　名 足の裏

580	**miracle** [mírəkl] ㋐	名 奇跡，奇跡的なできごと ➡ □ **work[perform] a miracle** 奇跡を起こす

581	**ghost** [góʊst] ㋰	名 幽霊

582	**spirit** [spírət]	名 ①精神，心　②霊　③《(複)で》気

感情に働きかける他動詞とそこから派生した形容詞（4）

583	**annoy** [ənɔ́ɪ] ㋑	動 をいらいらさせる，を悩ませる ➡ □ **annóyance** 名 いらだち

584	**annoying** [ənɔ́ɪɪŋ]	形 いらいらさせる，うっとうしい

585	**annoyed** [ənɔ́ɪd]	形 (人が) いらいらした ➡ □ **be annoyed at ...** …にいらいらしている

586	**confuse** [kənfjúːz] ㋐	動 ①を混乱させる，をまごつかせる　②を混同する ➡ □ **confuse ... with ~** …を~と混同する □ **confúsion** 名 混乱，混同

587	**confusing** [kənfjúːzɪŋ]	形 混乱させる(ような)，わかりにくい

588	**confused** [kənfjúːzd]	形 (人が) 混乱した，困惑した，途方に暮れた ➡ □ **be confused about ...** …に困惑している

589	**disappoint** [dìsəpɔ́ɪnt] ㋑	動 を失望させる，をがっかりさせる ➡ □ **disappóintment** 名 失望，落胆

590	**disappointing** [dìsəpɔ́ɪntɪŋ]	形 失望させる，期待外れの ➡ □ **disappointing result** 期待外れの結果

591	**disappointed** [dìsəpɔ́ɪntɪd]	形 (人が) 失望した，がっかりした ➡ □ **be disappointed at ...** …に失望している

I'm studying religion at university.	私は大学で宗教を勉強している。
Does the soul live forever?	魂は永遠に生き続けるか。
Jesus *performed* a lot of miracles.	イエスは多くの奇跡を起こした。
I saw something like a ghost.	私は幽霊のような何かを見た。
She fought on with a strong spirit.	彼女は強い心で戦い続けた。

Level 2

His laziness annoyed me.	彼の怠慢は私をいらいらさせた。
ⓐ His laziness was annoying to me. ⓑ I heard an annoying sound this morning.	ⓐ 彼の怠慢は私にはうっとうしかった。 ⓑ 私は今朝, うっとうしい音を聞いた。
I *was* annoyed *at* his laziness.	私は彼の怠慢にいらいらした。
The difficult problem confused me.	その難問は私をまごつかせた。
ⓐ The difficult problem was confusing to me. ⓑ This is sort of a confusing map.	ⓐ その難問は私にはわかりにくかった。 ⓑ これはちょっとわかりにくい地図だ。
I was confused by the difficult problem.	私はその難問に困惑した。
Mike's failure disappointed his mother.	マイクの失敗は母親を失望させた。
Mike's failure was disappointing to his mother.	マイクの失敗は母親を失望させるものだった。
Mike's mother *was* disappointed *at* his failure.	マイクの母親は彼の失敗に失望した。

592 **furious**
[fjúəriəs]
形 ①激怒した ②猛烈な, 激しい

593 **glad**
[glǽd]
形 うれしい, 喜んで
➡ □ **be glad to do** ～してうれしい

594 **happy**
[hǽpi]
形 幸福な, うれしい
➡ □ **háppiness** 名 幸福
□ **háppily** 副 幸福に, 運よく

595 **sorry**
[sɔ́:ri]
形 気の毒で, すまなく思って
➡ □ **be sorry for[about] ...**
…を気の毒に思う, …をすまなく思う

596 **thankful**
[θǽŋkfl]
形 感謝して, ありがたく思って

597 **shock**
[ʃɑ́:k]
動 に衝撃（ショック）を与える
名 衝撃的なこと, (精神的な)ショック

598 **shocking**
[ʃɑ́:kɪŋ]
形 ぞっとするような, ショッキングな

599 **shocked**
[ʃɑ́:kt]
形 衝撃を受けた
➡ □ **be shocked at[by] ...** …に衝撃を受ける

600 **surprise**
[sərpráɪz]
動 を驚かせる
名 驚き

601 **surprising**
[sərpráɪzɪŋ]
形 驚くべき, 意外な
➡ □ **surprísingly** 副 驚くほどに, 驚いたことには

602 **surprised**
[sərpráɪzd]
形 驚いて
➡ □ **be surprised at[by] ...** …に驚く
□ **be surprised to do** ～して驚く

Level 2

She was furious about my lies.	彼女は私のうそに激怒した。
I'd *be* glad *to* help you with your project.	私はあなたのプロジェクトを手伝えてうれしい。
He lives a happy life in a foreign country.	彼は異国で幸福な生活を送っている。
I'*m* very sorry *for* your loss.	あなたが亡くされたことを気の毒に思います(ご愁傷さまです)。
I'm thankful to you for inviting me.	私を誘ってくれたことであなたに感謝しています(お招きくださいましてありがとうございます)。
The young singer's death shocked a lot of people.	その若い歌手の死は多くの人々に衝撃を与えた。
The young singer's death was shocking to a lot of people.	その若い歌手の死は多くの人々にとって衝撃的なことだった。
A lot of people *were* shocked *at* the young singer's death.	多くの人々がその若い歌手の死に衝撃を受けた。
His gift surprised me.	彼の贈り物は私を驚かせた。
His gift was surprising to me.	彼の贈り物は私にとって驚くべきものだった。
I *was* surprised *at* his gift.	私は彼の贈り物に驚いた。

603	**ocean** [óuʃən]	名 海, 大洋
604	**palm** [pάːlm]	名 ①ヤシ ②手のひら(状のもの)
605	**coral** [kɔ́ːrəl]	名 サンゴ ➡ □coral reef サンゴ礁
606	**reef** [ríːf]	名 礁, 暗礁, 岩礁
607	**cave** [kéɪv]	名 洞くつ, ほら穴

注意すべき名詞

608	**advantage** [ədvǽntɪdʒ]	名 利点, 利益 (↔ □disadvantage 不利, 不利益) ➡ □take advantage of ... (機会など)を利用する
609	**bond** [bάːnd]	名 ①接着(剤) ②きずな, 結束 ③縛るもの
610	**identity** [aɪdéntɪti]	名 身元, 自己同一性
611	**impact** [ímpækt]	名 ①強い影響(力), インパクト ②衝撃
612	**sight** [sáɪt]	名 ①光景 ②見ること ③視力 ④《(複)で》名所 ➡ □at (the) sight of ... …を見て
613	**site** [sáɪt]	名 ①場所, 用地 ②敷地 ③遺跡
614	**sort** [sɔ́ːrt]	名 種類 ➡ □a sort of ... 一種の… 動 を分類する
615	**tip** [típ]	名 秘訣, こつ
616	**version** [vɔ́ːrʒən]	名 型, 版

Plastic in the ocean harms marine life.	海のプラスチックは海洋生物に害を及ぼす。
I avoid products with palm oil.	私はヤシ油を含む製品を避ける。
Do not touch the coral, please.	サンゴに触らないでください。
The waters off Australia have many coral reefs.	オーストラリアの海域には多くのサンゴ礁がある。
We explored a dark cave today.	私たちは今日, 暗い洞くつを探検した。

Learning a new language has many advantages.	新しい言語を学ぶことには多くの利点がある。
The bond between them is very strong.	彼らのきずなは非常に強い。
He tried to hide his identity.	彼は自分の身元を隠そうとした。
Social media has a huge impact on society.	ソーシャルメディアは社会に大きな影響を与えている。
I love the sight of the ocean.	私は海の景色を見るのが大好きだ。
This is the perfect site for camping.	これはキャンプには最適な場所だ。
What sort of music do you like?	あなたはどのような種類の音楽が好きですか。
The makeup artist shared her beauty tips.	そのメイクアップアーティストは美の秘訣を共有した。
This is an old version of the software.	これは古いバージョンのソフトウェアだ。

make (2)

① を作る
② (事態・状態) を生み出す, を引き起こす
③ を(ある状態) にする
④ に～させる

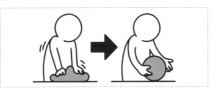

make は, ものごとに働きかけて, 新しい別のものや状況を生み出すことを表す。いろいろな文型で使われるので, 注意が必要である。

help

① (を) 手伝う, (を) 助ける
② (に) 役立つ
③《can を伴って》を避ける, を防ぐ

help は, ある状態をより好ましい方向へ導き, それが誰か (何か) の役に立つことを表す。また, avoid「を避ける」の意味もある。

617 ☐ **make a difference**
変化をもたらす, 重要である

618 ☐ **make the best of ...**
(悪い状況・条件など) を最大限に活用する

619 ☐ **make use of ...**
…を利用する

620 ☐ **make sure (of) ...**
…を確かめる

621 ☐ **make up with ...**
…と仲直りをする

622 ☐ **make out ...**
…を理解する, …がわかる

623 ☐ **make it impossible for 〈人〉 to do**
〈人〉が～するのを不可能にする, 〈人〉に～できなくする

624 ☐ **help 〈人〉 with ...**
〈人〉の…を手伝う

625 ☐ **help ... (to) do**
…が～するのを手伝う

626 ☐ **cannot help -ing**
～せずにはいられない

627 ☐ **help (...) out**
(…を) 手伝う, …を援助する

Level 2

617 □ We can <u>make</u> a big <u>difference</u> in the world together. — 私たちはともに世界に大きな変化をもたらすことができる。

618 □ He is <u>making the best of</u> a bad situation. — 彼は悪い状況に最大限うまく対処している。

> 注意 〔関連〕make the most of ... ((一般的に) …を最大限に利用する)

619 □ I often <u>make use of</u> online English lessons. — 私はオンライン英語レッスンをよく利用する。

620 □ I'll <u>make sure of</u> his intention. — 私は彼の意図を確かめるつもりだ。

621 □ I want to <u>make up with</u> him. — 私は彼と仲直りしたい。

622 □ I can't <u>make out</u> the meaning of the English sentence. — 私はその英文の意味がわからない。

623 □ The heavy snow <u>made it</u> <u>impossible for</u> us <u>to</u> go to school. — 大雪が私たちが登校するのを不可能にした。

624 □ Can you <u>help</u> me <u>with</u> my homework? — 私の宿題を手伝ってくれますか。

625 □ I <u>helped</u> her carry the boxes upstairs. — 私は彼女が2階に箱を運ぶのを手伝った。

626 □ I <u>cannot help</u> wonder*ing* about my future. — 私は自分の将来についてあれこれと考えずにはいられない。

> 注意 〔同・類〕cannot (help) but do
> 〔関連〕It can't be helped. (しかたがない), I can't help it. (私にはどうしようもない)

627 □ I sometimes <u>help out</u> at my parents' restaurant. — 私はときどき両親のレストランを手伝う。

come (2)

① (自分の方に) 来る
② (相手の方に) 行く
③ (ある状態に) なる

come は，人やものが自分のところに向かって来ることを表す。相手を中心に考え，相手のところに行くことも come で表すことができる。

628 ☐ **come up with ...**
(考えなど) を思いつく，
…を提案する

629 ☐ **come into being**
(ものが) 誕生する，
生み出される，出現する

630 ☐ **come about**
(ことが) 起こる，生じる

631 ☐ **come up**
(問題などが) 生じる

632 ☐ **come out**
① (太陽・月など天体が) 現れる
② (花が) 咲く
③ (本などが) 出版される
④ (真相などが) 明らかになる

633 ☐ **come[go] into effect**
(法律などが) 施行される，発効する

stand

① 立っている
② (ある態度を) とる
③ (を) 我慢する
④ (状態に) ある

stand は，SV の文型で「立っていること」を意味し，SVC の文型で補語とともに「ある状態にあること」を表す。他動詞「を我慢する」の意味にも注意する。

634 ☐ **stand by (...)**
① …を支える，…の力になる
② (…の) そばに立つ，傍観する

635 ☐ **stand up for ...**
① …を支持する
② …を弁護する，…を守る

636 ☐ **stand for ...**
① …を表す，…の略である
② …を支持する

637 ☐ **stand out**
目立つ，際立つ

628 ☐	She couldn't <u>come up with</u> a reply to him.	彼女は彼への返答を思いつくことができなかった。

629 ☐ When did the universe <u>come into being</u>?

注意 〔関連〕come into ... (…（の状態）になる)

彼女は彼への返答を思いつくことができなかった。

宇宙はいつ誕生したのだろうか。

630 ☐ How did this situation <u>come about</u>?

注意 〔同・類〕happen

どうやってこの状況が起こったのですか。

631 ☐ The same problems <u>come up</u> every time.

同じ問題がいつも生じる。

632 ☐ⓐ The clouds disappeared and the sun <u>came out</u>.

ⓐ 雲が消えて太陽が現れた。

☐ⓑ The truth finally <u>came out</u>.

ⓑ 真実がついに明らかになった。

633 ☐ The law <u>came into effect</u> last September.

注意 〔関連〕bring ... into effect (（法律など）を実施する, （計画など）を実行する)

その法律は昨年9月に施行された。

634 ☐ No matter what happens, I'll <u>stand by</u> you.

注意 〔同・類〕support (を支える, の力になる)

何が起こっても, 私はあなたを支えるつもりだ。

635 ☐ Don't be afraid to <u>stand up for</u> what you believe in.

恐れずに自分が信じるものを支持しなさい。

636 ☐ What does SNS <u>stand for</u>?

注意 SNSは social networking service の頭文字をとった表現であるが, 英語圏では一般的でない。social media などがよく使われる。

SNSは何を表していますか。

637 ☐ The tall woman <u>stood out</u> in the crowd.

その背の高い女性は人ごみの中で目立った。

take (2)

① を取る
② を持って行く, を連れて行く
③ を必要とする
④ を~とみなす, を~と思う

take は, ものを持って (人を連れて) その場から遠ざかることを表す。「を~とみなす, を~と思う」の意味を含む熟語も重要である。

bring

① を持ってくる
② (ある状態) に導く
③ をもたらす

bring は, ものごとや人をこちら側に持ってくることを表す。

638 ☐ **take after ...**
…に似ている

639 ☐ **take up ...**
① …を始める ② …を取り上げる

640 ☐ **take place**
① (式・行事などが) 行われる
② (ことが) 起こる, 生じる

641 ☐ **take one's time on[at] ...**
…をゆっくり(じっくり)やる

642 ☐ **take in ...**
① (客など) を受け入れる
② …を理解する ③ …をだます

643 ☐ **take ... into account**
…を考慮 (計算) に入れる

644 ☐ **take ... into consideration**
…を考慮に入れる

645 ☐ **take on ...**
① …を引き受ける ② …を乗せる

646 ☐ **bring out ...**
① (製品など) を出す(発売する)
② (才能など) を引き出す

647 ☐ **bring oneself to do**
~する気になる

648 ☐ **bring ... to light**
(証拠など) を明るみに出す

649 ☐ **bring ... home to 〈人〉**
〈人〉に…を痛感させる

650 ☐ **bring ... up**
① …を育てる ② …を持ち出す

638 □ I take after my mother in many ways.

私はいろいろな意味で母に似ている。
注意 [同・類] resemble

639 □ My grandfather took up walking after he retired.

祖父は退職後, ウォーキングを始めた。

640 □ The next meeting will take place on Thursday.

次回の会議は木曜日に行われる予定だ。

注意 [関連] take the place of ... (…の代わりをする)

641 □ Take your time on this task.

この仕事はゆっくりやりなさい。

642 □ When my mother saw our lost dog, she took him in.

迷子になっていたイヌを見たとき, 私の母が彼を受け入れた。

注意 [同・類] deceive (をだます)

643 □ We should take disabled people into account.

私たちは障害者のことを考慮に入れる(障害者に配慮する)べきだ。

644 □ You need to take many things into consideration first.

あなたはまず多くのことを考慮に入れる必要がある。

645 □ You shouldn't take on so much work.

君はそんなに多くの仕事を引き受けるべきではない。

646 □ The computer company brings out a new model every season.

そのコンピュータ会社は季節ごとに新製品を出す。

647 □ I can't bring myself to talk about it.

私はそのことを話す気になれない。

648 □ A journalist brought the politician's secret to light.

あるジャーナリストがその政治家の秘密を明るみに出した。

649 □ The news brought the sadness of war home to me.

そのニュースが私に戦争の悲しみを痛感させた。

650 □ I was born and brought up in Nagano.

私は長野で生まれ育った。
注意 [同・類] raise (を育てる)

Level 2

keep (2)

① を持っている
② を取っておく
③ を(ある状態) にしておく
④ (約束・規則など) を守る

keep は, ものことを変化させないで同じ状態に保つこと
を表す。〈keep ＋目的語＋補語〉の形に注意する。

turn

① 回る, を回す
② 向く, を向ける
③ 曲がる, を曲げる

turn は, 回転して方向が変わり, 状態に変化が起こるこ
とを表す。

---

651 ☐ **keep ... from -ing**
…が〜するのを妨げる(防ぐ),
…に〜させない

652 ☐ **keep away from ...**
…に近づかない, …を避ける

653 ☐ **keep in touch with ...**
…と連絡を取り合う,
…と関係を保つ

654 ☐ **keep ... to oneself**
…を人に話さないでおく(1人占めする)

655 ☐ **keep off ...**
① …に立ち入らない　② …を防ぐ

656 ☐ **keep to ...**
(規則など) に従う

657 ☐ **keep one's word [promise]** 約束を守る

658 ☐ **keep an eye[one's eye(s)] on ...** …を見張る, …を見守る

659 ☐ **turn up**
現れる, 出てくる

660 ☐ **turn out (to be) ...**
…だとわかる, 結局…になる

661 ☐ **turn down ...**
① …を断る　② (音量など) を下げる

662 ☐ **by turns**
代わる代わるに, 次から次へと

663 ☐ **in turn**
順番に

651 ☐ You can't <u>keep</u> me <u>from</u> see*ing* him.

私が彼に会わないようにすることはできない。

注意 〔同・類〕 prevent[stop, hinder] ... from -ing

---

652 ☐ <u>Keep away from</u> fire.

火に近づくな。

注意 〔関連〕 keep ... away from 〜（…を〜から遠ざけておく）

---

653 ☐ I still <u>keep in touch with</u> friends from junior high school.

私は中学校からの友人と今でも連絡を取り合っている。

注意 〔関連〕 get in touch with ...（…と連絡を取る）

---

654 ☐ Please <u>keep</u> that secret <u>to</u> <u>yourself</u>.

その秘密は人に話さないで(内緒にして)おいてください。

---

655 ☐ <u>Keep off</u> the grass.

芝生に立ち入るな。

---

656 ☐ You have to <u>keep to</u> the rules.

規則に従わなければなりません。

注意 〔同・類〕 obey

---

657 ☐ He always <u>keeps his word</u>.

彼はいつも約束を守る。

注意 〔関連〕 break one's word[promise]（約束を破る）, make a promise（約束をする）

---

658 ☐ We're <u>keeping our eyes on</u> the patient's condition.

私たちはその患者の容体を見守っている。

---

659 ☐ She <u>turned up</u> an hour late.

彼女は1時間遅れて現れた。

注意 〔同・類〕 appear

---

660 ☐ He <u>turned out to be</u> Maria's cousin.

彼はマリアのいとこだとわかった。

注意 〔同・類〕 prove (to be) ...（…だとわかる）, result in ...（結局…になる）

---

661 ☐ She <u>turned down</u> their offer.

彼女は彼らの申し出を断った。

注意 〔同・類〕 refuse（を断る）

---

662 ☐ We used the computer <u>by</u> <u>turns</u>.

私たちは代わる代わるパソコンを使った。

---

663 ☐ The president answered the reporter's questions <u>in turn</u>.

大統領は記者たちの質問に順番に答えた。

get (2)

① を得る，を受け取る
② を(ある状態)にする
③ (ある状態)になる

get は，人が主語の場合は，意図的にものやある状態を手に入れることを表す。また，人以外が主語の場合は，自然とある状態になることを表す。

hold

① を持っている，を含んでいる
② (会など)を催す
③ 持ちこたえる，(ある状態)のままである

hold は，対象となるものをある一定の状態にとどめておくことを表す。

664 □ **get down to ...**
…に(真剣に)取りかかる

665 □ **get over ...**
① …を乗り越える，…を克服する　② …を終わりにする

666 □ **get the better of ...**
…に勝つ，…をしのぐ

667 □ **get rid of ...**
…を取り除く，…を捨てる

668 □ **get through ...**
① …を終える　② …を通過する　③ …を乗り切る

669 □ **get at ...**
① …を言おうとする(意味する)
② (事実などを)を突きとめる

670 □ **hold the line**
電話を切らないでおく

671 □ **hold one's breath**
息を止める，かたずをのむ

672 □ **hold one's tongue**
黙っている

673 □ **hold good[true]**
有効である，あてはまる

674 □ **hold out (...)**
① (攻撃などに)耐える(持ちこたえる)　② (希望など)を与える，…を提供する

675 □ **hold back ...**
① …を押しとどめる
② (感情など)を抑える

664 □ You have to <u>get down to</u> your studying now.

あなたは今すぐ勉強に取りかからなければならない。

665 □ I tried to <u>get over</u> the shocking event.

私はそのショックなできごとを乗り越えようとした。

注意〔同・類〕overcome (を乗り越える, を克服する)

666 □ She always <u>gets the better of</u> me in arguments.

彼女はいつも議論で私に勝つ。

667 □ How can I <u>get rid of</u> this spot?

私はどうやったらこのしみを取り除けるだろう。

注意〔関連〕rid〈もの〉of ... (〈もの〉から…を取り除く)

668 □ⓐ We have a lot of work to <u>get through</u>.
□ⓑ They <u>got through</u> the gate.

ⓐ 私たちは終えなければならない仕事がたくさんある。
ⓑ 彼らはその門を通過した。

669 □ What are you <u>getting at</u>?

あなたは何を言おうとしているのですか。

670 □ Please <u>hold the line</u> for a moment.

少しの間電話を切らないでおいてください。

671 □ I <u>held my breath</u> for twenty seconds.

私は20秒間息を止めた。

672 □ I decided to <u>hold my tongue</u>.

私は黙っていることに決めた。

注意〔同・類〕be quiet

673 □ The rule doesn't <u>hold good</u> in this case.

この場合そのルールは有効でない。

674 □ The soldiers <u>held out</u> against the enemy.

兵士たちは敵に(屈せずに)耐えた。

注意〔関連〕hold out against ... (〈敵など〉に抵抗する)

675 □ The police <u>held back</u> the excited crowd.

警察は興奮した群衆を押しとどめた。

注意〔同・類〕withhold (を押しとどめる), control (を抑える)

let

① に~させる
② (ある状態) にしておく
③ を貸す

let は，ある状態を解放すること，相手の意思にまかせることを表す。使役の用法では make と異なり，【強制】ではなく【許可】のニュアンスになる。

676 ☐ **let ... alone**
…をそのままにして(ほうって)おく

677 ☐ **let alone ...**
…は言うまでもなく

678 ☐ **let ... down**
…をがっかり(失望)させる

679 ☐ **let ... out**
(秘密など)をもらす，…を暴露する

680 ☐ **let go of one's hand**
~の手を放す

do

① をする，を処理する
② (人に) をもたらす
③ を作る
④ 役に立つ，間に合う

do は，意図的にものに働きかけることを表す。自動詞「役に立つ」の意味は問われやすいので注意する。

681 ☐ **do over ...**
…をやり直す

682 ☐ **do nothing but**
~してばかりいる，
~以外には何もしない

683 ☐ **do with ...**
① …で間に合わせる，…ですませる
② …を処理する，…を扱う

684 ☐ **do without ...**
…なしですます

685 ☐ **do ... good**
…に益をもたらす，(薬が) …に効く

686 ☐ **any ... will do**
どんな…でも役に立つ，
どんな…でもよい

687 ☐ **do away with ...**
…を廃止する，…を捨てる

676 ☐ Let the dog alone if it starts to bark. イヌが吠え始めたらほうっておいて。

注意 〔同・類〕leave ... alone (…をそのままにしておく)

677 ☐ I don't even have a smartphone, let alone a computer. パソコンは言うまでもなく, 私はスマートフォンさえ持っていない。

678 ☐ Don't let me down by doing a poor job. 下手な仕事をして私をがっかりさせないで。

679 ☐ Don't let the news out until I say so. 私がそう言うまで, そのニュースを(外に)もらすな。

680 ☐ She let go of her child's hand in the crowd. 彼女は人ごみの中で自分の子どもの手を放してしまった。

注意 〔関連〕let go of ... (…を放す(離す), …を自由にする)

681 ☐ I have to do over my homework because I made a lot of mistakes. 間違いが多かったので, 私は宿題をやり直さなければならない。

682 ☐ He does nothing but play games. 彼はゲームをしてばかりいる。

683 ☐ I'll do with this old bag because I can't afford a new one. 新しいものを買う余裕がないので, 私はこの古いかばんで間に合わせるつもりだ。

注意 〔同・類〕make do with ...(=make ... do) (…で間に合わせる, …ですませる)

684 ☐ I can do without a smartphone for a few days. 私は数日ならスマートフォンなしですますことができる。

注意 〔同・類〕dispense with ...

685 ☐ A long vacation will do you good. 長期休暇はあなたに益をもたらすだろう。

注意 〔関連〕do ... harm (…に害をもたらす), do more harm than good (害にはなっても益にはならない)

686 ☐ Any kind of leafy vegetable will do for this salad. どんな種類の葉物野菜でもこのサラダには役に立つ(よい) でしょう。

687 ☐ Our school decided to do away with the old uniform rules. 私たちの学校は古い制服の規則を廃止することを決めた。

注意 〔同・類〕abolish (を廃止する)

call

① (を) 呼ぶ, (人・もの) を〜と呼ぶ
② (に) 電話をする

call は, 相手の反応を期待して大きな声で呼びかけることを表す。

put

① を置く
② (文字など) を記入する
③ (ある状態) にする

put は, ものごとをある位置・状態にすえることを表す。

688 ☐ **call (...) up**
　① (…に) 電話をする
　② (記憶など) を呼び起こす

689 ☐ **call for ...**
　…を強く求める, …を必要とする

690 ☐ **call on 〈人〉**
　〈人〉を訪問する

691 ☐ **call it a day**
　(その日の) 仕事を切り上げる

692 ☐ **call (...) back**
　① (…に) 折り返し電話する
　② …を呼び戻す

693 ☐ **call ... off**
　…を中止する, …を取り消す

694 ☐ **call in**
　(会社・テレビ局などへ) 電話を入れる

695 ☐ **put an end to ...**
　① …を終わらせる
　② …を取り除く, …を廃止する

696 ☐ **put up with ...**
　…をがまんする

697 ☐ **put on ...**
　① (服など) を着る
　② (電灯・テレビなど) をつける

698 ☐ **put off ...**
　① …を延期する
　② (電灯・テレビなど) を消す

699 ☐ **put forward ...**
　① (意見・提案など) を出す
　② …を推薦する

音声 ▶

No.688～699

688 □ He called me up to tell me the news. 彼はそのニュースを私に伝えるために電話をしてきた。

注意〔同・類〕call, telephone ((…に) 電話をする), recall ((記憶など) を呼び起こす)

689 □ People called for the government's support. 人々は政府の支援を強く求めた。

注意〔同・類〕require (を必要とする)

690 □ I'm going to call on an old friend in Paris next weekend. 私は来週末にパリにいる古くからの友人を訪問するつもりだ。

Level 2

691 □ Let's call it a day and go home. 仕事を切り上げて帰りましょう。

692 □ May I call you back later? あとで折り返し電話していいですか。

693 □ The game was called off because of heavy rain. 大雨のため試合は中止された。

注意〔同・類〕cancel

694 □ He called in sick to his office. 彼は自分の職場に病欠の電話をした。

695 □ Let's put an end to this argument. この議論を終わらせよう。

696 □ I can't put up with this noise. 私はこの騒音をがまんできない。

注意〔同・類〕endure

697 □ She put on her favorite blue dress. 彼女はお気に入りの青いドレスを着た。

注意〔関連〕take off ... (…を脱ぐ), put off ... ((電灯・テレビなど) を消す)

698 □ We had better put off camping until next week. 私たちはキャンプを来週まで延期したほうがよい。

注意〔同・類〕postpone (を延期する)　〔関連〕put on ... ((電灯・テレビなど) をつける)

699 □ They put forward suggestions to the government. 彼らは政府に提案を出した(提言した)。

141

1 In our ①**rapidly** changing and ②**increasingly** ③**complex** ④**modern** society, keeping our ⑤**personal** information safe is really important. Sometimes it can be ⑥**confusing** to know what to do with our ⑤**personal** data, such as pictures or videos, especially when ⑦**making use of** smartphones or computers. Of course, our ⑤**personal** information should be kept ⑧**private**. However, in the digital world, keeping ⑤**personal** information hidden is not always so easy. But don't ⑨**worry**. There are some ways to protect your ⑩**privacy**.

2 To ⑪**solve** this big problem, we can start by learning about ⑩**privacy** settings. We can set up our smartphones or computers ⑫**properly** to control who can see our photos, videos, or other ⑬**content**.

3 It's also important to ⑭**judge** the risks and make good choices when using the internet. If something feels strange, it's OK to ask for help. Talk to an adult you trust, like a parent or teacher, and ⑮**explain** what is ⑯**occurring**. They can ⑰**advise** you on how to stay safe and protect your ⑩**privacy**.

4 You need to be ⑱**careful** about protecting your ⑩**privacy**, but with the right knowledge and understanding, you can ⑲**make the best of** the internet. Take small steps every day to ⑳**communicate** and learn about ⑩**privacy**.

(200 words)

Quick Check!

① 「速い」を意味する形容詞は？　　　⇨ ＿＿＿＿＿＿＿＿＿＿＿

② 「増える」を意味する動詞は？　　　⇨ ＿＿＿＿＿＿＿＿＿＿＿

⑥ 「混乱」を意味する名詞は？　　　　⇨ ＿＿＿＿＿＿＿＿＿＿＿

⑧ 「公共の」を意味する反意語は？　　⇨ ＿＿＿＿＿＿＿＿＿＿＿

⑪ 「解決」を意味する名詞は？　　　　⇨ ＿＿＿＿＿＿＿＿＿＿＿

また，右ページの問いと下のQuick Check! で，
読解力と語い力の定着を確認してみましょう。　➡ 訳・解答は p.147

■(i)) 音声 ▶

問1 波線部の具体的な内容を表しているものを①〜④の中から1つ選びなさい。

① What to do in our modern society

② How to set up your smartphones or computers

③ Where to keep your pictures and videos

④ How to hide information and protect your privacy

問2 本文の内容に合っているものを①〜④の中から1つ選びなさい。

① There are some ways to hide your private problems.

② Learning about privacy settings will help your contents stay safe.

③ You should have an adult control your privacy.

④ It is better to use the internet more to understand our complex modern society.

Level 2

⑫「適切な」を意味する形容詞は？　　　　　⇨　＿＿＿＿＿＿＿＿＿＿

⑭「判断」を意味する名詞は？　　　　　　　⇨　＿＿＿＿＿＿＿＿＿＿

⑮「説明」を意味する名詞は？　　　　　　　⇨　＿＿＿＿＿＿＿＿＿＿

⑰「忠告」を意味する名詞は？　　　　　　　⇨　＿＿＿＿＿＿＿＿＿＿

⑳「（意思）伝達」を意味する名詞は？　　　⇨　＿＿＿＿＿＿＿＿＿＿

☐ **1.** I felt (　　), and I almost fell asleep during the meeting.
① like boring　② boring　③ bored　④ to bore 〈駒澤大〉

☐ **2.** I left my pen at home. Can you (　　) me yours?
① buy　② lend　③ borrow　④ receive 〈摂南大〉

☐ **3.** That joke was so funny that I couldn't help (　　).
① laugh　② laughed　③ laughing　④ to laugh 〈杏林大〉

☐ **4.** That chicken soup reminds me (　　) my grandmother.
① from　② for　③ on　④ of 〈東京工科大〉

☐ **5.** He has no friends (　　).
① to depend　② to trusting in　③ to rely on　④ talked with
〈福島大〉

☐ **6.** The heavy snowfall (　　) them from leaving the hotel.
① prevented　② deprived　③ interrupted　④ disturbed 〈桜美林大〉

☐ **7.** We do not appreciate the value of various benefits until we are deprived (　　) them.
① to　② in　③ on　④ of 〈中央大・改〉

☐ **8.** My teacher (　　) me to study more.
① said　② suggested　③ informed　④ advised 〈昭和大〉

実践問題
Level 2
ANSWERS
(p.145)

9. ① ➡ 469		**10.** ③ ➡ 450		**11.** ④ ➡ 573	
12. ④ ➡ 636		**13.** ② ➡ 667		**14.** ③ ➡ 639	
15. ② ➡ 622					

➡ 訳・解説は p.146

□ **9.** The government has yet to decide how to more effectively
( ) to the global warming problem.
① respond ② manage ③ close ④ walk 〈中央大〉

□ **10.** ( ) from what he says, the situation is bad.
① Judge ② Judgment ③ Judging ④ Is judged 〈東海大〉

□ **11.** David said that he found the movie very ( ).
① amusingly ② amuse ③ amused ④ amusing 〈上智大〉

□ **12.** I don't know what NGO ( ) for.
① expresses ② indicates ③ means ④ stands 〈南山大〉

□ **13.** I have decided to ( ) rid of all my old magazines.
① put ② get ③ make ④ take 〈亜細亜大学〉

□ **14.** With crime rates as they are, an increasing number of women
are ( ) judo and aikido.
① learning to ② starting out ③ taking up ④ trying on 〈立教大〉

□ **15.** The sailors could not ( ) out the shore through the fog.
① come ② make ③ put ④ run 〈関西学院大〉

Level 2

実践問題
Level 2
ANSWERS
(p.144)

1. ③ ➡ 577		**2.** ② ➡ 530		**3.** ③ ➡ 626	
4. ④ ➡ 347		**5.** ③ ➡ 433		**6.** ① ➡ 373	
7. ④ ➡ 359		**8.** ④ ➡ 475			

1. 私は退屈に感じて，会議中，ほとんど寝てしまいそうだった。
　　※〈feel + 形容詞〉で「～と感じる」の意味。「(人が) 退屈した」という場合はboredを用いる。
　　boringは「(ものが) 退屈な」という意味。

2. 家にペンを忘れてきた。君のを貸してくれる？
　　※lendで「を貸す」の意味。borrowは「を借りる」という反対の意味を表す。

3. その冗談はとてもおもしろくて私は笑わずにはいられなかった。
　　※〈cannot[can't] help -ing〉で「～せずにはいられない」の意味。

4. あのチキンスープは私に祖母を思い出させる。
　　※〈remind A of B〉で「AにBを思い出させる」の意味。

5. 彼には頼れる友人がいない。
　　※〈friends to rely on〉で「頼れる友人」の意味。不定詞が直前の名詞friendsを修飾している。
　　friendsは前置詞onの目的語。

6. 大雪は，彼らがホテルを出発するのを妨げた。
　　※〈prevent A from -ing〉で「Aが～するのを妨げる」の意味。

7. 私たちは，奪われて初めてさまざまな恩恵の価値を理解する。
　　※〈deprive A of B〉「AからBを奪う」の受動態。〈否定文 + until ...〉は「…まで～しない，…し
　　て初めて～する」の意味。

8. 私の先生は，私にもっと勉強することを勧めた。
　　※〈advise A to do〉で「Aに～することを勧める」の意味。say「言う」とsuggest「提案する」は〈A〉
　　の前に前置詞toが必要。informは〈inform A of ...〉で「Aに…を通知する」の意味。

9. 地球温暖化問題に対し，より効果的に対処する方法を政府はいまだ決定していない。
　　※〈respond to ...〉で「…に対応 (対処) する」の意味。

10. 彼の言うことから判断すると，状況は悪い。
　　※〈judging from ...〉で「…から判断すると」の意味。

11. デイビッドはその映画がとてもおもしろいと思うと言った。
　　※その映画が「(誰かを) おもしろがらせる」と考え，他動詞amuse「をおもしろがらせる，を楽
　　しませる」から派生した形容詞amusingを選ぶ。

12. NGOが何の略であるか，私は知らない。
　　※〈stand for ...〉で「…を表す，…の略である」の意味。

13. 私は自分の古い雑誌をすべて捨てることを決めた。
　　※〈get rid of ...〉で「…を捨てる，…を処分する」の意味。

14. 犯罪率が現在のような状況なので，柔道と合気道を始める女性の数が増えている。
　　※〈take up ...〉で「(趣味など)を始める」の意味。asは「～のような」という【様態】を表す(they =
　　crime rates)。

15. 船員たちは霧を通しては岸がわからなかった。
　　※〈make out ...〉で「…がわかる」の意味。

1①急速に変化しながら②ますます③複雑になっている④現代社会では，⑤個人情報を安全に保つことは本当に重要だ。とりわけスマートフォンやパソコンを⑦使用する際，写真や動画など，⑤個人データをどうすべきか理解するのに⑥混乱することもある。もちろん，⑤個人情報は⑧自分だけのものにしておくべきである。だがデジタルの世界で⑤個人情報を隠しておくことは常にそうたやすいわけではない。だが⑨心配することはない。⑩プライバシーを守るのにいくつかの方法がある。

2この大問題を⑪解決するために，⑩プライバシー設定を学ぶことから始めよう。私たちは，誰が写真や動画，そのほかの⑬コンテンツを見るか管理するのに自分のスマートフォンやパソコンを⑫適切に設定することができる。

3またインターネットを使用する際にはリスクを⑭判断し適切な選択をすることも大切だ。もし何か変だと感じたら，助けを求めてかまわない。親や先生など信用できる大人に話して，何が⑯起こっているか⑮説明しよう。彼らはどうすれば安全を保ち⑩プライバシーを守れるか⑰助言してくれる。

4自分の⑩プライバシーを守ることに⑱用心する必要はあるが，正しい知識と理解をもってすれば，インターネットを⑲最大限に利用することができる。日々，一歩一歩，⑩プライバシーについて⑳伝え，学んでいこう。

問1　④

前段落最後の3文参照。

問2　②

第2段落の内容に合致。

Quick Check!

① rapid　② increase　⑥ confusion　⑧ public　⑪ solution
⑫ proper　⑭ judgment[judgement]　⑮ explanation　⑰ advice
⑳ communication

覚えておきたい **カタカナ語** (2)

🔊)) 音声 ▶

日本語の中ですでにカタカナ語として定着していたり，カタカナ語として使われたりすることが多い語を，発音や関連表現などとともに確認しておこう。英語の場合の発音と大きく異なるものもあるので注意しよう。

☐ **mobile** [móʊbl] モバイル

移動式の。携帯電話はアメリカ英語では cell phone だが，イギリス英語では mobile phone もしくは名詞としての mobile が用いられる。mobile home はトレーラーハウスなどの「移動住宅」。

☐ **visual** [víʒuəl] ビジュアル

視覚の。視力の。visual aids（視覚教材）のように使われる。audiovisual（視聴覚の）という語もよく使われる。名詞（ふつう複数形）で「視覚に訴えるもの」「映像」の意味もある。

☐ **pose** [póʊz] ポーズ

姿勢・態度（をとる）。（カメラなどの前で）ポーズ（をとる）。名詞として使う場合は strike a pose となる。カタカナでは同じ表記の pause[pɔ́ːz]（中断，中止する）と混同しないように注意。

☐ **gap** [gǽp] ギャップ

（文化的・社会的な）格差。gender gap（男女格差）はその一例。communications gap（コミュニケーション・ギャップ）のように，「ずれ」や「食い違い」の意味でも使われる。

☐ **total** [tóʊtəl] トータル

合計（の・する）。名詞，形容詞，動詞の用法がある。in total（合計で，全部で）は，数値や量を合計して示す際によく使われる。total stranger（まったくの他人）のように名詞を強調する用法もある。

☐ **essay** [éseɪ] エッセイ

（文学作品の）随筆。日本語では「自由に書く散文」のイメージが強いが，英語では一定の形式で論理的に自分の意見を述べる文章のことも含むので，「作文，小論文」の意味もある。

☐ **guide** [gáɪd] ガイド

案内人。案内書。案内する。動詞の類語として show, conduct, direct, lead などがある。

☐ **artist** [áːrtəst] アーティスト

芸術家。fine art（美術）の分野だけでなく，音楽や演劇などで活動する人物も含む。make-up artist（俳優のメイクアップ担当者）のように，特定の分野の「専門家」にも使われることがある。

☐ **athlete** [ǽθliːt] アスリート

運動選手。大会などで競う相手がある選手のこと。イギリス英語では，特に「陸上競技選手」を意味する。sportsperson（運動が好きな人，得意な人）は単にスポーツを楽しむだけの人も含まれる。

☐ **elite** [ɪlíːt] エリート

上流階級の人々。形容詞として elite university（名門大学）や elite soccer player（一流サッカー選手）のように「優れた」という意味でも使われる。

Level

3

共通テスト・中堅大対策（1）

Level 3では，中堅大入試で頻出する重要な単語を学習します。
sensitive「敏感な」とsensible「分別のある」など，
使い分けのまぎらわしい単語を整理しながら覚え，
実践的な力を身につけましょう。
また，基本動詞を含む熟語以外に，入試頻出の熟語・重要表現も学習します。

音声 ▶
Level 3

科学・技術に関する語

700 technique
[tekníːk] ⑦
名 (専門) 技術, (音楽・美術などの) 技法
➡ □ **téchnical** 形 技術上の, 専門的な

701 method
[méθəd]
名 ① 方法 ② 筋道, 順序
➡ □ **methodólogy** 名 方法論

702 manufacture
[mænjəfǽktʃər] ⑦
名 ① 製造, 生産 ②《通常（複）で》製品
動 (工場などで) を製造する
➡ □ **manufácturer** 名 製造業者, メーカー

ダメージに関する語

703 harm
[háːrm]
動 に害を与える, を傷つける
名《不可算名詞》① 害, 損害 ② 悪意
➡ □ **do ... harm** (= □ **do harm to ...**)
…に害を与える □ **hármful** 形 有害な

704 suffer
[sʌ́fər]
動 苦しむ, (苦痛・損害) を受ける
➡ □ **suffer from ...** …で苦しむ, …を患う

705 hurt
[hə́ːrt] ⑨
動 ① を傷つける, (感情) を害する ② 痛む
名 傷, けが 〈hurt - hurt〉

706 injure
[índʒər] ⑦
動 にけがをさせる, を傷つける
➡ □ **be injured in ...** …でけがをする
□ **ínjury** 名 負傷, 損害

707 crash
[krǽʃ]
動 ① (車が) 衝突する, (飛行機が) 墜落する
② (激しい音を立てて) 壊れる 名 衝突, 墜落

708 destroy
[dɪstrɔ́ɪ] ⑦
動 を破壊する ➡ □ **destrúction** 名 破壊
□ **destrúctive** 形 破壊的な

709 ruin
[rúːɪn]
動 ① を台なしにする ② を破滅させる
名 荒廃,《通常（複）で》廃墟, 遺跡

710 explode
[ɪksplóʊd] ⑦
動 爆発する, を爆発させる
➡ □ **explósion** 名 爆発, 急増

711 shoot
[ʃúːt]
動 ① (を) 撃つ ② (球技で) シュートする 〈shot - shot〉
名 ① (草木の) 芽, 発芽 ② (写真・映画の) 撮影

712 recover
[rɪkʌ́vər]
動 ① 回復する ② を取り戻す
➡ □ **recover from ...** …から回復する
□ **recóvery** 名 回復

☐ She has a great technique for playing the piano.	彼女はピアノを演奏する優れた技術を持っている。
☐ We should try a different method.	私たちは別の方法を試してみるべきだ。
☐ This company is famous for the manufacture of car engines.	この会社は自動車エンジンの製造で有名だ。
☐ⓐ Smoking harms our health. ☐ⓑ Smoking *does* harm *to* our health.	ⓐⓑ喫煙は我々の健康に害を与える。
☐ I'm suffering *from* back pain.	私は背中の痛みに苦しんでいる。
☐ I didn't mean to hurt your feelings.	私はあなたの気持ちを傷つけるつもりはなかった。
☐ He injured his leg during club activities.	彼は部活中に足にけがをした。
☐ Five cars crashed on the street.	通りで5台の車が衝突した。
☐ The building was completely destroyed in the earthquake.	その建物は地震で完全に破壊された。
☐ Our school trip was ruined by the heavy rain.	私たちの修学旅行は，大雨で台なしにされた。
☐ An old bomb from the war exploded.	戦争時の古い爆弾が爆発した。
☐ He was shot in the back.	彼は背中を撃たれた。
☐ He is recovering *from* his illness.	彼は病気から回復しつつある。

Level 3

自然・地質に関する語

713 **volcano**
[vɑːlkéɪnoʊ] ⑦
名 火山
➡ □ active volcano 活火山

714 **dust**
[dʌ́st]
名 ほこり, ちり　動 ① をふりかける　② のほこりを取る
➡ □ dústy 形 ほこりまみれの, ほこりっぽい

715 **soil**
[sɔ́ɪl]
名 ① 土, 土壌　② 土地
動 を汚す

716 **solar**
[sóʊlər]
形 太陽の

717 **jewel**
[dʒúːəl] 発
名 ① 宝石　② 《通常(複)で》宝飾品
➡ □ jéwelry 名 宝石類

食物・料理に関する語

718 **agriculture**
[ǽɡrɪkʌ̀ltʃər]
名 農業
➡ □ agricúltural 形 農業の

719 **grain**
[ɡréɪn]
名 ① 穀物　② (穀物の) 粒
➡ □ grain of rice 米粒

720 **dessert**
[dɪzɔ́ːrt] 発
名 デザート
➡ 注意 □ desert [dézərt] 発 名 砂漠

721 **raw**
[rɔ́ː] 発
形 ① (食べ物が) 生の
② 加工されていない, 原料のままの
➡ □ raw material 素材, 《(複)で》原料 (石油, 石炭など)

722 **shrimp**
[ʃrímp]
名 (小) エビ (≒ □ prawn)

723 **bake**
[béɪk]
動 (パンなど) を焼く, 焼ける
➡ □ bákery 名 パン屋

724 **boil**
[bɔ́ɪl]
動 ① を沸騰させる, 沸騰する　② を煮る, 煮える
➡ □ boiled egg ゆで卵

725 **melt**
[mélt]
動 を溶かす, 溶ける
➡ □ melt away 溶けてなくなる

726 **feed**
[fíːd]
動 ① にえさをあげる, に食べ物を与える
② (家族など) を養う　　　　　　　　　〈fed - fed〉
➡ □ be fed up with ... …に飽き飽きしている
名 えさ, 飼料

☐ Mt. Fuji is an *active* volcano.	富士山は活火山だ。
☐ My desk and chair were covered with dust.	私の机といすはほこりで覆われていた。
☐ Some plants grow well in dry soil.	いくつかの植物は乾燥した土壌でよく育つ。
☐ Solar energy is eco-friendly.	太陽エネルギーは環境にやさしい。
☐ The jewel on her ring was a diamond.	彼女の指輪についていた宝石はダイヤモンドだった。

Level 3

☐ Agriculture is essential for feeding the world's population.	農業は世界の人口を養うために必要不可欠である。
☐ In many countries, people use grains in their daily cooking.	多くの国で人々は穀物を日々の料理に使っている。
☐ What would you like for dessert?	デザートには何を召し上がりますか。
☐ Some Japanese people don't like to eat raw fish.	生の魚を食べるのが好きではない日本人もいる。
☐ I'll have the shrimp salad.	私はエビのサラダをいただこう。
☐ My mother is baking bread in the kitchen.	私の母が台所でパンを焼いている。
☐ I boiled water for making tea.	私はお茶（紅茶）を入れるために水を沸騰させた。
☐ Melt the butter completely, then add it to the flour.	バターを完全に溶かし，それを小麦粉に加えなさい。
☐ We feed our cat twice a day.	私たちはうちのネコに1日2回えさを与えている。

人・人体や健康に関する語

727 **blood**
[blʌd] 発
名 血, 血液
➡ □ **bléed** 動 出血する

728 **breath**
[bréθ]
名 息, 呼吸
➡ □ **breathe** [bríːð] 発 動 呼吸する, 息をする

729 **birth**
[bə́ːrθ]
名 ① 誕生　② 生まれ
➡ □ **birth rate** 出生率　□ **bírthday** 名 誕生日

730 **disease**
[dɪzíːz] 発
名 (重大な疾患や感染症などの) 病気
➡ □ **suffer from a disease** 病気を患う

731 **fever**
[fíːvər]
名 ① (病気の) 熱　② 熱狂
➡ □ **have a fever** 熱がある

732 **cough**
[kɔ́(ː)f] 発
名 せき
動 せきをする

733 **aid**
[éɪd]
名 ① 手当　② 助力, 援助
➡ □ **first aid** 応急手当
動 を助ける, を援助する

734 **pale**
[péɪl]
形 ① 青ざめた　② (色が) 薄い
➡ □ **turn[go] pale** 青ざめる

735 **comfortable**
[kʌ́mftəbl] ア
形 ① 快適な, 心地よい　② くつろいで
➡ □ **cómfort** 名 慰め　動 を慰める

736 **asleep**
[əslíːp]
形 眠って (↔ □ **awake** 目が覚めて)
➡ □ **fall asleep** 眠り込む, 寝入る　□ **sléepy** 形 眠い

「準否定」を表す副詞

737 **hardly**
[háːrdli]
副 ほとんど〜ない (= □ **scarcely**)
➡ □ **hardly[scarcely] ... when[before]** 〜
…すると同時に〜

738 **scarcely**
[skéərsli]
副 ほとんど〜ない (= □ **hardly**)
➡ □ **scárce** 形 乏しい

739 **rarely**
[réərli]
副 めったに〜ない (= □ **seldom**)
➡ □ **ráre** 形 まれな, 珍しい

740 **seldom**
[séldəm]
副 めったに〜ない (= □ **rarely**)
注意 rarely よりやや文語的な表現。

154

He lost a lot of blood in the accident.	彼はその事故で大量の血を失った(大量に出血した)。
Take a deep breath and count to ten.	深呼吸をして10まで数えなさい。
Congratulations on the birth of your son!	息子さんのご誕生おめでとうございます。
The doctors found a cure for the disease.	医師たちはその病気の治療法を見つけた。
Andy *has a* high fever today.	アンディは今日，高熱がある。
His bad cough is due to the smoke here.	彼のひどいせきはここの煙のせいだ。
She provided *first* aid to the patient.	彼女はその患者に応急手当を施した。
He looked very pale this morning.	彼は今朝，とても青ざめて見えた(顔色が悪かった)。
You should buy a more comfortable bed.	あなたはもっと心地よいベッドを買うべきだ。
My grandfather *fell* asleep on the chair.	私の祖父はいすで眠り込んだ。
I hardly know my neighbors.	私は近所の人たちをほとんど知らない。
She could scarcely see things in front of her in the darkness.	暗闇の中，彼女は目の前の物がほとんど見えなかった。
She rarely goes out at night.	彼女は夜はめったに出歩かない。
He seldom gets angry at others.	彼はめったに他人に腹を立てない。

政治・社会に関する語

741 **government**
[gʌ́vərnmənt] ㋐
名 ①《しばしば Government で》政府　② 政治
➡ □ **góvern** 動 ① を統治する　② を管理する

742 **politics**
[pɑ́:lətɪks] ㋐
名 ① 政治 (学)　② 政策
➡ □ **polítical** 形 政治の
□ **politícian** 名 政治家

743 **policy**
[pɑ́:ləsi]
名 ① 政策　② 方針
➡ □ **public policy** 公共政策

744 **democracy**
[dɪmɑ́:krəsi] ㋐
名 民主主義, 民主主義国家
➡ □ **democratic** [dèməkrǽtɪk] ㋐ 形 民主主義の

745 **system**
[sístəm]
名 ① 制度, 組織　② 体系
➡ □ **systematic** [sìstəmǽtɪk] ㋐ 形 組織的な

746 **president**
[prézədənt] ㋐
名 ①《しばしば President で》大統領
② 社長

747 **citizen**
[sítəzən] ㋐
名 市民, 国民

748 **official**
[əfíʃəl] ㋐
形 公式の, 公の
名 公務員, 高官
➡ □ **officer** [ɔ́:fəsər] 名 (軍の) 将校, 役員,
警察官 (= □ **police officer**)

訳語がまぎらわしい動詞　🔍 GF ▶

749 **doubt**
[dáut] ㋡
動 ①《doubt that[if, whether] ... で》(好ましくない内容を否定
的に) …ではないと思う　② (を) 疑う
名 疑い
➡ □ **dóubtful** 形 疑わしい

750 **write**
[ráit]
動 ① (文字など) を書く　② 手紙を書く
➡ □ **write to ...** …に手紙を書く　　〈wrote - written〉

751 **draw**
[drɔ́:] ㋡
動 ① (線で絵や図形など) を描く, (線) を引く
② を引く, を引き出す　③ 近づく　　〈drew - drawn〉

The government should serve the people.	政府は国民に奉仕すべきである。
I studied politics in college.	私は大学で政治学を学んだ。
The policy doesn't meet the demands of the people.	その政策は国民の要望に応えていない。
They stood up for a true democracy.	彼らは真の民主主義のために立ち上がった。
Jim studied the political system of Japan.	ジムは日本の政治制度を研究した。
Lincoln was the 16th President of the United States.	リンカーンはアメリカ合衆国の第16代大統領だった。
A public meeting was held to hear citizens' opinions.	市民の意見を聞くために公開の会議が開催された。
There was an official dinner party in Tokyo that evening.	その夜, 都内で公式の晩さん会があった。

○ suspect (▶351) も doubt も「疑う」を意味する動詞だが, suspect のあとには that 節が続き, doubt には that 節のほか if [whether] 節が続く。don't doubt that ... で「きっと…だと思う」と肯定の意味になることに注意。write は「文字で言葉を書く」こと, draw は「線で絵や図形を描く」こと。

I doubt *that* he will come here.	私は彼はここに来ないだろうと思う。
Please write your name here.	ここにあなたの名前を書いてください。
He drew a line on the paper.	彼は紙に1本の線を描いた。

752 **challenge**
[tʃǽlɪndʒ] ⑦
動 ① に異議を唱える　② に挑む　③ を要求する
名 挑戦

753 **achieve**
[ətʃíːv]
動 ① を達成する，を成し遂げる　② (名声など) を勝ち取る
➡ □achíevement 名 達成

754 **struggle**
[strʌ́gl]
動 ① 闘う，奮闘する　② もがく
名 ① 奮闘，努力　② もがき

755 **chase**
[tʃéɪs]
動 を追跡する，を追い求める
名 追跡

756 **careless**
[kéərlɪs]
形 不注意な，軽率な (↔ □careful 注意深い)
➡ □cárelessly 副 不注意に(も)，軽率に

757 **wise**
[wáɪz]
形 賢明な，賢い (↔ □foolish)
➡ □wísdom 名 英知，知恵

758 **foolish**
[fúːlɪʃ]
形 愚かな，思慮のない (↔ □wise)
➡ □fóol 名 愚か者　動 をからかう

759 **clever**
[klévər]
形 ① 利口な，頭がよい (↔ □stupid)
② 器用な　③ 巧妙な

760 **stupid**
[st(j)úːpəd]
形 ① ばかな，愚かな (↔ □clever)
② くだらない

761 **kind**
[káɪnd]
形 親切な，優しい　名 種類
➡ □kíndness 名 親切 (な行為)

762 **considerate**
[kənsídərət] ⑦
形 思いやりがある，理解がある
➡ □consíder 動 をよく考える

763 **polite**
[pəláɪt]
形 礼儀正しい，ていねいな
➡ □políteness 名 礼儀正しさ

764 **rude**
[rúːd]
形 失礼な，無礼な
➡ □rúdeness 名 無礼 (な態度)

765 **cruel**
[krúːəl]
形 残酷な，むごい
➡ □crúelty 名 残酷 (な行為)

☐ We challenged the company's decision.	私たちは会社の決定に異議を唱えた。
☐ He will achieve his goal someday.	彼はいつか目標を達成するだろう。
☐ The bus company is struggling with high fuel costs.	そのバス会社は高い燃料費と闘っている。
☐ The police chased the suspect in their cars.	警察は車で容疑者を追跡した。

❶ 人の性格・性質を表す形容詞は，判断の根拠を表す不定詞を伴い〈it is [was] ＋形容詞＋ of ＋〈人〉＋ to do〉「～するとは〈人〉は…だ(だった)」という表現を作ることがある。756 の例文は He was careless to leave the door unlocked. と書きかえ可能。人の行為についての判断を表す〈it is [was] ＋形容詞＋ for ＋〈人〉＋ to do〉の形は，人を主語として書きかえることはできない。

☐ It was careless of him to leave the door unlocked.	ドアの鍵をかけないままにしておくとは，彼は不注意だった。
☐ It was wise of you to keep silent in front of them.	あなたが彼らの前で黙っていたのは賢明だった。
☐ It was foolish of me to forget my wife's birthday.	妻の誕生日を忘れたのは愚かだった。
☐ It was clever of you to finish your homework yesterday so you could go out tonight.	今夜出かけるために昨日宿題を終わらせたとは，君は利口だった。
☐ It was stupid of me to give her the money.	彼女にお金を渡すとは，私はばかだった。
☐ It's really kind of them to let us use their pool.	私たちにプールを使わせてくれるとは，彼らは本当に親切だ。
☐ It was considerate of you to let us know.	私たちに知らせてくれるとは，あなたは思いやりがあった。
☐ It was polite of him to reply to my letter so quickly.	あんなに早く私の手紙に返事をくれるとは，彼は礼儀正しかった。
☐ It is rude of you to say such a thing in public.	人前でそんなことを言うとは，君は失礼だ。
☐ It was cruel of him to kill the animals.	その動物たちを殺すとは，彼は残酷だった。

Level 3

766 **frequently**
[frí:kwəntli] ⑦
副 頻繁に, しばしば
→ fréquent 形 頻繁な
fréquency 名 ① 頻発 ② 頻度 ③ 周波数

767 **occasionally**
[əkéɪʒənəli]
副 たまに, 時折
→ occásional 形 たまの
occásion 名 ① (特定の) 時, 機会 ② 行事

768 **gradually**
[grǽdʒuəli]
副 だんだんと, 次第に, 徐々に
→ grádual 形 段階的な

769 **finally**
[fáɪnəli]
副 ようやく, ついに (= at last), 最後に
→ fínal 形 最後の, 最終の 名 決勝戦

770 **exercise**
[éksərsàɪz]
動 ① 運動する ② を訓練する ③ を行使する
名 運動, 練習, 練習問題

771 **operate**
[á:pərèɪt] ⑦
動 ① (機械など) を操作する ② 作動する
③ (に) 手術をする
→ operátion 名 操作, 手術

772 **bow**
[báʊ] 発
動 おじぎをする, (頭) を下げる
名 おじぎ 注意 [bóʊ] 発 名 弓 → árrow 名 矢

773 **lift**
[líft]
動 を持ち上げる, 持ち上がる
名 ① リフト, 昇降機
② 〔英〕エレベーター (= 〔米〕 elevator)

774 **row**
[róʊ]
動 ボートをこぐ, をこぐ 名 注意 列, 並び
→ in a row 1列に並んで

775 **roll**
[róʊl]
動 ① 転がる, を転がす ② を巻く
名 巻いたもの, ロールパン

776 **float**
[flóʊt]
動 ① 浮かぶ, を浮かべる ② 漂う
→ float on water 水に浮く

777 **eliminate**
[ɪlímənèɪt]
動 を削除する, を取り除く
→ eliminate ... from ~ …を~から取り除く

778 **perform**
[pərfɔ́:rm]
動 ① (を) 演じる, (を) 演奏する ② を行う
→ perfórmance 名 公演, 演技, 演奏

We see each other frequently.	私たちは頻繁に会っている。
I see your brother playing in this park occasionally.	私はたまに君の弟（兄）がこの公園で遊んでいるのを見かける。
The typhoon is gradually approaching Japan.	その台風がだんだんと日本に近づいている。
After a long walk, we finally arrived at his house.	長時間の歩行のあと，私たちはようやく彼の家に到着した。

Level 3

Of course I need to exercise a lot more.	もちろん私はもっとたくさん運動する必要がある。
ⓐ Do you know how to operate the machine?	ⓐ その機械の操作方法を知っていますか。
ⓑ The doctors will start to operate at 10 o'clock.	ⓑ その医師たちは10時に手術を開始する予定だ。
She bowed and left the stage.	彼女はおじぎをし，舞台から去った。
Can you help me lift this table?	このテーブルを持ち上げるのを手伝ってくれますか。
People were rowing boats in the lake.	人々は湖でボートをこいでいた。
A large rock rolled down the hill.	大きな岩が坂道を転がり落ちていった。
The balloon kept floating in the sky for a while.	その風船はしばらく空に浮かび続けていた。
We eliminated his name *from* the list.	私たちはリストから彼の名前を削除した。
She will perform the role of Juliet in the school play.	彼女は学芸会でジュリエットを演じる予定だ。

心的態度を表す語

779 **confidence**
[ká:nfədəns] ⑦
名 ① 信頼, 自信　② 秘密
➡ cónfident 形 自信がある
confidéntial 形 秘密の

780 **effort**
[éfərt] ⑦
名 努力　➡ make every effort to do
〜するためにあらゆる努力をする

781 **favor**
[féɪvər]
(英)favour 名 好意, 親切な行為
➡ ask a favor of ... …にお願いをする
(= ask ... (for) a favor)
do ... a favor …の頼みを聞き入れる
fávorite / (英)fávourite 形 お気に入りの

782 **responsible**
[rɪspá:nsəbl]
形 責任のある
➡ be responsible for ... …に責任がある
responsibílity 名 責任

783 **serious**
[síəriəs] ⑰
形 ① 真剣な, まじめな　② 重大な
➡ sériously 副 ① 真剣に　② 深刻に

784 **curious**
[kjúəriəs] ⑰
形 好奇心の強い　➡ curiósity 名 好奇心
be curious about ... …に対して好奇心がある

785 **aggressive**
[əgrésɪv]
形 攻撃的な, 好戦的な
➡ aggréssion 名 (不当な) 攻撃, 侵略

786 **fear**
[fíər]
名 恐れ, 恐怖, 不安　動 (を)恐れる, (を)心配する
➡ féarful 形 恐ろしい

ラテン語を起源に持つ語　🔊 GF ▶

787 **superior**
[supíəriər] ⑦
形 優れた　➡ be superior to ... …より優れている
superiórity 名 優越, 卓越

788 **inferior**
[ɪnfíəriər] ⑦
形 劣った　➡ be inferior to ... …より劣っている
inferiórity 名 劣等

789 **senior**
[sí:njər]
形 年上の, 上位の　名 先輩, 上級生
➡ be senior to ... …より年上 (上位) である

790 **junior**
[dʒú:njər]
形 年下の, 下位の　名 後輩, 下級生
➡ be junior to ... …より年下 (下位) である

791 **prefer**
[prɪfə́:r] ⑦
動 を好む　➡ prefer ... to 〜 〜より…を好む
préferable 形 好ましい　préference 名 好み

☐ I have complete confidence in him.	私は彼に完全な信頼をおいている。
☐ We *made every* effort *to* win the game.	私たちはその試合に勝つためにあらゆる努力をした。
☐ⓐ May I *ask a* favor *of* you? ☐ⓑ May I *ask* you *for a* favor? ☐ⓒ Can you *do* me *a* favor?	ⓐ ⓑ あなたにお願いをしてもいいですか。 ⓒ 私の頼みを聞いてくれませんか。
☐ Who *was* responsible *for* the accident?	その事故は誰に責任があったのか。
☐ I stopped laughing because I realized Tim was serious.	ティムが真剣だとわかったので，私は笑うのをやめた。
☐ Cats *are* curious *about* everything.	ネコは何にでも好奇心旺盛だ。
☐ Dogs sometimes become aggressive.	イヌはときに攻撃的になることがある。
☐ He had a fear of heights.	彼は高所恐怖症だった。

> ● 語尾が -ior で終わる形容詞はラテン語起源で，すでに比較の意味が含まれている。比較の対象を示すときは than ではなく to を用いる。

☐ Your computer *is* superior *to* mine.	君のパソコンは私のより優れている。
☐ Their performance *was* inferior *to* that of the other groups.	彼らの演技は，ほかのグループのものより劣っていた。
☐ⓐ Scott *is* senior *to* me by two years. ☐ⓑ Scott is my senior by two years.	ⓐ ⓑ スコットは私より2歳年上だ。
☐ⓐ I'*m* junior *to* Scott by two years. ☐ⓑ I'm Scott's junior by two years.	ⓐ ⓑ 私はスコットより2歳年下だ。
☐ My sister prefers staying home *to* going out.	姉（妹）は外出するより家にいるほうを好む。

792 **thief**
[θíːf]
名 どろぼう, 空き巣 （複）thieves
➡ **théft** 名 盗み

793 **crime**
[kráɪm]
名 (法律上の) 罪, 犯罪
➡ **commit a crime** 罪を犯す
□ **críminal** 形 犯罪の 名 犯罪者

794 **battle**
[bǽtl]
名 ① (局地的な) 戦闘, 戦い ② 闘争
動 戦う

795 **weapon**
[wépən] 発
名 武器, 兵器
➡ **weapons of mass destruction (WMD)**
大量破壊兵器

796 **enemy**
[énəmi] 発
名 敵 (↔ □ friend 味方)

797 **alarm**
[əláːrm]
名 ① 警報 (器), 報知器, 目覚まし(時計)
② 驚き, 恐怖
動 ① をはっとさせる ② に警告を発する

798 **guilty**
[gílti] 発
形 有罪の, 罪を犯した (↔ □ innocent 無実の)
➡ □ **guilt** 名 罪 (↔ □ innocence 無実)

799 **outbreak**
[áʊtbrèɪk]
名 (悪いことの) 勃発, (伝染病などの) 突然の発生

800 **rush**
[rʌʃ]
動 ① 突進する, を突進させる ② 突撃する, に突撃する
③ 急ぐ, 急がせる
名 突進, ラッシュ

801 **pity**
[píti]
名 ① あわれみ ② 《通常 a pity で》残念なこと
➡ □ **it's a pity that ...** …は残念なことだ
動 をかわいそうに思う

802 **dislike**
[dɪsláɪk] ア
動 をいやがる, を嫌う (↔ □ like を好む)
名 反感

803 **hesitate**
[hézətèɪt] ア
動 をためらう, を躊躇する
➡ □ **don't hesitate to do** 遠慮なく～する
□ **hesitátion** 名 ためらい, 躊躇

164

☐ Some thieves broke into the store and stole some jewelry.	何人かの泥棒が店に侵入して宝石を盗んだ。
☐ He will have to pay for his crimes someday.	彼はいつかその罪を償わなければならないだろう。
☐ The army is now ready for battle.	軍隊は今や戦闘態勢に入っている。
☐ In Japan, guns cannot be used as weapons by citizens.	日本では，市民が銃を武器として使用することはできない。
☐ The plane was shot down by the enemy.	その飛行機は敵によって撃墜された。
☐ The sound of a fire alarm woke me up.	火災警報器の音が私を起こした。
☐ I can't believe that he is guilty.	私は彼が有罪だとは信じられない。
☐ The killing led to the outbreak of the war.	その殺害が戦争の勃発につながった。
☐ The soldiers prepared to rush the enemy.	兵士たちは敵に突撃するための準備をした。
☐ *It's a* pity *that* John can't come to the party.	ジョンがパーティーに来られないのは残念なことだ。
☐ I dislike getting up early in the morning.	私は朝早起きするのがいやだ。
☐ *Don't* hesitate *to* contact me at any time.	いつでも遠慮なく私に連絡してきなさい。

804 **lead**
[líːd]
動 ① を導く, の先頭に立つ, を案内する
② (道などが) 通じる 〈led - led〉
名 首位, リード, 手本

805 **conduct**
[kəndʌ́kt] 🔊
動 ① を行う, を運営する ② を指揮する
名 [kɑ́ndʌkt] 🔊 ① 行為, ふるまい ② 運営
➡ condúctor 名 ① 指揮者 ② 車掌

806 **direct**
[dərékt, daɪrékt] 🔊
動 ① を向ける ② を指揮する ③ に道を教える
形 直接の, まっすぐな 副 じかに
➡ diréction 名 ① 指揮 ② 方向

807 **influence**
[ínfluəns] 🔊
動 に (間接的な) 影響を与える
名 影響, 影響力
➡ influéntial 形 影響力のある, 有力な

808 **affect**
[əfékt] 🔊
動 ① に (直接的な) 影響を与える, (病気が) を冒す
② を感動させる ➡ afféction 名 愛情, 好意

809 **exert**
[ɪgzə́ːrt]
動 ① (力・影響力など) を使う, に及ぼす
② 《exert oneself で》努力する

810 **favorite**
[féɪvərət] 発
形 お気に入りの, いちばん好きな
名 お気に入りの人 (もの) ➡ fávor 名 好意

811 **favorable**
[féɪvərəbl]
形 ① (返事などが) 好意的な, 賛成の
② 好都合な, 有利な

812 **industrial**
[ɪndʌ́striəl] 🔊
形 産業の, 工業の
➡ Industrial Revolution 産業革命
indústrialized 形 工業化した, 産業化した

813 **industrious**
[ɪndʌ́striəs] 🔊
形 勤勉な, よく働く (= hardworking)

814 **sensitive**
[sénsətɪv]
形 敏感な, (人が) 傷つきやすい, 傷ついて
➡ be sensitive to ... …に敏感である
sénse 名 感覚, 分別

815 **sensible**
[sénsəbl]
形 分別のある, 賢明な

ⓐ He led the team to victory in the final.	ⓐ 彼は決勝でチームを優勝に導いた。
ⓑ This road leads to the lake.	ⓑ この道は湖に通じている。
We are conducting a survey of high school students.	私たちは高校生を対象とした調査を行っている最中である。
I directed my attention to the man.	私はその男性に注意を向けた。
ⓐ Children are greatly influenced by their parents.	ⓐ 子どもは親に大きく影響を与えられる。
ⓑ Parents have a great influence on their children.	ⓑ 親は子どもに大きな影響力を持つ。
The war affected the world's food supply.	その戦争は世界の食料供給に影響を与えた。
They exerted their full power to win the game.	彼らは試合に勝つため自分たちの全力を使った。

Level 3

What's your favorite color?	あなたがいちばん好きな色は何ですか。
The film received favorable reviews.	その映画は好意的な批評を受けた。
Industrial waste must be treated carefully.	産業廃棄物は慎重に取り扱われなければならない。
The student was very serious and industrious.	その学生はとてもまじめで勤勉だった。
Be more sensitive *to* the feelings of others.	もっと他人の気持ちに敏感になりなさい。
She seems very sensible because she always shows good judgment.	いつも確かな判断をするので, 彼女はとても分別があるように思われる。

816 □ **display**
□ [dɪspléɪ] ⑦
動 ① を陳列する，を示す
② を画面に表示する
名 ① 陳列，展示　② ディスプレー

817 □ **arrange**
□ [əréɪndʒ]
動 ① を手配する，を取り決める
② を配置する，をきちんと並べる
➡ □ **arrángement** 名 ① 手配　② 協定

818 □ **imitate**
□ [ímətèɪt] ⑦
動 ① をまねる，を模倣する　② を見習う
➡ □ **imitátion** 名 模造品，にせもの

819 □ **indicate**
□ [índəkèɪt] ⑦
動 ① を示す　② を暗示する
➡ □ **indicátion** 名 暗示，(ある事の) しるし

820 □ **behave**
□ [bɪhéɪv] ⑱
動 ふるまう
➡ □ **behave oneself** 行儀よくふるまう
□ **behávior** / 〔英〕**behávior** 名 行動，態度

821 □ **attract**
□ [ətrǽkt]
動 を引きつける，を魅惑する
➡ □ **attráctive** 形 魅力的な

822 □ **entertain**
□ [èntərtéɪn]
動 を楽しませる，をもてなす
➡ □ **entertáiner** 名 人を楽しませる人，芸能人
□ **entertáinment** 名 娯楽，エンターテイメント

823 □ **successful**
□ [səksésfl]
形 成功した，うまくいっている
➡ □ **succéss** 名 成功
□ **succéed** 動 ① 成功する　② を継ぐ

824 □ **successive**
□ [səksésɪv]
形 連続の
➡ □ **succéssion** 名 連続，継承

825 □ **literate**
□ [lítərət]
形 (人が) 読み書きができる
(↔ □ **illiterate** 読み書きができない)
➡ □ **líteracy** 名 読み書きの能力

826 □ **literal**
□ [lítərəl]
形 文字どおりの，逐語的な，実際の
➡ □ **líterally** 副 文字どおりに(は)

827 □ **literary**
□ [lítərèri]
形 文学の，文芸の
➡ □ **líterature** 名 文学

音声 ▶
No.816〜827

| Popular books are displayed near the entrance of the bookstore. | その書店の入り口近くには人気の本が陳列されている。 |

| ⓐ Beth arranged a birthday party for Mary.
ⓑ Please arrange the books by sizes. | ⓐ ベスはメアリーのための誕生会を手配した。
ⓑ 本を大きさごとに並べてください。 |

| Jack is good at imitating his teacher's voice. | ジャックは先生の声をまねるのが上手だ。 |

| The study indicates that weather affects human feelings. | その研究は天候が人の感情に影響を与えることを示している。 |

| Why did you behave like that in public? | あなたはなぜ人前でそんなふうにふるまったんですか。 |

| How can we attract more customers to our restaurant? | どうしたらもっと多くの客を我々のレストランに引きつけることができるだろうか。 |

| We like to entertain guests at home. | 私たちは自宅で客をもてなすのが好きだ。 |

◉ 語源が同じ形容詞でも, 語尾 (接尾辞) によって意味が変わってくるものがある。つづりと意味が混乱しないように, 例文を通して整理しておきたい。代表的な接尾辞は, -able / -ible「〜できる」, -ful「〜に満ちた」, -ous「〜の多い」, -ic「〜に関係がある」, -ive「〜の性質を持つ」, -ate「〜された状態の」など。

| Were you successful at the international sports event? | 国際スポーツイベントで成功したのですか。 |

| We have successive holidays in May. | 私たちには5月に連続した休日 (連休) がある。 |

| Most people were not literate in those days. | 当時はほとんどの人が読み書きできなかった。 |

| I used the literal meaning of the word. | 私はその言葉の文字どおりの意味を使った。 |

| He is very famous in the literary world. | 彼は文学界では非常に有名だ。 |

Level 3

169

828	**healthful** [hélθfl]	形 健康によい，健康を増進させるような 注意 食物・場所などに用いられる。
829	**healthy** [hélθi]	形 健康な，健全な，健康によい 注意 肉体的・精神的な状態を表し，人間・動植物・組織・制 度などに用いられる。
830	**invaluable** [ɪnvǽljuəbl]	形 非常に価値のある，大いに役立つ（↔ valueless）
831	**valueless** [vǽljuːləs]	形 価値のない（↔ valuable invaluable）
832	**social** [sóuʃəl]	形 社会の，社交の ➡ sócially 副 社会的に，社交上
833	**sociable** [sóuʃəbl]	形 社交的な

834	**minor** [máɪnər]	形 （程度が）小さな，重要でない， （2つのうち）小さいほうの
835	**collective** [kəléktɪv]	形 ① 集団の，全員の ② 集合的な，集団的な ➡ colléctively 副 集団的に，まとめて
836	**overall** [óuvərɔ̀ːl]	形 全体の，全般的な 副 総合で，全体として
837	**internal** [ɪntə́ːrnəl]	形 内（部）の，本質的な
838	**commonly** [kάːmənli]	副 一般（的）に，通例
839	**totally** [tóutəli]	副 まったく，すっかり
840	**eventually** [ɪvéntʃuəli]	副 最後には，ついに
841	**primarily** [praɪmérəli]	副 おもに，第一に，本来

☐ It's important to eat healthful foods every day.	毎日健康によい物を食べることが大切だ。
☐ My grandparents lead a very healthy life.	私の祖父母はとても健康的な生活を送っている。
☐ Your advice was invaluable to me.	あなたの助言は私にとって非常に価値のあるものだった。
☐ The painting was found to be completely valueless.	その絵はまったく価値のないものであると判明した。
☐ We should all consider how to solve social problems.	私たちは皆，社会の問題をどう解決するか考えるべきだ。
☐ My sister is the most sociable in our family.	姉（妹）は私たちの家族の中でもっとも社交的だ。

☐ He has a minor role in the movie.	彼はその映画では重要でない役だ。
☐ World peace is our collective goal.	世界平和は私たちの集団的目標である。
☐ My overall impression of the book was positive.	その本全体の印象はポジティブなものだった。
☐ The problem is internal to the company.	問題は会社の内部にある。
☐ English is commonly spoken in many parts of Africa.	英語はアフリカの多くの地域で一般的に話されている。
☐ The concert last night was totally amazing.	昨夜のコンサートはまったくすばらしかった。
☐ He eventually became a successful business owner.	彼は最後には経営者として成功した。
☐ I primarily use my laptop for work.	私はおもに仕事でノートパソコンを使っている。

Level 3

類似・相似などを表す語

842 **alike**
[əláɪk] ㋐
形 似ている　副 同様に, 同等に
➡ □ look alike そっくりである

843 **similar**
[símələr] ㋐
形 同類の, よく似た
➡ □ be similar to ... …によく似ている　□ similárity 名 類似
□ símilarly 副 類似して, 同様に

844 **equal**
[íːkwəl] ㋐
形 ① 等しい　② 平等な　名 対等の人　動 に等しい, に匹敵する
➡ □ be equal to ... …に等しい, …に匹敵する

845 **variety**
[vəráɪəti] ㋐
名 ① 種類 (= □ kind)　② 多様性, 変化
➡ □ a variety of ... さまざまな…, 多様な…

「意見を述べる」ことなどを表す語

846 **state**
[stéɪt]
動 を(はっきり)述べる, を表明する
➡ □ státement 名 声明, 陳述
名 注意 ① 状態　② 国家, 州

847 **refer**
[rɪfə́ːr] ㋐
動 ① 言及する, 述べる　② を参照する
➡ □ refer to ... …に言及する(= □ mention)
□ réference 名 ① 言及　② 参照

848 **claim**
[kléɪm]
動 ① を主張する　② を要求する, を求める
名 ① 主張　② 要求

849 **approve**
[əprúːv] ㋐
動 (に) 賛成する, (を) 認める
➡ □ approve of ... …に賛成する, …を認める
□ appróval 名 賛成, 是認

850 **recommend**
[rèkəménd] ㋐
動 を勧める, を推薦する
➡ □ recommendátion 名 勧告, 推薦

851 **reply**
[rɪpláɪ] ㋐ ㋐
動 返事をする, 答える
名 返事, 答え

852 **correct**
[kərékt]
動 を訂正する　形 正しい, 正確な (↔ □ incorrect)
➡ □ correct answer 正解

853 **accept**
[əksépt]
動 ① を受け入れる (↔ □ refuse を拒む)
② を受け取る　➡ □ accéptable 形 許容できる

854 **debate**
[dɪbéɪt]
動 を討論する, 議論する
名 討論, 議論

You and your sister *look* alike.	あなたとあなたの姉 (妹) はそっくりだ。
Tom's voice *is* similar *to* his brother's.	トムの声は彼の兄 (弟) の声によく似ている。
One thousand grams *is* equal *to* one kilogram.	1,000 グラムは1キログラムと等しい。
Our restaurant offers *a* variety *of* desserts.	私たちのレストランではさまざまなデザートを提供している。

ⓐ I stated my opinion to them in writing. ⓑ He was in a confused state at the time.	ⓐ 私は彼らに対し書面で自分の意見を述べた。 ⓑ そのとき彼は混乱状態にあった。
The actor avoided referring *to* the scandal.	その俳優はスキャンダルに言及するのを避けた。
He claims that he wrote the original story.	彼は原作を自分が書いたと主張している。
I don't approve *of* watching those kinds of videos.	私はその種のビデオを見ることに賛成しない。
I recommend that you get some professional advice.	専門家の助言を受けることを勧めます。
I forgot to reply *to* him.	私は彼に返事をするのを忘れた。
He corrected some mistakes in my report.	彼は私のレポートの中の誤りを訂正した。
I accepted his apology.	私は彼の謝罪を受け入れた。
The politicians debated the issue with the local people.	政治家たちは地元の人々とその問題を討論した。

Level 3

注意すべき前置詞・副詞

855 **despite**
[dɪspáɪt] 🔊
前 ～にもかかわらず (= □in spite of ...)

856 **beyond**
[bɪɑ́:nd]
前 ① ～を越えて (= □above) ② ～の向こうに
③《疑問・否定文で》～のほかに

857 **beneath**
[bɪní:θ]
前 ① ～の下に ② ～に値しない

858 **besides**
[bɪsáɪdz]
前 ～のほかに、～に加えて
副 そのうえ、さらに、そのほかに

859 **throughout**
[θruáʊt] 🔊
前 ① ～のいたるところに ② ～の間ずっと
副 すっかり

860 **therefore**
[ðéərfɔ̀:r]
副 したがって、それゆえに
注意 接続詞ではなく副詞。

861 **anyway**
[éniwèi]
副 とにかく、いずれにせよ (= □anyhow)、
どうにかして

「高い／安い」「多い／少ない」を表す語 🔍 GF ▶

862 **high**
[háɪ]
形 ① (高さ・位置が) 高い ② (価値・給料が) 高い
副 高く ➡ □héight 名 高さ □híghly 副 大いに

863 **low**
[lóʊ]
形 ① (高さ・位置が) 低い ② (価値・給料が) 低い(安い)
副 低く

864 **expensive**
[ɪkspénsɪv] 🔊
形 (品物が) 高価な、費用のかかる
(↔ □inexpensive 値打ちの割に安い)

865 **cheap**
[tʃí:p]
形 (品物が) 安い、安物の、安っぽい

866 **large**
[lá:rdʒ]
形 ① (数・量が) 多い ② (形・面積・容量が) 大きい、広い
➡ □lárgely 副 主として

867 **small**
[smɔ́:l]
形 ① (数・量が) 少ない、わずかな
② (形・面積・容量が) 小さい、せまい

868 **majority**
[mədʒɔ́:rɪti]
名 大多数、過半数、多数派 (↔ □minority)
➡ □májor 形 (程度が) 大きな、主要な

869 **minority**
[mɑɪnɔ́:rɪti]
名 少数派、少数民族 (↔ □majority)
➡ □mínor 形 (程度が) 小さな、重要でない

□ We went out despite the heavy rain.	私たちは大雨にもかかわらず外出した。
□ The sales results were beyond our expectations.	営業成績は予想を超えていた。
□ The whale disappeared beneath the waves.	クジラは波の下に消えていった。
□ What will you buy besides milk?	牛乳以外に何を買うつもりですか。
□ The painting is known throughout the world.	その絵は世界中に知れ渡っている。
□ Only 200 copies of this comic book were printed, therefore it is rare.	この漫画は200部しか刷られていない，それゆえ希少価値がある。
□ I didn't like his gift, but I said thanks anyway.	私は彼の贈り物が好きではなかったが，とにかくありがとうと言った。

Level 3

> ● expensive / cheap は，おもに品物の値段が「高い／安い」を表す。「高くはない」の意味では inexpensive を用いる。high / low は price「価格」や salary「給与」などの「高い／低い」を表し，large / small は expense「費用」や population「人口」などの「多い／少ない」を表す。

□ⓐ The cost of living here is very high.	ⓐ ここでの生活費はとても高い。
□ⓑ This wall is about two meters high.	ⓑ この壁は約2メートルの高さだ。
□ Computer prices are very low nowadays.	近ごろはコンピュータの価格がとても安い。
□ She wore an expensive dress.	彼女は高価なドレスを着ていた。
□ I hesitated to buy the cheap chair.	私はその安いいすを買うのをためらった。
□ This town has a large population of elderly people.	この町は高齢者の人口が多い。
□ There was a small number of children in the park.	公園に少ない数の子どもたちがいた(公園にいる子どもたちの数は少なかった)。
□ The majority agreed to the plan.	過半数がその計画に同意した。
□ A small minority disagreed with the decision.	ごく一部の少数派がその決定に反対した。

175

870 **estimate**
[éstəmèit] 🖊

動 ① (を) 見積もる　② を評価する
➡ estimátion 名 判断, 評価
名 [éstəmət] 発 見積もり(の金額)

871 **measure**
[méʒər] 発

動 ① (を) 測定する　② を評価する
名 ① 対策　② 基準
➡ take measures 対策をとる
méasurement 名 測量, 寸法

872 **divide**
[diváid]

動 ① を分ける, を分類する
② (数) を割る (↔ multiply を掛ける)
➡ divísion 名 割り算, 分割

873 **add**
[ǽd]

動 ① (を) 足す　② を加える, をつけ加える
➡ add ... to ~ …を~に加える
addítion 名 追加, 足し算
in addition to ... …に加えて
addítional 形 追加の

874 **amount**
[əmáunt] 発

動 《amount to ... で》① (合計して) …に達する
② 結局…になる
名 ① 《the amount で》総計, 総額　② 量, 額
➡ a large amount of ... 多量の…, 多額の…

875 **dimension**
[diménʃən]

名 ① 寸法, 面積　② (物事の) 側面

876 **able**
[éibl]

形 できる, 有能な (↔ unable できない)
➡ be able to do ~することができる
abílity 名 能力, 才能

877 **capable**
[kéipəbl] 発 🖊

形 能力がある, 有能な (↔ incapable 能力がない)
➡ be capable of -ing ~することができる
capabílity 名 能力

878 **possible**
[pá:səbl]

形 ① 可能な, 可能性のある　② できる限りの
(↔ impossible 不可能な)
➡ it is possible for 〈人〉 to do 〈人〉が~することは可能である　possibílity 名 可能性

☐ The huge tree is estimated to be 7,000 years old. / その巨木は樹齢7,000年と見積もられている。

☐ⓐ This test measures English speaking ability. / ⓐ このテストは英語のスピーキング能力を測定する。
☐ⓑ We must take some measures to reduce costs. / ⓑ 私たちはコスト削減のために何らかの対策を講じなければならない。

☐ Our class was divided into five groups. / 私たちのクラスは5つのグループに分けられた。

☐ⓐ Please add all the numbers on this line. / ⓐ この列のすべての数字を足してください。
☐ⓑ I added sugar to my coffee. / ⓑ 私は自分のコーヒーに砂糖を加えた。

☐ⓐ Today's sales amounted to one million yen. / ⓐ 今日の売上は100万円に達した。
☐ⓑ A large amount of money was spent on the project. / ⓑ 多額のお金がその計画に費やされた。

☐ You can find the dimensions of the room on the internet. / インターネットでその部屋の寸法を調べられる。

◐ able は人のみを主語にとる。capable は人も無生物も主語にとる。possible は人を主語にとらず、〈it is possible for +〈人〉+ to do〉の形で用いる。able, capable は限定用法で人を修飾するが, possible は限定用法で人を修飾せず possible solution「可能な解決策」のように使う。

☐ⓐ He is able to read and write Chinese. / ⓐ 彼は中国語を読んだり書いたりできる。
☐ⓑ She is an able worker in our company. / ⓑ 彼女はわが社で有能な働き手だ。

☐ He is capable of doing several different jobs well. / 彼はいくつもの異なる仕事をうまくこなすことができる。

☐ Is it possible to see the doctor today? / 本日, 受診することは可能ですか。

879 **attitude**
[ǽtət(j)ùːd] 🄰
名 ① 態度, 心がまえ　② 姿勢

880 **manner**
[mǽnər]
名 ① 方法, やり方 (＝ way)
　　② 《(複)で》行儀　③ 態度

881 **habit**
[hǽbət]
名 (個人の) 習慣, くせ
➡ habítual 形 習慣的な

882 **appointment**
[əpɔ́ɪntmənt]
名 ① (面会の) 約束, (医者などの) 予約　② 任命
➡ have an appointment with ...
　　…と会う約束がある

883 **concern**
[kənsə́ːrn] 🄰
名 ① 関心, 心配　② 関係, 関連
動 ① を心配させる　② に関係する

884 **affair**
[əféər]
名 ① 《(複)で》情勢, 問題, 事情　② 事件
➡ foreign affairs 外交問題

885 **consensus**
[kənsénsəs]
名 意見の一致, 合意
➡ reach (a) consensus 合意に達する

886 **announce**
[ənáuns] 🄰
動 を公表する, を知らせる
➡ annóuncement 名 公表, 告知

887 **greet**
[gríːt]
動 にあいさつをする, を迎える
➡ gréeting 名 あいさつ

888 **scold**
[skóuld]
動 (を) しかる, (に) 小言を言う
➡ scold〈人〉for ... …のことで〈人〉をしかる

889 **scream**
[skríːm]
動 悲鳴を上げる, 叫ぶ
名 悲鳴, 絶叫

890 **quarrel**
[kwɔ́ːrəl]
名 口論, 言い争い　動 口論する, 言い争う
➡ have a quarrel with ... …と口論する

891 **breathe**
[bríːð] 🄰
動 呼吸する, 息をする
➡ breath [bréθ] 🄰 名 息, 呼吸

892 **sigh**
[sáɪ]
動 ため息をつく
名 ため息

His attitude needs to change.	彼の態度は変える必要がある。
ⓐ He spoke in a manner that made me uncomfortable.	ⓐ 彼は私を不快にさせるようなやり方で話した。
ⓑ Watch your manners.	ⓑ 行儀に気をつけなさい。
He has a habit of coming to meetings late.	彼は会議に遅れてくるくせがある。
I *have an* appointment *with* the professor at three o'clock.	私は3時に教授と会う約束がある。
ⓐ Concern is growing for the children's safety.	ⓐ 子どもの安全に対する関心が高まっている。
ⓑ I'm concerned about his health.	ⓑ 私は彼の健康が心配だ。
He is interested in international affairs.	彼は国際情勢に興味がある。
We *reached a* clear consensus on that matter.	私たちはその件に関して明確な合意に達した。
The baseball player announced his retirement yesterday.	その野球選手は昨日自らの引退を公表した。
Kate and Mana always greet each other in English.	ケイトとマナはいつも互いに英語であいさつをしている。
My mother scolded my brother *for* his bad grades.	私の母親は成績が悪いことで兄（弟）をしかった。
The police heard someone scream.	警察は誰かが悲鳴を上げるのを聞いた。
I *had a* quarrel *with* Nancy on the train.	私は電車でナンシーと口論した。
Now just breathe deeply and relax.	深呼吸してリラックスしてください。
She sat down at her desk and sighed.	彼女は自席に座り，ため息をついた。

| 893 | **normal** | 形 標準的な, 正常な (↔ □ **abnormal** 異常な, 例外的な) |
| | [nɔ́:rməl] | ➡ □ **nórmally** 副 標準的に, 正常に, 普通は |

| 894 | **ordinary** | 形 ① ふつうの ② 平凡な |
| | [ɔ́:rdənèri] ⑦ | (↔ □ **extraordinary** 並外れた) |

| 895 | **average** | 形 平均的な, ふつうの 名 平均 |
| | [ǽvərɪdʒ] ⑦ | ➡ □ **on average** 平均して, 概して |

896	**regular**	形 規則的な, 定期的な (↔ □ **irregular** 不規則な)
	[régjələr]	➡ □ **régulate** 動 を規制する
		□ **regulátion** 名 規則, 規制

| 897 | **rare** | 形 まれな, 珍しい |
| | [réər] | ➡ □ **rárely** 副 めったに〜ない |

| 898 | **particular** | 形 ① 特定の ② 特別の ③ 詳しい |
| | [pərtíkjələr] ⑦ | ➡ □ **partícularly** 副 特に, とりわけ |

899	**relative**	形 ① 相対的な (↔ □ **absolute** 絶対的な)
	[rélətɪv] 発 ⑦	② 関係のある 名 親戚
		➡ □ **rélatively** 副 相対的に, 比較的
		□ **reláte** 動 関係がある □ **relátion** 名 関係

900	**publish**	動 ① (を) 出版する ② (を) 公表する
	[pʌ́blɪʃ]	➡ □ **públisher** 名 出版社 □ **publicátion** 名 出版, 公表
		□ **publícity** 名 宣伝, 広告

| 901 | **print** | 動 ① (を) 印刷する ② (を) 出版する |
| | [prínt] | 名 出版物, 活字 |

| 902 | **broadcast** | 動 を放送する, を放映する 〈broadcast - broadcast〉 |
| | [brɔ́:dkæst] | 名 放送番組 |

| 903 | **create** | 動 を創作する, を創造する |
| | [kriéɪt] 発 | ➡ □ **creátion** 名 創作, 創造 □ **creátive** 形 創造的な |

904	**design**	動 ① を設計する, をデザインする
	[dɪzáɪn]	② を計画する
		名 ① 設計 (図), デザイン ② 計画, 意図

| 905 | **media** | 名 (マス) メディア, マスコミ |
| | [mí:diə] | 注意 medium (▶ 2020) の複数形でもある。 |

☐ This is normal weather for this time of year.	これは今の時期の標準的な天気だ。
☐ He leads a simple and ordinary life.	彼は質素で平凡な生活を送っている。
☐ About 65 kilograms is the average weight for your height.	約65キログラムがあなたの身長に対する平均的な体重だ。
☐ You need to get up at a more regular time.	もっと規則的な時間に起きる必要がある。
☐ That is a very rare situation.	それは非常に珍しい状況だ。
☐ She goes shopping at a particular store every day.	彼女は毎日特定の店に買い物に行く。
☐ⓐ Happiness in life is always relative.	ⓐ 人生における幸福はつねに相対的なものだ。
☐ⓑ I will visit my relatives who live in Hokkaido.	ⓑ 私は北海道で暮らす親戚を訪ねるつもりだ。

Level 3

☐ My uncle hopes to publish the story someday.	私のおじはいつかその物語を出版したいと思っている。
☐ We printed 100 copies of the invitation.	私たちは招待状を100部印刷した。
☐ The interview was broadcast across Europe.	そのインタビューはヨーロッパ中で放送された。
☐ The musician also created some fine paintings.	その音楽家は優れた絵画も何枚か創作した。
☐ This car is designed for families.	この車は家族向けに設計されている。
☐ The scandal was widely reported in the media.	その不祥事はメディアで広く報道された。

906 **murder**
[mə́ːrdər]

名 殺人（事件）
動 （人）を殺す
➡ □ **múrderer** 名 殺人者, 殺人犯

907 **arrest**
[ərést]

動 ① を逮捕する ② の注意を引く
名 逮捕
➡ □ **under arrest** 逮捕されて

908 **seize**
[síːz] 発

動 ① を押収する, を奪い取る ② をつかむ
➡ □ **seize 〈人〉 by the arm** 〈人〉の腕をつかむ

909 **surround**
[səráund]

動 を囲む, を包囲する
➡ □ **surróundings** 名《複数扱い》周囲, 環境

910 **oppress**
[əprés]

動 （権力などで）を虐げる, を圧迫する
➡ □ **oppréssive** 形 圧制的な, 過酷な

911 **trigger**
[trígər]

名 引き金, （紛争などの）きっかけ, 誘因
動 のきっかけとなる, （銃の）引き金を引く

912 **dangerous**
[déɪndʒərəs]

形 ① 危険な ② 危害を加えそうな
➡ □ **dánger** 名 危険, 危険人物

913 **useless**
[júːslɪs]

形 ① むだな
② 役に立たない (↔ □ **useful** 役に立つ)

914 **impossible**
[ɪmpάːsəbl] 🅐

形 ① 不可能な (↔ □ **possible** 可能な), ありえない
② どうしようもない

915 **convenient**
[kənvíːnjənt] 🅐

形 便利な, 都合のよい
(↔ □ **inconvenient** 不便な)
➡ □ **convénience** 名 便利, 便利なもの

916 **necessary**
[nésəsèri] 🅐

形 必要な (↔ □ **unnecessary** 不必要な)
名《複》で 必需品
➡ □ **necéssity** 名 必要（性）,《複》で 生活必需品
□ **necessárily** 副 必ず, 必然的に

□ She was found guilty of murder.	彼女は殺人で有罪の判決を受けた。
□ Bill was arrested for theft.	ビルは窃盗で逮捕された。
□ I saw a policeman seize the man *by the arm*.	私は警察官がその男の腕をつかむのを見た。
□ The bank robbers were surrounded by the police.	銀行強盗たちは警察に包囲された。
□ At that time, many people were oppressed in this country.	その当時，この国では多くの人々が虐げられていた。
□ That event was the trigger that started the war.	そのできごとが戦争が始まるきっかけだった。

Level 3

> ◎ 912 〜 916 の形容詞は，人を主語にすると「行為」を説明するのではなく，「人」そのものの説明になる。たとえば，He is dangerous. なら「彼」が「危険人物」となる。
> 912 の例文は，形式主語 it に対する本来の主語が to swim in this lake なので，To swim in this lake is dangerous for children. と書きかえ可能だが，Children are dangerous to swim in this lake. とは書きかえられない。この文を無理に解釈すると「その湖で泳ぐとは子どもたちは危険な存在だ」という，おかしな意味になる。

□ It is dangerous for children to swim in this lake.	子どもたちがこの湖で泳ぐのは危険だ。
□ It is useless to do it by yourself.	それを一人でやっても意味がない。
□ It's impossible for us to finish the work in a day.	私たちがその仕事を一日で終わらせることは不可能だ。
□ It will be more convenient to use a smartphone instead of a computer.	コンピュータの代わりにスマートフォンを使った方が便利である。
□ It may be necessary for him to have an operation.	彼は手術を受けることが必要になるかもしれない。

917 **topic**
[tá:pɪk]
名 話題, 議題

918 **direction**
[dərékʃən]
名 ① 指揮, 管理　② 方向　③ 方針
➡ □ **in the direction of ...** …の方向に

919 **result**
[rɪzʌ́lt]
名 結果, 成績
動 ①《**result from ...** で》…に原因がある
　　②《**result in ...** で》…という結果になる

920 **conclusion**
[kənklú:ʒən]
名 結論, 結末
➡ □ **in conclusion** 終わりに, 要するに

921 **opportunity**
[à:pərt(j)ú:nɪti] 🔊
名 機会, 好機, チャンス

922 **principal**
[prínsəpəl]
形 おもな, 主要な, もっとも重要な
名 支配者, 社長, 校長

923 **opposite**
[á:pəzɪt] 🔊
形 ① (性質・立場が) 正反対の, 逆の
　　② 向かい側の, 反対側の
名 反対の人　前 ～の向かいに
➡ □ **opposítion** 名 ① 反対　② (競技の) 相手
　　□ **in opposition to ...** …に反対して

924 **poll**
[póʊl]
名 世論調査, 投票
動 投票する, 一定の票を得る

925 **admire**
[ədmáɪər]
動 ① に感心する, を称賛する　② を鑑賞する
➡ □ **ádmirable** 形 みごとな　□ **admirátion** 名 賞賛

926 **anticipate**
[æntísəpèɪt]
動 ① を予想する　② を期待する, を楽しみに待つ
➡ □ **anticipátion** 名 ① 予期　② 期待

927 **contradict**
[kà:ntrədíkt]
動 ① と矛盾する　② に反論する
➡ □ **contradíction** 名 ① 矛盾　② 反論
　　□ **contradíctory** 形 矛盾した, 反対の

928 **distract**
[dɪstrǽkt]
動 (注意など) をそらす, (人) の気を散らす
➡ □ **distrácted** 形 取り乱した, 注意が散漫な
　　□ **distráction** 名 気を散らすもの(こと)

☐ The final game was the main topic of conversation that day.	その日は，最終戦が主な話題だった。
☐ We can't carry out the plan without his direction.	私たちは彼の指揮なしでその計画を実行することはできない。
☐ⓐ The flights were cancelled as a result of the pilots' strike. ☐ⓑ Hard work and good planning result *in* success.	ⓐ パイロットのストライキの結果，その便はキャンセルされた。 ⓑ 努力とよい計画が成功という結果になる。
☐ After months of discussion, we will reach a conclusion soon.	数か月の議論の末，まもなく結論が出るだろう。
☐ You will have an opportunity to see Mount Fuji on the trip.	旅行で富士山を見る機会があるだろう。
☐ She is one of the principal members of the team.	彼女はチームの主要なメンバーの1人だ。
☐ⓐ Those words have completely opposite meanings. ☐ⓑ He went in the opposite direction.	ⓐ それらの単語はまったく正反対の意味だ。 ⓑ 彼は反対の方向へ行った。
☐ A poll found that twenty percent of citizens will travel abroad this summer.	世論調査で国民の20%がこの夏に海外旅行に行く予定であることがわかった。
☐ I admire him for his excellent leadership.	私は彼の優れたリーダーシップに感心している。
☐ We anticipate higher sales this year.	今年はより高い売上を期待している。
☐ His words contradict his actions.	彼の言葉は彼の行動と矛盾している。
☐ Don't distract your sister while she's studying.	お姉さんが勉強しているあいだ彼女の気を散らさないように。

Level 3

929 **board**
[bɔ́:rd] 発
名 ① 委員会, 会議　注意 committee より上位の委員会。
② 掲示板, 板　➡ □on board (船・飛行機に) 乗って
動 (乗り物) に乗る, 搭乗する

930 **committee**
[kəmíti] ア
名 委員会, (全) 委員

931 **statement**
[stéɪtmənt]
名 声明, 陳述
➡ □make a statement 声明を出す
□státe 動 を (はっきり) 述べる

932 **strategy**
[strǽtədʒi]
名 戦略, 計画

「得る」「欠く」「取り去る」ことなどを表す語

933 **gain**
[géɪn]
動 ① を得る (↔ □lose を失う)
② を増す, (時計が) 進む
名 ① 利益 (↔ □loss 損失)　② 増加

934 **obtain**
[əbtéɪn] ア
動 を手に入れる, を得る (≒ □get)

935 **score**
[skɔ́:r]
動 (得点・点数) を取る, 得点する
名 得点, 点数

936 **lack**
[lǽk]
動 を欠く, がない
➡ □be lacking in ... …に欠けている
名 不足, 欠如
➡ □for lack of ... …がないために

937 **decrease**
[dì:krí:s] ア
動 減る, を減らす　名 [dí:kri:s] ア 減少
(↔ □increase 動 増える　名 増加)

938 **replace**
[rɪpléɪs]
動 ① に取ってかわる　② を取りかえる
➡ □replace ... with ~ …を~と取りかえる

939 **remove**
[rɪmú:v]
動 を取り去る, を取り除く
➡ □remove ... from ~ …を~から取り除く
□remóval 名 除去

940 **adopt**
[ədá:pt]
動 ① を採用する　② を養子にする
➡ □adóption 名 採用
注意 □adapt [ədǽpt] 動 を適応させる

The board made a decision after much discussion.	十分な議論を経て委員会は決断を下した。
The committee is made up of fifteen members.	委員会は15人のメンバーで構成されている。
He *made a* statement about the trade problem.	彼は貿易問題についての声明を出した。
His strategy was so clever that he easily won the game.	彼の戦略はとても巧みだったので彼は試合に容易に勝った。
You can gain important information from news reports.	ニュース(報道)から重要な情報を得ることができる。
The police are trying to obtain information about the crime.	警察はその犯罪に関する情報を手に入れようと努めている。
The player scored two goals near the end of the game.	その選手は試合の終了間際に2得点を取った。
Kevin lacks a desire to try new things.	ケビンには新しいことに挑戦する意欲がない。
The number of smokers has been decreasing recently.	最近, 喫煙者の数が減ってきている。
I will replace you as the team captain.	私はチームキャプテンとしてあなたに取ってかわるつもりだ。
Remove the old wallpaper.	その古い壁紙を取り除きなさい。
We've decided to adopt a different approach.	私たちは少し違った方法を採用することに決めた。

941 **stare**
[stéər]
動 (を) じっと見る, (を) 凝視する
➡ stare at ... …をじっと見る

942 **discover**
[dɪskʌ́vər] ⑦
動 を発見する
➡ discóvery 名 発見

943 **seek**
[síːk]
動 ① (を) 捜す, (を) 求める 〈sought - sought〉
② 《seek to do で》〜しようと努める
➡ seek for ... …を捜す, …を求める

944 **search**
[sə́ːrtʃ]
動 ① (場所) を捜す ② 捜す, 求める
➡ search ... for 〜 〜を求めて…を捜す
search for ... …を捜す, …を求める
名 ① 捜索 ② 調査

945 **recognize**
[rékəgnàɪz] ⑦
動 ① が誰 (何) だかわかる, を認識する
② を認める
➡ recognítion 名 認識

946 **advice**
[ədváɪs] ⑦
名 忠告, アドバイス
➡ take[follow] one's advice 〜の忠告に従う
advise [ədváɪz] 発 動 (に) 忠告する

947 **baggage**
[bǽɡɪdʒ] ⑦
名 《米》 (旅行の) 手荷物 (=《英》luggage)

948 **furniture**
[fə́ːrnɪtʃər] ⑦
名 家具
➡ fúrnish 動 (に) 家具を備えつける

949 **information**
[ìnfərméɪʃən]
名 ① 情報, 知識 ② 案内
➡ infórm 動 に知らせる

950 **machinery**
[məʃíːnəri] ⑦
名 機械装置
➡ machíne 名 《可算名詞》機械

951 **news**
[n(j)úːz] 発
名 ① 報道, ニュース
② 便り, 消息, 知らせ

952 **access**
[ǽkses]
名 ① 接近 ② 入手・利用の方法 ③ 入手・利用の権利
動 (コンピュータ) にアクセスする

188

□ What are you staring at?	あなたは何をじっと見ているのですか。
□ The scientists discovered a new planet.	科学者たちは新しい惑星を発見した。
□ If you seek your happiness in others, you won't find it.	自分の幸せを他人に求めるなら，それは見つからないだろう。
□ The area was searched by the police.	その地域は警察によって捜索された。
□ I didn't recognize you in that ninja costume.	忍者コスチュームの君が誰だかわからなかった。

○ 不可算名詞は原則として複数形がなく，a[an] や数詞といっしょに用いることができない。「多い／少ない」という量を表す場合は，many / few ではなく much / little をつける。数える場合は，a piece of baggage「1つの手荷物」，two items of news「2つのニュース」のように単位の基準となる名詞が複数形となる。

□ There's lots of good advice for students in the book.	その本には学生向けのよいアドバイスがたくさん載っている。
□ How many pieces of baggage can I carry on the airplane?	機内には手荷物をいくつ持ち込めますか。
□ I want to get some new furniture for my house.	私は家に新しい家具をいくつか買いたいと思っている。
□ I have two pieces of information about the criminal.	私はその犯人に関する情報を2つ持っている。
□ This machinery was used to make cars a long time ago.	この機械は一昔前に自動車を作るのに使われていた。
□ There wasn't much news yesterday.	昨日はあまりニュースがなかった。
□ Do you have access to the internet?	あなたはインターネットを利用できますか。

953 □ **flock**
□ [flá:k]
名 (鳥や羊の) 群れ

954 □ **herd**
□ [hə́:rd]
名 (牛や馬の) 群れ

955 □ **school**
□ [skú:l]
名 (魚の) 群れ

956 □ **shade**
□ [ʃéɪd]
名 ① 《通常 the shade で》(日) 陰　② 日よけ
注意 形のはっきりしない陰を指す。

957 □ **shadow**
□ [ʃǽdou]
名 影
注意 形のはっきりした影を指す。

958 □ **dentist**
□ [déntəst]
名 歯科医

959 □ **surgeon**
□ [sə́:rdʒən]
名 外科医

960 □ **physician**
□ [fɪzíʃən] ⑦
名 医者, 内科医

961 □ **repair**
□ [rɪpéər]
動 を修理する
名 修理

962 □ **restore**
□ [rɪstɔ́:r]
動 を修復する, を回復させる
➡ □ **restorátion** 名 修復, 回復

963 □ **homework**
□ [hóumwə̀:rk]
名 宿題

964 □ **housework**
□ [háuswə̀:rk]
名 家事

965 □ **poetry**
□ [póuətri]
名 (集合的に) 詩
➡ □ **póem** 名 (一編の) 詩

966 □ **scenery**
□ [sí:nəri]
名 風景

967 □ **fun**
□ [fʌ́n]
名 楽しみ, おもしろいもの

190

☐ I saw a flock of birds flying in the sky.	私は鳥の群れが空を飛んでいくのを見た。
☐ There is a herd of wild horses on the hill.	丘の上に野生の馬の群れがいる。
☐ We saw a school of fish from the boat.	私たちはボートから魚の群れを見た。
☐ My mother sat in the shade while we played.	母は私たちが遊んでいるあいだ日陰に座っていた。
☐ The tree cast a long shadow on the ground.	木が地面に長い影を落としていた。
☐ You should go to see the dentist soon.	あなたはすぐに歯科医にみてもらいに行くべきだ。
☐ I thanked the surgeon who saved my grandmother's life.	私は祖母の命を救った外科医に感謝した。
☐ I'd like to see a female physician.	私は女性の(内科の)お医者様にみてもらいたいのです。
☐ I need to repair my car.	私は車を修理する必要がある。
☐ We will restore the old house.	私たちはその古い家を修復するつもりだ。
☐ I have to finish my summer homework by this Saturday.	私は今週の土曜日までに夏休みの宿題を終えなければならない。
☐ How much do you help with the housework?	あなたは家事をどのくらい手伝っていますか。
☐ She published a book of poetry last year.	彼女は昨年, 詩集を出版した。
☐ I like to look at the scenery from the train window.	私は電車の窓から景色を眺めるのが好きだ。
☐ We had a lot of fun at that event.	私たちはそのイベントでとても楽しかった。

Level 3

968 **economy**
[ɪkάːnəmi] ⑦
名 ① 経済（活動）　② 節約
➡ □ **económic** 形 経済（上）の
□ **economics** [èkənάːmɪks] ⑦ 名 経済学
□ **economical** [èkənάːmɪkəl] ⑦ 形 経済的な

969 **price**
[práɪs]
名 ① 価格，《(複) で》物価　② 代償
動 に値段をつける

970 **trade**
[tréɪd]
名 ① 貿易，取引　② 商売，〜業
動 ① 貿易する　② を交換する

971 **industry**
[índəstri] ⑦
名 ① 産業，工業　② 勤勉

972 **loss**
[lɔ́(ː)s]
名 損失，損害
➡ □ **be at a loss** 途方にくれる
□ **lóse** 動 を失う

973 **consumer**
[kəns(j)úːmər]
名 消費者（↔ □ **producer** 生産者）
➡ □ **consúme** 動 を消費する

974 **duty**
[d(j)úːti]
名 ① 関税，税金　② 義務　③《しばしば(複) で》職務
➡ □ **duty-free shop** 免税店

975 **balance**
[bǽləns] ⑦
名 ① (預金などの) 残高，(貿易などの) 収支
② つり合い，バランス　動 とつり合う

976 **guarantee**
[gèrəntíː] ⑦
動 を保証する，を約束する
名 保証，保証書

977 **join**
[dʒɔ́ɪn]
動 ① (人や団体) に加わる　② を接合する
③《join in ... で》(活動) に参加する

978 **participate**
[pɑːrtísəpèɪt] ⑦
動《participate in ... で》(活動) に参加する
（= □ **take part in ...** ）　➡ □ **participátion** 名 参加
□ **partícipant** 名 参加者，出席者

979 **organize**
[ɔ́ːrgənàɪz] ⑦
動 ① (行事・活動など) を準備をする　② をまとめる
③ を組織する　➡ □ **organizátion** 名 組織，準備

980 **unite**
[ju(ː)náɪt]
動 ① 団結 (協力) する，を団結 (協力) させる
② 結合する，を結合させる

☐ Do you think the Japanese economy is recovering?	あなたは日本の経済は回復しつつあると思いますか。
☐ What's the price of this camera?	このカメラの価格はいくらですか。
☐ The silk trade played an important role in history.	絹の貿易は歴史の上で重要な役割を果たした。
☐ The government supported the tourism industry.	政府が観光産業を支援した。
☐ⓐ The company had a loss of 300,000 dollars last year. ☐ⓑ I'm at a loss what to do.	ⓐ その会社は昨年30万ドルの損失があった。 ⓑ 私は何をすべきか途方にくれている。
☐ Consumers are spending more money this year.	今年, 消費者はより多くお金を使っている。
☐ⓐ We have to pay a duty on some foreign products. ☐ⓑ I will do my duty as a doctor.	ⓐ いくつかの外国製品には関税を支払わなければならない。 ⓑ 私は医者として義務を果たすつもりだ。
☐ I'm going to check my balance at the bank.	私は銀行で私の残高を確認するつもりだ。
☐ We guarantee your satisfaction with our new product.	私たちは新商品に対する満足を保証します。
☐ Eight new members will join our club soon.	8人の新たなメンバーが間もなく私たちのクラブに加わる予定だ。
☐ More than 400 children participated *in* the volunteer activity.	400人以上の子どもたちがそのボランティア活動に参加した。
☐ They organized a charity concert.	彼らはチャリティーコンサートを準備した。
☐ The people of that country united and changed it forever.	その国の人々は団結し, それを永久に変えた。

Level 3

193

make (3)

① を作る
② (事態・状態) を生み出す，を引き起こす
③ を(ある状態) にする
④ に〜させる

make は，ものごとに働きかけて，新しい別のものや状況を生み出すことを表す。いろいろな文型で使われるので，注意が必要である。

981 ☐ **make oneself understood**
自分の意思を伝える

982 ☐ **make a[one's] living**
生計を立てる

983 ☐ **make way for ...**
…に道を譲る

984 ☐ **make one's way**
① (やっとのことで) 進む，行き着く　② 出世する

985 ☐ **make for ...**
① …のほうへ向かう
② …に役立つ，…を生み出す

986 ☐ **make oneself at home**
気楽にする，くつろぐ

987 ☐ **make friends with ...**
…と友だちになる

988 ☐ **make fun of ...**
…をからかう

989 ☐ **make up ...**
① …をでっちあげる　② …を構成する

990 ☐ **make up for ...**
…の埋め合わせをする，…を補う

991 ☐ **make allowance(s) for ...**
① …を考慮に入れる
② …を大目に見る

992 ☐ **make it a rule to do**
〜することにしている

981 ☐ He was confused and couldn't <u>make</u> <u>himself</u> <u>understood</u>.

彼は混乱していて自分の意思を伝えることができなかった。

注意 〔関連〕make oneself heard（自分の声（意見）を聞いてもらう，声が通る）

---

982 ☐ It may be hard to <u>make</u> <u>a</u> <u>living</u> as a musician.

音楽家として生計を立てるのは難しいかもしれない。

---

983 ☐ They <u>made</u> <u>way</u> <u>for</u> the man in the wheelchair.

彼らは車いすに乗った男性に道を譲った。

---

984 ☐ We <u>made</u> <u>our</u> <u>way</u> toward the village in the heavy snow.

私たちは大雪の中その村へやっとのことで進んだ。

---

985 ☐ They <u>made</u> <u>for</u> the beach with their surfboards.

彼らはサーフボードを持って海岸のほうへ向かった。

---

986 ☐ Please <u>make</u> <u>yourself</u> <u>at</u> <u>home</u> and have a cup of tea.

どうぞ気楽にして，お茶をどうぞ。
注意 〔関連〕feel at home（くつろぐ）

---

987 ☐ Taro <u>made</u> <u>friends</u> <u>with</u> many students at his new school.

太郎は新しい学校で多くの学生と友だちになった。

---

988 ☐ Everyone <u>made</u> <u>fun</u> <u>of</u> my clothes.

みんなが私の服をからかった。

注意 〔同・類〕pull one's leg

---

989 ☐ She <u>made</u> <u>up</u> the whole story.

彼女は話をすべてでっちあげた。

---

990 ☐ I don't eat breakfast, but I <u>make</u> <u>up</u> <u>for</u> it at lunch.

私は朝食を食べないが，昼食でそれを補う。
注意 〔同・類〕compensate for ...

---

991 ☐ We must <u>make</u> <u>allowances</u> <u>for</u> the criminal's age.

私たちはその犯人の年齢を考慮に入れなければならない。

---

992 ☐ I <u>make</u> <u>it</u> <u>a</u> <u>rule</u> not <u>to</u> mix business with pleasure.

私は仕事と遊びを混同しないことにしている。

look

① 見る
② ～のように見える
③ 捜す，調べる

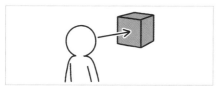

look は，対象となるものに意識的に目を向けることを表す。

993 ☐ **look 〈人〉 in the face**
〈人〉の顔をじっと見る

994 ☐ **look like ...**
① …に似ている，…のように見える　② …になりそうだ

995 ☐ **look ... up in ～**
…を～で調べる

996 ☐ **look into ...**
① …を調査する，…を研究する
② …の中をのぞく

997 ☐ **look ... over**
① …にざっと目を通す
② …を調べる

998 ☐ **look up to ...**
…を尊敬する

999 ☐ **look down on[upon] ...**
…を見下す，…を軽く見る

1000 ☐ **look on[upon] ... as ～**
…を～とみなす，
…を～と考える

1001 ☐ **look[watch] out for ...**
① …に気をつける，…に注意する
② …を捜す，…を手に入れようとする

1002 ☐ **look back on[upon] ...**
…を回想する

---

993 □ She <u>looked</u> me <u>in the face</u> and said I was a liar.

彼女は私の顔をじっと見つめて，私がうそつきだと言った。

注意 〔関連〕look〈人〉in the eye (〈人〉の目をじっと見る)

---

994 □ I don't <u>look</u> <u>like</u> my sister.

私は姉 (妹) に似ていない。

---

995 □ I <u>looked</u> the word <u>up</u> <u>in</u> the dictionary.

私はその単語を辞書で調べた。

---

996 □ The police are <u>looking</u> <u>into</u> the matter.

警察がその件を調査している。

注意 〔関連〕investigate (を調査する, を研究する)

---

997 □ Could you <u>look</u> this report <u>over</u> for me, please?

この報告書にざっと目を通していただけますか。

注意 〔関連〕check (を調べる)

---

998 □ I <u>look</u> <u>up</u> <u>to</u> my grandparents.

私は祖父母を尊敬している。

注意 〔関連〕look down on[upon] ... (…を見下す, …を軽く見る)

---

999 □ Don't <u>look</u> <u>down</u> <u>on</u> others.

他人を見下してはいけない。

注意 〔関連〕look up to ... (…を尊敬する)

1000 □ We <u>look</u> <u>on</u> him <u>as</u> our class leader.

私たちは彼を私たちのクラスのリーダーとみなしている。

注意 〔同・類〕regard ... as 〜

1001 □ Children must <u>look</u> <u>out</u> <u>for</u> cars when crossing the street.

子どもたちは道路を横断する際，車に気をつけなければならない。

1002 □ My grandfather likes to <u>look</u> <u>back</u> <u>on</u> the old days.

私の祖父は昔のことを回想するのが好きだ。

注意 〔関連〕look back at[to] ... (振り返って…を見る)

1003	based on ~	～に基づいて，～に基礎が置かれて
1004	break out	（戦争などが）起こる，（病気などが）発生する
1005	carry on (~)	（～を）続ける
1006	carry out ...	…を実行する，…をする
1007	catch up with ~	～に追いつく
1008	fill out ...	（用紙など）に（必要事項を）記入する
1009	tell ... from ~	…を～と見分ける，…を～と区別する （＝ ▢ distinguish ... from ~）
1010	tell ... off	…をしかる ➡ ▢ tell ... off for ~ …を～の理由でしかる
1011	feel free to do	自由に～する，遠慮なく～する
1012	feel ill at ease	落ち着かない感じがする，不安に感じる
1013	show up	現れる
1014	hand in ...	…を提出する （＝ ▢ turn in ▢ submit）
1015	learn to do	～ができるようになる，～することを覚える
1016	think over ...	…をじっくり考える

Her success is <u>based on</u> hard work.	彼女の成功は努力に基づいている。
A fire <u>broke out</u> in the building last night.	昨晩そのビルで火災が発生した。
Let's <u>carry on</u> with our plan despite the challenges.	困難があっても計画を続けよう。
The team will <u>carry out</u> the project as planned.	チームは計画通りにプロジェクトを実行するだろう。
She ran fast to <u>catch up with</u> her friends.	彼女は友人たちに追いつくために速く走った。
Please <u>fill out</u> this form with your personal information.	このフォームに個人情報を記入してください。
Experts can easily <u>tell</u> a real diamond <u>from</u> a fake one.	専門家は本物のダイヤモンドと偽物を簡単に見分けることができる。
The mother <u>told</u> her daughter <u>off</u> for telling lies.	母親は，うそをつくので娘をしかった。
If you have any questions, <u>feel free to</u> ask.	何か質問があれば，遠慮なく聞きなさい。
Everybody was silent and I <u>felt ill at ease</u>.	みんな黙っていたので私は落ち着かない感じがした。
She <u>showed up</u> twenty minutes late for class.	彼女は授業に20分遅れて現れた。
The students <u>hand in</u> their workbooks once a week.	生徒たちは週に1回，ワークブックを提出する。
I <u>learned to</u> ride a bicycle when I was about six years old.	私は6歳くらいのときに自転車に乗ることができるようになった。
I need to <u>think over</u> this matter.	私はこの問題をじっくり考える必要がある。

Level 3

1017	every time ...	…するときはいつも (= □whenever ...) ➡ □every time 毎回, いつも
1018	one after another	次々と
1019	on end	① 連続して, 続けて, たて続けに (= □continuously) ② 直立して
1020	more often than not	たいてい, ふつうは(= □usually)
1021	on and off	断続的に, ときどき, (雨などが) 降ったりやんだり
1022	once in a while	ときどき (= □occasionally □sometimes)
1023	once (and) for all	きっぱりと, この一度限りで
1024	in the long run	長い目で見れば, 結局は (↔ □in the short run 目先のことを考えると, 短期 的には)

1025	as soon as ...	…するとすぐに ➡ □as soon as possible できるだけ早く (= □as soon as one can)
1026	the moment ...	…するとすぐに (= □the instant[minute] ...)
1027	no sooner ... than ~	…すると同時に~, …するとすぐに~ 注意 強意のため no sooner が文頭に置かれると, 倒置が起こ り, 〈No sooner ＋助動詞＋主語＋動詞〉の語順になる。
1028	hardly[scarcely] ... when[before] ~	…すると同時に~, …するとすぐに~ 注意 強意のため hardly[scarcely] が文頭に置かれると, 倒 置が起こり, 〈Hardly[Scarcely] ＋助動詞＋主語＋動 詞〉の語順になる。
1029	directly ...	〈英〉…するとすぐに(= □as soon as ...) 注意 やや古い表現。 ➡ □diréctly 副 直接に, まっすぐに, ちょうど

□ Every time I see her, she is wearing a different T-shirt.	彼女に会うときはいつも，彼女は違うTシャツを着ている。
□ Runners passed in front of us one after another.	私たちの目の前をランナーたちが次々と通過していった。
□ Using a smartphone for hours on end is bad for your eyes.	スマートフォンを何時間も続けて使うのは目に悪い。
□ More often than not, the buses come late on rainy days.	雨の日にはたいていバスが遅れて来る。
□ It rained on and off for the whole afternoon.	午後はずっと雨が降ったりやんだりした。
□ I only see her once in a while at school.	私は学校で彼女をときどき見かけるだけだ。
□ Let's settle this matter once and for all.	きっぱりと，この問題に決着をつけよう。
□ By exercising every day, you will lose weight in the long run.	毎日運動することで，長い目で見れば体重は減るだろう。

Level 3

□ As soon as I entered the room, I felt something was strange.	部屋に入るとすぐに，私は何か変だと感じた。
□ I want you to call me the moment you get home.	家に着いたらすぐに私に電話をしてほしい。
□ No sooner had he sat down than the bell rang.	彼が腰かけると同時にチャイムが鳴った。
□ I had hardly arrived in the office when the phone rang.	私が事務所に到着すると同時に電話が鳴った。
□ I called my aunt directly I received the package.	私は荷物を受け取るとすぐに，おばに電話した。

押さえておきたい頻出熟語 ● 等位接続詞 を用いた相関表現

1030	both A and B	AもBも, AとBの両方とも 注意 主語の場合, 動詞は複数で受ける。
1031	not A but B	AでなくB 注意 主語の場合, 動詞はBに一致。
1032	not only A but (also) B	AだけでなくBもまた (= □ B as well as A) 注意 主語の場合, 動詞はBに一致。〈B as well as A〉も同。
1033	either A or B	AかBのどちらか, AまたはB 注意 主語の場合, 動詞はBに一致。
1034	neither A nor B	AもBも〜ない 注意 主語の場合, 動詞はBに一致。

押さえておきたい頻出熟語 ● 目的 を表す接続詞

1035	so that ...	…するために, …するように
1036	in order that ...	…するために, …するように ➡ □ in order to do 〜するために
1037	for fear (that) ...	…しないように, …することを恐れて ➡ □ for fear of -ing 〜しないように
1038	in case ...	① …するといけないから, …の場合に備えて ② 万一…の場合には, もし…ならば

押さえておきたい頻出熟語 ● nothing / something を用いた慣用表現

1039	have nothing to do with ...	…とは関係がない, …に関心がない ➡ □ have something to do with ... …と関係がある
1040	for nothing	① むだに ② 無料で
1041	nothing but ...	…しかない, …以外にない, …にすぎない (= □ only)
1042	something is wrong with ...	…の調子 (具合) が悪い, …が故障している
1043	think nothing of ...	…を何とも思わない, …を軽んじる (↔ □ think much of ... …を重んじる)

☐ <u>Both</u> my father <u>and</u> I graduated from the same high school.	父も私も同じ高校を卒業した。
☐ I ordered <u>not</u> lemon soda <u>but</u> lemonade.	私はレモンソーダではなくレモネードを注文した。
☐ Shakespeare was <u>not only</u> a writer <u>but also</u> an actor.	シェイクスピアは作家であるだけでなく役者でもあった。
☐ You can have <u>either</u> mashed potatoes <u>or</u> French fries.	マッシュポテトかフライドポテトのどちらかを選べます。
☐ The ramen was <u>neither</u> bad <u>nor</u> good, but I ate it up.	そのラーメンはまずくもなくおいしくもなかったが, 私は完食した。

Level 3

☐ I opened the window <u>so that</u> we could have some fresh air.	私は新鮮な空気が吸えるように窓を開けた。
☐ We are changing the time of the meeting <u>in order that</u> more people can attend.	より多くの人が出席できるようにミーティングの時間を変更している。
☐ I kept silent <u>for fear that</u> I might make her angry.	彼女を怒らせないように私は黙っていた。
☐ Take an umbrella <u>in case</u> it rains.	雨が降るといけないから傘を持っていきなさい。

☐ The politician <u>had nothing to do with</u> the scandal.	その政治家はそのスキャンダルとは関係がなかった。
☐ My efforts were all <u>for nothing</u>.	私の努力はすべてむだだった。
☐ There was <u>nothing but</u> salad to eat.	食べるものがサラダしかなかった。
☐ <u>Something is wrong with</u> the washing machine.	洗濯機の調子が悪い。
☐ She <u>thinks nothing of</u> getting up at 5 in the morning.	彼女は朝5時に起きるのを何とも思わない。

1044 □□□	too ... (for —) to do	(―が) 〜するには…すぎる, あまりにも…なので(―が) 〜できない
1045 □□□	... enough to do	〜するのに十分…, とても…なので〜 ➡ □ so ... that 〜 とても…なので〜
1046 □□□	so ... as to do	〜するほどに…, …にも〜してしまう
1047 □□□	in order to do	〜するために, 〜するように【目的】 ➡ □ in order that ... …するために
1048 □□□	in order not to do	〜しないように【目的】 ➡ □ in order that ... not ... …しないように □ for fear (that) ... …しないように
1049 □□□	so as to do	〜するために, 〜するように【目的】
1050 □□□	so as not to do	〜しないように【目的】 **注意** 〈in order to do〉や〈so as to do〉などは不定詞の用法 【目的】であることを明示するために使われる表現。
1051 □□□	be to do	① 〜することになっている【予定・運命】 ② 〜するつもりである【意図・目的】 ③ 〜しなければならない【義務・命令】 ④ 〜できる【可能】 **注意** 〈be to do〉は主語が「これからすること」を表す。ここか ら① 〜④ の意味が生まれたと考えればよい。 また, ④【可能】の意味は否定文で使われるのがほとん どで, その場合は〈to do〉の部分が〈to be done〉という 不定詞の受動態の形で表現されることが多い。

The box was <u>too</u> heavy <u>for</u> me <u>to</u> lift.	その箱は私が持ち上げるには重すぎた。
The room is large <u>enough to</u> put three beds in it.	その部屋は3台のベッドを置くのに十分な広さがある。
I was <u>so</u> careless <u>as to</u> lose my house key.	私は家のカギをなくすほどに不注意だった(不注意にも家のカギをなくした)。
My father exercises every day <u>in order to</u> stay healthy.	私の父は健康でいるために毎日運動をしている。
<u>In order not to</u> fail the exam, I studied hard.	試験に落ちないよう，私は一生懸命勉強した。
We left early <u>so as to</u> avoid a traffic jam.	交通渋滞を避けるために私たちは早く出発した。
I wear a mask <u>so as not to</u> breathe dirty air.	私は汚れた空気を吸わないようにマスクをしている。
① I <u>am to</u> meet my friends this afternoon.	① 今日の午後，私は友人たちに会うことになっている。
② If you <u>are to</u> succeed in the project, you will need our help.	② その企画を成功させるつもりなら，君には私たちの援助が必要だ。
③ All staff members <u>are to</u> wear uniforms.	③ 全職員は制服を着用しなければならない。
④ Not a cloud <u>was to</u> be seen in the sky.	④ 空には雲ひとつ見ることができなかった。

Level 3

1052	**for the life of me**	《否定文で》どうしても～ない
1053	**under[in] no circumstances**	どんな状況でも～ない，決して～ない（＝ □never） **注意** 強調のため under[in] no circumstances が文頭に置かれると，倒置が起こる。 〈Under[In] no circumstances ＋助動詞＋主語＋動詞〉の語順となる。
1054	**seldom, if ever**	（たとえあったとしても）めったに～ない， ～は，まずない
1055	**out of the question**	論外で，絶対無理で （＝ □impossible）
1056	**if one can help it**	できることなら，避けられるなら

1057	**generally speaking**	一般的に言えば，概して （＝ □if we speak generally）
1058	**speaking of ...**	…と言えば， …のことだが（＝ □talking about ... ）
1059	**judging from ...**	…から判断すると （＝ □if we judge from ... ）
1060	**considering ...**	…を考慮すると （＝ □if we consider ... ） **注意** これらの分詞を含む慣用表現では，分詞の意味上の主語は明示されない。不特定の人々や話者を表す意味上の主語が省略されたものと考えればよい。
1061	**weather permitting**	天気がよければ （＝ □if the weather is fine）
1062	**with one's arms folded**	腕を組んで **注意** 〈with＋名詞＋分詞〉の形は，主節と同時に起こっている事柄を補足的に説明するときに使われる。 with を用いた表現はほかに，with the door **open**「扉を開けたままで」，with the radio **on**「ラジオをつけたままで」などもある。

□ I can't <u>for the life of me</u> remember where I put my keys.	私はどこに鍵を置いたのかをどうしても思い出せない。
□ <u>Under no circumstances</u> would he change his mind.	どんな状況でも彼は気持ちを変えないだろう。
□ He <u>seldom, if ever,</u> arrives on time.	彼はめったに時間どおりに来ない。
□ A new car is <u>out of the question</u> for our family.	わが家には新車は論外だ。
□ I don't want to go there <u>if I can help it.</u>	できることなら私はそこには行きたくない。
□ <u>Generally speaking</u>, the Japanese are a polite people.	一般的に言えば，日本人は礼儀正しい国民だ。
□ <u>Speaking of</u> birthdays, when's yours?	誕生日と言えば，君のはいつですか。
□ <u>Judging from</u> the sky, it will rain soon.	空模様から判断すると，まもなく雨が降るだろう。
□ <u>Considering</u> his age, he played very well.	彼の年齢を考慮すると，彼はとてもいいプレーをした。
□ We will go camping, <u>weather permitting</u>.	天気がよければ，私たちはキャンプに行くつもりだ。
□ She stood in front of us <u>with her arms folded</u>.	彼女は腕を組んで私たちの正面に立っていた。

Level 3

207

1063	had better do	～しなさい，～するべきだ

注意 「～しないと困ったことになるよ」という強い【忠告】のニュアンスがあるので，通常は目下の人に対して用いる。

1064	ought to do	～するべきだ，

～したほうがよい（=□should）

1065	need not do	～する必要がない（=□don't have to do）

注意 助動詞needは否定文・疑問文で用いられる。肯定文では一般動詞 need を〈need to do〉の形で用いる。過去のことを述べる場合には〈needed to do〉の形で用いる。

1066	there is no -ing	～できない

1067	feel like -ing	～したい気がする

➡ □feel like ...（食べ物）を食べたい気がする

1068	How about -ing?	～するのはどうですか

（=□What do you say to -ing?）

1069	look forward to -ing	～するのを楽しみに待つ

1070	be used to -ing	～するのに慣れている（=□be accustomed to -ing）

➡ □used to do（以前はよく）～したものだった

1071	object to -ing	～するのに反対する

1072	when it comes to -ing	～するということになると，～の話になると

1073	need -ing	～される必要がある（=□want -ing）

注意 この表現ではneed[want]のあとに置かれる動名詞は完全に名詞化して受け身の意味を持つ。そのため，目的語や補語，修飾語などを伴うことができない。
動名詞ではなく〈need to be done〉のように受動態の不定詞を使って表現することもできる。

1074	it goes without saying that ...	…ということは言うまでもない

You <u>had better</u> hurry if you want to catch the train.	その列車に乗りたいのなら急ぎなさい。
You <u>ought to</u> take up some sport to stay <u>in shape</u>.	体調を保つために君は何かスポーツでも始めるべきだ。
You <u>need not</u> wear a necktie tomorrow.	あなたは明日, ネクタイをする必要はない。

<u>There is no</u> know*ing* what will happen next.	次に何が起きるのかは知りようがない。
I <u>feel like</u> sing*ing* today.	今日, 私は歌いたい気がする。
<u>How about</u> go*ing* to see a movie?	映画を見に行くのはどうですか。
I'm <u>looking forward to</u> see*ing* my old friends again.	私は再び旧友たちと会うのを楽しみにしている。
I <u>am used to</u> driv*ing* in the city.	私は都会で運転するのに慣れている。
I <u>object to</u> us*ing* that photo in the advertisement.	私はあの写真を広告に使うことに反対だ。
<u>When it comes to</u> fish*ing*, no one is better than my brother.	釣りをするということになると, 私の兄(弟)より上手な人はいない。
This shirt <u>needs</u> wash*ing*.	このシャツは洗濯される必要がある。

<u>It goes without saying that</u> the internet is a good source of information.	インターネットが優れた情報源だということは言うまでもない。

1　As we live on the planet Earth, we can't help living with natural disasters. We all know about natural disasters such as earthquakes and hurricanes. ①**Hardly** anyone is not afraid of them. They can cause severe damage and much ②**destruction** to our ③**surroundings**. It takes a long time to ④**recover**.

2　There are various ⑤**techniques** and ⑥**methods** used to ⑦**measure** the strength of an earthquake or to tell when a ⑧**volcano** will ⑨**explode**. However, none of these ⑤**techniques** are perfectly accurate.

3　Did you know that hurricanes, typhoons and cyclones ⑩**refer** *to* the same kind of storm? Although different words are used, the storms are ⑪**alike**. Many people ⑫**suffer** *from* them. And they ⑬**harm** the environment and important ⑭**industrial** areas.

4　When I was a junior high school student, a tornado came into my town. It sounded as if a big train was coming to my backyard. The wind was so strong that a tree ⑮**crashed** through the roof of our house.

5　Of course, animals were ⑯**affected**, too. My ⑰**wise** cat, Frisky, seemed to know before the tornado hit that it was coming, so he ⑱**sought** shelter immediately. Animals seem to have a sixth ⑲**sense**. I think they are very ⑳**sensitive** and almost always perceive natural disasters before we humans do.

(208 words)

Quick Check!

②「を破壊する」を意味する動詞は？　⇨ _____

③「を囲む」を意味する動詞は？　⇨ _____

④「回復」を意味する名詞は？　⇨ _____

⑤「専門的な」を意味する形容詞は？　⇨ _____

⑨ 名詞 explosion の意味は？　⇨ _____

また, 右ページの問いと下の Quick Check! で,
読解力と語い力の定着を確認してみましょう。 ➡ 訳・解答は p.215

 音声 ▶

問1 下線部と同じ意味を表す英文を①〜④の中から選びなさい。

① Almost everyone is afraid of them.

② It is very difficult to be afraid of them.

③ No one is afraid of them.

④ Very few people are afraid of them.

問2 本文の内容に合っているものを①〜④の中から1つ選びなさい。

① The author talked about the importance of seeking shelter immediately when a natural disaster occurs.

② The author's cat tried to protect himself from the tornado.

③ Today, we have various techniques and methods to avoid natural disasters.

④ When a tornado hit the author's town, a big train accident happened.

Level 3

⑩「言及」を意味する名詞は？ ⇨ _____

⑬「有害な」を意味する形容詞は？ ⇨ _____

⑭「勤勉な」を意味する形容詞は？ ⇨ _____

⑯ 名詞 affection の意味は？ ⇨ _____

⑳「分別のある」を意味する形容詞は？ ⇨ _____

□**1.** Don't worry — everyone will be shown how to (　　) the new machine.
① act　②conduct　③operate　④perform　〈東京電機大〉

□**2.** The muscle (　　) I am referring is one of the largest in the human body.
①in which　②to which　③for which　④from which　〈杏林大〉

□**3.** I had (　　) entered the house when the telephone rang.
①evenly　②severely　③hardly　④rarely　〈上智大〉

□**4.** Some insects spread diseases which can (　　) humans.
①include　②attract　③affect　④stimulate　〈中央大〉

□**5.** Since you're only staying the weekend, you should not take (　　) baggage.
①too few　②too many　③too little　④too much　〈愛知学院大・改〉

□**6.** This chair is the (　　) of furniture that I like the best in my room.
①piece　②one　③number　④set　〈亜細亜大〉

□**7.** Living by yourself can help you to (　　) knowledge about the world.
①lose　②gain　③score　④attract　〈摂南大〉

□**8.** This magazine gives me (　　) useful information about modern jazz.
①many　②a lot of　③an　④a　〈東京経済大〉

9. ① ➡ 853	**10.** ③ ➡ 844	**11.** ④ ➡ 810
12. ② ➡ 814	**13.** ② ➡ 854	**14.** ④ ➡ 918
15. ④ ➡ 1027		

➡ 訳・解説は p.214

□ **9.** Mr. Smith never ( ) anyone else's suggestions. He is difficult to work with.
　① accepts　② cares　③ responds　④ treats
〈日本大・改〉

□ **10.** No one in the class can ( ) him at math.
　① deny　② win　③ equal　④ agree　〈関西学院大〉

□ **11.** The cookies my sister makes are delicious. They are my ( ).
　① favorable　② favors　③ favored　④ favorite　〈東京経済大〉

□ **12.** My eyes are very ( ) to sunlight.
　① sensible　② sensitive　③ serious　④ sentiment　〈九州産業大〉

□ **13.** My parents have been ( ) whether they should cook green beans or mashed potatoes as the side dish for the turkey.
　① cheering　② debating　③ fighting　④ stating　〈武蔵大〉

□ **14.** Mary is walking ( ) the direction of the station.
　① to　② for　③ on　④ in　〈名城大〉

□ **15.** No sooner had I arrived at the station than ( ).
　① did the train leave　② had the train left
　③ the train leaves　④ the train left　〈青山学院大〉

実践問題
Level 3
ANSWERS
(p.212)

1. ③ ➡ 771	2. ② ➡ 847	3. ③ ➡ 737
4. ③ ➡ 808	5. ④ ➡ 947	6. ① ➡ 948
7. ② ➡ 933	8. ② ➡ 949	

Level 3

1. **心配しないで―誰でも新しい機械の操作方法を教えてもらえますから。**
   ※operateで「を操作する」の意味。

2. **私が言及している筋肉は，人間の体の中でもっとも大きいものの1つだ。**
   ※〈refer to ...〉で「…に言及する」の意味。

3. **私が家に入るとすぐに，電話が鳴った。**
   ※〈hardly ... when ～〉で「…するとすぐに～」の意味。

4. **人間を冒す病気を広める昆虫もいる。**
   ※affectは「(病気が)を冒す」，includeは「を含む」，attractは「を引きつける」，stimulateは「を刺激する」の意味。

5. **週末を過ごすだけなのだから，たくさんの荷物を持っていかないほうがよい。**
   ※baggageは不可算名詞なので，manyで修飾することはできない。

6. **このいすは，私の部屋で私がいちばん好きな家具だ。**
   ※furniture「家具」は不可算名詞で，数えるときや「～一式」のように【単位】として扱うときはpieceを用いる。

7. **自活することは，あなたが世の中について知識を得るのに役立つだろう。**
   ※〈gain knowledge〉で「知識を得る」の意味。〈live by oneself〉は「自活する」，〈help A do〉で「(主語は)Aが～するのに役立つ」という意味。

8. **この雑誌は，モダンジャズについてたくさんの役に立つ情報を私に提供してくれる。**
   ※informationは不可算名詞なので不定冠詞であるaやanはつかない。またmanyで修飾することもできない。

9. **スミス氏はほかの誰の誰の提案も決して受け入れない。彼は一緒に働きづらい人だ。**
   ※acceptは「～を受け入れる」の意味。

10. **クラスの誰も数学では彼にかなわない。**
    ※equalは動詞で「に匹敵する」の意味。〈no one〉「誰も～ない」が主語であるため，「誰も匹敵できない＝かなわない」となる。

11. **私の姉(妹)が作るクッキーはおいしい。それらは私の好物だ。**
    ※favorは名詞で「好意」の意味。派生語の，favorableは形容詞で「好意的な」，favoredは形容詞で「気に入られた」，favoriteは形容詞・名詞で「お気に入りの(人・もの)」の意味。

12. **私の目は日光にとても敏感だ。**
    ※sensitiveは「敏感な」，sensibleは「分別のある」の意味。

13. **私の両親は，七面鳥に添える料理として，インゲンマメやマッシュポテトを料理するかどうかで議論し続けている。**
    ※debateで「を議論する」の意味。時制は現在完了進行形〈have[has] been -ing〉。

14. **メアリーは駅の方向に歩いている。**
    ※〈in the direction of ...〉で「…の方向に」の意味。

15. **私が駅に着くとすぐに，電車が出発した。**
    ※〈no sooner ... than ～〉で「…するとすぐに～」の意味。no soonerが文頭に置かれているため，had I arrived ... と倒置が起きる。

①私たちは地球という惑星に住んでいるので，自然災害とともに生活することは避けられない。私たちは皆，地震やハリケーンといった自然災害について知っている。それらを恐れていない人は①ほとんどいない。それらは私たちの③周囲に深刻な損害や，多くの②破壊をもたらしうる。④回復するには長い時間がかかる。

②地震の強さを⑦測定し，また，いつ⑧火山が⑨噴火するかを知るために，さまざまな⑤技術や⑥方法が使われている。しかしこれらの⑤技術のどれをとってみても，完全に正確ではない。

③ハリケーンや台風，サイクロンが，同じような嵐のことを⑩言っているのを知っていただろうか。別の単語が使われているが，それらの嵐は⑪似ている。大勢の人々がそれらの嵐で⑫苦しむ。そしてそれらの嵐は，環境や重要な⑭工業地域に⑬害を与える。

④私が中学生だったとき，竜巻が私の町にやって来た。それはまるで，私の家の裏庭に大きな電車が来たかのように聞こえた。風がとても強かったので，木が私たちの家の屋根を⑮突き破った。

⑤もちろん，動物も⑯影響を受けた。私の⑰賢いネコ，フリスキーは，その竜巻が襲う前に，それが近づきつつあることがわかっていたようで，すぐに避難する場所を⑱探した。動物は第六番目の⑲感覚（第六感）を持っているようだ。彼らはとても⑳敏感で，ほとんどいつも，私たち人間が気づく前に自然災害に気づくのだと思う。

問1　①

hardlyは否定を表す副詞だが，notと用いられると二重否定の表現となって肯定の意味になる。

問2　②

第5段落第2文の内容に合致。

日本語の中ですでにカタカナ語として定着していたり，カタカナ語として使われたりすることが多い語を，発音や関連表現などとともに確認しておこう。英語の場合の発音と大きく異なるものもあるので注意しよう。

☐ **signal** [sígnəl]　シグナル

合図。信号。traffic signal は交通信号（機）。「人に合図をする」は make a signal to ... もしくは動詞で〈signal ＋人〉という表現を使う。

☐ **alert** [əló:rt]　アラート

警告。（危険が迫っていることを）警告する。air-raid/hurricane/smog alert（空襲／ハリケーン／スモッグ警報）などのように用いる。on the alert（油断なく見張って）という表現も覚えておきたい。

☐ **series** [síəri:z]　シリーズ

一連のもの。a TV drama series（テレビドラマシリーズ）のように，たいてい単数として扱われることに注意。「一連の…」という場合は〈a series of ＋複数名詞〉と表現する。

☐ **channel** [tʃǽnl]　チャンネル

（テレビなどで使われる）周波数帯。（情報などの）経路。（広い）海峡。「経路」の意味の場合，channels と複数形を使うが単数扱いであることに注意。

☐ **zone** [zóun]　ゾーン

（特定の目的や特徴でほかと区別される）区域。safety zone（安全地帯），neutral zone（中立地帯），combat zone（戦闘地帯）などがその例。また，in the zone（完全に集中して）が，スポーツなどでいう「ゾーンに入る」状態のこと。

☐ **cycle** [sáikl]　サイクル

一巡。循環。動詞として「自転車に乗る」の意味もある。「サイクリングに行く」は go cycling。

☐ **flow** [flóu]　フロー

流れ（る）。flow of a river（川の流れ），Rivers flow into the sea.（川は海に流れこむ）のように使う。go with the flow は「（世間の）流れに身を任せる，時勢に従う」という意味のイディオム。

☐ **master** [mǽstər]　マスター

習得する。熟達者。master's degree で「修士号」。形容詞としては master plan（基本計画）や master chef（一流のシェフ）のように「主要な，重要な，優秀な」などの意味がある。

☐ **container** [kəntéinər]　コンテナ

容器。輸送用の大きいコンテナだけでなく，いわゆるタッパーのようなものも food storage container と表現される。動詞 contain（…を含む，収容する）の派生語である。

☐ **standard** [stǽndərd]　スタンダード

基準。規格。標準（の）。standard of living（生活水準）のように使う。名詞は複数形で使われることも多い。

Level 4

共通テスト・中堅大対策（2）

Level 4でも引き続き，中堅大入試で頻出する重要な単語を学習します。
fare「運賃」やfee「料金」，bill「勘定」など，類似する意味を持ち，
文脈に応じて使い分けの必要な単語を整理しながら覚え，
さらに実践的な力を身につけましょう。
また，入試頻出の熟語・重要表現も学習します。

◀)) 音声 ▶
Level 4

利益・富などを表す語

1075 **profit**
[prá:fət]
名 (金銭的な) 利益, 利潤
➡ profit and loss 損益
動 利益を得る, 得をする
➡ prófitable 形 利益になる, もうかる

1076 **benefit**
[bénəfɪt] 🔽
名 ① 利益 ② 恩恵 ③ 手当
➡ for the benefit of ... …のために
動 利益を得る
➡ benefícial 形 有益な, ためになる

1077 **wealth**
[wélθ] 🔊
名 富, 財産
➡ wéalthy 形 裕福な

1078 **value**
[vǽlju:]
名 価値, 価格, お買い得　動 を評価する, を重んじる
➡ váluable 形 価値のある, 貴重な

1079 **capital**
[kǽpətəl]
名 注意 ① 資本 (金) ② 首都 ③ 大文字
形 ① 主要な ② 大文字の
➡ cápitalism 名 資本主義

1080 **share**
[ʃéər]
名 ① 分け前 ② 割り当て ③ 株 (式)
動 (を) 分け合う, (を) 共有する

1081 **bet**
[bét]
動 ① (を) 賭ける
② 《I bet (that) ... で》きっと…と確信している,
…と断言する　　　　　　　　　　〈bet-bet〉

複数形で特別な意味を持つ名詞 🔵GF ▶

1082 **arms**
[á:rmz]
名 武器, 兵器　注意 árm 名 腕
➡ ármed 形 武装した　ármy 名 軍隊, 陸軍

1083 **forces**
[fɔ́:rsɪz]
名 《the forces で》軍隊, 部隊　注意 fórce 名 武力
➡ the armed forces (一国の) 軍隊

1084 **goods**
[gúdz]
名 商品
注意 góod 名 役立つこと　形 よい

1085 **means**
[mí:nz]
名 ① 手段, 方法 ② 資産, 財産
注意 méan 動 を意味する　形 卑劣な
➡ by means of ... …の手段によって

1086 **spirits**
[spírəts]
名 気分
注意 spírit 名 ① 精神, 心 ② 霊

☐ He made a lot of profit from trading with China.	彼は中国との貿易で多くの利益を得た。
☐ⓐ It will be to your benefit to study abroad.	ⓐ 海外留学をすることは君の利益 (ため) になるだろう。
☐ⓑ A new bridge was built *for the* benefit *of* the people in the area.	ⓑ 新しい橋はその地域の人々のために造られた。
☐ Tourism brought great wealth to the country.	観光産業がその国に大きな富をもたらした。
☐ I would like you to estimate the value of this painting.	この絵画の価値をあなたに見積もっていただきたい。
☐ⓐ It is important to attract foreign capital.	ⓐ 外国資本を引きつけることが重要だ。
☐ⓑ Paris is the capital of France.	ⓑ パリはフランスの首都である。
☐ I claim a share of the money.	私はその金の分け前を要求する。
☐ I am betting on him to win.	私は彼の勝利に賭けている。

Level 4

> ❍ ここで取り上げる名詞は，複数形になると単数形と別の意味が発生するものである(ただし，means は単複同形)。ほかに custom「慣習」→ customs「関税」, manner「方法」→ manners「行儀」, day「日」→ days「時代」, ruin「荒廃」→ ruins「廃墟」, spectacle「光景」→ spectacles「めがね」, letter「字」→ letters「文学」, air「空気」→ airs「気取り」など。

☐ We must prevent them from obtaining arms.	私たちは彼らが武器を手に入れるのを阻止しなければならない。
☐ Both of his sons are in *the armed* forces.	彼の息子たちは 2 人とも軍隊にいる。
☐ They bought a variety of goods at that store.	彼らはあの店でさまざまな商品を買った。
☐ We will use any means to win.	私たちは勝つためにはどんな手段でも使う。
☐ Everyone in the class was in high spirits.	クラスのみんなが上機嫌だった。

大きさ・広さなどを表す語

1087	**height** [háɪt] 発	名① 高さ, 身長 ② 高度, 海抜 ➡ □**hígh** 形 高い
1088	**broad** [brɔ́ːd] 発	形 広い (↔ □**narrow** 狭い), 広々とした ➡ □**bróaden** 動 広くなる, を広げる
1089	**huge** [hjúːdʒ]	形 巨大な, ばく大な ➡ □**huge problem** たいへん大きな問題
1090	**tiny** [táɪni]	形 とても小さい (↔ □**huge**), ごくわずかの
1091	**single** [síŋgl]	形① たった1つの ② 独身の (↔ □**married** 結婚している) ③ 1人用の
1092	**depth** [dépθ]	名 深さ, 奥行き ➡ □**wídth** 名 広さ, 幅
1093	**widespread** [wáɪdspréd]	形 幅広い, 広く行き渡った

料金を表す名詞 ○GF▶

1094	**fare** [féər]	名 (鉄道などの) 運賃, 料金 ➡ □**train fare** 電車賃
1095	**fee** [fíː]	名① (入学や入会などの) 料金 ② (医師・弁護士などへの) 報酬, 謝礼
1096	**bill** [bíl]	名① 請求書, 勘定 ② 〔米〕紙幣 (=〔英〕□**note**) ③ 法案 ➡ □**one-dollar bill** 1ドル札
1097	**admission** [ədmíʃən] ア	名① 入場料 ② 入場許可 ➡ □**admission fee** 入場料, 入会金 □**admít** 動① を認める ② に入場を認める
1098	**tax** [tǽks]	名 税金 動 に税金をかける

220

He is of average height and weight.	彼は平均的な身長と体重だ。
We walked along the broad streets.	私たちはその広い通りを歩いた。
What's the name of that huge mountain?	あの巨大な山の名前は何ですか。
They lived in a tiny house in the forest.	彼らは森の中のとても小さな家に住んでいた。
They couldn't get a single point in the game.	彼らは試合でたった1点も取れなかった。
These fish live at a depth of five meters.	これらの魚は水深5メートルに生息している。
The news of the scandal became widespread.	そのスキャンダルのニュースは広まった。

> ● fare は乗り物の料金 (運賃), fee は学費・会費など特定の特権を得るための料金や医師などに支払う報酬, bill は食事・電気・ガスなどの料金が記された請求書を表す。ほかに charge「(労働・サービスに対する) 料金」, cost「費用」, expense「(業務上の) 経費」など。

How much is the bus fare to Shibuya?	渋谷までのバス運賃はいくらですか。
The monthly fee for the swimming club is 2,500 yen.	そのスイミングクラブの1か月の料金 (月謝) は 2,500 円だ。
Can I have the bill, please?	お勘定をお願いできますか。
Children under six do not have to pay admission to this zoo.	この動物園では6歳未満の子どもは入場料を払う必要はない。
High taxes discourage people from buying things.	高い税金は人々に物を買う気をなくさせる。

政治・経済に関する語

1099 □ **vote**
□ [vóut]
動 投票する, を投票で決める 名 投票
➡ □ **vote for ...** …に(賛成の)投票をする

1100 □ **earn**
□ [ə́:rn]
動 を稼ぐ, を得る
➡ □ **earn a[one's] living** 生計を立てる
□ **éarnings** 名 (労働により得た)所得

1101 □ **employ**
□ [implɔ́i] ⑦
動 を雇う
➡ □ **emplóyment** 名 雇用, 職
□ **emplóyer** 名 雇い主, 雇用者
□ **emplóyee, employeé** 名 従業員, 被雇用者

1102 □ **hire**
□ [háiər]
動 ① (一時的に)を雇う ② を賃借りする
名 (英)借り賃

1103 □ **export**
□ [ikspɔ́:rt] ⑦
動 を輸出する
名 [ékspɔ:rt] ⑦ 輸出, 輸出品

1104 □ **import**
□ [impɔ́:rt] ⑦
動 を輸入する
名 [ímpɔ:rt] ⑦ 輸入, 輸入品

1105 □ **protect**
□ [prətékt]
動 を保護する, をかばう
➡ □ **protéction** 名 保護

1106 □ **deliver**
□ [dilívər] ⑦
動 注意 ① (演説・演技など)をする ② を配達する
➡ □ **delívery** 名 配達, 提供, 出産

1107 □ **retail**
□ [rí:tèil]
名 小売り (↔ □ **wholesale** 卸売り)
➡ □ **retáiler** 名 小売業者

収入・賃金を表す名詞 ○ GF ▶

1108 □ **income**
□ [ínkʌm] ⑦
名 (給与・年金などの)収入, 所得
➡ □ **annual income** 年収

1109 □ **salary**
□ [sǽləri]
名 (知的労働に対する)給与
➡ □ **monthly salary** 月給

1110 □ **wage**
□ [wéidʒ] ⑳
名 (肉体労働に対する)賃金, 給与
動 (戦争・闘争など)を遂行する, を行う

1111 □ **commission**
□ [kəmíʃən]
名 ① 報酬, 手数料 ② 委員会
➡ □ **commíssioner** 名 ① 委員 ② 警察署長

☐ Who did you vote *for* in the last election?	前回の選挙では誰に投票しましたか。
☐ He earns *his living* as a cook.	彼は調理師として生計を立てている。
☐ The company will employ some engineers next year.	その会社は来年, 何人かエンジニアを雇う予定だ。
☐ We must hire some more part-timers.	私たちはもう何人かアルバイトを雇う必要がある。
☐ Australia exports beef to Japan.	オーストラリアは日本に牛肉を輸出している。
☐ Japan imports most of its food from other countries.	日本は食料のほとんどを外国から輸入している。
☐ Adults have a duty to protect children from crime.	大人は犯罪から子どもたちを保護する義務がある。
☐ The President delivered his speech on TV.	大統領はテレビで演説をした。
☐ The company sells its products through retail.	その会社は小売 (店) を通じて製品を販売している。

❷ income は労働によるもの以外も含んだ収入, salary は事務職・専門職に対する月給・年俸単位の給与, wage は肉体労働・手作業・非熟練労働に対する時間給・日給・週給単位の賃金・給与, pay (▶ 238) は職業を問わず労働に対する給料・手当, commission は歩合制の賃金や手数料を表す。

☐ My wife's income is higher than mine.	妻の収入は私の収入より多い。
☐ I save 10% of my salary every month.	私は給与の10パーセントを毎月貯金している。
☐ Our wages for last month will be paid tomorrow.	私たちの先月の賃金は明日支払われるだろう。
☐ He received a commission for his services.	彼はサービスに対する報酬を受け取った。

1112 **delay** [dɪléɪ] ⑦	動① を遅らせる ② を延期する（= □put off） 名 遅れ, 延期 ➡ □be delayed 遅れる	

1113 **disturb** [dɪstə́:rb] ⑦
動① のじゃまをする, を妨げる ② を不安にする
➡ □distúrbance 名 妨害, 不安

1114 **bother** [bάːðər] ⑱
動① のじゃまをする, に面倒をかける ② を困らせる
➡ □bother to do わざわざ~する

1115 **ignore** [ɪgnɔ́:r]
動 を無視する ➡ □ignorance 名 無知
□ígnorant 形 無知の, 知らない
□be ignorant of ... …を知らない

1116 **trick** [trík]
動 をだます 名① いたずら ② 秘訣 ③ 手品
➡ □play a trick on ... …にいたずらをする

1117 **beg** [bég]
動 (を) 請う, (を) 頼む
➡ □beg〈人〉for ...〈人〉に…を求める

1118 **client** [kláɪənt]
名 (弁護士など専門職への) 依頼人

1119 **audience** [ɔ́:diəns] ⑦
名①《集合的に》観客, 聴衆, 観衆
② (テレビの) 視聴者

1120 **spectator** [spékteɪtər]
名 (試合やイベントの) 観客, 見物人
➡ □spectator(s) in the stadium スタジアムの観客

1121 **passenger** [pǽsəndʒər] ⑦
名 (乗り物の) 乗客, 旅客, 同乗者
➡ □passenger seat 乗客席, (車の) 助手席

1122 **customer** [kʌ́stəmər]
名 (商店などの) 顧客, 客, 取引先
➡ □regular customer 常連客, お得意様

1123 **guest** [gést]
名① (ホテルなどの) 宿泊客 ② (式などの) 招待客, 貴賓
③ (番組などの) 特別出演者, ゲスト
➡ □vísitor 名 訪問客, 来訪者

1124 **hospitality** [hὰ:spətǽlɪti]
名 (訪問客に対する) 親切なもてなし, 歓待
➡ □hóspitable 形 親切にもてなす, (環境などが) 快適な

☐ The train *was* delayed for fifty minutes.	その電車は50分遅れた。
☐ Don't disturb him while he's studying.	彼が勉強している間はじゃまをするな。
☐ ⓐ I'm sorry to bother you. ☐ ⓑ You don't have to bother *to* buy a present for me.	ⓐ あなたのじゃまをしてすみません(お忙しいところすみません)。 ⓑ 私にわざわざ贈り物を買う必要はない。
☐ She ignored his greeting and walked away.	彼女は彼のあいさつを無視して立ち去った。
☐ He tricked me not once, but twice.	彼は一度ならず二度までも私をだました。
☐ I begged my father *for* a new pair of tennis shoes.	私は父に新しいテニスシューズを頼んだ(ねだった)。

○ client は弁護士・会計士・建築士などに専門的なサービスを求める依頼人, audience は映画・コンサートの観客やテレビの視聴者, spectator はスポーツやイベントの観客, passenger は乗り物の乗客, customer は一般商店の顧客, guest はホテルの宿泊客や家・パーティーなどの招待客を表す。

☐ I have an appointment with an important client at 3:00 p.m.	私は午後3時に大切な依頼人と会う約束がある。
☐ The audience was excited by his performance.	観客は彼のパフォーマンスに興奮した。
☐ There were thousands of spectators in the stadium.	スタジアムには何千人もの観客がいた。
☐ Luckily, no passengers were injured in the accident.	幸いなことに, その事故で負傷した乗客はいなかった。
☐ He's one of our *regular* customers.	彼は当店の常連客の1人だ。
☐ Every guest at this hotel receives one free drink.	このホテルのすべての宿泊客が1ドリンクを無料で受け取れる。
☐ Hospitality and service are valued in the restaurant industry.	飲食業界ではもてなしとサービスが重視される。

Level 4

1125 **separate**
[séparèit] 発
動 ① を分ける, を引き離す　② 分離する, 解散する
形 [séparət] 発 離れた, 独立した
➡ separátion 名 分離

1126 **connect**
[kənékt]
動 ① をつなぐ, を接続する　② を関係づける
➡ connéction 名 接続, 関係

1127 **consist**
[kənsíst]
動 ①《consist of ... で》…から成る(構成される)
②《consist in ... で》…にある

1128 **compare**
[kəmpéər]
動 ① を比較する　② をたとえる
➡ compare ... with[to] ～ …を～と比較する
compare ... to ～ …を～にたとえる
compárison 名 比較

1129 **reserve**
[rizə́:rv]
動 ① を取っておく　② を予約する　名 蓄え
➡ reservátion 名 (ホテルなどの) 予約, 保留

1130 **assess**
[əsés]
動 (財産・収入など) を評価する, を査定する
➡ asséssment 名 ① 意見, 評価　② 評価額

1131 **work**
[wə́:rk]
名 ①《不可算名詞》仕事, 労働, 勉強
②《無冠詞で》職業, 職場　③ 作品
④《複》で工場　動 ① 働く　② 機能する

1132 **labor**
[léibər]
〔英〕labour 名 ①《不可算名詞》(苦痛を伴う) 労働
②《集合的に》労働者, 労働力
動 労働する, 働く

1133 **job**
[dʒá:b]
名《可算名詞》(具体的な内容の) 仕事, 職, 作業
➡ part-time job アルバイト

1134 **task**
[tǽsk]
名《可算名詞》(一定期間ですべき) 仕事, 任務, 課題
➡ the task of -ing ～する任務 (職務)

1135 **profession**
[prəféʃən] 発
名《可算名詞》(知的・専門的な) 職業, 専門職
➡ proféssional 形 専門職の, くろうとの

1136 **occupation**
[à:kjəpéiʃən]
名 ① 職業　② (土地や家などの) 占有, 居住
➡ óccupy 動 ① を占有する　② を従事させる

音声 ▶
No.1125〜1136

It's wise to separate work from your private life.	仕事とプライベートとを分けるのが賢明である。
I connected my computer to the printer.	私はコンピュータをプリンターに接続した。
The U.S.A. consists of 50 states.	アメリカは50の州から構成される。
You don't have to compare yourself to others.	自分を他人と比較する必要はない。
I'd like to reserve this wine for a special night.	特別な夜のためにこのワインを取っておきたい。
I need to assess my finances.	私は自分の資金を査定する必要がある。

> 仕事を表す最も一般的な語はworkで, 肉体的・精神的いずれの仕事にも用いることができる。labor [toil] は苦痛を伴う肉体労働, jobは個々の独立した仕事, taskは割り当てられた短期的な仕事, professionは弁護士・医師・教師など特別な知識や訓練が必要な専門職を表す。occupationは職業を表すかたい語で, 書類の職業記入欄などに用いられる。また, business《不可算名詞》は「遊び」に対しての仕事（事業）を表す。

I have a lot of work to do today.	私は今日, するべき仕事がたくさんある。
It's hard to do heavy labor all day.	一日中重労働をするのは大変だ。
He got a job as a clerk.	彼は事務員の仕事に就いた。
Our first task is to gather information.	私たちの最初の仕事は情報を集めることだ。
He left the teaching profession and became a singer.	彼は教職を辞めて歌手になった。
Please write your name and occupation here.	ここにあなたの名前と職業を書いてください。

Level 4

1137 carriage
[kǽrɪdʒ]
名 ① 馬車, 車　② 〔英〕(鉄道の) 客車
➡ □ horse-drawn carriage 馬車

1138 load
[lóʊd]
名 ① 積み荷, 荷物　② 重み, 重さ, 負担
動 に荷を積む, を載せる

1139 wheel
[wíːl]
名 ① 《the wheel で》ハンドル (= □ steering wheel)
② 車輪
➡ □ at[behind] the wheel 運転して, 運転中に

1140 commute
[kəmjúːt]
動 (を) 通勤 (通学) する
➡ □ commúter 名 通勤 (通学) 者

1141 migration
[maɪgréɪʃən]
名 移住, 移動　➡ □ mígrate 動 移住する, 渡る
□ mígrant 形 移住性の　名 移住者

1142 hard
[háːrd]
副 ① 激しく　② 熱心に, 懸命に
形 ① 固い　② 難しい　③ 熱心な
➡ □ hárdly 副 ほとんど～ない

1143 shortly
[ʃɔ́ːrtli]
副 ① まもなく, すぐに　② 少し, ちょっと
➡ □ shórt 形 ① 短い, 背の低い　② 不足している

1144 just
[dʒʌ́st]
副 ① ちょうど　② 単に
形 ① 公正な　② 正確な　➡ □ jústice 名 公正

1145 justly
[dʒʌ́stli]
副 ① 公正に, 正当に　② 正確に
③ 《文修飾で》当然のことながら

1146 late
[léɪt]
副 (時刻・時間が) 遅れて, 遅く
形 ① (時刻・時間が) 遅れた, 遅い
② 後半 (後期) に, 遅い時間 (時期) に
➡ □ láter 副 あとで　□ látest 形 最新の

1147 lately
[léɪtli]
副 最近, 近ごろ
注意 おもに現在完了形とともに用いる。

1148 near
[níər]
前 ～の近くに　副 近くに
形 近い (↔ □ far 遠い)　➡ □ néarby 形 近くの

1149 nearly
[níərli]
副 ほとんど, もう少しで (= □ almost)
➡ □ nearly finished ほとんど終了した

In those days, people traveled by horse and carriage.	当時, 人々は馬と馬車で移動していた。
That truck is carrying a heavy load.	そのトラックは重い積み荷を運んでいる。
He turned *the* wheel to the right.	彼は右にハンドルを切った。
I commute to work by train.	私は電車で通勤している。
The migration of birds is a wonder.	鳥の渡り(季節による移動) は不思議だ。
It rained hard last night.	昨夜, 雨が激しく降った。
The movie will start shortly, so let's get to our seats.	まもなく映画が始まるから席に着こう。
Just then I heard a cry behind me.	ちょうどそのとき, 私の背後から叫び声が聞こえた。
The police treated the man justly.	警察はその男を公正に扱った。
She came to the meeting an hour late.	彼女は1時間遅れて会議にやって来た。
Have you seen Tom lately?	あなたは最近トムに会いましたか。
He came near me and smiled.	彼は私の近くにやって来て, ほほえんだ。
She nearly dropped the vase.	彼女はもう少しで花びんを落とすところだった。

Level 4

1150 □ □	**living** [lívɪŋ]	形 生きている
1151 □ □	**priceless** [práɪsləs]	形 たいへん貴重な
1152 □ □	**worthless** [wɔ́ːrθləs]	形 価値のない
1153 □ □	**very** [véri]	形 《the very ... で》まさにその…
1154 □ □	**constant** [káːnstənt]	形 一定の, 不変の, 絶え間のない ➡ □ **cónstantly** 副 絶えず
1155 □ □	**strict** [stríkt]	形 ①（人が）厳しい ②厳密な ➡ □ **stríctly** 副 厳しく, 厳密に

-ly の有無で意味が大きく異なる語（2） 🔍 **GF** ▶

1156 □ □	**most** [móʊst]	副 もっとも 形 もっとも多くの, 大部分の 名 ① 大部分, ほとんど 　② 《the most で》もっとも多くのもの
1157 □ □	**mostly** [móʊstli]	副 たいていは, 主として
1158 □ □	**pretty** [príti]	副 かなり 形 かわいい, きれいな
1159 □ □	**prettily** [prítəli]	副 かわいらしく, きれいに
1160 □ □	**sharp** [ʃáːrp]	副 きっかりと, 正確に 形 ① 鋭い, とがった 　② （坂・カーブなどが）急な
1161 □ □	**sharply** [ʃáːrpli]	副 鋭く, 厳しく

All living things need water to survive.	すべての生き物は生きていくために水を必要とする。
The view from the top of this mountain is priceless.	この山の頂上からの景色はたいへん貴重だ。
I'm afraid to say the painting is worthless.	残念ながらこの絵は価値がない。
This is *the* very necklace I wanted.	これは私が欲しかったまさにそのネックレスだ。
He has been a constant support to me.	彼は絶えず私を支えてくれている。
My mom has a strict bedtime for me.	母は私に厳しい就寝時間を課している。

> ここで取り上げたもの以外にも, close「近い」／ closely「密接に」, dear「親愛な」／ dearly「とても」, high「高い」／ highly「大いに」などがある。

She booked the most expensive room in the hotel.	彼女はそのホテルでもっとも高い部屋を予約した。
We eat out mostly on weekends.	私たちは週末はたいてい外食する。
Her English speaking ability is pretty high.	彼女の英語のスピーキング力はかなり高い。
The children sang the song prettily.	子どもたちはかわいらしく歌を歌った。
Please come here at three sharp.	3時きっかりにここに来てください。
This kitchen knife can cut quite sharply.	このキッチンナイフ（包丁）はかなり鋭く切れる。

Level 4

1162	**figure** [fígjər] 発	名 ① 数字, けた　② 図形　③ (人などの) 姿 動 ① を計算する　② 目立つ　③ …と考える, 判断する
1163	**sum** [sám]	名 《the sum で》合計, 総額 動 ① を合計する　注意 ② 要約する ➡ □**súmmary** 名 要約　□**súmmarize** 動 を要約する
1164	**quantity** [kwá:ntɪti] ア	名 量 (↔ □quality 質), 分量, 数量 ➡ □**a large quantity of ...** 大量の…
1165	**quarter** [kwɔ́:rtər]	名 ① 4分の1　② 15分　③ 四半期 ➡ □**three quarters** 4分の3
1166	**double** [dʌ́bl]	動 2倍になる, を2倍にする 名 2倍　形 2倍の, 二重の

1167	**transport** [trænspɔ́:rt] ア	動 を輸送する　名 [trǽnspɔ:rt] ア 《英》輸送 (機関) ➡ □**transportátion** 名 輸送, 《米》輸送機関
1168	**transfer** [trænsfə́:r]	動 ① 転勤する, を転勤させる　② 移る, を移す ③ (列車・バスなどを) 乗り換える 名 [trǽnsfə:r] ア 転勤, 移動, 乗り換え
1169	**wander** [wá:ndər] 発	動 歩き回る, さまよう, 放浪する
1170	**shift** [ʃíft]	動 ① 少し動く, を少し動かす　② 移る, を移す 名 ① 転換　② 勤務時間
1171	**depart** [dɪpá:rt]	動 出発する　➡ □**depart from ...** …を出発する □**depárture** 名 出発　□**depártment** 名 部門
1172	**convey** [kənvéɪ] ア	動 ① (思想・意味など) を伝える　② を輸送する ➡ □**convéyor** 名 コンベヤー, 運搬装置
1173	**descend** [dɪsénd] ア	動 ① (を) 降りる, (を) 下る (↔ □ascend 登る) ② (遺産などが) 伝わる ➡ □**descént** 名 降下　□**descéndant** 名 子孫
1174	**immigrate** [ímɪgrèɪt]	動 (外国から) 移住する ➡ □**immigrátion** 名 移住, (空港などの) 入国管理 □**ímmigrant** 名 移民　□**émigrate** 動 (他国へ) 移住する

The attendance figure for the concert was about 30,000.	そのコンサートの動員数は約3万人だった。
The total cost is *the* sum of these two amounts.	総費用はこの2つの額の合計だ。
Add 50 grams of butter, and the same quantity of sugar.	50グラムのバター，そして同じ量の砂糖を加えなさい。
ⓐ A quarter of 100 is 25. ⓑ It's a quarter to 7.	ⓐ 100の4分の1は25だ。 ⓑ 7時15分前（6時45分）だ。
The company's profits doubled last month.	先月その会社の利益は2倍になった。
That fruit was transported by air.	その果物は飛行機で輸送された。
He was transferred to the sales office in Osaka.	彼は大阪の営業所に転勤になった。
The boy spent a lot of time wandering in the forest.	少年は森の中を歩き回って多くの時間を過ごした。
The boy shifted in his seat.	その少年は椅子の上で少し動いた。
The bus departed *from* Tokyo Station at noon.	バスは正午に東京駅を出発した。
This song conveys an important message to the world.	この歌は世界に重要なメッセージを伝えている。
The plane started to descend.	飛行機が下降し始めた。
John immigrated to Japan three years ago.	ジョンは3年前，日本に移住した。

Level 4

会社・オフィスに関する語 (1)

1175 **chairperson**
[tʃéərpèːrsn]
名 ① 議長, 司会者　② 委員長
注意 chair も同じ意味でよく使われる。

1176 **conference**
[kɑ́ːnfərəns] ㋐
名 ① 会議, 協議会　② 相談, 協議

1177 **financial**
[fainǽnʃəl, fənǽnʃəl] ㋐
形 財政上の　➡ □**fináncially** 副 財政的に
□**fínance** 名 ① 財政　②《複》で》財源

1178 **firm**
[fə́ːrm]
名 会社, 商店　注意 形 堅い, 断固とした
➡ □**confírm** 動 を確認する, を固める

1179 **item**
[áitəm] ㋐
名 ① (新聞) 記事　② 項目, 品目
③ (特定の) 1品, アイテム

1180 **manager**
[mǽnɪdʒər] ㋐
名 経営者, 支配人
➡ □**mánagement** 名 経営, 管理

1181 **secretary**
[sékrətèri]
名 ① 秘書　②《Secretary で》長官
➡ □**secretárial** 形 秘書の

1182 **signature**
[sígnətʃər] ㋐
名 署名, サイン
➡ □**áutograph** 名 (著名人の) サイン

「行う」「維持する」ことなどを表す語

1183 **undertake**
[ʌ̀ndərtéik] ㋐
動 ① を引き受ける　② を企てる〈undertook - undertaken〉
➡ □**undertáking** 名 (引き受けた) 仕事, 企て

1184 **fulfill**
[fʊlfíl] ㋐
動 ① (義務・約束) を果たす　② (要求・条件) を満たす
➡ □**fulfíllment** 名 遂行, 達成

1185 **establish**
[istǽblɪʃ]
動 を設立する, を確立する
➡ □**estáblishment** 名 設立, 施設

1186 **construct**
[kənstrʌ́kt]
動 ① を建設する　② を組み立てる
➡ □**constrúction** 名 建設, 建造物

1187 **maintain**
[meintéin] ㋐
動 ① を維持する　② と主張する　③ を扶養する
➡ □**máintenance** 名 維持, 持続

1188 **engage**
[ingéidʒ]
動 ①《be engaged in ... で》…に従事している
②《be engaged to ... で》…と婚約している
③ を引きつける　➡ □**engágement** 名 約束, 婚約

234

Jim was chosen as chairperson of the meeting.	ジムは会議の議長に選ばれた。
An international conference was held in Sydney, Australia.	国際会議がオーストラリアのシドニーで開催された。
The company is facing financial problems.	その会社は財政問題に直面している。
ⓐ My mother works as a lawyer at that law firm.	ⓐ 私の母はその法律事務所で弁護士として働いている。
ⓑ His will is so firm that he'll never change his mind.	ⓑ 彼の意志は固いので決して考えを変えることはないだろう。
I found an item about our products in today's paper.	今日の新聞に私たちの製品についての記事が載っているのを見つけた。
Mike is a very able manager.	マイクは非常に有能な経営者だ。
My secretary will contact you later.	私の秘書が後ほど連絡します。
I need your signature on this document.	私はこの書類にあなたの署名をいただきたい。
He undertook the job of writing the report.	彼は報告書を書く仕事を引き受けた。
You must fulfill your duties.	あなたは義務を果たさなければならない。
The International Olympic Committee was established in 1894.	国際オリンピック委員会は1894年に設立された。
There is a plan to construct a new bridge.	新たな橋を建設する計画がある。
You should exercise regularly to maintain your health.	健康を維持するために定期的に運動すべきである。
The musician *is* engaged *in* various charity events.	その音楽家はさまざまな慈善行事に従事している。

Level 4

1189 **slip**
[slíp]
名① 紙片, 伝票　② 小さなミス　③ 滑ること
動① 滑る, を滑らせる　② 滑り落ちる

1190 **staff**
[stǽf]
名 職員, スタッフ
➡ 注意 stuff [stʌf] 名 材料, もの

1191 **suit**
[súːt]
名① スーツ　注意 ② 訴訟
動① に適する　② に似合う
➡ súitable 形 適した, ふさわしい

1192 **manual**
[mǽnjuəl]
形 手で行う, 肉体の
➡ manual labor 手作業, 肉体労働
名 手引き(書)

1193 **deal**
[díːl]
動①《deal with ... で》…を扱う, …に対処する
② を分配する　〈dealt - dealt〉
➡ deal in ... …を売買する, …にかかわる
名① 商取引　注意 ② 量
➡ a good[great] deal of ... かなり多量の…
déaler 名 販売業者

1194 **brand**
[brǽnd]
名 銘柄, ブランド, 商標, 品種, 等級
➡ brand-néw 形 新品の

「話す」「示す」ことなどを表す語

1195 **congratulate**
[kəngrǽdʒəlèit] ⑦
動 を祝う, に祝辞を述べる
➡ congratulate〈人〉on ... 〈人〉を…のことで祝う
congratulátions 名《常に(複)で》おめでとう

1196 **assure**
[əʃúər]
動 に確信させる, に保証する
➡ assúrance 名 確信, 保証

1197 **declare**
[dikléər]
動① を宣言する, と断言する　注意 ② を申告する
➡ declarátion 名 宣言

1198 **illustrate**
[íləstrèit] ⑦
動 (実例・図により) を説明する, を図解する
➡ illustrátion 名 図解, 実例による説明

1199 **demonstrate**
[démənstrèit] ⑦
動① を明確に示す　② を実演する
➡ demonstrátion 名 実演, 説明, デモ

1200 **exhibit**
[igzíbit] ⑦
動 (大規模に) を展示する
名 展示 (品)　➡ exhibítion 名 展示, 展覧会

□ She wrote her address on a slip of paper.	彼女は紙片に自分の住所を書いた。
□ Our staff usually come to the office at around eight thirty.	うちのスタッフは通常8時半頃に出社する。
□ ⓐ He wore a dark suit to his job interview.	ⓐ 彼は仕事の面接のためにダークスーツを着た。
□ ⓑ That blue shirt really suits you.	ⓑ その青いシャツは本当に君に似合う。
□ This job requires some manual *labor*.	この仕事はいくらか手作業を必要とする。
□ ⓐ The problem is difficult to deal *with*.	ⓐ その問題は対処するのが難しい。
□ ⓑ We get *a good* deal *of* snow in this area.	ⓑ この地域はかなり多くの雪が降る。
□ What brand of coffee do you like the most?	あなたが一番好きなコーヒーの銘柄は何ですか。
□ She congratulated me after I won the contest.	彼女は私がコンテストで勝ったあと祝福してくれた。
□ He assured us that we would be all right.	彼が私たちは大丈夫だと保証してくれた。
□ They declared their independence on July 4, 1776.	彼らは1776年7月4日に独立を宣言した。
□ I will illustrate the point with pictures.	要点を何枚かの絵で説明します。
□ He demonstrated how to use the tablet computer.	彼はタブレット型コンピュータの使い方を実演した。
□ Many famous paintings are exhibited in that museum.	多くの有名な絵画がその美術館に展示されている。

Level 4

1201 **holy**
[hóuli] 発
形 神聖な
➡ divíne 形 神の、神のような

1202 **mercy**
[mə́:rsi]
名 ① 慈悲、情け ② 幸運
➡ at the mercy of ... …のなすがままに
mérciful 形 慈悲深い mérciless 形 無慈悲な

1203 **religious**
[rɪlídʒəs] ア
形 宗教の、信心深い
➡ relígion 名 宗教

1204 **sin**
[sín]
名 (宗教・道徳上の) 罪
➡ críme (法律上の) 罪

1205 **faith**
[féιθ]
名 ① 信頼、信用 ② 信仰、信念
➡ fáithful 形 忠実な、信頼できる

1206 **belief**
[bɪlíːf] ア
名 信念、信じること ➡ belíeve 動 (を)信じる
unbelíevable 形 信じがたい

1207 **glory**
[glɔ́:ri]
名 ① 栄光、栄誉、名誉 ② (神の) 恵み ③ 賛美
➡ glory to God 神への賛美

1208 **sacred**
[séιkrəd] 発
形 神聖な、聖なる、(神などを) 祭った
➡ sacred writings 聖書、聖典

1209 **eternal**
[ɪtə́:rnl]
形 永遠の、永久の
➡ etérnity 名 永遠、永劫

1210 **worship**
[wə́:rʃəp]
動 を拝む、を崇拝する
名 崇拝、礼拝

1211 **pray**
[préι]
動 (を) 祈る
➡ pray to God for ... 神に…を祈る
prayer [préər] 発 名 祈り

1212 **bless**
[blés]
動 を祝福する
➡ be blessed with ... …に恵まれている

1213 **confess**
[kənfés] ア
動 (罪など) を告白する、(を) 白状する、を認める
➡ conféssion 名 告白、ざんげ

1214 **sacrifice**
[sǽkrəfàιs] ア
動 を犠牲にする
名 犠牲、いけにえ

1215 **ritual**
[rítʃuəl]
名 ① 儀式 ② しきたり 形 儀式の、儀礼的な
➡ rítualize 動 を儀式化する

238

It was our first visit to that holy place.	それがその聖なる地への私たちの初めての訪問だった。
ⓐ Please have mercy and forgive us. ⓑ Our boat is now *at the* mercy *of* the waves.	ⓐ 慈悲を持って私たちを許してください。 ⓑ 私たちの船は今, 波のなすがままになっている。
Some women cover their faces in public for religious reasons.	宗教上の理由で公共の場で顔を隠す女性もいる。
The law judges crimes, and God judges sins.	法律は犯罪を裁き, 神は罪を裁く。
I still had faith in him.	私は依然として彼に信頼をおいていた。
Robert has a firm belief that he will succeed in the end.	ロバートは最後には成功するという固い信念を持っている。
They gave thanks to God and his glory in church.	彼らは教会で神と神の栄光に感謝を捧げた。
Mt. Fuji is a sacred mountain in Japan.	富士山は日本の神聖な山である。
Christians believe in eternal life after death.	キリスト教徒は死後に永遠の命があると信じている。
The ancient Japanese worshipped nature itself.	古代の日本人は自然そのものを崇拝していた。
We are all praying for world peace.	私たちは皆, 世界平和を祈っている。
The young artist *is* blessed *with* a sense of beauty.	その若い芸術家は美的センスに恵まれている。
He confessed his sins to God.	彼は神に自分の罪を告白した。
In ancient religions, animals were often sacrificed.	古代の宗教では, 動物はしばしば犠牲にされた(いけにえにされた)。
The wedding ritual was beautiful.	その結婚の儀式は美しかった。

Level 4

法廷に関する語 (1)

1216	**court** [kɔ́:rt]	名 ① 法廷, 裁判所 (＝courtroom)　② 宮廷 ③ (テニスなどの) コート
1217	**lawyer** [lɔ́ɪər] 発	名 弁護士, 法律家 ➡ hire a lawyer 弁護士を雇う
1218	**proof** [prú:f] 発	名 証拠 (品), 証明 ➡ próve 動 を証明する
1219	**victim** [víktɪm]	名 (事故などの) 犠牲者, 被害者 ➡ fall victim to ... …の犠牲になる
1220	**witness** [wítnɪs] ア	名 ① 目撃者　② 証拠, 証言 動 ① を目撃する　② を証言する
1221	**trial** [tráɪəl]	名 ① 裁判, 公判　② 試験　③ 試練 ➡ on trial 裁判にかけられて, 公判中の

天候・気候に関する語

1222	**fog** [fá:g]	名 霧, もや　➡ thick fog 濃霧 fóggy 形 霧の多い
1223	**flood** [flʌ́d] 発	名 《しばしば(複)で／単数扱い》洪水 動 を水浸しにする, をあふれさせる
1224	**typical** [típɪkəl] 発 ア	形 ① 典型的な　② 特有の ➡ be typical of ... …に特有である　type 名 型, 見本 týpically 副 典型的に, 概して
1225	**breeze** [brí:z]	名 そよ風 ➡ bréezy 形 そよ風の吹く
1226	**frost** [frɔ́(:)st]	名 霜　動 霜が降りる ➡ frósty 形 霜のおりた, 凍るほど寒い
1227	**moist** [mɔ́ɪst]	形 湿った, ぬれた ➡ móisture 名 湿気, 水分
1228	**humid** [hjú:mɪd]	形 湿気の多い ➡ humídity 名 湿気, 湿度
1229	**thermometer** [θərmámətər] ア	名 温度計, 寒暖計
1230	**thunder** [θʌ́ndər]	名 雷 (鳴)　動 雷が鳴る, 大きな音を立てる ➡ líghtning 名 稲妻

□ A group of reporters gathered outside the court.	記者団が裁判所の外に集まった。
□ I advised her that she (should) consult a lawyer.	私は彼女に弁護士に相談するべきだとアドバイスした。
□ This is the proof of her innocence.	これは彼女の無実を示す証拠だ。
□ Our group supports the families of crime victims.	私たちのグループは犯罪被害者の家族を支援している。
□ Witnesses saw a strange-looking man walking near the park.	目撃者たちは奇妙な男が公園の近くを歩いているのを見た。
□ The trial may last several months.	裁判は数か月続くかもしれない。

□ I had to drive carefully in the fog.	私は霧の中で慎重に運転しなければならなかった。
□ The flood caused serious damage to the town.	その洪水は町に深刻な被害を与えた。
□ It was a typical clear autumn day.	典型的な秋晴れの日だった。
□ Flowers were waving in the breeze.	花がそよ風に揺れていた。
□ The ground was white with frost.	地面は霜で真っ白だった。
□ This plant grows well in a moist climate.	この植物は湿った気候でよく育つ。
□ July is the most humid period in this area.	7月はこの地域で最も湿気の多い時期だ。
□ What temperature does the thermometer say now?	今，温度計は何度を指していますか。
□ There was a storm with thunder last night.	昨夜，雷を伴う嵐があった。

Level 4

1231 **contract**
[ká:ntrækt]

名 契約 (書)
動 ① (の) 契約を結ぶ ② (筋肉など) を収縮させる
➡ □ contráction 名 収縮, 短縮

1232 **innocent**
[ínəsənt] 🔊

形 ① 無実の, 無罪の ② 無邪気な
➡ □ be innocent of ... …について無実である
□ ínnocence 名 ① 無実 ② 無邪気さ

1233 **justice**
[dʒʌ́stɪs]

名 ① 公正, 正義 ② 司法, 裁判 (官)
➡ □ do ... justice (= □ do justice to ...)
…を正当に扱う, …を正当に評価する
□ jústify 動 を正当化する

1234 **legal**
[líːgəl]

形 ① 合法的な (↔ □ illegal 違法な) ② 法律上の
➡ □ legal matter 法律問題

1235 **prison**
[prízən]

名 ① 刑務所 ② 拘置
➡ □ go to prison 入獄する □ prísoner 名 囚人

1236 **advocate**
[ǽdvəkèɪt]

動 を主張する, を擁護する 名 支持者
➡ □ ádvocacy 名 擁護, 弁護

1237 **expose**
[ɪkspóuz]

動 ① を(危険や光などに) さらす ② を暴露する
➡ □ expósure 名 (危険などに) さらすこと, 暴露

1238 **emerge**
[ɪmɔ́ːrdʒ]

動 ① 現れる, 出てくる ② 明らかになる
➡ □ emérgence 名 出現, 脱却

1239 **reveal**
[rɪvíːl] 🔊

動 を明らかにする, を暴露する
➡ □ revelátion 名 新事実, 暴露

1240 **imply**
[ɪmplái]

動 を示唆する, をほのめかす
➡ □ implicátion 名 示唆, 《通常 (複) で》影響

1241 **arise**
[əráɪz]

動 (問題などが) 生まれる, 発生する, 起こる
〈arose - arisen〉

1242 **generate**
[dʒénərèɪt]

動 を生み出す, を発生させる, を起こす
➡ □ generátion 名 世代, 発電

1243 **locate**
[lóukeɪt]

動 ① の位置を突き止める
② 《be located in ... で》…に位置する
➡ □ locátion 名 場所, 位置

☐I asked my lawyer to prepare a contract.	私は弁護士に契約書の準備をするよう頼んだ。
☐The court found him innocent.	裁判所は彼に無罪の判決を下した。
☐We demand justice and equal rights for all citizens.	私たちは全市民のために公正と平等な権利を要求する。
☐Whether it should be legal is a difficult question.	それを合法とすべきかどうかは難しい問題だ。
☐He spent about two years in prison for theft.	彼は窃盗罪で2年ほど刑務所で過ごした。
☐The politician advocated (for) the reduction of taxes.	その政治家は減税を主張した。

Level 4

☐Potatoes turn green when they are exposed to light.	ジャガイモは光にさらされると緑色になる。
☐The sun emerged from behind the clouds.	太陽が雲の向こうから出てきた。
☐The information was first revealed in the Sunday newspaper.	その情報はまず日曜の新聞で明らかにされた。
☐I didn't mean to imply that you were lying.	私はあなたがうそをついていることをほのめかすつもりはなかった。
☐The quarrel arose from a misunderstanding between them.	そのいさかいは彼らの間の誤解から生まれた。
☐The World Cup generates excitement around the world.	ワールドカップは世界中に興奮を生み出す。
☐I need to locate my keys.	カギの位置を突き止める必要がある。

医療・健康に関する語

1244 **ache**
[éɪk] 発
名 (心身の鋭い) 痛み　動 (心身が) 痛む
➡ □ **héadache** 名 頭痛　□ **tóothache** 名 歯痛
□ **stómachache** 名 腹痛, 胃痛

1245 **ambulance**
[ǽmbjələns]
名 救急車

1246 **comfort**
[kʌ́mfərt] 発
動 を慰める　名 慰め, 心地よさ
➡ □ **cómfortable** 形 快適な (↔ □ uncomfortable 不快な)

1247 **deaf**
[déf] 発
形 ① 耳が聞こえない
② (忠告・嘆願などを) 聞こうとしない

1248 **drug**
[drʌ́g]
名 ① 薬　② 麻薬　➡ □ **médicine** 名 (一般的な) 薬
動 (飲食物) に薬物を入れる

1249 **fatigue**
[fətíːg] 発 ア
名 疲労　➡ □ **mental fatigue** 精神的な疲労
動 を疲れさせる

1250 **muscle**
[mʌ́sl] 発
名 ① 筋肉　② 腕力, 体力
➡ □ **múscular** 形 筋肉の

1251 **remedy**
[rémədi] ア
名 ① 治療, 手当　② 改善策
動 を治療する

1252 **symptom**
[símptəm]
名 ① 症状
② 兆候

1253 **sweat**
[swét] 発
名 汗
動 ① 汗をかく　② 精を出して働く　〈sweat - sweat〉

1254 **bacteria**
[bæktíəriə]
名 《複数扱い》バクテリア, 細菌　注意 bacterium の複数形。
➡ □ **bactérial** 形 細菌 (性) の

「備える」ことを表す動詞

1255 **prepare**
[prɪpéər]
動 ① を用意する, を準備する　② 備える
➡ □ **prepare for ...** …の準備をする, …に備える
□ **preparátion** 名 準備, 覚悟

1256 **equip**
[ɪkwíp] 発 ア
動 ① を備えつける　② (人に) を身につけさせる
➡ □ **equípment** 名 設備, 備品

1257 **furnish**
[fə́ːrnɪʃ]
動 ① に家具を備えつける　② を供給する
➡ □ **fúrnishings** 名 (家・部屋の) 備品
□ **fúrniture** 名 家具

☐ She felt a strange ache in her right shoulder.	彼女は右肩に変な痛みを感じた。
☐ In Japan, call 119 when you want an ambulance.	日本では，救急車を呼ぶときは119番に電話する。
☐ All my friends tried to comfort me.	友だち皆が私を慰めようとしてくれた。
☐ He was blind and deaf from birth.	彼は生まれつき目が見えず，耳が聞こえなかった。
☐ A drug company announced a new medicine for the disease.	ある製薬会社がその病気に対する新薬を発表した。
☐ You should deal with your fatigue by taking a rest.	あなたは休養をとることで自分の疲労に対処すべきだ。
☐ Exercise helps to develop muscles.	運動は筋肉を発達させるのに役に立つ。
☐ People say ginger is a good remedy for a cold.	ショウガはかぜ症状の改善によいと言われている。
☐ I think I have symptoms of the flu.	私はインフルエンザの症状があると思う。
☐ You can use this towel to wipe your sweat.	このタオルで汗をふきとればいい。
☐ Bacteria live together with other living things.	バクテリアは他の生物と共生する。
☐ Prepare for tomorrow by putting out your clothes now.	今，服を出して明日の用意をしなさい。
☐ All rooms are equipped with a dryer.	全室にドライヤーが備えられている。
☐ We furnished our new house the day before we moved in.	私たちは引っ越し前日に新居に家具を備えつけた。

生物(学)に関する語

1258	**beast**	名 ① (人間に対して) けだもの, 野獣
	[bíːst]	② (足が4本ある) 動物
1259	**biology**	名 生物学 ➡ □ **biólogist** 名 生物学者
	[baɪáːlədʒi] ⑦	□ **biológical** 形 生物学の
		□ **biotechnólogy** 名 生物工学
1260	**botany**	名 植物学
	[bátəni]	➡ □ **botánical** 形 植物 (学) の
1261	**cell**	名 ① 細胞 ② 電池 ③ 独房, 小部屋
	[sél]	➡ □ **cell division** 細胞分裂 □ **stem cell** 幹細胞
1262	**ecology**	名 生態 (学), エコロジー
	[ɪkáːlədʒi]	➡ □ **ecology movement** 環境保護運動
		□ **ecológical** 形 生態学の
1263	**feather**	名 ① 羽毛, 羽 ② 鳥類
	[féðər] ⑱	➡ □ **birds of a feather** 似たような人々
		動 を羽毛で覆う
1264	**fur**	名 毛皮, (毛皮獣の) 柔らかい毛
	[fáːr]	➡ □ **fur coat** 毛皮のコート
1265	**insect**	名 昆虫 ➡ □ **harmful insects** 害虫
	[ínsekt] ⑦	□ **wórm** 名 (ミミズなどの) 虫
1266	**instinct**	名 ① 本能 ② 素質
	[ínstɪŋkt] ⑦	➡ □ **by instinct** 本能的に □ **instínctive** 形 本能的な
1267	**evolution**	名 ① (生物の) 進化 ② 発展
	[èvəlúːʃən]	➡ □ **evolútionary** 形 進化 (論) の
		□ **evólve** 動 進化する, 発展する

「学ぶ」「分析する」ことを表す語 (1)

1268	**educate**	動 を教育する ➡ □ **educate oneself** 独学する
	[édʒəkèɪt] ⑦	□ **educátion** 名 教育
1269	**comprehend**	動 ① を理解する ② を包む
	[kàːmprɪhénd] ⑦	➡ □ **comprehénsion** 名 理解 (力), 包括
		□ **comprehénsive** 形 広範囲な, 包括的な
1270	**examine**	動 を調査する, を試験する
	[ɪgzǽmən]	➡ □ **examinátion** 名 (詳しい) 調査, 検査, 試験

In Hokkaido, bears are feared as dangerous beasts.	北海道では、クマは危険なけだものとして恐れられている。
She is majoring in biology at university.	彼女は大学で生物学を専攻している。
Botany is the scientific study of plants.	植物学とは植物の科学的な研究である。
All living things are made up of cells.	生物はすべて細胞からできている。
Ecology looks into living things and their surroundings.	生態学は生物とその環境を調査する。
Only birds have feathers that cover their body.	鳥だけが体を覆う羽毛を持っている。
Fur protects a rabbit's body from the cold.	毛皮がウサギの体を寒さから守る。
Do you know why light attracts insects at night?	夜, なぜ光が昆虫を引きつけるのか知っていますか。
All animals have a strong instinct for survival.	あらゆる動物に強い生存本能がある。
Evolution takes place over a long period of time.	進化は長い期間をかけて起こるものだ。

Level 4

He was educated at Lincoln High School.	彼はリンカーン高校で教育を受けた。
I can't comprehend his explanation.	私は彼の説明を理解することができない。
They carefully examined the numbers in the data.	彼らはそのデータの数字を注意深く調査した。

人類学に関する語

1271 **cultural**
[kʌltʃərəl]
形 文化的な, 文化の　→ □cúlture 名 文化, 文化活動
□cultural background 文化的背景

1272 **folk**
[fóʊk]
名 ① 民族(民俗), 国民, 種族
② 《(複)で》人々, 家族　→ □péople 名 人々

1273 **humanity**
[hju:mǽnɪti] 🔊
名 ① 人類(= □mankind)　② 人間性, 人情
→ □húman 名 人間 形 人間の

1274 **inhabitant**
[ɪnhǽbətənt] 🔊
名 住民　→ □inhábit 動 に住む
□hábitat 名 生息地, 生息環境

1275 **primitive**
[prímətɪv]
形 ① 原始(時代)の　② 原始的な

1276 **savage**
[sǽvɪdʒ]
形 野蛮な, 残忍な, どう猛な
名 野蛮な人, 不作法な人

1277 **slave**
[sléɪv]
名 ① 奴隷
② (欲望・習慣・仕事などに)捕われている人

1278 **tribe**
[tráɪb]
名 種族, 部族
→ □tríbal 形 種族の, 部族の

1279 **ethnic**
[éθnɪk]
形 民族の, 異国の
→ □ethnícity 名 民族性

1280 **migrant**
[máɪɡrənt]
形 出稼ぎの, 移住性の　名 移住者, 出稼ぎ労働者
→ □mígrate 動 移住する, 渡る

「学ぶ」「分析する」ことを表す語 (2)

1281 **distinguish**
[dɪstíŋɡwɪʃ]
動 を区別する, を見分ける
→ □distinguish ... from ～ …と～を区別する
□distínction 名 区別, 差異
□distínctive 形 はっきりとした

1282 **review**
[rɪvjú:] 🔊
動 ① 《米》を再検討する, (を)復習する
② (を)批評する
名 ① 批評, 評論　② 復習

1283 **absorb**
[əbzɔ́:rb]
動 ① (知識など)を吸収する, (液体など)を吸い込む
② (人)を夢中にさせる　→ □absórption 名 吸収, 没頭
□be absorbed in ... …に夢中になる

We should understand that there are cultural differences between us.	私たちの間には文化の違いがあることを理解すべきだ。
I like folk dance and folk music.	私は民族舞踊や民族音楽が好きだ。
World peace is the hope of all humanity.	世界平和は全人類の願いである。
The inhabitants of the island have different values from ours.	その島の住民たちは私たちとは異なる価値観を持っている。
Primitive people obtained food by hunting and gathering.	原始時代の人々は狩猟や採取によって食料を得ていた。
The man's savage behavior shocked everyone.	その男の野蛮な行動はみんなを驚かせた。
In the past, many Africans were forced to work as slaves.	過去において，多くのアフリカ人が奴隷として働かされた。
There are several tribes in this large jungle area.	この広いジャングル地帯にはいくつかの部族がいる。
That country is made up of many ethnic groups.	その国は多くの民族のグループで構成されている。
Much of the work in that factory is done by migrant workers.	その工場の仕事の多くが出稼ぎの労働者たちによって行われている。

Level 4

Japanese children are taught to distinguish right *from* wrong at school.	日本の子どもたちは学校で善悪を区別することを教えられる。
ⓐ Review your report carefully before submitting it.	ⓐ レポートを提出する前にじっくり再検討しなさい。
ⓑ The movie received a lot of good reviews.	ⓑ その映画は多くのよい批評（レビュー）を受けた。
ⓐ I couldn't absorb the lesson all at once.	ⓐ 私にはその授業をすべて一度に吸収することはできなかった。
ⓑ My son *is* too absorbed *in* online games, unfortunately.	ⓑ 残念ながら，私の息子はオンラインゲームに夢中になりすぎている。

1284	**cattle** [kǽtl]	名《集合的に／複数扱い》(飼育している) ウシ ➡ □ **ców** 名 雌ウシ　□ **búll** 名 雄ウシ
1285	**fertile** [fə́:rtl, fə́:rtaɪl] 🔊	形 ① (土地が) 肥えた　② (動物が) 多産の ➡ □ **fertílity** 名 ① 肥沃　② 多産
1286	**plague** [pléɪg]	名 ①《the plague とも》ペスト　② 疫病 動 を悩ます, を苦しめる
1287	**rural** [rʊ́ərəl]	形 いなかの, 田園の (↔ □ **urban** 都市の)
1288	**weed** [wíːd]	名 雑草　動 (の) 雑草を取る ➡ □ **wéedy** 形 ① 雑草の多い　② ひょろひょろした □ **séaweed** 名 海藻
1289	**wheat** [wíːt]	名 小麦 ➡ □ **bárley** 名 大麦　□ **óat** 名 カラス麦
1290	**flour** [fláʊər]	名 小麦粉 ➡ 注意 〈同音語〉□ **flówer** 名 花
1291	**yield** [jíːld]	名 産出 (高), 収穫 (量) 動 ① 屈する, 応ずる　② を産出する, を生む ➡ □ **yield to ...** …に屈する, …に道を譲る
1292	**organic** [ɔːrɡǽnɪk]	形 ① 有機の, 有機的な　② 臓器の ➡ □ **órgan** 名 臓器, 器官, 機関

1293	**bind** [báɪnd]	動 ① を縛る, (人) を拘束する　〈bound - bound〉 ② をくっつける　➡ □ **be bound to do** きっと~する
1294	**grasp** [ɡrǽsp]	動 ① をしっかりと握る　② を把握する 名 ① しっかりつかむこと　② 把握, 理解
1295	**handle** [hǽndl]	動 ① (人・もの) を取り扱う, を処理する　② に手を触れる 名 取っ手, 柄　➡ □ **steering wheel** (車の) ハンドル
1296	**squeeze** [skwíːz]	動 ① をしぼる　② を強く握る, を抱き締める ➡ □ **squeeze ... on ~** …をしぼって~にかける

Cattle are eating grass in the field.	ウシが草原で草を食べている。
Fertile soil can produce good crops.	肥沃な土壌はよい作物を育てる。
The plague in the 14th century killed millions of people.	14世紀にペストは何百万人もの人々の命を奪った。
I want to plant rice in a rural area.	私は田園地帯で稲を植えたい。
Ducks are eating weeds in the wet field.	アヒルが湿地で雑草を食べている。
This bread is made from rice flour, not wheat flour.	このパンは小麦粉ではなく米粉で作られている。
Bread, cakes, and pasta are made from flour.	パンやケーキ, パスタは小麦粉から作られる。
ⓐ The farmers had a small yield of corn this year.	ⓐ 農民たちは今年トウモロコシの収穫量が少なかった。
ⓑ The politician yielded *to* public pressure.	ⓑ その政治家は国民の圧力に屈した。
You have to pay a little more for organic produce.	有機農産物には少し多めに支払う必要がある(有機農産物は少し高い)。

Level 4

He bound the old newspapers with string last night.	彼は昨夜ひもで古新聞を縛った。
ⓐ The child grasped his mother's hand in the crowd.	ⓐ その子は群衆の中で母親の手をしっかりと握った。
ⓑ You have to grasp the big picture of my plan first.	ⓑ あなたはまず私の計画の全体像を把握する必要がある。
He handled the situation very well.	彼はとてもうまくその状況を処理した。
My mother squeezed some lemon juice *on* the salad.	母はレモンの汁をしぼり, サラダにかけた。

1297 □ **candidate**
□ [kǽndədèit] 🅐

名 ① 候補者 ② 志願者, 受験者
➡ □ **ápplicant** 名 出願者, 応募者

1298 □ **civil**
□ [sívl]

形 ① 市民の, 民間の ② 礼儀正しい
➡ □ **civil war** 内戦, 内乱
□ **civílian** 名 民間人 □ **civílity** 名 礼儀正しさ

1299 □ **congress**
□ [káːŋɡrəs] 🅐

名 ①《Congress で》(米国の) 連邦議会
② 国会, 議会 ③ 会議
➡ □ **the Diet** (日本の) 国会

1300 □ **constitution**
□ [kàːnstət(j)úːʃən]

名 ①《Constitution とも》憲法 ② 構成, 体質
➡ □ **cónstitute** 動 ① を構成する ② を設立する

1301 □ **kingdom**
□ [kíŋdəm]

名 ① 王国 ② 領域, 〜界
➡ □ **animal kingdom** 動物界

1302 □ **liberty**
□ [líbərti]

名 自由, (束縛などからの) 解放
➡ □ **take the liberty of -ing[to do]** 勝手に〜する
□ **be at liberty to do** 自由に〜できる
□ **líberal** 名 自由主義者 形 寛大な, 自由 (主義) の
□ **líberate** 動 を解放する □ **fréedom** 名 (束縛のない) 自由

1303 □ **military**
□ [mílətèri]

形 軍隊の, 軍の ➡ □ **military service** 兵役
名 軍隊

1304 □ **stir**
□ [stə́ːr] 🅐

動 ① をかき回す ② (物・感情) を動かす
名 (軽い) 動き

1305 □ **tear**
□ [téər] 🅐

動 を裂く, 裂ける 〈tore - torn〉
名 裂け目 注意 [tíər] 🅐 名《通常 (複) で》涙

1306 □ **wipe**
□ [wáip]

動 をふきとる, をぬぐう

1307 □ **stuff**
□ [stʌ́f]

動 を詰め込む
➡ □ **stúffed** 形 詰め物をした, はちきれそうな
□ **stuffed animal** 動物のぬいぐるみ
名 材料, 物質, (ばくぜんと) もの
➡ 注意 **staff** [stǽf] 名 職員, スタッフ

There are five candidates in the coming election.	次の選挙には5人の候補者がいる。
A civil *war* broke out in that country last year.	その国では昨年, 内戦が勃発した。
The U.S. President gave a speech to Congress.	米国大統領は連邦議会に対して演説を行った。
The Constitution of Japan states that the people will never start a war.	日本国憲法は国民は決して戦争を起こさないと述べている。
There are now about 20 kingdoms in the world.	現在, 世界には20ほどの王国がある。
ⓐ Give me liberty, or give me death.	ⓐ われに自由を与えよ, しからずんば死を与えよ。《Patrick Henry のことば》
ⓑ You *are at* liberty *to* say anything you like at this meeting.	ⓑ この会議では好きなことを何でも自由に言うことができる。
The country is prepared to use military force.	その国は軍事力を行使する準備ができている。

Level 4

She stirred her coffee with a spoon.	彼女はスプーンでコーヒーをかき回した。
Brad tore the letter to pieces.	ブラッドはその手紙をずたずたに裂いた。
He wiped the sweat from his neck.	彼は首筋から汗をふきとった。
ⓐ She stuffed two more sweaters into her bag.	ⓐ 彼女はセーターをもう2枚カバンに詰め込んだ。
ⓑ They sell a lot of good stuff in this store.	ⓑ この店ではいいものをたくさん売っている。

政治・政策に関する語 (2)

1308 parliament
[pá:*r*ləmənt] 発
- 名 ① 《Parliament で》(英国の) 国会　② 議会
  - ➡ parliaméntary 形 議会の

1309 political
[pəlítɪkəl] ア
- 形 政治 (上) の, 政治的な
  - ➡ political party 政党
  - pólitics 名 ① 政治 (学)　② 政策
  - politícian 名 政治家

1310 republic
[rɪpʌ́blɪk]
- 名 共和国 (↔ monarchy 君主国)

1311 minister
[mínəstər]
- 名 大臣, 公使
  - ➡ mínistry 名 《英》省
  - ambássador 名 大使

1312 revolution
[rèvəlú:ʃən]
- 名 ① 大変革, 革命　② 回転
  - ➡ revólve 動 回転する, を回転させる
  - revolútionary 形 ① 画期的な　② 革命の

1313 treaty
[trí:ti]
- 名 条約, 協定
  - ➡ peace treaty 平和条約

1314 governor
[gʌ́vənər]
- 名 ① (州) 知事　② (植民地などの) 総督
  - ➡ góvern 動 を統治する, 治める

1315 convention
[kənvénʃən]
- 名 ① (政治や宗教の) 代表者会議, 大会, 総会
  - ② 協定, 合意, 社会のしきたり, 因習
  - ➡ convéntional 形 慣習の, 世間一般の

法的行為を表す動詞

1316 abolish
[əbá:lɪʃ] ア
- 動 (法・制度・習慣など) を廃止する(= do away with ...)
  - ➡ abolítion 名 廃止

1317 accuse
[əkjú:z]
- 動 ① を告発 (告訴) する　② を非難する
  - ➡ accuse 〈人〉of ... 〈人〉を…で告発する(非難する)
  - accusátion 名 告発, 非難

1318 commit
[kəmít] ア
- 動 ① (罪・過ちなど) を犯す　② を約束させる
  - ➡ commíssion 名 委員会, 手数料, 犯行
  - commítment 名 約束, 献身, 義務

1319 inherit
[ɪnhérət] ア
- 動 を相続する, (遺伝として) を受け継ぐ
  - ➡ inhéritance 名 相続, 遺産, 遺伝

☐ The bill was passed by Parliament in April.	その法案は4月に国会で可決された。
☐ Which political *party* do you support?	どの政党を支持しますか。

☐ The republic celebrated its independence with great joy.	その共和国は大きな喜びと共に独立を祝った。
☐ The French foreign minister was present at the meeting.	フランスの外務大臣がその会議に出席していた。

☐ There was a revolution in the education system.	教育制度に大変革があった。

☐ This is a treaty adopted by the United Nations.	これは国連で採択された条約だ。
☐ He retired as governor about 10 years ago.	彼は10年ほど前に知事としての職を辞した。
☐ Have you heard of the international convention on climate change?	気候変動に関する国際協定を聞いたことがありますか。

Level 4

☐ Slavery was abolished in the U.S. in the 19th century.	奴隷制度は米国では19世紀に廃止された。
☐ ⓐ She has been accused *of* murder.	ⓐ 彼女は殺人で告発されている。
☐ ⓑ He accused them *of* ignoring the rule.	ⓑ 彼は規則を無視したことで彼らを非難した。
☐ I have never committed a crime.	私は一度も罪を犯したことはない。

☐ He inherited a large house from his grandfather.	彼は祖父から大きな家を相続した。

化学に関する語

1320 **atom**
[ǽtəm]
名 原子, 微粒子
➡ atómic 形 原子 (力) の, 極小の

1321 **mass**
[mǽs] 発
名 ① 大きなかたまり ② 多量
➡ masses[a mass] of ... 多数の…, 多量の…
mássive 形 どっしりした, 膨大な

1322 **nuclear**
[n(j)úːkliər]
形 核の, 原子力利用の
➡ núcleus 名 核, 中心部分

1323 **oxygen**
[áːksɪdʒən]
名 酸素
➡ lack of oxygen 酸欠　óxide 名 酸化物
carbon dioxide 二酸化炭素, 炭酸ガス

1324 **hydrogen**
[háɪdrədʒən]
名 水素

1325 **sphere**
[sfíər]
名 ① 球 ② (活動・知識の) 範囲
➡ hémisphere 名 半球

1326 **microscope**
[máɪkrəskóup] 発
名 顕微鏡
➡ télescope 名 望遠鏡

1327 **chloride**
[klɔ́ːraɪd]
名 塩化物, 塩素化合物
➡ chlorine [klɔ́ːriːn] 名 塩素

1328 **acid**
[ǽsɪd]
形 酸性の, すっぱい　名 酸
➡ acid rain 酸性雨

1329 **compound**
[káːmpaund]
名 化合物, 合成物
形 ① 混合の, 複合の ② 結合した

政治的行為を表す動詞

1330 **appoint**
[əpɔ́ɪnt]
動 ① (役職に) を任命する
② (日時・場所) を定める, を約束する
➡ appóintment 名 任命, (面会の) 約束

1331 **govern**
[gʌ́vərn]
動 ① を統治する, 治める ② を管理する
➡ góvernment 名 政治, 政府

1332 **impose**
[ɪmpóuz] 発
動 ① 《impose ... on ~で》 ~に…を課す
② (思想・信条など) を押しつける
③ つけ込む
➡ impose on[upon] ... …につけ込む

We learned about the atom in science class.	私たちは科学の授業で原子について学んだ。
There was *a* mass *of* garbage bags in front of the house.	その家の前に多数のごみ袋があった。
We have to get rid of nuclear weapons.	私たちは核兵器を廃棄しなければならない。
Plants take in carbon dioxide and produce oxygen.	植物は二酸化炭素を取り込み，酸素を作り出す。
Hydrogen is the lightest of all gases.	水素はあらゆる気体の中でもっとも軽い。
The earth is not a true sphere.	地球は完全な球ではない。
Each sample was examined with a microscope.	それぞれのサンプルは顕微鏡で検査された。
Salt is one of the chlorides.	塩は塩化物の1つである。
Acid *rain* damages crops.	酸性雨は作物に被害を与える。
Water is a compound of hydrogen and oxygen.	水は水素と酸素の化合物である。
I was appointed as chairperson.	私は議長に任命された。
It's hard to govern a country without the trust of the people.	国民の信頼なくして国を治めることは難しい。
The government imposed a new tax *on* foreign cars.	政府は外車に新たな税を課した。

地理に関する語

1333 □ **district**
□ [dístrɪkt] 🈂
名 (特色・機能を持った) 地域, 地方, (行政的な) 地区

1334 □ **geography**
□ [dʒiɑ́:grəfi] 🈂
名 地理 (学), 地勢, 地形
➡ □ **geográphic** 形 地理 (学) 上の

1335 □ **globe**
□ [glóub]
名 ① 《the globe で》地球, 世界　② 球体　③ 地球儀
➡ □ **glóbal** 形 ① 全世界的な　② 全体的な
注意 □ **glove** [glʌ́v] 発 名 手袋

1336 □ **harbor**
□ [hɑ́:rbər]
《英》harbour 名 ① 港　② 避難所
動 注意 (悪意など) を心に抱く

1337 □ **region**
□ [rí:dʒən]
名 ① 地方, 地域　② 領域　③ (体などの) 部分
➡ □ **régional** 形 地方の

1338 □ **route**
□ [rú:t] 発
名 ① 道 (筋)
② (バスや電車の) 路線, (飛行機の) 航路

1339 □ **territory**
□ [térətɔ̀:ri]
名 ① 領土, 占領地　② (広い) 地域
③ なわばり

1340 □ **urban**
□ [ə́:rbən]
形 都市の, 都会の (↔ □ rural いなかの)
➡ □ **urbane** [ə:rbéin] 形 洗練された
□ **urbanizátion** 名 都市化

1341 □ **range**
□ [réindʒ]
名 ① 範囲　② 山脈　③ 列
動 ① を並べる　② 及ぶ

「反対する」「じゃまする」ことを表す語

1342 □ **protest**
□ [prətést]
動 抗議する, 反対する　名 [próutest] 抗議
➡ □ **protest against ...** …に抗議する

1343 □ **oppose**
□ [əpóuz]
動 ① に反対する　②《通常受け身形で》対抗する
➡ □ **opposítion** 名 反対, (競技の) 相手
□ **ópposite** 形 反対側の, 逆の

1344 □ **interrupt**
□ [ìntərʌ́pt] 🈂
動 ① に口をはさむ　② を中断させる
➡ □ **interrúption** 名 じゃま, 妨害

1345 □ **interfere**
□ [ìntərfíər] 🈂
動 ①《interfere with ... で》…に支障をきたす,
…を妨害する, …を害する
②《interfere in ... で》…に干渉する
➡ □ **interférence** 名 干渉, 妨害

258

☐ She works in the financial district. 　彼女は金融地区 (金融街) で働いている。

☐ I am not familiar with the geography of France. 　私はフランスの地理に詳しくない。

☐ It is night now on the other side of *the globe*. 　地球の反対側は今は夜だ。

☐ We can see the harbor from the top of the hill. 　丘の上から港が見える。

☐ The Kanto region will be mostly sunny today. 　今日は関東地方はおおむね晴れるでしょう。

☐ This is the quickest route to the station. 　これが駅へ行くもっとも早い道筋だ。

☐ The two countries fought a war over a small territory. 　2つの国は小さな領土をめぐって戦争をした。

☐ Many young people prefer to live in urban areas. 　多くの若者が都市部に住むことを好む。

☐ Sometimes smartphones can be out of range on the subway. 　ときどき地下鉄ではスマートフォンが圏外になる。

☐ A great number of people protested *against* the war. 　非常に多くの人々がその戦争に抗議した。

☐ Many people opposed the new law. 　多くの人が新法に反対した。

☐ Please don't interrupt me when I'm talking. 　私が話しているときは口をはさまないでください。

☐ The rain may interfere *with* our plans to go hiking. 　雨で, 私たちがハイキングに行く計画に支障をきたすかもしれない。

Level 4

社会・歴史に関する語

1346 **diverse**
[dəvə́:rs, daivə́:rs]

形 (はっきり) 異なった，多様な
➡ □ **divérsity** 名 多様性，相違
　　□ **divérsify** 動 を多様化する

1347 **density**
[dénsɪti]

名 密集，密度　➡ □ **population density** 人口密度
□ **dénse** 形 ① (液体・蒸気などが) 濃い　② (人が) 密集した

1348 **empire**
[émpaɪər]

名 《しばしば the Empire で》帝国

1349 **journal**
[dʒə́:rnəl]

名 (専門の) 雑誌，定期刊行物
➡ □ **jóurnalist** 名 ジャーナリスト

1350 **racial**
[réɪʃəl]

形 人種の，民族の
➡ □ **racial discrimination** 人種差別

注意すべき名詞

1351 **basis**
[béɪsɪs]

名 ① 基礎　② 基準，制度　③ 根拠　注意 (複) bases
➡ □ **on the basis of ～** ～を基礎として

1352 **bump**
[bʌ́mp]

名 ① 衝突 (音)　② (道路の) 隆起
動 ぶつかる，をぶつける
➡ □ **búmpy** 形 (道が) でこぼこの

1353 **council**
[káʊnsl]

名 ① 議会　② 評議会

1354 **outcome**
[áʊtkʌ̀m]

名 結果，(具体的な) 成果

1355 **platform**
[plǽtfɔ̀:rm]

名 ① 壇，教壇　② 基盤

1356 **priority**
[praɪɔ́:rɪti]

名 優先 (権)，《形容詞的に》優先的な
➡ □ **príor** 形 優先する，前の

1357 **prize**
[práɪz]

名 賞，賞品，賞金

1358 **storage**
[stɔ́:rɪdʒ]

名 ① 保管 (場所)，物置　② 貯蔵　③ 記憶装置
➡ □ **storage space** 収納スペース

1359 **uncertainty**
[ʌnsə́:rtənti]

名 不確実 (性)，確信のないこと

Our team is very diverse.	私たちのチームはとても多様性がある。
Tokyo has a high *population* density.	東京は人口密度が高い。
The British Empire once ruled India.	大英帝国はかつてインドを支配していた。
The company publishes a monthly journal for employees.	その会社は従業員向けに月刊誌を発行している。
That country successfully addressed its racial problems.	その国は人種の問題にうまく対処した。

I want to hear the basis of your opinion.	私はあなたの意見の根拠を聞きたい。
I felt a bump while driving.	私は運転中に衝撃を感じた。
She is a member of the city's education council.	彼女は市の教育協議会のメンバーである。
The outcome of the game was unexpected.	試合の結果は予想外だった。
The professor stood on the platform and delivered her lecture.	教授は壇上に立ち，講義を行った。
My top priority is finishing this project.	私の最優先事項はこのプロジェクトを終わらせることだ。
He won a prize for his painting.	彼は自分の絵で賞を取った。
The storage room is in the basement.	貯蔵室は地下にある。
The level of uncertainty in the situation is high.	その状況における不確実性のレベルは高い。

Level 4

261

| 1360 ☐ ☐ | figure out ... | ① …を理解する，…がわかる |
| | | ② （解決策など）を考え出す |

| 1361 ☐ ☐ | pass on ～ to ... | ～を…に伝える（譲る） |

| 1362 ☐ ☐ | pay off (...) | ① （計画などが）うまくいく |
| | | ② （借金・ローンなど）を完済する |

| 1363 ☐ ☐ | work out (...) | ① （計画など）を考え出す，…を作る |
| | | ② （問題など）を解く　③ うまくいく |

| 1364 ☐ ☐ | cut in | ① じゃまをする，話に割り込む（＝☐interrupt） |
| | | ② （車などが）割り込みをする |

| 1365 ☐ ☐ | pull up (...) | ① 車を止める，（車が）止まる |
| | | ② …を引き上げる，…を引き寄せる |

| 1366 ☐ ☐ | pull one's leg | ～をからかう（＝☐make fun of ...） |

| 1367 ☐ ☐ | hit on[upon] ... | …を思いつく，…に出くわす |

1368 ☐ ☐	fall out	① 口論する（＝☐quarrel）
		➡ ☐fall out over ... …のことで口論する
		② （歯や髪などが）抜ける

| 1369 ☐ ☐ | live up to ... | ① （評判・期待など）に応える |
| | | ② …を実践する |

| 1370 ☐ ☐ | answer for ... | ① …の責任を負う |
| | | ② …を保証する |

| 1371 ☐ ☐ ☐ | change shirts[one's shirt] | シャツを着替える |

| 1372 ☐ ☐ | change trains / change planes | 列車を乗り換える／飛行機を乗り換える |

| 1373 ☐ ☐ | shake hands | 握手をする |

☐ I can't figure out the meaning of this question.	この質問の意味が理解できない。
☐ She passed on the message to her friend.	彼女はメッセージを友人に伝えた。
☐ The plan paid off perfectly, just as we hoped.	計画は完璧にうまくいき，私たちが望んだ通りになった。
☐ Have you worked out the schedule for next month?	あなたは来月の予定を作りましたか。
☐ She was about to ask another question when George cut in.	彼女がもう1つ質問をしようとしたとたんに，ジョージが話に割り込んだ。
☐ We pulled up in front of the restaurant.	私たちはそのレストランの正面に車を止めた。
☐ You can't be serious. You're pulling my leg.	本気じゃないでしょ。私をからかっているんでしょ。
☐ I think we've hit on a solution.	私たちは解決策を思いついたと思う。
☐ They fell out over the matter.	彼らはその問題で口論した。
☐ The movie didn't really live up to our expectations.	その映画は実際のところ私たちの期待に応えていなかった。
☐ He should be made to answer for his crimes.	彼は自分が犯した罪の責任を負わされるべきだ。
☐ I need to change my shirt because I spilled coffee on it.	私はシャツにコーヒーをこぼしたので，着替える必要がある。
☐ You need to change trains at Shinjuku Station.	新宿駅で電車を乗り換える必要がある。
☐ It's the custom to shake hands at the beginning of an interview.	インタビューの始めに握手するのは習慣である。

Level 4

263

1374	behind the times	時代遅れの (= out of date)
1375	as (of) yet	《否定文で》（そのときは）まだ〜（ない）
1376	in advance	① 前もって，あらかじめ ② 前払いで
1377	in no time	すぐに，まもなく
1378	before long	まもなく (= soon) ➡ it won't be long before ... まもなく…だろう
1379	for good (and all)	永久に (= permanently)， 二度と〜ない

1380	would (often) do	（よく）〜したものだった《過去の習慣》 ➡ used to do (以前はよく)〜したものだった 《過去の習慣・状態》
1381	would like to do	〜したいと思う ➡ Would you like ...? …はいかがですか。
1382	cannot be too ...	いくら…してもしすぎではない
1383	cannot ... enough	いくら…してもし足りない
1384	may well do	① 〜するのももっともだ ② たぶん〜するだろう
1385	may[might] as well do	〜したほうがよい
1386	may[might] as well ... as 〜	〜するくらいなら…するほうがましだ
1387	How dare ... (?)	よくもずうずうしく…（できるね）

My parents are a bit <u>behind the time</u>.	私の両親は少し時代遅れだ。
No survivors have been found <u>as of yet</u>.	生存者はまだ1人も見つかっていない。
You had better get the concert tickets <u>in advance</u>.	そのコンサートのチケットは前もって手に入れておいたほうがよい。
The good news spread <u>in no time</u>.	その朗報はすぐに広まった。
Summer vacation will be over <u>before long</u>.	まもなく夏休みが終わる。
She decided to leave him <u>for good</u>.	彼女は永久に彼のもとを去ることを決めた。

We <u>would often</u> go for a walk in the park.	私たちはよく公園に散歩に行ったものだった。
My parents <u>would like to</u> meet you.	私の両親があなたに会いたいと思っている。
You <u>cannot be too</u> careful of fire.	あなたは火にいくら用心してもしすぎではない。
I <u>cannot</u> thank you <u>enough</u>.	私は君にいくら感謝してもし足りない。
You <u>may well</u> get angry with him.	君が彼に腹を立てるのももっともだ。
There's nothing happening, so we <u>may as well</u> go home.	何もありそうにないから，私たちは家に帰ったほうがよい。
You <u>may as well</u> throw your money away <u>as</u> spend it on such nonsense.	君はそんな無意味なことにお金を使うくらいなら捨てたほうがましだ。
<u>How dare</u> you speak to me like that?	君はよくもずうずうしく私にそんな口がきけるね。

Level 4

265

1388 ☐	**be in charge of ...**	① …の担当 (担任) である
☐		② …を世話している

1389 ☐	**be up to ...**	① …の責任である，…次第である
☐		② …に匹敵する

1390 ☐	**be yet to do**	まだ～していない (≒ ☐ be still to do)
☐		➡ ☐ **have yet to do** まだ～したことがない

1391 ☐	**be well off**	裕福である，暮らし向きがよい
☐		

1392 ☐	**be through with ...**	…を終える，…との関係を断つ
☐		

1393 ☐	**be under way**	① (事が) 進行中である，始まっている
☐		② (船が) 航行中である
		➡ ☐ **get under way** (船が) 出航する

1394 ☐	**be at home in[with] ...**	…に慣れている
☐		➡ ☐ **be at home -ing** ～することに慣れている

1395 ☐	**be on good / bad terms with ...**	…と仲がよい／悪い
☐		

1396 ☐	**be as good as one's word[promise]**	約束を果たす，約束どおりに実行する
☐		

1397 ☐	**be beside the point**	的外れである，無関係である
☐		

1398 ☐	**not so much A as B**	AというよりはむしろB
☐		(＝ ☐ **rather B than A** ☐ **more (of) B than A**)

1399 ☐	**not so much as do**	～さえしない
☐		➡ ☐ **without so much as -ing** ～さえしないで

1400 ☐	**as ... as any ～**	どの～にも劣らず…
☐		注意 anyのあとには単数名詞が続く。

1401 ☐	**as many[much] as ...**	…も(の)
☐		注意 数量の多さを強調する表現。2番目のasのあとには数量を表す名詞が続く。

☐ Who is in charge of the project?	その企画の担当をしているのは誰ですか。
☐ Teaching children manners is up to their parents.	子どもにマナーを教えるのは親の責任だ。
☐ The title of the new movie is yet to be decided.	新作映画のタイトルはまだ決まっていない。
☐ My uncle seems to be well off.	私のおじは裕福そうに見える。
☐ I will be through with this book in an hour.	私は1時間でこの本を読み終えているだろう。
☐ The preparation for the festival is under way.	祭りの準備が進行中だ。
☐ She is already at home in the new apartment.	彼女はもう新しいアパートに慣れている。
☐ I am on good terms with my neighbors.	私は近所の人たちと仲がよい。
☐ She is as good as her word.	彼女は約束を果たす。
☐ What you are saying is beside the point.	君の言っていることは的外れだ。
☐ I felt not so much angry as sad.	私は怒りというよりはむしろ悲しみを感じた。
☐ He did not so much as say "Thanks".	彼は「ありがとう」と言いさえしなかった。
☐ I think cherry blossoms are as beautiful as any flower in Japan.	日本では桜の花はどの花にも劣らず美しいと,私は思う。
☐ As many as two million visitors come here every year.	200万人もの観光客が毎年ここにやって来る。

Level 4

1402	provided (that) ...	もし…ならば、…という条件で (= □ if it is provided that ...)
1403	on[under] condition that ...	…という条件で ➡ □ on no condition どんな条件でも～ない
1404	even if ...	たとえ…だとしても、たとえ…でも
1405	although[though] ...	…だけれども
1406	unless ...	…しない限り、…でない限り (= □ if ... not)、 …である場合を除いて
1407	形容詞 + as ...	～ではあるが、～だけれども
1408	whereas ...	ところが(それに対して)、…であるのに
1409	whether ... or not	…しようがしまいが、…であろうとなかろうと ➡ □ whether ... or ～ …であろうと～であろうと

1410	no more than ...	…しか～ない、たった… (= □ only) 注意 「…」と同数だが、それはさほど多い数ではない。
1411	not more than ...	せいぜい…しか～ない、多くとも… (= □ at most) 注意 「…」と同数かあるいはそれより少ない数。
1412	no less than ...	…も (= □ as many[much] as ...) 注意 「…」と同数だが、それは決して少ない数ではない。
1413	not less than ...	少なくとも… (= □ at least) 注意 「…」と同数かあるいはそれより多い数。
1414	A is no more B than C (is) (D)	C (が D でないの) と同様に A は B でない、 A が B でないのは C (が D でないの) と同じである
1415	A is no less B than C (is) (D)	C (が D であるの) と同様に A は B である、 A が B なのは C (が D なの) と同じである

☐ You can take part in the event, <u>provided</u> you bring your own boxed lunch.	もしお弁当を持参するならば，君もその イベントに参加することができる。
☐ You can go out <u>on condition that</u> you are back by 9.	9時までに戻るという条件で，あなたは 出かけることができる。
☐ <u>Even if</u> she apologizes, I'll never speak to her again.	たとえ彼女が謝ってきたとしても，私は 二度と彼女と話すことはないだろう。
☐ <u>Although</u> the car's old, it still runs well.	その車は古いけれども，まだよく走る。
☐ You won't succeed <u>unless</u> you do your best every day.	毎日ベストを尽くさない限り君は成功し ないだろう。
☐ Small <u>as</u> it is, this is an object of great value.	小さくはあるが，これはすごい価値があ るものだ。
☐ He enjoys action movies, <u>whereas</u> she prefers romantic comedies.	彼はアクション映画を楽しむが，それに対 して彼女はロマンチックコメディが好きだ。
☐ <u>Whether</u> you agree <u>or not</u>, we're going to do it.	君が賛成しようがしまいが，私たちはそ れを実行する。

Level 4

☐ <u>No more than</u> three people were in the park.	その公園には3人しかいなかった。
☐ I talked with her for <u>not more than</u> half an hour.	私は彼女とせいぜい30分しか話さなか った。
☐ My dad weighs <u>no less than</u> 80 kilograms.	父は80キロも体重がある。
☐ It will cost <u>not less than</u> 5,000 yen to fix the bike.	そのバイクを修理するには少なくとも 5,000円はかかるだろう。
☐ Flying a plane <u>is no more</u> easy <u>than</u> driving a car <u>is</u>.	車の運転 (がやさしくないの) と同様に飛 行機の操縦はやさしくない。
☐ Watt <u>was no less</u> a genius <u>than</u> Edison <u>was</u>.	エジソン(が天才であったの) と同様に， ワットは天才であった。

| 1416 | by way of ... | ① …経由で (= □via), …を通って |
| | | ② …の手段で, …のつもりで |

| 1417 | without fail | 必ず, 間違いなく |

| 1418 | apart from ... | ① …を除いては, …を別にすれば (= □except) |
| | | ② …と離れて |

| 1419 | to one's taste | 〜の好みに合った |

| 1420 | on second thought(s) | 考え直して |

| 1421 | at large | ① つかまっていない, 自由で |
| | | ②《名詞の直後で》一般の〜, 全体としての〜 |

| 1422 | behind one's back | 〜のいないところで, 〜にないしょで |

| 1423 | the +比較級 ..., the +比較級 〜 | …すればするほど, ますます〜 |
| | | 注意 2つの関連したできごとが比例関係を保ちながら, 程度を増したり減じたりしていることを表している。 |

| 1424 | all the +比較級 (+ for[because] ...) | (…なので) ますます〜, (…なので) よりいっそう〜 |
| | | 注意 for[because] は理由を表し, その理由で比較級で示される内容がより程度を増していることを表す。1424, 1425 ともに, 文脈上, 理由がはっきりしている場合, for[because] 以下は省略されることもある。 |

| 1425 | none the +比較級 (+for[because] ...) | (…だからといって) 〜というわけではない |
| | | 注意 for[because] 以下に示される理由があっても, 比較級で示される内容に変化がないことを表している。 |

| 1426 | know better than to do | 〜するほど愚かではない (〜しないくらいの分別がある) |

□ We traveled to Morioka by way of Sendai.	私たちは仙台経由で盛岡へ行った。
□ He promised to return the money without fail.	彼はそのお金を必ず返すと約束した。
□ The movie was great apart from the ending.	結末を除けばその映画はすばらしかった。
□ This type of event isn't to everyone's taste.	この種のイベントはすべての人の好みに合っているというわけではない。
□ On second thought, I decided to buy the bag.	考え直して，私はそのバッグを買うことにした。
□ The thieves are still at large.	その窃盗犯たちはまだつかまっていない。
□ Don't criticize him behind his back.	彼のいないところで彼を批判するな。

□ The more you sleep, the more relaxed you'll feel.	たくさん眠れば眠るほど，ますます気分が楽になりますよ。
□ She looks all the better for taking three days off from work.	彼女は3日間休暇を取ったのでますます元気になったように見える。
□ My job has become none the easier because of the new assistant.	新しい助手がいるからといって私の仕事が楽になったわけではない。
□ She knew better than to argue with him.	彼女は彼と口論するほど愚かではなかった。

1427	be interested in ...	…に興味がある，…に関心がある

1428	be known to ...	…に知られている ➡ □be known by ... …でわかる
		□be known for ... …で知られている

1429	be covered with ...	…で覆われている

1430	be caught in ...	(雨など) にあう
		➡ □be caught in a shower にわか雨にあう

1431	be satisfied with ...	…に満足している

1432	be injured in ...	(事故など) でけがをする
		注意 injureは，おもに事故で身体を傷つけることを表し，woundは，刃物・銃などの凶器で人を傷つけることを表す。

1433	be killed in ...	(事故・戦争など) で死ぬ

1434	what[who] one is (today)	現在の〜，今の〜

1435	what[who] one was [used to be]	以前の〜，昔の〜

1436	A is to B what C is to D	AのBに対する関係はCのDに対する関係に等しい

1437	what is called ...	いわゆる…

1438	what is worse	さらに悪いことに
		➡ □what is more さらには，その上

1439	what one has	〜の財産 (〜の持っているもの)

1440	what with ... and (what with) 〜	…やら〜やらで

☐ She <u>is</u> <u>interested</u> <u>in</u> starting her own business.	彼女は自分で事業を始めることに関心がある。
☐ The old story <u>is</u> <u>known</u> <u>to</u> everyone in this village.	その古い話はこの村のすべての人に知られている。
☐ My old desk <u>was</u> <u>covered</u> <u>with</u> dust.	私の古い机はほこりで覆われていた。
☐ We <u>were</u> <u>caught</u> <u>in</u> a heavy snowstorm.	私たちはひどい吹雪にあった。
☐ I <u>am</u> <u>satisfied</u> <u>with</u> my grade.	私は自分の成績に満足している。
☐ Three people <u>were</u> seriously <u>injured</u> <u>in</u> the crash.	3人がその衝突事故でひどいけがをした。
☐ My grandfather <u>was</u> <u>killed</u> <u>in</u> World War II.	私の祖父は第2次世界大戦で死んだ。

Level 4

☐ My parents made me <u>what</u> <u>I</u> <u>am</u> <u>today</u>.	現在の私があるのは両親のおかげだ。
☐ She is not <u>what</u> <u>she</u> <u>used</u> <u>to</u> <u>be</u>.	彼女は以前の彼女ではない。
☐ Wings <u>are</u> <u>to</u> a bird <u>what</u> hands <u>are</u> <u>to</u> a person.	翼の鳥に対する関係は手の人に対する関係に等しい。
☐ My teacher is <u>what</u> <u>is</u> <u>called</u> a walking dictionary.	私の先生はいわゆる歩く辞書（生き字引）だ。
☐ We lost our way, and <u>what</u> <u>was</u> <u>worse</u>, it began to snow.	私たちは道に迷い，さらに悪いことに雪が降り出した。
☐ <u>What</u> <u>you</u> <u>have</u> doesn't determine what you are.	君の財産が君がどういった人かを決めるわけではない。
☐ <u>What</u> <u>with</u> cooking <u>and</u> cleaning, I am too busy.	料理やら掃除やらで，私は忙しすぎる。

1441 □ □	**I wish** +仮定法	～ならいいと思う，～だったらいいと思う 注意 wishに続く節は，現在の事実と異なる内容を表すときには**仮定法過去**が，過去の事実と異なる内容を表すときには**仮定法過去完了**が用いられる。
1442 □ □	**if S were to do**	もしＳが～するようなことがあれば
1443 □ □	**if S should do**	万一Ｓが～すれば 注意 〈if S were to do〉と〈if S should do〉は未来の事柄についての仮定を表すが，shouldには「実現の可能性が低い」というニュアンスがあり，「まったくありえない」ことを表すときにはshouldは使えない。また，例文⑧のように主節が命令文になることや，例文⑥のように主節の助動詞が過去形（仮定法）にならないこともある。
1444 □ □	**but for ...**	…がなければ， …がなかったら（＝ □ **without ...**）
1445 □ □	**with ...**	…があれば， …があったら（↔ □ **without ...** …がなかったら） 注意 〈but for ... 〉や〈with ... 〉を使った文では，その部分が仮定を表すためif節は現れないので，主節の**動詞の形**から仮定法であるかそうでないかを判断する。
1446 □ □	**if it were not for ...**	もし…がなければ《現在の事実に反する》 （＝ □ **were it not for ...**）
1447 □ □	**if it had not been for ...**	もし…がなかったら《過去の事実に反する》 （＝ □ **had it not been for ...**）
1448 □ □	**it's time** +仮定法過去	もう～してもよいころだ ➡ □ **it's high time ...** とっくに…する時間（ころ）だ
1449 □ □	**if only** +仮定法（!）	（せめて）～ならいいと思う， ～でありさえすればいいと思う （＝ □ **I wish** +仮定法）
1450 □ □	**as if** +仮定法	まるで～である（あった）かのように ➡ □ **as if to do** まるで～するかのように

□ⓐ I wish I *were* taller.	ⓐ 私はもっと背が高いならいいと思う。
□ⓑ I wish I *had not said* such a rude thing to her.	ⓑ 私は彼女にあんな失礼なことを言わなかったらよかったのにと思う。
□If the sun *were to* rise in the west, then I *would change* my mind.	もし太陽が西から昇るようなことがあれば、私は考えを変えるのだが。
□ⓐ If Mr. Smith *should* call, *tell* him I'm in a meeting.	ⓐ 万一スミス氏が電話をかけてきたら、私は会議中だと伝えなさい。
□ⓑ If Mary *should* come late again, he *will get* angry.	ⓑ 万一メアリーがまた遅れてきたら、彼は怒るだろう。
□But *for* the support of my family, I *would be* in real trouble.	家族の支援がなければ、私は本当に困るだろう。
□With help from him, we *could have finished* this work yesterday.	彼の助けがあったら、私たちは昨日この仕事を終えることができたのに。
□If it *were not for* my injured arm, I *would carry* the box myself.	もし腕のけががなければ、私は自分でその箱を運ぶのだが。
□We probably *would have lost* if it *had not been for* you.	もしあなたがいなかったら、おそらく私たちは負けていただろう。
□We have lost five games in a row. *It's time* our team *won*.	私たちは5試合連続して負けている。もう私たちのチームが勝ってもよいころだ。
□*If only* someone *would help* us!	せめて誰かが私たちを手伝ってくれるならいいのに。
□He acted *as if* nobody else *were* in the elevator.	彼はまるでエレベーターの中にほかに誰もいないかのようにふるまった。

1451 □ □	**apply to ...**	① (規則・法律などが) に適用される(あてはまる)
		② …に問い合わせる
1452 □ □	**apply for ...**	① (職など) に応募する
		② …を申請する
1453 □ □	**ask 〈人〉 for ...**	〈人〉に…を求める
1454 □ □	**care for ...**	① …を望む
		② …の世話をする (= □ look after ...)
		➡ □ **Would you care for ...?** …はいかがですか。
1455 □ □	**attend to ...**	① …に注意を払う, …を注意して聞く
		② …を処理する, …の世話をする
1456 □ □	**cope with ...**	① …にうまく対処する, …をうまく処理する
		② …と争う, …に対抗する
1457 □ □	**attribute ... to ~**	…を~に起因すると考える,
		…は~のおかげだと考える,
		…を~のせいにする
1458 □ □	**think better of ...**	…を考え直してやめる, …を思い直す
		➡ □ **think (all) the better of 〈人〉 for ...**
		…のために〈人〉をよりいっそう尊敬する
1459 □ □	**refrain from -ing**	~するのを差し控える,
		~するのを慎む
1460 □ □	**prohibit 〈人〉 from -ing**	① 〈人〉が~するのを禁止する
		② 〈人〉が~するのを妨げる
1461 □ □	**see to it that ...**	…するよう気をつける,
		…するように取り計らう
		➡ □ **see to ...** …の世話をする (= □ look after ...)
1462 □ □	**persuade 〈人〉 into -ing**	〈人〉を説得して~させる
		➡ □ **persuade 〈人〉 to do**
		〈人〉を説得して~させる
1463 □ □	**lay off ...**	① …を解雇する
		② …をやめる, …を控える

The 20 percent discount only applies to club members.	20%の割引はクラブ会員のみに適用される。
My nephew applied for a job at a publishing company.	私のおいは出版社の職に応募した。
I'm going to ask the manager for a raise.	私は経営者に賃上げを求めるつもりだ。
Would you care for a glass of wine?	ワインを1杯いかがですか。
Our manager tells us to attend to our customers' needs.	私たちの経営者は私たちに顧客のニーズに注意を払うようにと教えている。
My computer can cope with huge amounts of data.	私のコンピュータは膨大な量のデータをうまく処理することができる。
We attributed most of our success to his generous support.	私たちの成功の大半は彼の惜しみない支援のおかげだと考えた。
I thought better of buying the expensive bag.	私はその高いかばんを買うのを考え直してやめた。
Please refrain from smok*ing* here.	こちらで喫煙するのは差し控えてください。
They were prohibited from leav*ing* the country.	彼らは出国を禁じられた。
The hotel's owners see to it that their guests are given every comfort.	ホテルのオーナーたちはお客様がいつも快適に過ごせるように気をつけている。
Don't let yourself be persuaded into buy*ing* things you don't want.	欲しくないものを説得されて買わされないようにしなさい。
The company laid off 250 workers in December.	その企業は12月に，250人の労働者を解雇した。

Level 4

1　Someday, we will have to look for ①employment. What is your ideal ②occupation? Which is more important — ③income or ④profession? Are you good at ⑤manual ⑥labor or would you prefer to do office ⑦work? How we ⑧earn *our living* depends on various circumstances.

2　Some people freely choose the ⑦work they ⑨engage *in*, and other people ⑩undertake ⑦work in a family business or receive an ⑪education determined by their parents or ⑫cultural background. Some people ⑬emigrate to another country and get ⑭hired as ⑮migrant workers. Another way to get a ⑯job is to sign a ⑰contract with a company for a certain period of time — usually from one to five years. When the ⑰contract ends, the ⑱employee can decide to continue ⑦working at the company if the ⑲employer asks the ⑱employee to stay. In Japan, some people are returning to a more ⑳rural environment to ⑦work instead of ⑦working in the ㉑urban environment of cities. In some countries, serving in the ㉒military is a way to ⑧earn a ㉓salary.

3　While ⑦working is usually necessary for survival, it can also be fun for us if we are able to freely and carefully choose our ②occupation. Otherwise, we might spend our lives doing a ⑯job that we don't like.

(206 words)

① 「を雇う」 を意味する動詞は？　　　⇨　_____

② 「を占有する」 を意味する動詞は？　⇨　_____

④ 「専門職の」 を意味する形容詞は？　⇨　_____

⑧ 「所得」 を意味する名詞は？　　　　⇨　_____

⑨ 名詞 engagement の意味は？　　　⇨　_____

また，右ページの問いと下のQuick Check! で，
読解力と語い力の定着を確認してみましょう。　　➡ 訳・解答は p.283

◀))) 音声 ▶

問1　下線部の具体的な内容を表しているものを①〜④の中から1つ選びなさい。

① Although we can freely choose our occupation

② If we undertake work determined by our parents

③ Unless we are free to decide on our occupation

④ When we cannot have fun working

問2　本文の内容に合わないものを①〜④の中から1つ選びなさい。

① Some people join their family's business.

② Sometimes you can choose the period of your work.

③ You may seek employment in a foreign country.

④ Working for the military could bring a better salary.

⑩「(引き受けた)仕事」を意味する名詞は？　　⇨　_____

⑪「を教育する」を意味する動詞は？　　⇨　_____

⑫「文化」を意味する名詞は？　　⇨　_____

⑬「(外国から)移住する」を意味する動詞は？　⇨　_____

㉑ 形容詞 urbane の意味は？　　⇨　_____

279

☐ **1.** The President does not know how to (　) the problem.
　① manage to　② deal to　③ cope with　④ handle with　〈亜細亜大〉

☐ **2.** A (　) is the money that you pay for a journey made, for example, by bus, train, or taxi.
　① charge　② cost　③ fare　④ fee　〈杏林大〉

☐ **3.** You must pay the entrance (　) first before entering the museum.
　① amount　② fare　③ fee　④ price　〈日本大〉

☐ **4.** She is a successful lawyer with hundreds of (　).
　① clients　② customers　③ passengers　④ patients　〈東京理科大〉

☐ **5.** Greater London was formed in 1965. It (　) of the City and 32 boroughs (areas like "ku" in Tokyo), 13 boroughs in Inner London, and 19 in Outer London.
　① consisting　② consists　③ is consisted　④ is consisting
　〈学習院大〉

☐ **6.** She was engaged (　) protecting the natural environment.
　① to　② in　③ off　④ onto　〈亜細亜大〉

☐ **7.** To (　) her justice, we must say that she was right to ask for her father's advice.
　① do　② focus　③ make　④ have　〈帝京大〉

実践問題 Level 4 ANSWERS (p.281)

8. ④ ➡ 1332	**9.** ④ ➡ 1255	**10.** ③ ➡ 1281
11. ④ ➡ 1382	**12.** ② ➡ 1317	**13.** ① ➡ 1376
14. ③ ➡ 1195	**15.** ① ➡ 1385	

280

□ **8.** They took it for granted that the government would impose heavy taxes ( ) luxury goods.
   ① to ② in ③ from ④ on 〈福岡大〉

□ **9.** If you really want to get good marks next semester, you've got to ( ) the exam.
   ① prepare ② preparing ③ prepare in ④ prepare for 〈関東学院大〉

□ **10.** Many people find it difficult to ( ) a Canadian accent from an American one.
   ① absorb ② define ③ distinguish ④ predict 〈立命館大〉

□ **11.** You ( ) be too careful when you start a joint venture.
   ① ought ② might not ③ must ④ cannot 〈法政大〉

□ **12.** Three men were ( ) of killing 30 wild horses.
   ① blamed ② accused ③ checked ④ permitted 〈徳島文理大〉

□ **13.** You can't buy tickets on the same day. You have to buy them in ( ).
   ① advance ② beginning ③ front ④ progress 〈学習院大〉

□ **14.** I congratulated Bill ( ) winning the game.
   ① at ② of ③ on ④ with 〈上智大〉

□ **15.** There's nothing more to do. We might as ( ) go home now.
   ① well ② quickly ③ often ④ fast 〈実践女子大〉

Level 4

実践問題
Level 4
ANSWERS
(p.280)

1. ③ ➡ 1456	2. ③ ➡ 1094	3. ③ ➡ 1095
4. ① ➡ 1118	5. ② ➡ 1127	6. ② ➡ 1188
7. ① ➡ 1233		

281

1. **大統領は，その問題にうまく対処する方法がわかっていない。**
   ※〈cope with ...〉で「…にうまく対処する」の意味。manageは〈manage to do〉の形で，dealは〈deal with ...〉の形で用いる。handleは他動詞なので前置詞は不要。

2. **運賃とは，たとえばバスや電車，タクシーによる，移動のために支払うお金のことである。**
   ※fareは「（鉄道などの）運賃」，chargeは「（サービスに対する）料金」，costは「費用，犠牲」，feeは「（入学や入会などの）料金」の意味。

3. **美術館に入る前に，まず入場料を払わなくてはならない。**
   ※〈entrance fee〉で「入場料」の意味。priceは「（一般的なものの）価格」。

4. **彼女は何百人もの依頼人を抱える成功した弁護士だ。**
   ※clientは「（弁護士などの）依頼人」，customerは「（商店などの）顧客」，passengerは「乗客」，patientは「患者」の意味。

5. **グレーター・ロンドンは1965年に形成された。それはシティーと32の自治区（東京における「区」のような地域）から成る。32の自治区とは，インナー・ロンドン内の13の区と，アウター・ロンドン内の19の区である。**
   ※〈consist of ...〉で「…から成る」の意味。状態動詞なので，進行形にしない。

6. **彼女は自然環境を保護することに従事していた。**
   ※〈be engaged in ...〉で「…に従事している」の意味。

7. **彼女を正当に評価するならば，彼女が父親の助言を求めたのは正しかったと言わなければならない。**
   ※〈to do ... justice〉で「…を正当に評価すれば」の意味で，慣用的に使われる。

8. **人々は政府がぜいたく品に重い税金を課すことを当然と思った。**
   ※〈impose A on B〉で「BにAを課す」の意味。〈take ... for granted〉は「…を当然のことと思う」の意味。itは形式目的語でthat節が真の目的語。

9. **次の学期で君がよい成績を本当に取りたいのなら，試験に備えておかなければならない。**
   ※〈prepare for ...〉で「…に備える」の意味。

10. **カナダ（英語）のなまりとアメリカ（英語）のなまりを区別することは難しいと多くの人々が思っている。**
    ※〈distinguish A from B〉で「AをBと区別する」の意味。

11. **共同事業を始めるときは，いくら注意してもしすぎではない。**
    ※〈cannot be too ...〉で「いくら…してもしすぎではない」の意味。

12. **3人の男が30頭の野生の馬を殺したことで告発された。**
    ※〈accuse A of B〉で「AをBで告発する」の意味。ofの代わりにforがあれば，〈blame A for B〉「AをBで非難する」と同じような意味になる。

13. **券は当日には買えません。前もって買わなければなりません。**
    ※〈in advance〉で「前もって，あらかじめ」の意味。

14. **私はビルを試合に勝ったことで祝った。**
    ※〈congratulate A on B〉で「AをBで祝う」の意味。

15. **もうすべきことはない。私たちはもう家に帰ったほうがよい。**
    ※〈may[might] as well do〉で「～したほうがよい」の意味。積極的にではないが，そうしたほうがよいというニュアンスで使う。

①いつの日か，私たちは①職を探さなくてはならなくなるだろう。あなたが理想とする②職業は何だろうか。③収入と④職業では，どちらのほうが重要だろうか。あなたは⑤肉体⑥労働が得意だろうか。それとも事務所での⑦仕事をするほうが好きだろうか。私たちがどうやって⑧生計を立てるかは，さまざまな状況次第である。

②ある人は，自分が⑨従事する⑦仕事を自由に選ぶ。また別の人は，家業の⑦仕事を⑩引き受けたり，両親や⑫文化的背景によって決められた⑪教育を受けたりする。ほかの国に⑬移住し，⑮出稼ぎ労働者として⑭雇われる人もいる。⑯仕事を得るためのもう1つの方法は，会社とある期間，たいていは1年間から5年間，⑰契約を結ぶことである。⑰契約が終わって，⑲雇い主が⑱従業員にとどまるように頼む場合，⑱従業員はその会社で⑦働き続けるかどうかを決めることができる。日本では，都市の㉑都会的な環境で⑦働く代わりに，より⑳いなかの環境に戻って⑦働いている人もいる。㉒軍隊に服役することが，㉓給与⑧を得る方法の1つである国もある。

③⑦働くことは，ふつうは生存するのに必要であるけれども，自分の②職業を自由に，そして慎重に選ぶことができれば，自分にとって楽しいことにもなりうる。そうでなければ，好きではない⑯仕事をして人生を過ごすことになるかもしれない。

問1　③

前の文のif以下の内容の逆を仮定している。

問2　④

①は第2段落第1文，②は第2段落第3・4文，③は第2段落第2文の内容に合致する。④の内容は第2段落最終文で言及されているが，salaryの大小については示されていない。

① employ　　② occupy　　④ professional　　⑧ earnings　　⑨ 約束，婚約
⑩ undertaking　　⑪ educate　　⑫ culture　　⑬ immigrate　　㉑ 洗練された

日本語の中ですでにカタカナ語として定着していたり, カタカナ語として使われたりすることが多い語を, 発音や関連表現などとともに確認しておこう。英語の場合の発音と大きく異なるものもあるので注意しよう。

☐ **random** [rǽndəm] ランダム

成り行き任せの。無作為の。任意の。イディオムの at random も「アットランダム (手当たり次第に)」というカタカナ語になっている。

☐ **flexible** [fléksəbl] フレキシブル

柔軟な。物だけでなく, 考え方や態度についても用いられる。名詞は flexibility (柔軟性)。反意語は inflexible (融通がきかない) や rigid (硬直した) など。

☐ **liberal** [líbərəl] リベラル

(思想などが) 進歩的な。自由な。a liberal amount of food (たっぷりの食料) のように「(量が) 豊富な」という意味で使われることもある。

☐ **label** [léɪbl] ラベル

名札・荷札 (を付ける)。ラベル (を貼る)。人に対して使うと, label ... (as) a liar「…をうそつきと呼ぶ」のように「…だと決めつける, レッテルを貼る」の意味になる。

☐ **category** [kǽtəgɔ̀:ri] カテゴリー

範ちゅう。種類。アクセントの位置に注意。動詞は categorize (分類する)。

☐ **outline** [áʊtlàɪn] アウトライン

あらすじ。要点 (を述べる)。輪郭 (を描く)。in outline は「大まかに (言えば)」という意味。

☐ **option** [á:pʃən] オプション

選択肢。(製品などの追加) オプション。形容詞の optional は「任意の, 自分で選べる」という意味で, こちらもたとえば旅行の「オプショナルツアー (旅行先で任意で参加できる小旅行)」といったかたちで, 同じくカタカナ語になっている。

☐ **span** [spæn] スパン

範囲・期間・長さ (が…に及ぶ)。life span は「寿命」,memory span は「記憶している期間」。The bridge spans 50 meters. は「その橋の長さは50メートルに及ぶ」。

☐ **phase** [féɪz] フェーズ

局面。段階。development phase (開発段階), experimental phase (実験段階) のように使う。動詞としては, phase down ... (徐々に削減する) のように「段階的に…する」の意味がある。

☐ **sector** [séktər] セクター

(経済・産業・社会の) 特定の部門。public sector (公共部門), private sector (民間部門), service sector (サービス部門) などの用語がよく使われる。

Level

5

難関大対策（1）

Level 5では，おもに「言語論」や「教育論」，「自然・環境論」など，
入試長文で頻出するテーマに分けて単語を学習します。
テーマに合わせて重要トピックを選び，キーワードと背景知識などを
解説しているので，読んで理解を深めましょう。
また，多くの意味を持つ，注意すべき多義語も学習します。

🔊 音声 ▶
Level 5

「追う」ことなどを表す語

1464	overtake	動 を追い越す，を上回る
	[òuvərtéɪk]	〈overtook - overtaken〉

1465	pursue	動 ① を追求する　② を続ける　③ を追跡する
	[pərs(j)úː] 🔊	➡ □ pursue a career キャリアを積む（重ねる）

1466	trace	動 ① を捜し出す　② をたどる　③ (線など)をなぞる
	[tréɪs]	名 形跡，跡

1467	track	動 を追跡(記録)する，の跡を残す
	[trǽk]	名 通った跡，道，(競技用の)トラック

言語論①

1468	bilingual	形 2言語使用の，2か国語を話せる
	[baɪlíŋgwəl]	名 2か国語を自由にあやつる人

1469	interpret	動 ① (を)通訳する　② を解釈する
	[ɪntə́ːrprət] 🔊	➡ □ interpretátion 名 解釈　□ intérpreter 名 通訳(者)

1470	fluent	形 流暢な，よどみのない
	[flúːənt]	➡ □ flúently 副 流暢に

1471	acquire	動 (努力して)を獲得する，を習得する
	[əkwáɪər]	➡ □ acquisítion 名 獲得，習得

1472	describe	動 を詳しく説明する，を描写する
	[dɪskráɪb] 🔊	➡ □ descríption 名 説明，描写

1473	transmit	動 ① を送信する，を放送する
	[trænsmít]	② を伝染させる

1474	gesture	名 ① 身ぶり　② 意思表示
	[dʒéstʃər]	➡ □ make a gesture 身ぶりをする

1475	verbal	形 ① 口頭の　② 言葉の　③ 動詞の
	[və́ːrbəl]	➡ □ vérb 名 動詞

テーマ解説 ❶ 【言語論】危機言語

現在，世界には6,000 ～ 7,000の言語があるが，その約半数が今後100年以内に消失すると予想されている。それらは「**危機言語**」(endangered language) と呼ばれ，1990年代以降，大きな問題となっている。この事態を重く見たユネスコは，消滅危機言語のレッドリスト「**ユネスコ世界危機言語アトラス**」(The UNESCO Atlas of the World's Languages in Danger) を作成し，世界各国の専門家たちとともに消滅しつつある言語の調査・保存に取り組んでいる。

Don't overtake another car at full speed.	ほかの車を全速力で追い越すな。
She plans to pursue *a career* in politics.	彼女は政界でのキャリアを積むつもりだ。
The police are trying to trace the relatives of the dead man.	警察は死亡した男の身内を捜し出そうとしている。
The progress of each student is tracked by computer.	各生徒の進度はコンピュータで追跡記録されている。

He received a bilingual education in English and Spanish.	彼は英語とスペイン語の2言語使用の教育を受けた。
I interpreted for my mother during our trip to China.	中国へ旅行しているあいだ私は母のために通訳した。
She is fluent in German.	彼女はドイツ語が流暢だ。

He spent a lot of money to acquire the land.	彼はその土地を獲得するため多額の金を費やした。
It is difficult to describe my feelings.	私の気持ちを詳しく説明することは難しい。
The message was transmitted from the Moon.	そのメッセージは月から送信された。
She *made a* funny gesture in front of them.	彼女は彼らの前でおかしな身ぶりをした。
He gave me verbal instructions.	彼は私に口頭の指示をした。

Level 5

言語消失の**背景(background)**には，急速に進む**グローバリゼーション(globalization)**がある。人的交流の活発化や世界的ネットワークの拡大により言語が統合されていくのは自然な流れで，**民族間の緊張(ethnic tensions)** の緩和，**経済活動を促進する(stimulate economic activities)** など，そこには**ポジティブな面(positive side)** もあるが，言語はそれを使用する人々の培ってきた文化の重要な一部，**アイデンティティ(identity)** である。つまり言語の消失とは，**多様性(diversity)** を尊重する現代社会の**大きな潮流(major trend)** の対極にある問題でもある。

1476	**weigh**	動 ① の重さ(体重)を量る, の重さ(体重)がある
	[wéi]	② 重要である ➡ □**wéight** 名 重量
1477	**calculate**	動 (を)計算する, を見積もる
	[kǽlkjəlèit] 発	➡ □**calculátion** 名 計算, 見積もり
1478	**multiply**	動 ① (数)を掛ける ② を増やす, 増える
	[mʌ́ltəplài]	➡ □**multiplicátion** 名 掛け算
1479	**lower**	動 ① を下げる, 下がる ② を小さくする, 小さくなる
	[lóuər]	形 より低い
1480	**ratio**	名 比率, 割合
	[réiʃou, réiʃiòu]	

1481	**dialect**	名 方言
	[dáiəlèkt] ア	➡ □**local dialect** 地元の方言
1482	**accent**	名 ① なまり, 話し方 ②《音声学で》アクセント
	[ǽksent]	➡ □**American accent** アメリカ英語のなまり
1483	**tongue**	名 ① 言語 ② 舌
	[tʌ́ŋ] 発	➡ □**mother tongue** 母(国)語
1484	**command**	名 ① (言語などを)自由にあやつる能力 ② 命令
	[kəmǽnd]	動 ① (服従を前提に)を命じる ② を支配する
		③ を見渡す ④ を意のままにする
1485	**character**	名 ① (文)字 ② 性格, 人格 ③ 特質 ④ 登場人物
	[kǽrəktər] ア	➡ □**Chinese characters** 漢字
		□**characterístic** 名 特徴 形 特徴的な
1486	**letter**	名 ① (文)字 ② 手紙 ③《(複)で》文学, 学問
	[létər]	➡ □**Roman letters** ローマ字

テーマ解説❷ 【言語論】言語習得臨界期

　言語学(linguistics)の分野では, 人が言語を操る能力を自然に身につけるのに最も適した時期を**「言語習得臨界期」**(critical period for language acquisition)と言い, 「言語をスムーズに習得できるのは一定の年齢まで」とする説を**「臨界期仮説」**(critical period hypothesis)と呼ぶ。事実, 幼い頃から**母語**(mother tongue)と外国語の両方を使う環境で育つ人は自然に2か国語を**流暢に**(fluently)話せる**バイリンガル**(bilingual)になることが多いが, 成長し

☐ I had my package weighed at the post office.	私は郵便局で小包の重さを量ってもらった。
☐ A computer can calculate much faster than a person can.	コンピュータは人間よりもずっと速く計算することができる。
☐ Nine multiplied by seven equals sixty-three.	9に7を掛けると63に等しい(9掛ける7は63)。
☐ Do you think we should lower the price?	私たちは価格を下げるべきだとあなたは思いますか。
☐ What is the ratio of women to men in this company?	この会社の男女比は？

☐ Various dialects are spoken in this country.	この国ではさまざまな方言が話されている。
☐ He speaks English with a French accent.	彼はフランス語なまりの英語を話す。
☐ Japanese is not her *mother* tongue.	日本語は彼女の母語ではない。
☐ Aki has an excellent command of English.	アキには英語を自由にあやつる優れた能力がある。
☐ⓐ Some characters cannot be displayed on computers. ☐ⓑ I don't like his aggressive character.	ⓐ パソコンで表示できない文字もある。 ⓑ 私は彼の攻撃的な性格が好きではない。
☐ Fill in your name in capital letters.	あなたの名前を大文字で記入してください。

Level 5

てから外国語学習を始める人は，本人の努力にもよるが，ネイティブレベルに達するのは難しい。その具体的な時期については今も**議論が続いている (controversial)** が，上限は15歳前後とされている。だが，音声の認識や**発音 (pronunciation)** に関しては，もっと早いとする説もある。一方，幼い頃から2か国語を学習すると母語に悪影響が及ぶとする主張もあるが，現在の**脳科学 (brain science)** 研究では，複数の言語を学ぶことは脳のトレーニングとなり，記憶力や**知能指数 (intelligence quotient: IQ)** の向上につながるというのが一般的である。

「頭を使ってする」ことを表す語

1487	**retain** [rɪtéɪn]	動 を保持する, を記憶しておく ➡ **reténtion** 名 保持, 維持, 記憶力
1488	**assume** [əs(j)úːm]	動 ① 《assume that ... で》…と思い込む ② (役目・責任) を引き受ける ➡ **assuming that ...** …だと仮定すれば **assúmption** 名 想定, 引き受けること
1489	**acknowledge** [əknáːlɪdʒ]	動 ① を認める, を承認する ② に謝意を表す
1490	**contrast** [kəntrǽst] 🍃	動 を対比する　名 [kɔ́ntræst] 🍃 対比, 対照 ➡ **in contrast (to[with] ...)** (…と) 対照的に
1491	**derive** [dɪráɪv]	動 を得る, を引き出す ➡ **be derived from ...** …に由来する (= **derive from ...**)
1492	**recall** [rɪkɔ́ːl]	動 ① を思い出す　注意 ② (商品) を回収する 名 [ríːkɔːl] 🍃 ① 記憶 (力)　② リコール
1493	**detect** [dɪtékt]	動 ① を発見する　② を感知する　③ に気づく ➡ **detéctive** 名 刑事, 探偵
1494	**classify** [klǽsəfàɪ]	動 を分類する, を分ける

言語論③

1495	**vocabulary** [voʊkǽbjəlèri] 🍃	名 語い力, 語い ➡ **large vocabulary** 豊富な語い
1496	**usage** [júːsɪdʒ] 🍃	名 ① 語法　② 使用法 ➡ **common usage** 一般的な使い方
1497	**translate** [trǽnsleɪt, trǽnzleɪt]	動 (を) 翻訳する, (を) 通訳する ➡ **translátion** 名 翻訳, 通訳 **tránslator** 名 翻訳家 (者)
1498	**code** [kóʊd]	名 ① 法, 規範　② 暗号　③ 記号 ➡ **break a code** 暗号を解く
1499	**represent** [rèprɪzént] 🍃	動 ① を表現する, を表す　② を代表する ➡ **representátion** 名 表現, 代表 **represéntative** 名 代表者　形 代表 (典型) 的な

☐ You should retain a copy just in case.	念のためにコピーを取っておくべきだ。
☐ I assumed you were at home.	私はあなたが家にいると思い込んでいた。
☐ I acknowledge that there is a problem.	問題があることを私は認める。
☐ We contrasted the artist's early work with his later paintings.	私たちはその芸術家の初期の作品と晩年の絵画を対比させた。
☐ Many people derive pleasure from reading.	多くの人が読書から喜びを得る。
☐ I can't recall who gave me the information.	私は誰がその情報をくれたのかを思い出せない。
☐ The dogs were trained to detect drugs.	そのイヌたちは麻薬を発見する訓練を受けた。
☐ Some people classify the tomato as a fruit.	トマトを果物として分類する人もいる。

☐ Reading is a good way to expand your vocabulary.	読書は語いを増やすのに優れた方法だ。
☐ I don't understand the usage of this word in this sentence.	私はこの文章でのこの言葉の使い方が理解できない。
☐ He translated the poem from English into Japanese.	彼はその詩を英語から日本語に翻訳した。
☐ The Code of Hammurabi is one of the world's oldest sets of laws.	ハンムラビ法典は世界最古の法律の一つである。
☐ The heart symbol represents "love."	ハートのシンボルは「愛」を表現している。

Level 5

適応・変異などを表す動詞

1500 **accustom**
[əkʌ́stəm]
動 に慣らす
➡ be accustomed to ... …に慣れている
get accustomed to ... …に慣れる

1501 **adapt**
[ədǽpt]
動 ①《adapt ... to ～で》…を～に適合させる,
《adapt ... for ～で》…を～のために改造する
②《adapt to ... で》…に順応する
➡ adaptátion 名 適合, 順応

1502 **attach**
[ətǽtʃ]
動 ① をくっつける　② に伴う
➡ attáchment 名 愛着, 付属品

1503 **differ**
[dífər] ⑦
動 異なる　➡ differ from ... …と異なる
dífference 名 相違

1504 **vary**
[véəri] ㊟
動 ① 異なる　② 変わる, 変化する　③ に変化を与える
➡ várious 形 さまざまな, 多様な
varíety 名 多様性, 種類

言語論④

1505 **linguistic**
[lɪŋgwístɪk]
形 言語の, 言語学の
➡ linguístics 名 言語学　línguist 名 言語学者

1506 **context**
[kɑ́ːntekst]
名 ① 文脈, (文章の)前後関係
② 背景

1507 **bias**
[báɪəs] ㊟
名 先入観, 偏見, 傾向
➡ bias against ... …に対する偏見

1508 **communication**
[kəmjùːnɪkéɪʃən]
名 ① 伝達, 意思の疎通　② 通信(手段)
➡ commúnicate 動 を伝える

1509 **define**
[dɪfáɪn]
動 を定義する
➡ definítion 名 定義, 語義

1510 **express**
[ɪksprés] ⑦
動 (意見・感情など)を表現する, を述べる
➡ express oneself 自己表現(自己主張)する
形 ① 急行の　② 明確な　名 急行
➡ expréssion 名 表現, 表情

1511 **native**
[néɪtɪv]
形 自国の, その土地生まれの
➡ native speaker 母(国)語話者
名 その土地生まれの人

I'm not accustomed *to* such hot weather.	私はこんな暑い天気に慣れていない。
The house was adapted *for* wheelchair users.	その家は車いすの利用者用に改造された。
I attached a picture to the email.	私のそのメールに写真を添付した。
My opinion differs *from* yours.	私の意見はあなたのとは異なる。
Vegetable prices vary from store to store.	野菜の値段は店によって変わる。

His linguistic ability is amazing.	彼の言語能力はすばらしい。
The meaning of the word depends on the context.	言葉の意味は文脈によって異なる。
He has a bias *against* older people.	彼は年配の人々に偏見を持っている。
Letters were the main form of communication in the past.	昔は手紙がおもな伝達手段だった。
This dictionary defines word meanings in easy English.	この辞書は単語の意味を易しい英語で定義している。
ⓐ John found it difficult to express his feelings in Japanese. ⓑ Take an express train, not a local train.	ⓐ ジョンは自分の気持ちを日本語で表現するのは難しいとわかった。 ⓑ 各駅停車でなく急行電車に乗りなさい。
They never saw their native land again.	彼らは生まれた土地を再び見ることはなかった。

293

競争・勝負に関する語

1512 compete
[kəmpíːt] ⑦
動 競争する
➡ compete with[against] ... …と競争する
competítion 名 競争
compétitive 形 競争の激しい, 競争力のある
cómpetent 形 有能な　cómpetence 名 能力

1513 confront
[kənfrʌ́nt]
動 ① に立ちはだかる
② に立ち向かう

1514 defeat
[dɪfíːt]
動 (敵・相手)を破る　名 敗北
➡ be defeated 負ける

1515 defend
[dɪfénd]
動 ① を防御する, を守る　② を弁護する
➡ defénse 名 防御　defénsive 形 防御の

教育論①

1516 intellect
[íntəlèkt]
名 ① 知性, 知力　② 知識人
➡ intelléctual 形 知的な, 知力の　名 知識人

1517 intelligent
[ɪntélɪdʒənt]
形 頭のよい, 知能の高い, 知的な
➡ intélligence 名 ① 知能　② 情報(機関)

1518 skill
[skíl]
名 技術, 熟練, 腕前
➡ skílled 形 熟練した, 熟練を要する
skíllful 形 熟練した, 腕のよい, 巧みな

1519 qualify
[kwáːləfàɪ]
動 資格がある, に(〜の)資格を与える
➡ be qualified to do 〜する資格がある
qualificátion 名 資格, 能力

1520 ability
[əbílɪti]
名 能力, 才能
➡ disabílity 名 障害

1521 potential
[pəténʃəl]
名 ① 可能性, 見込み　② 潜在能力
形 (将来の)可能性がある, 潜在的な
➡ poténtially 副 潜在的に, もしかすると

1522 award
[əwɔ́ːrd]
名 賞
動 (賞など)を贈る

1523 honor
[áːnər]
(英)honour 名 ① 名誉　② 賞　③ 敬意
動 の栄誉をたたえる, を尊敬する
➡ hónorable 形 尊敬すべき, りっぱな

☐ We have to compete *with* foreign companies.	私たちは外国企業と競争しなければならない。
☐ Suddenly, a stranger confronted me.	突然，見知らぬ人が私に立ちはだかった。
☐ Our school's basketball team *was* defeated in the final.	私たちの学校のバスケットボールチームは決勝戦で負けた。
☐ He defended the goal well during the soccer match.	彼はサッカーの試合でうまくゴールを守った。

☐ The man has the intellect of a small child.	その男性は小さな子どもの知性を持っている。
☐ Whales are said to be intelligent animals.	クジラは知能の高い動物と言われている。
☐ These days, most jobs require computer skills.	最近では，大部分の仕事がコンピュータ操作技術を必要としている。
☐ She *is* qualified *to* teach English in high school.	彼女には高校で英語を教える資格がある。
☐ I admire his ability to stay calm in any situation.	彼のどんな状況でも冷静さを保つ能力に感心する。
☐ He is young but he has a lot of potential.	彼は若いが，たくさんの可能性を持っている。
☐ Diana won an award for her performance in the movie.	ダイアナは映画での演技で賞を獲得した。
☐ I had the honor of meeting the President.	私は大統領にお目にかかる名誉にあずかった。

Level 5

295

1524 □ **extend**
□ [ɪksténd]
動 ① 伸びる, を伸ばす, を延長する　② 広がる, を広げる
➡ **exténsion** 名 拡張, 内線電話

1525 □ **strain**
□ [stréɪn]
動 ①（無理をして）を痛める　② を引っ張る
名 ① 重圧, 負担　② 緊張

1526 □ **stretch**
□ [strétʃ]
動 ① を伸ばす　② 伸びをする　③ 及ぶ
名 伸張, 区域, 期間

1527 □ **proceed**
□ [prəsíːd] ⑦
動 ①《proceed with ... で》…を続ける　② 進行する
➡ **procédure** 名 手続き, 手順

1528 □ **promote**
□ [prəmóʊt]
動 ① を促進する　② を昇進させる
➡ □ **promótion** 名 昇進, 販売促進

1529 □ **prevail**
□ [prɪvéɪl] ⑦
動《prevail in[among] ... で》…に広まる（広く行き渡る）
➡ □ **prévalent** 形 広まった, 普及した

1530 □ **discipline**
□ [dísəplən] ⑦
名 ① 訓練, 修練　② しつけ, 規律
動 ① を訓練する　② をしつける

1531 □ **concentrate**
□ [káːnsəntrèɪt] ⑦
動《concentrate (...) on ~で》(…を)~に集中する
➡ □ **concentrátion** 名 集中

1532 □ **stimulate**
□ [stímjəlèɪt]
動 ① を刺激する　② を励ます, をかきたてる
➡ □ **stimulátion** 名 刺激　□ **stímulus** 名 刺激（物）

1533 □ **evaluate**
□ [ɪvǽljuèɪt]
動（価値・能力など）を評価する, を見きわめる
➡ □ **evaluátion** 名 評価, 査定

1534 □ **neglect**
□ [nɪglékt]
動 ① の管理（世話）をおろそかにする
② （義務など）を怠る　③ を無視する
名 怠慢, 放置, 無視　➡ □ **négligence** 名 怠慢, 過失

1535 □ **voluntary**
□ [váːləntèri] ⑦
形 自発的な, 意図的な　(↔ □ **involuntary** 無意識の)
➡ □ **voluntéer** 名 志願者, ボランティア

テーマ解説 ③ 【教育論】STEM 教育

近年, **教育分野（educational field）**で, 時代に即した**人材育成（human resources development）**としてSTEM教育が注目されている。STEMは**科学（Science）, 技術（Technology）, 工学（Engineering）, 数学（Mathematics）**の4分野の頭文字から作られた用語である。具体的には, 単に教師が教えることを生徒が覚えるというのではなく, 幼い頃からプログラミングを学んだり, インターネットで情報を収集したり, ロボットを組み立てたりすることによって, 生徒に自

☐ This road extends to the border.	この道は国境まで伸びている。
☐ I strained a muscle in my leg while exercising.	運動中に脚の筋肉を痛めた。
☐ Make sure to stretch your legs after running.	走った後はしっかり足を伸ばしなさい。
☐ Let's proceed *with* the preparations for the school festival.	学園祭の準備を続けよう。
☐ How can we promote local tourism?	地元の観光を促進するにはどうすればいいか。
☐ Old customs still prevail *in* rural areas.	田舎ではまだ古い習慣が広く行われている。

☐ You need more discipline in order to succeed.	成功するためにはもっと訓練が必要だ。
☐ I turned off the TV to concentrate *on* my homework.	私は宿題に集中するためテレビを消した。
☐ The new shopping area will stimulate the local economy.	新しいショッピングエリアは地元経済を刺激するだろう。
☐ It's difficult to evaluate the value of this vase.	この花瓶の価値を評価するのは難しい。
☐ Don't neglect your health.	健康管理をおろそかにしないように。

Level 5

☐ We encourage voluntary participation.	私たちは自発的な参加をすすめている。

主的に (**voluntarily**) 問題に取り組み解決する能力を身につけさせることを主眼としている。
現在, 社会では**人工知能(artificial intelligence: AI)**が人間の行ってきた**知的作業(intellectual tasks)**の一端を担うようになってきており, 今世紀中盤にはAIが人類の能力を超える技術的**特異点 (singularity)**を迎えるとも言われている。そうした時代にAIを「使う」側になるために, STEMの能力は必携と言えるだろう。また最近では, AIには不得意な**創造性 (creativity)**を育成するため, STEMに**芸術・教養 (Arts)**を加えたSTEAM教育も推奨されるようになってきている。

1536	**insult** [ɪnsʌ́lt] ⑦	動 を侮辱する 名 [ínsʌlt] ⑦ 侮辱
1537	**despise** [dɪspáɪz] ⑦	動 を軽蔑する, を見くびる
1538	**dispute** [dɪspjúːt] ⑦	動 ① に反論する ② (感情的に) を議論する 名 議論, 口論, 紛争
1539	**dominate** [dá:mənèɪt]	動 ① (で) 優勢である ② を支配する ➡ **dóminant** 形 優勢な, 支配的な **dominátion** 名 支配, 統治, 優勢
1540	**offend** [əfénd] ⑦	動 ① の感情を害する, を怒らせる ② 罪を犯す ➡ **offénse** 名 立腹, 違反, 攻撃 **offénsive** 形 不快な, 攻撃用の
1541	**bully** [búli]	動 をいじめる 名 いじめっ子, 弱い者いじめをする人
1542	**betray** [bɪtréɪ] ⑦	動 ① を裏切る ② (秘密など) をもらす, を暴露する
1543	**deceive** [dɪsíːv]	動 をだます, をあざむく ➡ **decéption** 名 だますこと, 詐欺
1544	**frustrate** [frʌ́streɪt]	動 (計画・希望など) を挫折させる, を失望させる ➡ **frústrating** 形 失望させる, 挫折させる

1545	**research** [ríːsə̀ːrtʃ, rɪːsə́ːrtʃ]	名 (学術) 調査, 研究 動 を研究する ➡ **reséarcher** 名 調査員, 研究員
1546	**theory** [θíːəri] 発	名 ① 理論 (↔ practice 実践) ② 学説 ➡ **theorétical** 形 理論的な, 理論上の
1547	**perspective** [pərspéktɪv]	名 考え方, 見方, 観点
1548	**practical** [prǽktɪkəl]	形 実践的な, 実地の (↔ theoretical 理論的な) ➡ **práctically** 副 事実上, 実際的に
1549	**academic** [ækədémɪk] ⑦	形 学問的な, 学業の ➡ **acádemy** 名 学士院, 学園, 専門学校

298

I was insulted by the comment about my hairstyle.	私はヘアスタイルについてのコメントで侮辱された。
She despised the man for lying to the nation.	彼女は国民に嘘をついた男性を軽蔑した。
The proposal was disputed by the opposition party.	その提案は野党に反論された。
The French team dominated the World Cup.	フランスのチームがワールドカップで優勢だった。
His comments offended many viewers.	彼のコメントは多くの視聴者の感情を害した。
You must not bully other children at school.	学校でほかの子どもたちをいじめてはいけない。
The man betrayed his own country.	その男性は自国を裏切った。
He deceived her into signing the contract.	彼は彼女をだまして契約書に署名させた。
His ambition was frustrated by his repeated failures.	彼の野望は繰り返される失敗によって挫折させられた。

Level 5

ⓐ We will write about the results of the research.	ⓐ 私たちは研究の結果について書くつもりだ。
ⓑ She researches ancient civilizations.	ⓑ 彼女は古代文明を研究している。
Nobody has proven the theory yet.	まだ誰もその理論を証明していない。
How about changing your perspective?	あなたの考え方を変えてみたらどうだろう。
You need to learn practical English expressions.	実践的な英語表現を学ぶ必要がある。
She has a lot of academic knowledge after four years of college.	彼女は大学4年間を経て多くの学術的知識を持っている。

1550 □ **astonish**
□ [əstάːnɪʃ] ⑦
動 を驚かせる, をびっくりさせる
➡ □ be astonished at ... …に驚く
□ astónishment 名 驚き

1551 □ **embarrass**
□ [ɪmbǽrəs] ⑦
動 に恥ずかしい思いをさせる, を当惑させる
➡ □ embárrassment 名 気恥ずかしさ, 当惑

1552 □ **fascinate**
□ [fǽsənèɪt] ⑦
動 を魅了する, を夢中にする
➡ □ be fascinated with ... …に魅了されている
□ fascinátion 名 魅惑

1553 □ **frighten**
□ [frάɪtən]
動 を怖がらせる, をおどかす
➡ □ be frightened of ... …を怖がる

1554 □ **scare**
□ [skéər] ⑨
動 を怖がらせる, をおびえさせる
➡ □ be scared of ... …を怖がる

1555 □ **impress**
□ [ɪmprés] ⑦
動 に感銘を与える, に印象づける
➡ □ impréssion 名 印象, 感銘
□ impréssive 形 印象的な

1556 □ **boast**
□ [bóʊst] ⑨
動 (を)自慢する, (を)鼻にかける 名 自慢
➡ □ boast about[of] ... …を自慢する

1557 □ **resolve**
□ [rɪzάːlv]
動 ① を解決する ② を決心する
➡ □ be resolved to do 〜する決心をしている
□ resolútion 名 決心, 決議

1558 □ **accomplish**
□ [əkάːmplɪʃ] ⑦
動 を成し遂げる, (目標など)を達成する
➡ □ accómplished 形 熟練した, 既成の
□ accómplishment 名 成果, 達成

1559 □ **achievement**
□ [ətʃíːvmənt]
名 ① 業績, 偉業 ② 達成
➡ □ achíeve 動 を獲得する, を成し遂げる

1560 □ **emphasize**
□ [émfəsàɪz] ⑦
動 を強調する ➡ □ émphasis 名 強調
□ emphátic 形 強調された

1561 □ **institution**
□ [ìnstət(j)úːʃən]
名 ① 施設, 機関, 学会, 協会 ② 慣習, 制度
➡ □ ínstitute 動 を設ける 名 学会, 研究所

1562 □ **statistics**
□ [stətístɪks] ⑦
名 ① 《複数扱い》統計 ② 《単数扱い》統計学
➡ □ statístical 形 統計(上)の

I was astonished when I saw the Grand Canyon.	グランドキャニオンを見たとき私は驚いた。
Don't embarrass him in front of his friends.	友人たちの前で彼に恥ずかしい思いをさせないで。
His stories have fascinated children throughout the world.	彼の物語は世界中の子どもたちを魅了してきた。
Most children *are* frightened *of* the dark.	たいていの子どもは暗闇を怖がる。
Sorry, I didn't mean to scare you.	ごめんなさい，あなたを怖がらせるつもりはなかった。
His speech impressed everyone in the hall.	彼のスピーチは会場のすべての人に感銘を与えた。
He is always boasting *about* how much money he makes.	彼はいつも稼ぎの多いことを自慢している。
We have to resolve this problem quickly.	私たちはこの問題を早急に解決しなければならない。

You have accomplished a lot in high school.	あなたは高校でたくさんのことを成し遂げている。
The moon landing was a great achievement.	月面着陸はすばらしい偉業だった。
They emphasized the importance of a healthy diet.	彼らは健康的な食事の重要性を強調した。
A university is an institution of higher education.	大学は高等教育機関である。
Statistics show that employment of older workers is increasing.	統計は高齢者の雇用が増えつつあることを示している。

Level 5

1563 □ □	**capture** [kǽptʃər] 発	動 ① を捕まえる，を捕虜にする　② を略奪する 名 捕獲　➡ □ **cáptive** 形 捕われの　名 捕虜
1564 □ □	**conquer** [ká:ŋkər] ア	動 ① を征服する　② に打ち勝つ ➡ □ **cónquest** 名 征服　□ **cónqueror** 名 征服者
1565 □ □	**invade** [ɪnvéɪd] ア	動 ① (攻撃して) 侵略する，に侵入する ② にどっと押し寄せる ➡ □ **invásion** 名 侵略，侵入，殺到
1566 □ □	**occupy** [á:kjəpàɪ] ア	動 ① を占める，を占有する　② を従事させる ➡ □ **be occupied with[in] ...** …に従事する □ **occupátion** 名 占有，占領，職業
1567 □ □	**release** [rɪlíːs] ア	動 ① を解放する，を釈放する 注意 ② を公表する，を公開する 名 ① 解放 ② 公表
1568 □ □	**colony** [ká:ləni]	名 植民地 ➡ □ **colónial** 形 植民地の

1569 □ □	**faculty** [fǽkəlti] ア	名 ① (特殊な) 能力 (= □ **ability**) ② (大学の) 学部，教授陣　③ (器官などの) 機能
1570 □ □	**genius** [dʒíːnjəs] 発	名 ① 天才性　② 天才　③ (特別な) 才能
1571 □ □	**intellectual** [ìntəléktʃuəl] ア	形 知的な，知力の　名 知識人，インテリ ➡ □ **íntellect** 名 知性，知力，知識人
1572 □ □	**lecture** [léktʃər]	名 講義，講演 動 講義する
1573 □ □	**scholar** [ská:lər]	名 学者　➡ □ **schólarly** 形 学究的な □ **schólarship** 名 奨学金，学問，学識
1574 □ □	**laboratory** [lǽbərətɔ̀:ri]	名 研究所 (室)，実験室
1575 □ □	**specialize** [spéʃəlàɪz]	《英》specialise 動《specialize in ... で》…を専門にする ➡ □ **specializátion** 名 専門化　□ **spécialist** 名 専門家

The soldiers on the front line were captured.	最前線の兵士たちが捕虜にされた。
The Romans conquered many lands and created an empire.	ローマ人は多くの土地を征服して帝国を創った。
Invading another country is never acceptable.	他国を侵略することは決して許容されない。
The center of the city was occupied by enemy forces.	その都市の中心地は敵軍に占拠された。
ⓐ They demanded the prisoner be released immediately. ⓑ Pictures of the destroyed hospital were released.	ⓐ 彼らはその囚人をただちに釈放するよう要求した。 ⓑ 破壊された病院の写真が公開された。
The U.S. was originally made up of thirteen British colonies.	アメリカはもともと13のイギリスの植民地で構成されていた。
She had a faculty for learning foreign languages.	彼女は外国語を学ぶ能力があった。
Mozart's genius for music was clear from an early age.	モーツァルトの音楽の天才性は幼い頃から明らかだった。
Reporters need to have intellectual curiosity.	報道記者は知的好奇心を持つ必要がある。
The university offers public lectures once a month.	その大学では月に一度, 公開講座を提供している。
He was a scholar of the works of William Shakespeare.	彼はウィリアム・シェイクスピアの作品の学者だった。
A discovery in one laboratory can change the world.	1つの研究室の発見が世界を変えることもある。
She specializes *in* international law.	彼女は国際法を専門にしている。

Level 5

忍耐・固執などを表す語

1576 resist
[rɪzíst]
動 に抵抗する, をがまんする
➡ cannot resist -ing ～せずにいられない
resístance 名 抵抗

1577 persist
[pərsíst]
動 ①《persist in ...で》…に固執する, …をあくまで主張する
② 持続する
➡ persístence 名 固執
persístent 形 粘り強い, しつこい

1578 endure
[ɪnd(j)úər]
動 を耐える, (ものなどが)持ちこたえる
➡ endúrance 名 がまん, 耐久性
endúrable 形 耐えられる

教育論⑥

1579 invest
[ɪnvést]
動 (金・資本など)を投資する, (時間・労力など)をつぎ込む
➡ invéstment 名 投資

1580 maternal
[mətə́:rnl]
形 母親の (↔ paternal 父親の)
➡ maternal[maternity] leave 産休

1581 spoil
[spɔ́ɪl]
動 を台なしにする, (人)を甘やかす
〈spoiled[spoilt] - spoiled[spoilt]〉

1582 authority
[əθɔ́:rɪti]
名 ① 権威 (者), 権限　②《(複)で》当局
➡ authority on ... …の権威 (者)
áuthorize 動 に権限を与える

1583 unique
[ju(:)ní:k]
形 ① 独特な, 大変珍しい
② 唯一の

1584 capacity
[kəpǽsəti]
名 能力, 収容力
➡ filled to capacity 満員で, いっぱいで

テーマ解説 4 【教育論】インクルーシブ教育

インクルーシブ教育 (inclusive education) とは, **障がい (disability)** の有無にかかわらず誰もが**通常学級 (regular class)** でともに学べる教育のことをいう。2006 年の国連の「**障害者の権利条約**」(Convention on the Rights of Persons with Disabilities) をきっかけに注目が集まり, 近年では文化的, 人種的マイノリティーも対象に含まれることがある。

インクルーシブ教育が機能すれば, どの児童にも**同じ学習環境や機会 (the same learning environment and opportunities)** が与えられることになり, **学力 (academic skills)** のみ

音声 ▶
No.1576〜1584

ⓐ Some of the protesters resisted the police at the demonstration.	ⓐ 一部の抗議者はデモで警察に抵抗した。
ⓑ I *couldn't* resist tak*ing* a look in the box.	ⓑ 私はその箱の中をのぞかずにはいられなかった。
The politician did not persist *in* pursuing his foolish idea.	その政治家はばかげた考えを追求することに固執しなかった。
We have to endure the cold winter with this small heater.	私たちはこの小さなヒーターで寒い冬を耐えなければならない。
We invested a great deal of money in home improvements.	私たちは家の手入れに多額のお金を投資した。
She had a strong maternal instinct and raised five children.	彼女は強い母性本能を持ち、5人の子どもを育てた。
You can spoil your children if you give them too much.	与えすぎると子どもたちをだめにしてしまうかもしれない。
Is there a person of authority in this department?	この部署での権限を持つ人はいますか。
She has a unique view of English education in Japan.	彼女は日本の英語教育について独特な意見を持っている。
I'm afraid this job is beyond my capacity.	申し訳ないがこの仕事は私の能力を超えている。

Level 5

ならず、高い**対人スキル**(interpersonal skills)や**多様性**(diversity)を受け入れることのできる**豊かな人間性**(rich humanity)をはぐくむことができるようになる。

しかし、インクルーシブ教育には受け入れ側に相応の対応が必要とされるため、いまだ全国に普及するまでには至っていない。また、障がいを持つ当事者側からは「**私たちのことを私たち抜きに決めないで**」(Nothing About Us Without Us)という声もある。何もかもを**一様に扱う**(treat equally)ことを良しとするのではなく、ひとりひとりの声に耳を傾け、誰もに望ましい教育とは何かを考えていくことが大切である。

1585 □ □ **reject** □ [rɪdʒékt]	動 (計画・提案など) を拒絶する, を否定する
	➡ □ **rejéction** 名 拒否, 排除

1586 □ □ **decline** □ [dɪkláɪn]	動 ① (申し出・誘いなど) を断る ② 低下する
	名 低下, 衰え, 減少 ➡ □ **on the decline** 減少して
	□ **declinátion** 名 ていねいな断り

1587 □ □ **dismiss** □ [dɪsmís] ⑦	動 ① (考えなど) を退ける, を払いのける
	② (過失などで) を解雇する, を解散する
	➡ □ **dismíssal** 名 解雇, 解散

1588 □ □ **garbage** □ [gɑ́ːrbɪdʒ] 発	名 〔米〕ごみ, くず (= 〔英〕□ **rubbish**)

1589 □ □ **destruction** □ [dɪstrʌ́kʃən]	名 破壊, 破滅 (のもと) (↔ □ **construction** 建設)
	➡ □ **destróy** 動 を破壊する

1590 □ □ **exploit** □ [ɪksplɔ́ɪt] ⑦	動 ① を開発する
	② (私的な目的で) を利用する, を搾取する
	➡ □ **exploitátion** 名 開発, 搾取

1591 □ □ **chemical** □ [kémɪkəl]	名 《通常 (複) で》化学物質, 化学薬品 形 化学の
	➡ □ **chémistry** 名 化学

1592 □ □ **damage** □ [dǽmɪdʒ] ⑦	名 《不可算名詞》損害, 被害 動 に損害 (被害) を与える
	➡ □ **cause[do] damage to ...** (= □ **do ... damage**)
	…に損害を与える

1593 □ □ **energy** □ [énərdʒi] 発	名 エネルギー, 精力, 活力
	➡ □ **energétic** 形 精力的な

1594 □ □ **fossil** □ [fɑ́ːsl]	名 化石
	➡ □ **fossil fuel** 化石燃料

テーマ解説 5 【自然・環境論】プラスチックごみ問題

ペットボトル (plastic bottle), レジ袋 (plastic bag), ストローなど使い捨て製品 (disposable product) から生じるプラスチックごみ (plastic waste) の海洋汚染 (ocean pollution) が大きな環境問題 (environmental problem) となっている。プラスチックは分解する (break down) まで400年以上かかるので, それに含まれる有害な化学物質 (harmful chemicals) は海洋環境に深刻な被害 (damage) をもたらす。さらに, 5mm以下の微細な破片となったマイクロプラスチック (microplastics) やある種の化粧品などに含まれるマイクロビーズ

The manager rejected my plan and chose another.	マネージャーは私の計画を拒否し、別のものを選んだ。
I'm sorry, but I have to decline your invitation.	残念ですが、あなたのご招待を断らなくてはなりません。
We dismissed the proposal as unrealistic.	私たちはその提案を現実的でないとして退けた。

Garbage is collected once a week.	ごみは週に1回収集される。
The destruction of forests increased in the late 18th century.	森林破壊は18世紀末に増大した。
We can't continue to exploit nature in this way.	私たちはこのような方法で自然を開発し続けることはできない。
Chemicals from the factory are bad for the environment.	工場から出る化学物質は環境にとって悪（環境を害するもの）である。
The flood *caused* serious damage *to* crops.	洪水は農作物に深刻な被害をもたらした。
We should try to use clean energy.	私たちはクリーンエネルギーを利用するよう努めるべきだ。
Our country still relies a lot on fossil *fuels*.	私たちの国はまだ化石燃料に大いに依存している。

Level 5

(microbeads) は生物の体内に**蓄積 (accumulate)** されやすく、影響が**食物連鎖 (food chain)** を通して**生態系 (ecosystem)** 全体にまで及ぶ可能性がある。

レジ袋の有料化や廃止、紙製パッケージやストローなど**環境に優しい (eco-friendly) 代替品 (alternative)** の使用の推奨など、各国ではこの問題に対してさまざまな対策を講じているが、私たち個々の**消費者 (consumer)** も、できるだけプラスチックを含む使い捨て製品を購入したり使ったりしないようにするなど、日々心がけることが大切である。

「助ける」「与える」ことなどを表す語

1595 **rescue**
[réskju:] 🔺
動 (危険から人)を救助する　名 救助
➡ come to one's rescue ～を救助しに来る

1596 **assist**
[əsíst]
動 (を)補助する、(を)援助する
➡ assístance 名 助力、援助
assístant 名 助手、補佐　形 副の、補佐の

1597 **ensure**
[ɪnʃúər]
動 を保証する、を確保する

1598 **consult**
[kənsʌ́lt] 🔺
動 ① (専門家)に意見を求める、に相談する
② (辞書・地図など)を調べる
➡ consúltant 名 相談役、コンサルタント

1599 **contribute**
[kəntríbju:t] 🔺
動 (に)貢献する、を寄付する
➡ contribute to ... …に貢献する、…の一因となる
contribute ... to ～ …を～に寄付する
contribútion 名 貢献、寄付

1600 **devote**
[dɪvóut]
動 《devote ... to ～で》(時間・努力など)を～に捧げる
➡ devote oneself to ... …に身を捧げる
devótion 名 献身

1601 **issue**
[íʃu:] 🔺
動 (刊行物など)を発行する、(公的書類など)を発給する
名 ① 発行、第～号　② 問題点　➡ at issue 論争中で

1602 **distribute**
[dɪstríbju:t] 🔺
動 ① を配る、を割り当てる　② を供給する
➡ distribútion 名 配布、分布

1603 **grant**
[grǽnt]
動 ① を授与する、を譲渡する
② を認める、を許可する

自然・環境論②

1604 **expand**
[ɪkspǽnd] 🔺
動 拡大(膨張)する、を拡大(膨張)させる
➡ expánsion 名 拡大、膨張

1605 **limit**
[límət]
動 を制限する、を限定する　名 限界、制限、限度
➡ limitátion 名 制限、《(複)で》限界

1606 **poison**
[pɔ́ɪzən]
名 毒(素)、毒物　動 に毒を入れる、を毒する
➡ póisonous 形 有毒な

1607 **emission**
[ɪmíʃən]
名 排出、放出
➡ emít 動 を排出(放出)する

All of the passengers were rescued after the accident.	事故の後すべての乗客が救助された。
A secretary assists me in my work.	秘書が私の仕事を補助する。
The school rules ensure that all students are treated equally.	学校の規則はすべての生徒が平等に扱われることを保証している。
If your symptoms persist, consult your doctor.	症状が続く場合は，医師に相談しなさい。
I contributed about twenty books *to* the library.	私は20冊ほどの本を図書館に寄付（寄贈）した。
She devoted her whole life *to* helping poor people.	彼女は全生涯を貧しい人々の救済に捧げた。
Money is issued by the government of each country.	お金は各国の政府によって発行される。
A map of the mountain is distributed to climbers.	登山者にはその山の地図が配られる。
He was granted permission to meet the king.	彼は国王に会う（謁見する）許可を与えられた。
Water expands when it is heated.	水は熱せられると膨張する。
That temple limits the number of visitors.	その寺院は訪問者数を制限している。
The waste from the factory was poison to wild animals.	工場からの廃棄物は野生動物にとって毒だった。
We need to reduce gas emissions even further.	さらにガスの排出を減らす必要がある。

Level 5

「集まる」「伴う」ことなどを表す語

1608	**assemble** [əsémbl]	動 ① 集まる、を集める　② を組み立てる ➡ **assémbly** 名 集会、組立
1609	**combine** [kəmbáin]	動 を結合させる、結合する ➡ **combinátion** 名 結合、組み合わせ
1610	**encounter** [inkáuntər]	動 (思いがけず)と出会う、と遭遇する 名 出会い、遭遇
1611	**accompany** [əkámpəni]	動 ① に同行する　② に伴う　③ の伴奏をする ➡ **accómpaniment** 名 付属物、伴奏
1612	**compose** [kəmpóuz]	動 ① を構成する　② (を)作曲する ➡ **be composed of ...** …で構成されている **composítion** 名 構成、作品、作文

自然・環境論③

1613	**atmosphere** [ǽtməsfìər] ア	名 ① 大気、空気　注意 ② 雰囲気 ➡ **atmosphéric** 形 大気の
1614	**drought** [dráut] 発	名 干ばつ、日照り ➡ **severe drought** 深刻な干ばつ
1615	**cultivate** [kʌ́ltəvèit]	動 を耕す、を栽培する、を育む ➡ **cultivátion** 名 耕作、栽培
1616	**species** [spíːʃiːz] 発	名 (生物の)種、種類　(複) species ➡ **endangered species** 絶滅危惧種
1617	**starve** [stáːrv]	動 飢え死にする、ひどく空腹である ➡ **starvátion** 名 飢餓、餓死
1618	**preserve** [prizə́ːrv]	動 を保存する、を保護する ➡ **preservátion** 名 保存、維持
1619	**ecosystem** [ékousìstəm]	名 生態系

テーマ解説 ⑥ 【自然・環境論】オーバーツーリズム

近年、世界的に**観光産業 (tourism (industry))** が活況である。だがその一方、特定の観光地に観光客が著しく集中する**オーバーツーリズム (overtourism)** が問題になってきている。交通機関の混雑や観光客によるトラブルなど地元住民の生活へ与える影響もさることながら、**ゴミの不法投棄 (illegal dumping of garbage)** や立ち入り禁止区域への侵入 (entering a restricted area) など、**環境に及ぶ被害 (damage to the environment)** も甚大 (extremely

The students were told to assemble in the hall.	学生たちは講堂に集まるように指示された。
We should combine various ideas to create better products.	よりよい製品を作るためにさまざまなアイデアを組み合わせるべきだ。
I encountered some trouble on the way to work today.	今日, 通勤途中でいくつかのトラブルに遭遇した。
Children under ten must be accompanied by an adult.	10歳未満の子どもは大人の同伴が必要です。
The team *was* composed *of* six members.	チームは6人のメンバーで構成されていた。

Mars has a thin atmosphere.	火星は薄い大気を持っている。
Central Africa often suffers from drought.	中央アフリカはしばしば干ばつに苦しむ。
The land was too hard to cultivate.	その土地は硬すぎて耕すことができなかった。
There are over forty species of birds living on the island.	その島には40種以上の鳥が生息している。
Many animals starved this year due to lack of rain.	今年は雨不足で多くの動物が飢えた。
We must preserve our forests for future generations.	私たちは未来の世代のために森林を保護しなければならない。
The ecosystem of the ocean is very complex.	海の生態系は非常に複雑だ。

Level 5

serious) である。「世界遺産」(World Heritage site) に登録されているような地域では, 環境の保全 (environmental preservation) を第一に, 観光客の数を制限する(limit the number of tourists) ところも出てきている。他方で, 観光業そのものを発展維持させるために, 出したゴミを持ち帰ることを条件にした自然体験ツアー (nature experience tour), 現地の農業などに参加する労働体験ツアー (work experience tour) など, 新しい観光のかたち, いわゆる「持続可能な観光」(sustainable tourism)への取り組みも始まっている。

311

「目を使ってする」ことを表す語

1620 **gaze**
[géɪz]

動 《gaze at[into, on, upon] ... で》…を見つめる、
…を凝視する
名 注視、凝視

1621 **glance**
[glǽns]

動 ちらりと見る　名 ちらりと見ること
➡ □ at a glance 一目で、(表示などが) 一覧で
□ at first glance 一見したところ

1622 **glimpse**
[glímps]

動 をちらりと見る、が一瞬目に入る
名 ちらりと見えること
➡ □ catch a glimpse of ... …がちらりと見える

自然・環境論④

1623 **environment**
[ɪnváɪərnmənt] ⑦

名 ① 《the environment で》(自然の) 環境
② (社会的な) 環境 (= □ surroundings)
➡ □ environméntal 形 環境の

1624 **conservation**
[kà:nsərvéɪʃən]

名 保護、保全
➡ □ consérvative 形 保守的な

1625 **electricity**
[ɪlèktrísəti] ⑦

名 電気、電流
➡ □ eléctric 形 電気の、電動の
□ eléctrical 形 電気に関する、電気の
□ electrónic 形 電子の

1626 **pollution**
[pəlú:ʃən]

名 ① 汚染、公害　② 汚染物質
➡ □ environmental pollution 環境汚染
□ pollúte 動 を汚染する

1627 **vehicle**
[ví:əkl] 発

名 ① 乗り物、車　② 手段、媒体

1628 **chemistry**
[kéməstri]

名 ① 化学　② 化学的性質、化学的作用
➡ □ chémist 名 化学者　□ chémical 形 化学の

1629 **disaster**
[dɪzǽstər] 発 ⑦

名 ① 災害、惨事　② 失敗作、ひどいもの
➡ □ disástrous 形 災害の、悲惨な

1630 **crisis**
[kráɪsɪs]

名 危機、重大局面　(複) crises
➡ □ crítical 形 危機的な、批判的な、重要な

1631 **alternative**
[ɔ:ltə́:rnətɪv] ⑦

形 代わりの、代替の　名 選択肢、代案
➡ □ álternate 形 交互の　動 交互に起こる

They gazed *at* the picture on the wall. 彼らは壁の絵を見つめた。

ⓐ I glanced at the person sitting next to me. ⓐ 私は私の隣に座った人をちらりと見た。

ⓑ I recognized him *at a* glance. ⓑ 私は一目で彼が誰だかわかった。

I *caught a* glimpse *of* the king through the crowds. 人ごみの中から国王の姿がちらりと見えた。

The governor promised to protect the environment. 知事は環境を保護すると約束した。

The flower now exists only in a small conservation area. その花は今や小さな保護地区にのみ存在する。

The farm in the mountain had electricity. 山の中にあるその農場に電気は通っていた。

Air pollution is a serious problem in that country. その国では大気汚染が深刻な問題だ。

I want to buy a vehicle that runs on batteries. 電池で動く車を購入したい。

Some knowledge of chemistry is useful for growing plants. 植物の育成には化学の知識が役に立つ。

Every year some natural disasters hit the nation. 毎年，いくつかの自然災害が国を襲う。

What can we do to avoid an energy crisis? エネルギー危機を回避するために私たちは何ができるか。

We need to develop an alternative form of energy. 代替エネルギーを開発する必要がある。

Level 5

313

「終わる」「消える」ことなどを表す語

1632 cease
[síːs] 発
- 動 ① 《cease -ing[to do]で》〜するのをやめる
- ② 終わる

1633 conclude
[kənklúːd]
- 動 ① と結論づける　② を終える, 終わる
- → conclúsion 名 結論, 結末

1634 vanish
[vǽnɪʃ]
- 動 ① (突然) 姿を消す　② 消滅する

1635 bury
[béri] 発
- 動 を埋葬する, を埋める, を隠す
- → búrial 名 埋葬

1636 collapse
[kəlǽps]
- 動 ① 壊れる　② 倒れる　③ 崩壊する
- 名 崩壊, 破綻

1637 abandon
[əbǽndən]
- 動 ① を捨てる, を見捨てる
- ② をあきらめる

1638 fade
[féɪd]
- 動 ① (衣類などが) 色あせる　② (人などが) 見えなくなる
- ③ (記憶などが) 衰える　→ fade away 消えていく

経済に関する語①

1639 advertise
[ǽdvərtàɪz] ア
- 動 (を) 広告する, (を) 宣伝する
- → advertísement 名 広告, 宣伝

1640 commercial
[kəmɔ́ːrʃəl]
- 名 広告 (放送), コマーシャル, CM
- 形 商業の, 貿易の
- → cómmerce 名 商業, 商取引

1641 product
[prɑ́ːdəkt] ア
- 名 製品, 産物
- → product development 製品開発

1642 purchase
[pɔ́ːrtʃəs] 発 ア
- 動 ① を購入する　② を獲得する
- 名 購入

1643 depression
[dɪpréʃən]
- 名 ① 不況, 不景気
- ② ゆううつ, 意気消沈
- → depréss 動 を落胆させる, を不景気にする

1644 rate
[réɪt]
- 名 ① 率, 割合　② 速度　③ 料金
- → at any rate とにかく　interest rate 利率
- 動 を評価する, を見積もる

The factory ceased produc*ing* that model last year.	その工場は昨年そのモデルを生産するのをやめた。
ⓐ The company concluded that they had made a mistake.	ⓐ 会社は彼らが間違いを犯したと結論づけた。
ⓑ I will conclude my speech by acknowledging my family.	ⓑ 私は家族へ謝意を述べてスピーチを終えようと思います。
The boy vanished into the crowd.	少年は人ごみの中に姿を消した。
He was buried with pictures of his family.	彼は家族の写真とともに埋葬された。
Many buildings collapsed in the earthquake.	多くの建物がその地震で壊れた。
We had to abandon the car and walk.	私たちは車を捨て，歩かなければならなかった。
The colors of the painting will fade over time.	絵の色は時間とともに消えるだろう。

The new car was advertised in various media.	その新車はさまざまなメディアで宣伝された。
The commercial about the chocolate was very funny.	そのチョコレートのCMはとても面白かった。
This product is recommended for all high school students.	この製品はすべての高校生におすすめだ。
Some people purchase land as an investment.	投資として土地を購入する人もいる。
ⓐ The U.S. suffered from a depression during the 1930s.	ⓐ アメリカは1930年代に不況に苦しんだ。
ⓑ He was in a state of depression.	ⓑ 彼はうつ状態にあった。
The unemployment rate rose to six percent in February.	失業率は2月に6%に上昇した。

Level 5

「隠す」「除外する」ことなどを表す語

1645 **conceal**
[kənsíːl]
動 を隠す, を秘密にする

1646 **exclude**
[ɪksklúːd]
動 を除外する, を締め出す (↔ include を含む)
➡ **exclúding** 前 ～を除いて
exclúsive 形 排他的な, 独占的な

1647 **omit**
[oumít] ⑦
動 ① を省く　② 《omit -ing[to do]で》～し忘れる
➡ **omíssion** 名 省略

1648 **overlook**
[òuvərlúk]
動 ① を見落とす, を大目にみる
② を見おろす

経済に関する語②

1649 **budget**
[bʌ́dʒət]
名 予算, 経費　動 予算を立てる
➡ **on a budget** 予算どおりに

1650 **proportion**
[prəpɔ́ːrʃən]
名 ① 割合, 部分　② 比率, つり合い

1651 **commerce**
[káːmərs] ⑦
名 商業, 商取引
➡ **commércial** 名 広告(放送)　形 商業の

1652 **credit**
[krédɪt]
名 ① 信用販売, クレジット　② 称賛, 功績
➡ **give credit to ...** …を信用する
give ... credit for ～ ～で…を称賛する
動 ① (口座)に入金する　② を信用する

1653 **commodity**
[kəmáːdɪti] ⑦
名 商品,《しばしば(複)で》日用品, 必需品
➡ **valuable commodity** 価値ある商品

1654 **disadvantage**
[dìsədvǽntɪdʒ]
名 不利, 不都合, デメリット
(↔ **advantage** 有利, メリット)

1655 **debt**
[dét] ⑱
名 ① 借金, 負債　注意 ② 恩義
➡ **be in debt** 借金がある
be in debt to ... …に借金(恩義)がある

1656 **domestic**
[dəméstɪk]
形 ① 国内の (↔ **foreign** 外国の)
注意 ② 家庭の　③ (動物が)人に慣れた
➡ **domésticate** 動 (動物)を飼い慣らす

1657 **asset**
[ǽset]
名 資産, 財産

The man concealed drugs under the floor.	その男は床下に麻薬を隠していた。
You can't exclude her from joining our club.	彼女がクラブに入ろうとするのを排除することはできない。
When making French toast, you can omit the vanilla.	フレンチトーストを作るとき，バニラは省略することができる。
Unfortunately, I overlooked some things in the report.	残念ながら，私はレポートのいくつかの点を見落とした。

Our department has a small budget to work with this year.	私たちの部署は今年の予算が少ない。
Japan has a large proportion of the world's vending machines.	日本は世界の自動販売機の大きな割合を占めている。
London is the UK's center of commerce.	ロンドンはイギリスの商業の中心地だ。
56 percent of all new cars are bought on credit.	全新車の56％がクレジットで購入されている。
The prices of commodities have been increasing recently.	商品の価格が最近上昇している。
Working at home has its advantages and disadvantages.	在宅勤務にはメリットとデメリットがある。
The company has debts of around one million dollars.	その会社はおよそ100万ドルの負債を抱えている。
The Prime Minister asked us to buy more domestic products.	首相は私たちにもっと国内の製品を買うように求めた。
My house is my most valuable asset.	私の家は私の最も貴重な資産だ。

Level 5

1658 □	**compromise**	動 妥協する
	[ká:prəmàɪz] 🔊	名 妥協

1659 □	**correspond**	動 ① 一致する, 対応する　② 文通する
	[kɔ̀:rəspá:nd] 🔊	➡ □ **correspond to[with] ...** …と一致する
		□ **correspond with ...** …と文通する
		□ **correspóndence** 名 一致, 通信
		□ **correspóndent** 名 通信員

1660 □	**relate**	動 関係(関連)がある, を関連づける
	[rɪléɪt]	➡ □ **be related to ...** …と関係がある
		□ **relátion** 名 関係　□ **rélative** 名 親戚

1661 □	**enterprise**	名 ① 事業　② 企業　注意 ③ 冒険心
	[éntərpràɪz] 🔊	

1662 □	**expense**	名 ① 費用, 出費　②《(複)で》(業務上の)経費
	[ɪkspéns]	➡ □ **at the expense of ...** …を犠牲にして
		□ **expénditure** 名 支出 (↔ □ **revenue** 収入)

1663 □	**fund**	名 ① 基金, 資金　② (知識などの)蓄え
	[fʌ́nd]	③《(複)で》財源

1664 □	**growth**	名 ① 成長, 発育　② 増加, 増大
	[gróʊθ]	➡ □ **economic growth** 経済成長
		□ **grów** 動 成長する

1665 □	**stock**	名 ① 在庫(品), 貯蔵品, 蓄え　② 株(式)
	[stá:k]	➡ □ **out of stock** 在庫が切れて
		□ **stock market** 株式市場
		動 (店に品物)を置く, を仕入れる

テーマ解説 ⑦ 【経済に関する語】グローカリゼーション

　グローカリゼーション(glocalization)とは, グローバリゼーション(グローバル化: globalization)とローカリゼーション(特定地域に合わせた変更: localization)の2つを合わせた造語で, 経済(economics)においては, 高い技術力やブランド力(high technology and brand strength)を持つ企業が世界各地で事業を展開する(operate enterprise globally)際に, その地域のニーズに合った(meet the needs)商品やサービスを提供するという営業戦略(marketing strategy)のことを表す。日本の自動車メーカー(automobile manufacturer)

☐ I don't want to compromise on the quality of our products.	私たちの製品の品質に関しては妥協したくない。
☐ⓐ The item I received doesn't correspond *to* what I ordered.	ⓐ 私が受け取った商品は注文したものと一致していない。
☐ⓑ I correspond *with* my friend in China in Chinese.	ⓑ 私は中国にいる友人と中国語で文通している。
☐ I don't know how the two ideas relate.	その2つの考えがどう関連があるのか私にはわからない。

☐ They wanted to start a new enterprise with the money.	彼らはそのお金で新しい事業を始めたいと思った。
☐ⓐ We need to keep our expenses under control.	ⓐ 私たちは費用を抑える必要がある。
☐ⓑ We should not lower prices *at the expense of* quality.	ⓑ 品質を犠牲にして価格を下げるべきではない。
☐ We want to establish a fund to save poor children.	私たちは貧しい子どもたちを救うための基金を設立したいと思っている。
☐ The growth rate of that company is high.	その会社の成長率は高い。
☐ The latest model is *out of* stock.	最新モデルは在庫が切れている。

Level 5

が**輸出する (export)** 車を左ハンドルに変えたり，世界中に展開している**ファストフードチェーン (fast-food chain)** が日本ではしょうゆ味，韓国ではキムチ味のハンバーガーを販売したりして成功したのがそのよい例である。一方，日本の**携帯電話メーカー（cell phone manufacturer)** が国内のニーズに合わせた**仕様 (specifications)** の商品を製造・販売し，**世界標準（global standards)** になることができず**国際競争力（international competitiveness)** を失うことになったのは，こうしたグローバリゼーションの**流れに乗る (go with the flow)** ことができなかった例としてあげられるだろう。

人生・生死に関する語 (1)

1666 **childhood**
[tʃáɪldhʉd]
名 幼年 (子ども) 時代
➡ □ childhood friend 幼なじみ

1667 **infant**
[ínfənt]
名 乳児, 幼児

1668 **prime**
[práɪm]
名 《the prime で》絶頂期, 全盛期
形 もっとも重要な, 第一の, おもな

1669 **popularity**
[pàːpjəlǽrɪti]
名 人気, 評判
➡ □ pópular 形 人気のある

1670 **philosophy**
[fəláːsəfi] ⑦
名 哲学, 人生観, 悟り
➡ □ philosóphical 形 哲学の
□ philósopher 名 哲学者

1671 **thought**
[θɔ́ːt]
名 ① 考え ② 検討 ③《(複) で》意見
➡ □ thínk 動 考える, と思う

1672 **aim**
[éɪm]
名 目的, 目標
動 ① めざす, ねらう ② を向ける

1673 **destination**
[dèstənéɪʃən]
名 目的地, 行き先
➡ □ déstiny 名 運命

1674 **motivate**
[móʊtəvèɪt]
動 に動機を与える, 興味を起こさせる
➡ □ motivátion 名 動機 (づけ)

1675 **undergo**
[ʌ̀ndərgóʊ]
動 を経験する, (治療など) を受ける
〈underwent-undergone〉

社会・社会福祉論①

1676 **welfare**
[wélfèər] ⑦
名 幸福, 福祉

1677 **pension**
[pénʃən]
名 年金, 恩給
➡ □ pénsioner 名 年金受給者

1678 **insurance**
[ɪnʃʊ́ərəns]
名 保険, 保険金 (料)
➡ □ life insurance 生命保険

1679 **isolation**
[àɪsəléɪʃən]
名 孤立
➡ □ in isolation 孤立して □ ísolate 動 を孤立させる

1680 **shortage**
[ʃɔ́ːrtɪdʒ]
名 不足
➡ □ shórt 形 不足した, 短い

I spent my childhood in Hokkaido.	私は幼年時代を北海道で過ごした。
The hospital room was full of infants.	その病室は乳幼児でいっぱいだった。
She is now in *the* prime of her life.	彼女は今，人生の絶頂期にある。
I'm surprised at the sudden popularity of that singer.	あの歌手の人気が急に出てきたことに驚いている。
I learned a lot about life from philosophy.	私は哲学から人生について多くを学んだ。
What are your thoughts on life and death?	生や死についてのあなたの考えはどのようなものですか。
She saved money with the aim of living abroad.	彼女は海外で暮らすことを目的にお金をためた。
She had a clear destination in life.	彼女は人生の目的が明確だった。
His support motivated me to realize my dream.	彼の応援が私に夢を実現する動機を与えた。
My car needs to undergo some repairs.	私の車は修理を受ける必要がある。

Level 5

The government decided to reduce the welfare budget.	政府は福祉予算を削減することを決定した。
He retired from the company and lives on his pension.	彼は会社を退職して年金生活を送っている。
Japan has a national health insurance system.	日本には国民健康保険制度がある。
Our society should help people living *in* isolation.	社会は孤立して生活している人々を支援すべきだ。
There is a shortage of nurses and doctors in this area.	この地域は看護師と医師不足だ。

1681	**ambitious** [æmbíʃəs] ⑦	形 野心のある，大望を抱いた	➡ **ambítion** 名 大望，野心
1682	**significant** [sɪɡnífɪkənt] ⑦	形 意義深い，重要な ➡ **sígnify** 動 を意味する	**signíficance** 名 重要性，意味 **significantly** 副 意味ありげに，著しく
1683	**splendid** [spléndɪd]	形 すばらしい，輝かしい，豪華な	➡ **spléndor** 名 輝き，豪華さ
1684	**vivid** [vívɪd]	形 鮮明な，生き生きとした	
1685	**vital** [váɪtəl]	形 ① 不可欠な ② 生命の ③ 活気のある	➡ **be vital to[for] ...** …のために不可欠である **vitálity** 名 生命力
1686	**ancestor** [ǽnsestər] ⑦	名 （個人の）先祖，祖先（↔ **descendant** 子孫）	
1687	**heritage** [hérətɪdʒ]	名 遺産，継承物	➡ **World Heritage** 世界遺産

1688	**poverty** [pá:vərti] ⑦	名 ① 貧困，欠乏 ② 貧弱	➡ **póor** 形 貧しい，あわれな
1689	**abuse** [əbjú:s] 発	名 注意 ① 虐待 ② 乱用，悪用 動 [əbjú:z] 発 ① を虐待する ② を乱用する，を悪用する	
1690	**improve** [ɪmprú:v]	動 ① を向上させる，向上する ② を改善する，よくなる	➡ **impróvement** 名 改善，向上
1691	**circumstance** [sə́:rkəmstæns] ⑦	名 《通常 (複) で》（周囲の）状況，環境，生活状態	

テーマ解説 ⑧ 【社会・社会福祉論】日本の少子高齢化

日本の**少子高齢化**（**declining birthrate and aging population**）は深刻で，1人の女性が一生の間に産む子どもの平均人数を意味する**合計特殊出生率**（**total fertility rate**）は下降の一途をたどり，人口減少に歯止めがかかっていない。少子高齢化が進むと，**社会保障費**（**social welfare spending**）の増加に伴う**現役世代**（**working generation**）の負担増，**労働力不足**（**labor shortage**）からくる経済活動全般の縮小などさまざまな問題が発生し，そこから生じる経

☐ An ambitious person works hard to succeed.	野心のある人は成功するために懸命に働く。
☐ That was a significant event in my life.	それは私の人生において意義深いできごとだった。
☐ We had a splendid vacation in Okinawa last month.	先月、私たちは沖縄ですばらしい休暇を過ごした。
☐ I still have vivid memories of that summer.	私はいまだにあの夏の鮮明な記憶がある。
☐ It is vital to connect with others in our society.	私たちの社会では人とつながることが不可欠だ。
☐ My ancestors are from Kumamoto Prefecture.	私の先祖は熊本県出身だ。
☐ Our cultural heritage must be preserved for future generations.	私たちの文化遺産は将来の世代のために保存していかねばならない。

☐ We need a good plan to fight poverty.	貧困と戦うためにはよい計画が必要だ。
☐ They discussed how to stop child abuse.	彼らはどのように児童虐待を止めるかについて議論した。
☐ We must all think of ways to improve our company.	私たちは皆、会社を改善する方法を考えなければならない。
☐ Children in that country are now facing difficult circumstances.	その国の子どもたちは現在、困難な状況に直面している。

Level 5

済難 (economic difficulties) がさらなる少子化を招くという**悪循環 (negative spiral)** が発生する。有効な対策としては，**子育て世帯 (households with children)** への給付金 (benefits) の支給，**育児休暇 (parental leave)** や保育サービス (childcare services) の拡充のほか，子育て前後の女性のキャリアの保証などがあげられる。比較的高い出生率を維持している他国を見ると，男性の**家事 (household chores)** への参加率が比較的高い傾向にあるため，そのあたりも少子化を食い止める**カギ (clue)** となるかもしれない。

人生・生死に関する語（3）

1692	**funeral** [fjúːnərəl] 🔊	名 葬式 ➡ □ attend a funeral 葬式に参列する
1693	**grave** [gréɪv]	名 墓, 墓穴 形 ① 重大な, ゆゆしい ② 重々しい, 厳粛な
1694	**cancer** [kǽnsər]	名 ガン, (社会の) ガン, 害悪 ➡ □ have cancer ガンにかかっている
1695	**suicide** [súːəsàɪd] 🔊	名 ① 自殺　② 自殺行為　③ 自殺者 ➡ □ commit suicide 自殺する

社会・社会福祉論③

1696	**rumor** [rúːmər]	(英) rumour 名 うわさ, 世間の評判
1697	**reputation** [rèpjətéɪʃən]	名 評判, 名声, 好評
1698	**fame** [féɪm]	名 名声, 評判 ➡ □ fámous 形 有名な
1699	**emergency** [ɪmə́ːrdʒənsi]	名 ① 緊急時, 非常事態　② 急患 ➡ □ emérge 動 現れる
1700	**relief** [rɪlíːf]	名 ① 安堵　② 除去　③ 救済 ➡ □ with relief 安堵して　□ relíeve 動 を和らげる
1701	**formal** [fɔ́ːrməl]	形 ① 正式の, 公式の　② 堅苦しい, 改まった (↔ □ informal 非公式の, 形式ばらない) ➡ □ fórm 名 形　動 (を) 形成する
1702	**involve** [ɪnvάːlv] 🔊	動 ① を巻き込む　② を含む, を必要とする ➡ □ be involved in ... …に巻き込まれる, …にかかわっている □ invólvement 名 関与
1703	**barrier** [bériər]	名 障壁, 障害 (= □ obstacle) ➡ □ bàrrier-frée 形 障壁がない, 障害がない
1704	**violation** [vàɪəléɪʃən]	名 ① 違反 (行為)　② (権利の) 侵害　③ (女性への) 暴行 ➡ □ in violation of ~ ~に違反して □ víolate 動 ① に違反する　② を侵害する

My grandmother's funeral was held yesterday.	昨日，祖母の葬儀が行われた。
ⓐ I visited the grave with my parents. ⓑ We are now facing a grave situation.	ⓐ 両親と一緒に墓を訪ねた(墓参りをした)。 ⓑ 我々は今ゆゆしい事態に直面している。
He died of cancer three years ago.	彼は3年前にガンで亡くなった。
We don't know why he *committed* suicide.	彼が自殺した理由を私たちは知らない。

I heard some bad rumors about that restaurant.	そのレストランについて悪いうわさを聞いた。
This company has a reputation for good customer service.	この会社は優れた顧客サービスの評判がある。
She gained fame as a writer after many years.	彼女は長い年月を経て作家として名声を得た。
A state of emergency was declared.	緊急事態が宣言された。
Supplies were sent to provide relief to the earthquake victims.	物資が地震被災者への救済のために送られた。
There has been no formal declaration of war.	公式な戦争の宣言 (宣戦布告) は行われていない。
I don't want to *be* involved *in* their problems.	私は彼らの問題に巻き込まれたくない。
The language barrier made communication difficult.	言葉の壁がコミュニケーションを困難にした。
The company was fined for environmental violations.	その会社は環境に関する違反で罰金を科された。

Level 5

好ましくないイメージを持つ語

1705 **endangered**
[ɪndéɪndʒərd]
形 絶滅の危機に瀕した
➡ □**endánger** 動 を危険にさらす

1706 **extinction**
[ɪkstíŋkʃən]
名 絶滅, 消滅
➡ □**extínct** 形 絶滅した

1707 **discrimination**
[dɪskrìmənéɪʃən]
名 差別
➡ □**racial discrimination** 人種差別

1708 **disorder**
[dɪsɔ́:rdər]
名 ① 不調, 障害, 疾患
② 混乱, 暴動

1709 **virus**
[váɪrəs] 発
名 ① ウイルス
② コンピュータウイルス

1710 **ban**
[bǽn]
動 を禁止する
➡ □**ban ... from -ing** …が〜することを禁止する
名 禁止令

1711 **restrict**
[rɪstríkt] ア
動 を制限する, を規制する
➡ □**restríction** 名 制限, 規制

1712 **envious**
[énviəs]
形 うらやんで, 嫉妬深い

1713 **scorn**
[skɔ́:rn]
名 軽蔑
動 軽蔑する

外れた・離れた様子を表す語

1714 **remote**
[rɪmóʊt]
形 ① 人里離れた ② 遠く離れた

1715 **apart**
[əpá:rt]
副 ① (距離的に) 離れて
② (時間的に) 〜違いで

1716 **aside**
[əsáɪd]
副 ① わきへ
② 《名詞のあとで》 〜はさておき

1717 **forth**
[fɔ́:rθ]
副 ① 外へ ② 前方へ
➡ □**back and forth** 前後に, 行ったり来たり

1718 **divorce**
[dɪvɔ́:rs]
名 離婚
動 と離婚する

326

☐ The plant is classified as an endangered species.	その植物は絶滅危惧種に分類される。
☐ What caused the extinction of the bird?	何がその鳥の絶滅を引き起こしたのか。
☐ There are many kinds of discrimination in society.	社会にはさまざまな差別が存在する。
☐ She is suffering from a stomach disorder.	彼女は胃の不調で苦しんでいる。
☐ People wore masks to protect themselves from the virus.	人々はウイルスから身を守るためにマスクを着用した。
☐ Selling of alcoholic drinks was banned in those days.	当時はアルコール飲料の販売が禁止されていた。
☐ Certain drugs are restricted by the government.	特定の薬物は政府によって制限されている。
☐ I'm envious of her expensive new clothes.	私は彼女の高価な新しい服をうらやんでいる。
☐ She looked at him with scorn.	彼女は軽蔑をもって彼を見つめた。

Level 5

☐ My uncle lives in a remote mountain village.	おじは人里離れた山村に暮らしている。
☐ ⓐ The two farms are about 20 miles apart.	ⓐ その2つの農場は20マイルほど離れている。
☐ ⓑ Our birthdays are only two days apart.	ⓑ 私たちの誕生日はたったの2日違いだ。
☐ Since he was full, he pushed his plate aside.	彼は満腹だったので, 皿をわきへ押しやった。
☐ The two team captains came forth and shook hands.	2人のチームキャプテンが前に出て握手した。
☐ I heard those movie stars are getting a divorce.	私はあの映画スターたちが離婚すると聞いた。

1719	**chief** [tʃíːf]	形 もっとも重要な 名 長, 責任者
1720	**fair** [féər]	形 適正な, 公平な　名 注意 お祭り, フェア ➡ **fáirly** 副 かなり, 公平に
1721	**reliable** [rɪláɪəbl]	形 信頼できる, 当てにできる
1722	**secure** [sɪkjúər]	形 ① 安定した　② 安全な　③ 安心した 動 を確保する, を確実にする
1723	**consistent** [kənsístənt] ⑦	形 ① 首尾一貫した　② 着実な ➡ **be consistent with ...** …と一致する **consístency** 名 一貫性
1724	**sophisticated** [səfístɪkèɪtɪd] ⑦	形 ① 精巧な　② 洗練された, 教養のある ③ しゃれた
1725	**willing** [wílɪŋ]	形 ① いとわない, 構わない　② 自発的な ➡ **be willing to do** 〜する気がある, 進んで〜する
1726	**attain** [ətéɪn]	動 ① (に) 到達する　② (を) 獲得する
1727	**incentive** [ɪnséntɪv]	名 ① 刺激, 動機　② 報奨金 (物)

1728	**historic** [hɪstɔ́ːrɪk]	形 歴史のある, 歴史上重要な
1729	**historical** [hɪstɔ́ːrɪkəl]	形 歴史に関する, 歴史学的な, 歴史上の ➡ **historical research** 歴史に関する調査
1730	**historian** [hɪstɔ́ːriən]	名 歴史家
1731	**anthropologist** [æ̀nθrəpáːlədʒist] ⑦	名 人類学者
1732	**root** [rúːt]	名 ① 根, 根源　② ルーツ 動 根づく, を根づかせる

Safety is our chief concern.	安全が私たちのもっとも重要な関心事だ。
Life isn't always fair.	人生はいつも公平だとは限らない。
We need reliable information to start the project.	プロジェクトを始めるためには信頼できる情報が必要だ。
ⓐ There are no secure jobs these days.	ⓐ このごろは安定した職がない。
ⓑ I secured a good place in the park for our picnic.	ⓑ 私は公園でピクニックのためによい場所を確保した。
His actions *are* consistent *with* his beliefs.	彼の行動は彼の信念と一致している。
We'll introduce a sophisticated computer system.	私たちは精巧なコンピュータシステムを導入するつもりだ。
I told them I *was* willing *to* help.	私は，手助けする気があると彼らに伝えた。
I finally attained the rank of black belt in karate.	私はついに空手で黒帯のランクに到達した。
The bonus was a great incentive.	ボーナスは大きな動機づけになった。

Level 5

The city has many historic buildings.	その都市には多くの歴史的建造物がある。
The novel is based on historical facts.	その小説は歴史上の事実（史実）に基づいている。
Historians have written many books about Rome.	歴史家たちはローマについて多くの本を書いている。
Most anthropologists support the theory that humans were born in Africa.	人類学者の多くが人類はアフリカで誕生したという説を支持している。
The roots of the Japanese people go back to the distant past.	日本人のルーツは遠い過去にさかのぼる。

「変化させる」ことなどを表す語

1733 □	**renew**	動 ① (を)更新する ② (を)再び新しくする ③ (を)復活させる
□	[rɪn(j)úː]	➡ □ **renéwable** 形 再生可能な

1734 □	**alter**	動 ① を変える, 変わる ② を作り直す
□	[ɔ́ːltər] ⑦	➡ □ **altérnative** 形 代わりの 名 選択肢

1735 □	**transform**	動 を変形させる, を一変させる
□	[trænsfɔ́ːrm]	➡ □ **transformátion** 名 変貌

1736 □	**inspire**	動 ① を奮起させる, を刺激する ② を抱かせる
□	[ɪnspáɪər]	➡ □ **inspire〈人〉with ...** 〈人〉に…を抱かせる
		□ **inspire ... in〈人〉** …を〈人〉に抱かせる
		□ **inspirátion** 名 ひらめき, インスピレーション

1737 □	**modify**	動 を修正する, を変更する
□	[máːdəfàɪ]	➡ □ **genetically modified** (食品・植物などが) 遺伝子組み換えの □ **modificátion** 名 修正 (点), 変更 (点)

1738 □	**tie**	動 ① を結びつける ② を結ぶ ③ 同点になる
□	[táɪ]	名 ネクタイ

1739 □	**convert**	動 を変える, を換算する
□	[kənvɔ́ːrt]	➡ □ **convérsion** 名 ① 転換 ② 改造

1740 □	**enhance**	動 を高める, を増す, を引き立てる
□	[ɪnhǽns]	➡ □ **enháncement** 名 向上, 増進

改革などに関する語

1741 □	**reform**	名 改革, 改正
□	[rɪfɔ́ːrm]	

1742 □	**draft**	名 草案, 草稿, 下書き
□	[drǽft]	動 起草する

1743 □	**legitimate**	形 合法の, 正当な
□	[lɪdʒítəmət]	

1744 □	**valid**	形 ① 有効な ② 妥当な
□	[vǽlɪd]	

1745 □	**drastic**	形 抜本的な, 徹底的な
□	[drǽstɪk]	

1746 □	**radical**	形 ① 根本的な, 抜本的な ② 過激な, 急進的な
□	[rǽdɪkəl]	名 急進論者, 過激派

Don't forget that you have to renew your passport next year.	来年あなたのパスポートを更新しなければならないことを忘れないでください。
They had to alter their travel plans.	彼らは旅行計画を変更しなければならなかった。
The movie transformed her from an unknown schoolgirl into a superstar.	その映画が彼女を無名の生徒から大スターへと一変させた。
We need someone who can inspire the team.	私たちはそのチームを奮起させることができるような人が必要だ。
The feedback will be used to modify the course for next year.	その意見は来年の講座を変更するために使われることになっている。
Tie a baggage label to your suitcase.	スーツケースに荷札を結びつけなさい。
They plan to convert the building into a museum.	彼らはその建物を博物館に変えることを計画している。
Exercise can enhance your mood.	運動は気分を高めてくれる。
The tax reforms did not benefit the middle class.	税制改革は中間層には恩恵を与えなかった。
All parties eventually approved the final draft of the peace treaty.	最後には全党が平和条約の最終草案に賛成した。
Their business operations are perfectly legitimate.	彼らの営業活動はまったく合法である。
Your return ticket is valid for three months.	あなたの帰りの切符は3か月間有効です。
The President promised drastic changes in health care.	大統領は医療の抜本的な改革を約束した。
The group proposed a radical solution.	そのグループは急進的な解決策を提案した。

Level 5

「提出する」「提供する」ことなどを表す語

1747 submit
[səbmít]
動 ① を提出する, を投稿する　② を服従させる, 服従する
→ submíssion 名 提出, 提案, 服従

1748 donate
[dóʊneɪt]
動 ① (を) 寄付する　② (臓器など) を提供する
→ donátion 名 寄付 (金), (臓器などの) 提供
dónor 名 寄付をする人, (臓器などの) 提供者

1749 register
[rédʒɪstər]
動 (を) 登録する
→ registrátion 名 登録, 登録証明書

SDGs に関する語①

1750 sustainable
[səstéɪnəbl]
形 環境を破壊しない, 持続可能な
→ sustáin 動 ① を持続させる　② を維持する

1751 quality
[kwá:lɪti]
名 ① 質, 品質　②上質
形 良質の, 高級な

1752 inclusive
[ɪnklú:sɪv]
形 ①《inclusive (of ~) で》(~を) (すべて) 含んだ, 包括的な
→ inclúsion 名 包含, 包括, 含まれるもの(人)

1753 equality
[ɪkwá:lɪti]
名 平等, 対等, 同等
→ équal 形 等しい, 平等な　動 に等しい
équally 副 等しく, 均等に

1754 empower
[ɪmpáʊər]
動 ① に権限を与える ② に力を与える

1755 gender
[dʒéndər]
名 (社会的・文化的役割としての) 性 (別), ジェンダー

1756 diversity
[dəvá:rsɪti]
名 多様性　注意 おもに〔英〕で[daɪvá:rsɪti]とも発音される。
→ a diversity of ... 多種多様な…
biodivérsity 名 生物多様性

テーマ解説 9 【SDGs に関する語】SDGs の「5 つの P」

「SDGs」とは「**持続可能な開発目標**」(Sustainable Development Goals) の略語で, 2030 年までに達成されるべき 17 の目標を表す。2015 年, 国連によって採択された。
SDGs には「5 つの P」の**観点** (perspective) があり, 17 の目標はそのいずれかに含まれる。
1 つめの P は「**People**」(**人間**)。人が**尊厳** (dignity) を持って健全に生きられる社会を目指そうという観点で, **貧困** (poverty) の解消, **福祉** (welfare) や**教育** (education) の充実など 1 ～ 6 の目標を含む。

She needs to submit her essay tomorrow.	彼女は明日エッセイを提出しなければならない。
He plans to donate to a charity.	彼は慈善事業に寄付する予定だ。
Please register for the event online.	イベントへの参加はオンラインで登録してください。

Sustainable living helps the environment.	持続可能な生活は環境を助ける。
Having a comfortable home enhances the quality of one's life.	快適な住まいがあれば生活の質も高まる。
Our company promotes an inclusive workplace culture.	当社は包括的な職場文化を推進している。
All human beings should be treated with equality.	すべての人間は平等に扱われるべきだ。
Education can empower individuals to change their lives.	教育は個人に人生を変える力を与えることができる。
Discrimination based on race or gender is against the law.	人種や性別に基づく差別は法律に反する。
The seminar is about ethnic diversity.	そのセミナーは民族の多様性についてのものだ。

Level 5

2つめのPは「**Prosperity**」(豊かさ)で, 人が豊かで充実した生活を送れる社会を目指し, **クリーンエネルギー** (**clean energy**)の普及, **インフラ**(**infrastructure**)の拡充など7〜11の目標を含む。3つめのPは「**Planet**」(地球)。地球環境を守ることを目指し, **気候変動** (**climate change**)対策や**環境保護** (**environmental protection**)など12〜15の目標を含む。
そして最後の2つのPは「**Peace**」(平和)と「**Partnership**」(パートナーシップ)を表し, 世界を平和で公正なものにし, 各国がパートナーシップを持って目標を達成しようという16・17の目標となっている。

SDGs に関する語②

1757	**affordable** [əfɔ́:rdəbl]	形 (値段が) 手ごろな, 購入できる
1758	**productive** [prədʌ́ktɪv]	形 ① 生産的な　② 利益をもたらす ➡ □ **productívity** 名 生産性, 生産力
1759	**employment** [ɪmplɔ́ɪmənt]	名 ① 雇用　② 職　➡ □ **unemplóyment** 名 失業者数, 《unemployment (rate) で》失業率, 失業
1760	**foster** [fɔ́(:)stər]	動 ① を育てる, の里親になる　② (病人など) を世話する 形 里親の
1761	**settlement** [sétlmənt]	名 ① 解決　② 入植 (地) ➡ □ **séttle** 動 ① (紛争・問題など) を解決する ② を定住させる, 定住する, 入植する ③ を静める, 静まる, を落ち着かせる
1762	**consumption** [kənsʌ́mpʃən]	名 消費 (量), 飲食 ➡ □ **consumption tax** 消費税
1763	**urgent** [ə́:rdʒənt]	形 緊急の ➡ □ **úrgency** 名 緊急 (性), 切迫
1764	**combat** [ká:mbæt]	名 戦闘, 争い 動 (と) 戦う
1765	**climate** [kláɪmət]	名 (年間を通じての) 気候 ➡ □ **climate change** 気候変動
1766	**conserve** [kənsə́:rv]	動 ① を保存する ② (資源など) を大事に使う
1767	**reverse** [rɪvə́:rs]	動 ① を覆す　② を逆にする, を裏返す ③ (車が) バックする 名 《the reverse で》逆, 裏返し　形 逆の, 反対の, 裏の
1768	**effective** [ɪféktɪv]	形 効果的な ➡ □ **efféct** 名 ① 影響, 効果　② 結果 □ **efféctively** 副 効果的に, 有効に
1769	**accountable** [əkáʊntəbl]	形 責任がある, 説明できる ➡ □ **accóunt** 名 ① 勘定 (書)　② 銀行口座　③ 報告 動 《account for ... で》…を説明する
1770	**implementation** [ìmpləməntéɪʃən]	名 履行, 実行　➡ □ **ímplement** 動 を履行する 名 《しばしば implements で》道具, 器具

Healthy food should be affordable for everyone.	健康的な食品が誰にとっても入手可能であるべきだ。
We had a very productive weekend.	私たちはとても生産的な(充実した)週末を過ごした。
His employment contract is up for renewal.	彼の雇用契約は更新の対象となっている。
The couple thought about fostering an orphan from Cambodia.	その夫婦はカンボジアの孤児の養育を考えた。
ⓐ The dispute ended in a settlement agreement.	ⓐ その紛争は和解合意に終わった。
ⓑ The Romans had a settlement in this area centuries ago.	ⓑ ローマ人は何世紀も前にこの地域に入植していた。
Our consumption of plastic is a concern.	私たちのプラスチックの消費量は懸念事項だ。
This matter is urgent and requires attention.	この問題は緊急であり, 注意が必要だ。
The soldiers were sent to the combat zones.	兵士たちは戦闘地域に送り出された。
The climate is changing due to global warming.	地球温暖化により気候が変化している。
It is important to conserve energy at home.	家庭でエネルギーを大事に使うことが重要だ。
He tried to reverse the damage but couldn't.	彼は被害を元に戻そうと試みたができなかった。
Regular exercise is effective for improving one's health.	定期的な運動は健康を改善するのに効果的だ。
You will be held accountable for your actions.	あなたは自分の行動について責任を負うことになる。
The government is working on implementation strategies.	政府は実施戦略に取り組んでいる。

Level 5

1771	**boost** [búːst]	動 を後押しする, を高める
1772	**embrace** [ɪmbréɪs]	動 ① を抱きしめる　② を包む　③ を受け入れる 名 抱擁
1773	**infer** [ɪnfə́ːr]	動 ① を推論する　② を暗示する (= imply) ➡ ínference 名 推論, 推測, 推理
1774	**mislead** [mɪslíːd]	動 を迷わせる, を誤解させる ➡ misléading 形 誤解させる, まぎらわしい
1775	**overwhelm** [òʊvərwélm]	動 ① を(力や数で)圧倒する　② を苦しめる ➡ overwhélming 形 ① 圧倒的な　② 大変な
1776	**retrieve** [rɪtríːv]	動 ① を取り戻す　② を回復する ➡ retríeval 名 取り戻すこと, 修復
1777	**utilize** [júːtəlàɪz]	動 を使う, を利用する, を役立てる ➡ utilizátion 名 利用すること

1778	**external** [ɪkstə́ːrnəl]	形 ① 外の, 外部の, 外用の ② 外部からの, 外的な
1779	**neutral** [n(j)úːtrəl]	形 中立の ➡ néutralize 動 を無効にする, を中立にする
1780	**relevant** [réləvənt]	形 ① 《relevant (to ~)》(~と) (密接な) 関連がある ② 適切な
1781	**accordingly** [əkɔ́ːrdɪŋli]	副 したがって, それに応じて
1782	**definitely** [défənətli]	副 ① 確かに, 絶対に　② はっきりと ➡ dẹ́finite 形 ① 明確な　② 確信して
1783	**deliberately** [dɪlíbərətli]	副 ① 慎重に　② 故意に (= intentionally) ➡ delíberate 形 ① (人が) 慎重な　② 故意の 動 (を)熟慮する, (を)審議する
1784	**virtually** [və́ːrtʃuəli]	副 事実上, 実質的には (≒ practically), ほとんど (≒ almost)

The new campaign should boost sales.	新しいキャンペーンが売上を後押しするはずだ。
Our community is starting to embrace diversity and inclusion.	私たちのコミュニティは多様性と包括性を受け入れ始めている。
We can infer from his tone that he's angry.	彼の口調から怒っていると推測することができる。
The problem with fake news is that it can mislead the public.	フェイクニュースの問題はそれが一般市民を迷わせる可能性があるということだ。
The teacher was overwhelmed by the students' questions.	先生は生徒たちの質問に圧倒された。
It may be difficult to retrieve the stolen data.	盗まれたデータを取り戻すのは難しいかもしれない。
I can utilize this tool for gardening.	私はこの道具をガーデニングに利用することができる。

We need external help since we have too many projects.	私たちはプロジェクトが多すぎるので外部の支援が必要だ。
Some players doubted if the referee was neutral.	審判が公平であるか疑った選手もいた。
That fact isn't relevant to what we are discussing.	その事実は私たちが話していることと関連はない。
Press this button and follow the instructions accordingly.	このボタンを押し，それに応じて(適宜)指示に従ってください。
I will definitely finish the project today.	私は今日，確実にそのプロジェクトを終わらせるつもりだ。
The stone tower was deliberately buried thousands of years ago.	その石塔は数千年前に故意に埋められた。
She wrote the whole report virtually in a day.	彼女は実質1日ですべてのレポートを書き上げた。

Level 5

1785
good

[gúd]

目的にかなった・望ましい(もの)

形容詞	① よい, 優れた (= □excellent)
	② 適した, 合った (= □suitable)
	③ 上手な, 得意な (= □skillful)
	➡ □be good at -ing ～が上手である
	④ 十分な, たっぷりの (= □enough)
	⑤ (快適で) 楽しい (= □pleasant □enjoyable)
	⑥ とても親しい, 仲のよい (= □close)
	⑦ 親切な (= □kind)
名詞	⑧ 役に立つこと, 利益 (= □use □benefit)
	⑨《(複) で》商品, 製品 (= □product)
	⑩《for good (and all) で》永久に (= □permanently), 二度と～ない

1786
right

[ráɪt]

まっすぐ・正しい・右の・すぐに

形容詞	① 正しい (↔ □wrong 間違った)
	② 適切な, ふさわしい (= □suitable)
	③ 右の (↔ □left 左の)
	注意 名詞の前, または the right で「右」を意味する。
副詞	④ 正確に, 正しく (= □accurately □precisely)
	⑤《前置詞・副詞の前で》まっすぐに, まともに (= □straight)
	⑥ すぐに, ただちに ➡ □right away すぐに
	⑦ (位置・時間が) ちょうど ➡ □right there ちょうどあそこに
	⑧ ～までずっと (= □all the way)
名詞	⑨ 正義, 善 (↔ □wrong 悪)
	⑩ 権利 (↔ □duty 義務)

338

□① His grades are always <u>good</u>.	彼の学業成績はいつもよい。
□② He is a <u>good</u> person for this job.	彼はこの仕事に適した人物である。
□③ You *are* <u>good</u> *at* paint*ing*.	君は絵が上手だ。
□④ You should have a <u>good</u> rest.	君は十分な休養を取るべきだ。
□⑤ We had a <u>good</u> time at dinner.	私たちは夕食で楽しい時を過ごした。
□⑥ The two are <u>good</u> friends.	その2人はとても親しい友だちだ。
□⑦ His parents are very <u>good</u> to me.	彼の両親は私にとても親切だ。
□⑧ We must work together for the <u>good</u> of the community.	私たちは地域社会の利益のためにいっしょに取り組まなければならない。
□⑨ Do you sell silk <u>goods</u>?	絹製品を売っていますか。
□⑩ My father quit smoking *for* <u>good</u>.	私の父は永久に喫煙をやめた。
□① All of his answers were <u>right</u>.	彼の答えはすべて正しかった。
□② She is the <u>right</u> person for that job.	彼女はあの仕事にふさわしい人だ。
□③ He held the pencil in his <u>right</u> hand.	彼は鉛筆を右の手に持っていた。
□④ If I remember <u>right</u>, her mother was born in 1967.	もし私が正確に記憶しているとすれば,彼女の母親は1967年生まれだ。
□⑤ I don't have to go <u>right</u> home today.	私は今日まっすぐに家へ帰る必要がない。

注意 「右へ」を意味するときは Turn right. のように,あとに前置詞や副詞がつかない。

□⑥ I'll be <u>right</u> back.	私はすぐに戻ります。
□⑦ Your bag is <u>right</u> *there*.	あなたのかばんはちょうどあそこにある。
□⑧ Go <u>right</u> to the end of the road.	その道を突きあたりまでずっと行って。
□⑨ They are old enough to know <u>right</u> from wrong.	彼らは善と悪の区別ができる年齢だ。
□⑩ The <u>rights</u> of the people are protected by law.	国民の権利は法律で守られている。

1787
use

名 [júːs]

形 助 (**used to** で)
[júːs(s)tə]

動 [júːz]

使用・目的・効果・能力・習慣

名詞 ① 使用，利用
➡ □ **make use of ...** …を利用する
□ **put ... to use** …を使う
□ **be out of use** 使用されていない

② 用途，使用目的

③ 役立つこと，効用，利益 (= □ **benefit**)
➡ □ **it is no use -ing** 〜してもむだである
□ **of use** 役立って
□ **of no use** 役に立たない

④ 自由に使えること，使える能力があること

形容詞 ⑤ 《**be used to -ing** で》〜するのに慣れている
(= □ **be accustomed to -ing**)

助動詞 ⑥ 《**used to do** で》(以前はよく) 〜したものだった

動詞 ⑦ (一時的に電話やトイレなど) を借りる

1788
mean

[míːn]

何かを心に抱いている・中間の・卑しい

動詞 ① を意味する，を意図する ➡ □ **méaning** 名 意味，意図 □ **méaningful** 形 意味のある

② 《**mean that ...** で》…ということが言いたい，…のつもりで言う (= □ **intend to say**)

③ 《**mean to do** で》〜するつもりでいる
(= □ **try to do**)

名詞 ④ 《常に単数形で》中間的なもの，平均 (値)
(= □ **average**)

⑤ 《(複) で》手段，方法 (= □ **way** □ **method**)
➡ □ **by means of ...** …の手段によって
□ **by all means** ぜひとも

⑥ 《(複) で》収入，資産 (= □ **income** □ **money**)

形容詞 ⑦ 卑劣な，意地の悪い (= □ **cruel**)，けちな

副詞 ⑧ 《**in the meantime** で》その間に，一方で
➡ □ **méanwhile** その間に

① The government encourages the use of computers in education.　政府は教育におけるコンピュータの使用を推奨している。

② Robots have many different uses nowadays.　今日では，ロボットには多くの異なる用途がある。

③ *It is no use* gett*ing* angry about this situation.　この状況に腹を立ててもむだだ。

④ I had the use of my father's camera during the trip.　旅行の間，私は父のカメラを自由に使えた。

⑤ I'*m* used *to* speak*ing* in front of many people.　私は多くの人の前で話をするのに慣れている。

⑥ My mother used *to* grow vegetables.　母は以前はよく野菜を育てていたものだ。

⑦ Can I use your pen?　君のペンを借りてもいいですか。

① The green light means "go."　青信号は「進め」を意味する。

② I mean *that* everybody has the right to live in peace.　私は誰もが平和に暮らす権利を持っているということが言いたい。

③ He always means *to* be kind to others.　彼はいつでも人に親切にするつもりでいる。

④ You need to find the mean of all the numbers.　あなたはすべての数字の平均を求める必要がある。

⑤ He will use any means to achieve his goal.　彼は目標を達成するためにあらゆる手段を使うだろう。

⑥ They live beyond their means.　彼らは収入を超えた暮らしをしている。

⑦ I don't think he is a mean person.　私は彼が卑劣な人だとは思わない。

⑧ *In the meantime*, let's take a break.　その間に，休憩しよう。

1789
order

[ɔ́ːrdər]

秩序正しい状態（を生み出すもの）

名詞 ① 命令（＝ □command）
➡ □give an order 命令を出す

② 順序，順番
➡ □in the correct order 正しい順番に

③ 秩序，治安
➡ □keep[maintain] order 秩序を保つ，治安を維持する

④ 整理，整とん
➡ □put ... in order …を整理（整とん）する，…を順番に並べる

⑤ 注文，注文品
➡ □take one's order 〜の注文を取る

⑥《out of orderで》故障して，調子が悪い

動詞 ⑦ を命令する（＝ □tell □command）
➡ □order ... to do …に〜するよう命令する

⑧ を注文する

1790
case

[kéɪs]

具体的な事例や事件・箱

名詞 ① （個々の）場合（＝ □occasion），状況
➡ □in case of ... …の場合は
□in any case いずれの場合にも
□just in case 万一の場合に備えて

② 事件（＝ □incident），訴訟，裁判
➡ □win a case 勝訴する

③ 事例，実例（＝ □example），症例

④ 事実（＝ □fact），真相（＝ □truth）

⑤ 箱，ケース，1箱（分）

①① The soldiers received <u>orders</u> to attack.	兵士たちは攻撃の命令を受けた。
②② The <u>order</u> of the names on the list is not correct.	リスト上の名前の順序が正しくない。
③③ <u>Order</u> has always been maintained in that country.	その国では常に秩序が保たれてきた。
④④ I bought a new desk to *put* my things *in* <u>order</u>.	私は物を整理するために新しい机を買った。
⑤⑤ The server *took our* <u>orders</u>.	その給仕人が私たちの注文を取った。
⑥⑥ The machine was *out of* <u>order</u>.	その機械は故障していた。
⑦⑦ The general <u>ordered</u> his men *to* advance.	その将軍は部下に前進するよう命令した。
⑧⑧ My wife <u>ordered</u> a chicken salad.	妻はチキンサラダを注文した。
①① In that <u>case</u>, I'll call you.	その場合には，私はあなたに電話をします。
②② The murder <u>case</u> was reported on the news.	その殺人事件はニュースで報道された。
③③ That is a <u>case</u> of love at first sight.	あれはひと目ぼれの事例の1つだ。
④④ Whatever he said, it is not the <u>case</u>.	彼が何と言おうと，それは事実ではない。
⑤⑤ We bought a <u>case</u> of soda.	私たちは炭酸飲料を1ケース買った。

1791
way

[wéi]

目的地にたどり着く道や方法

名詞 ① 道, 道順, 方向 (= □direction)
➡ □**by way of ...** …経由で
□**by the way** ところで
□**in the way (of ...)** (…の) じゃまになって
□**make way for ...** …に道を譲る
(= □**give way to ...**)

② 方法, やり方 (= □manner)
➡ □**in the same way** 同じ方法で

③ 流儀, 様式, 習慣, くせ
(= □custom □habit)

④ 点, 観点, 面, 方面 (= □aspect)
➡ □**in a way** ある点で(は), ある意味で(は)

1792
sound

[sáund]

耳に聞こえてくる(もの)・健全な

名詞 ① 音, 音響, 音波

動詞 ② ～の音がする, 音を出す

③ ～のように聞こえる, ～のように思われる
➡ □**it sounds as if[though] ...**
…かのように思われる

形容詞 ④ 健全な (= □healthy), 正常な

⑤ 適切な, 確かな, 安全な

⑥ (眠りが) 深い, 十分な

副詞 ⑦ 《**sound asleep** で》ぐっすり眠って

□① Which way should we go? 　私たちはどちらの道を行くべきか。

□② That is the wrong way to use the machine. 　それはその機械の間違った使用方法である。

□③ It is not her way to speak before she thinks. 　考えずにものを言うのは彼女の流儀ではない。

□④ This work is excellent in many ways. 　この作品は多くの点で優れている。

□① She heard a loud sound behind her. 　彼女は背後で大きな物音を聞いた。

□② This piano sounds better than that one. 　このピアノはあのピアノよりもよい音がする。

□③ Her claim sounds reasonable. 　彼女の主張はもっともなように聞こえる。

□④ A sound mind in a sound body. 　健全な精神は健全な肉体に宿る。《諺》

□⑤ He invested money in a sound business. 　彼は確かな事業にお金を投資した。

□⑥ He had a sound sleep last night. 　彼は昨夜，十分な睡眠をとった。

□⑦ Mike was sound asleep after working hard all day. 　一日中けんめいに働いたあと，マイクはぐっすり眠っていた。

1793 sense

[séns]

感覚的にとらえるもの

名詞 ① (五感と呼ばれる視覚・聴覚・嗅覚・味覚・触覚の) 感覚
➡ □sixth sense 第六感

② (ものごとを認識する) 感覚, センス, 自覚
➡ □sense of humor ユーモアのセンス
□sénsitive 形 敏感な, (人が) 傷つきやすい

③ 良識, 思慮, 分別
➡ □sénsible 形 分別のある, 賢明な

④ 《(複) で》正気, 正常な意識
➡ □come to one's senses
正気に返る, 目を覚ます

⑤ 意味 (= □meaning), 語義
➡ □in a sense ある意味では
□make sense 意味がわかる,
理にかなう, 意味をなす

動詞 ⑥ を感じる, に気づく

1794 matter

[mǽtər]

**物質・重要な問題となる
(こと)**

名詞 ① (検討・対処を要する) 問題, 事柄
➡ □serious matter 重大な問題
□as a matter of fact 実を言うと, 実は

② 《(複) で》事態, 状況
➡ □to make matters worse さらに悪いことに

③ 《通常 the matter で》困難 (なこと), 支障

④ (演説・本などの) 内容, 題材
➡ □subject matter (演説・本などの) 主題

⑤ 物質, 物体, もの
(= □material □substance)

動詞 ⑥ 重要である, 問題である
➡ □it doesn't matter
重要ではない, たいしたことではない
(= □it makes no difference □I don't care)

□① A dog has an excellent <u>sense</u> of smell.　イヌには優れた嗅覚がある。

□② He has a poor <u>sense</u> of direction.　彼は方向感覚に乏しい。

□③ She is a woman of <u>sense</u>.　彼女は良識のある女性だ。

□④ Why don't you *come to your* <u>senses</u>?　君は正気に返ったらどうだい。

□⑤ I mean "actor" in the <u>sense</u> of a person who does an action.　私が言いたかったのは，アクションをする人という意味での「アクター」です。

□⑥ After a while, he <u>sensed</u> that something was wrong.　しばらくして，彼は何かがおかしいということに気づいた。

□① It's a <u>matter</u> of life and death.　それは生死にかかわる問題だ。

□② Your suggestion will help to improve <u>matters</u>.　あなたの提案が事態を改善するのに役立つだろう。

□③ What's *the* <u>matter</u> with them?　彼らの困難は何ですか(彼らはどうかしましたか)。

□④ The *subject* <u>matter</u> of the book is very interesting.　この本の主題はとても興味深い。

□⑤ They found some kind of strange <u>matter</u> in the desert.　彼らは砂漠で何らかの奇妙な物質を見つけた。

□⑥ What <u>matters</u> is how we live, not how long we live.　重要であるのはどう生きるかであって，どれだけ長く生きるかではない。

注意すべき多義語

1795 respect

[rɪspékt]

何度も繰り返し見る・敬意を払う

動詞 ① を尊敬する (= □admire)

② を尊重する

名詞 ③ 尊敬, 敬意
  ➡ □respéctable 形 きちんとした(尊敬に値する)
    □respéctful 形 礼儀正しい(敬意に満ちた)

④ 尊重, 配慮

⑤《pay one's respects to ... で》…にていねいな
  あいさつをする
  ➡ □pay one's last[final] respects to ...
    (故人)に最後のお別れをする

⑥ (注目)点 (= □point), 事項

⑦《with respect to ... で》…に関して
  ➡ □respéctive 形 個々の, それぞれの

1796 still

[stíl]

動かず, 変化が起きない状態

形容詞 ① (音も出さず) 静かな
  (= □quiet and calm)

② (音も出さず, 動きもせず) 静止して, じっとして

副詞 ③ (変化なく) まだ, いまだに, 依然として
  注意 still now とは言わない。

④ (変化なく) それでもなお, やはり
  (= □nevertheless)

⑤《比較級とともに用いて》さらに, (それでも) なお
  いっそう
  ➡ □still less ... まして…ない
    □have still to do まだ〜していない

□① We respect him as a great artist.	私たちは彼を偉大な芸術家として尊敬する。
□② I would like you to respect my privacy.	私はあなたに私のプライバシーを尊重してほしい。
□③ She earned the respect of her friends.	彼女は友人たちから尊敬を集めた。
□④ We have great respect for your opinion.	私たちは君の意見を大いに尊重する。
□⑤ He *paid his* respects *to* her family.	彼は彼女の家族にていねいなあいさつをした。
□⑥ I can't agree with you in this respect.	私はこの点で君に賛成できない。
□⑦ *With* respect *to* the matter, a decision should be made soon.	その件に関して，まもなく決定がなされるはずだ。
□① Still waters run deep.	静かな流れの川は底が深い (考えの深い人は口数が少ない)。《諺》
□② They were standing still.	彼らはじっとして立っていた。
□③ She is still hoping to receive a letter from Bill.	彼女はいまだにビルからの手紙を期待している。
□④ The work was hard, but she still continued to do it.	その仕事は大変だったが，彼女はそれでもなお続けた。
□⑤ Tom is wise, but Jane is still wiser.	トムは賢いが，ジェーンはさらに賢い。

Level 5

1797
due

[d(j)ú:]

予定や義務などに従った・当然そうなるべき状態

形容詞 ① (人・乗り物などが) 到着する予定で

② 《**be due to do** で》〜する予定である
(＝□**be expected to do**)

③ 支払い (返却) 期日の来た

④ (報酬などが) 当然支払われるべき, 正当な

⑤ 当然の, しかるべき (＝□**proper**)

⑥ 《**due to ...** で》…の理由で, …のために
(＝□**because of ...** □**on account of ...**)

1798
account

[əkáunt]

計算や考えに入れる(こと)

名詞 ① 勘定 (書), 計算書, 明細書

② 銀行口座, 預金残高
注意 acct. と省略される。

③ 報告, 話, 説明

④ 《**take account of ...** で》…を考慮 (計算) に入れる (＝□**take ... into account**)

⑤ 《**on account of ...** で》…の理由で, …のために
(＝□**because of ...** □**due to ...**)

副詞 ⑥ 《**account for ...** で》(ある割合・部分) を占める

⑦ 《**account for ...** で》…を説明する, …の原因である

① The train is <u>due</u> in a few minutes.	電車は数分以内に到着する予定だ。
② The theme park *is* <u>due</u> *to* open next month.	そのテーマパークは来月, 開園する予定だ。
③ This month's rent is <u>due</u> next Friday.	今月の家賃は来週の金曜日が支払い期日だ。
④ This money is <u>due</u> to me for the work I did.	このお金は私がした仕事に対して私に当然支払われるべきだ。
⑤ Good planning must have <u>due</u> regard for economic conditions.	優れた計画は経済状況に対してしかるべき配慮がなければならない。
⑥ The school was closed <u>due</u> *to* the typhoon.	台風のために学校は閉鎖された(休校になった)。
① The <u>account</u> showed a profit of 5,000 dollars.	明細書は 5,000 ドルの収益があったことを示していた。
② The money will be taken out of your <u>account</u>.	その金額があなたの銀行口座から引き落とされる。
③ He was too shocked to give an <u>account</u> of what had happened.	彼はあまりにもショックを受けて, 何があったか説明できなかった。
④ We will *take* <u>account</u> *of* everybody's different tastes.	私たちは皆の異なる好みを考慮に入れます。
⑤ The plane was delayed *on* <u>account</u> *of* the heavy snow.	その飛行機は大雪のために遅れた。
⑥ Women in their forties <u>account</u> *for* most of our clients.	40 代の女性が私たちの顧客の大半を占めている。
⑦ The bad weather may <u>account</u> *for* his bad mood today.	悪天候が今日の彼の機嫌の悪さの原因であるかもしれない。

Level 5

1799

present

動 [prɪzént]
名 形 [préznt]

**目の前に差し出されて
存在する**

動詞 ① (目の前に差し出して) を示す (= □ show)
　　➡ □ prèsentátion 名 発表

② (目の前へ差し出して) を贈る (= □ give)

名詞 ③ (目の前に差し出された) 贈り物 (= □ gift)

④ 《通常 the present で》(目の前に存在している) 現在, 今
　➡ □ at present 現在は, 今のところ
　　注意 the がつかない。

形容詞 ⑤ 《名詞の前で, 通常 the present で》現在の
　　(= □ current)

⑥ 《名詞のあとで, あるいは補語として》出席している,
　存在している
　(= □ in attendance) (↔ □ absent 欠席で, 不在で)

1800

bear

[béər]

**重いものを身につけて
いる・運ぶ**

動詞 ① (責任・費用など) を負う, を負担する
　　(= □ accept)

② を支える (= □ support)

③ に耐える
　(= □ stand □ endure)

④ (子ども) を産む (= □ give birth to ...)
　➡ □ bear fruit 実を結ぶ, 成果を上げる

⑤ を運ぶ (= □ carry)

⑥ を身につける, を帯びる
　(= □ have □ carry)

⑦ を心に持つ, を心に抱く
　➡ □ bear ... in mind …を念頭に置いておく

□① I presented my passport to the officer.	私は係員に自分のパスポートを示し(て見せ)た。
□② We presented a medal to her.	私たちは彼女にメダルを贈った。
□③ Here is a present for you.	ここに君への贈り物がある。
□④ There is no time like _the_ present.	現在のようなときはない(今が絶好の機会だ)。《諺》
□⑤ How can I get over _the_ present situation?	私は現在の状況をどう克服することができるか。
□⑥ His speech moved all those present at the wedding.	彼のスピーチは結婚式に出席しているすべての人を感動させた。
□① Each company must bear half of the costs of development.	それぞれの会社が開発費用の半分を負担しなければならない。
□② The walls bear the weight of the roof.	壁が屋根の重量を支える。
□③ I cannot bear his loud voice.	私は彼の大声に耐えられない。
□④ ⓐ She bore five children. ⓑ Our efforts bore _fruit_.	ⓐ 彼女は5人の子どもを産んだ。 ⓑ 私たちの努力は実を結んだ。
□⑤ In the past, horses were used to bear things around.	昔は，ウマが物を運ぶのに使われていた。
□⑥ People don't have the right to bear arms in this country.	この国では人々は武器を身につける権利がない。
□⑦ I bear no bad feelings towards you.	私はあなたに対して何も悪い感情を心に持っていない。

Level 5

1801

bound

[báund]

しっかり結びつけられて
身動きのとれない状態

形容詞 ① 縛られた，結ばれた
➡ □**bínd** 動 を縛る，を結びつける
〈bound - bound〉

② (法的に) 義務づけられた，義務がある
➡ □**be bound to do** 〜する義務がある，
〜しなければならない

③ 《**be bound to do** で》きっと〜する(はずだ)
(＝ □**be sure to do**)，確実に〜することになる
(はずだ)

④ 《**be bound for ...** で》(ほかの場所と結びられて)
…行きである (＝ □**be headed for ...**)

名詞 ⑤ 《(複) で》(法律や社会習慣などの) (許容) 範囲，
限界 ➡ □**beyond the bounds** 範囲を超えて

動詞 ⑥ (① 〜 ⑤ と別語源)
《副詞 (句) や現在分詞とともに》跳び上がる，弾む

1802

term

[tə́ːrm]

限界・終わりのある範
囲 (期間などの条件)

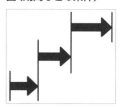

名詞 ① 期限，任期，会期

② 期間 (＝ □**period**)，(3学期制の) 学期
➡ □**in the long term** 長期的に見ると

③ 《(複) で》(交際の) 間柄 (＝ □**relations**)
➡ □**be on ... terms with** 〜
〜と…の間柄である

④ 《(複) で》(契約の限界としての) 条件
(＝ □**condition**)
➡ □**come to terms with ...** …と合意する，
あきらめて…に従う

⑤ (特定の分野に限定された) (専門) 用語，言葉
(＝ □**word** □**vocabulary**)
➡ □**in simple terms** 簡単な言葉で

⑥ 《**in terms of ...** で》…の点で，…に関して

☐① I took the bound pile of newspapers downstairs.　私は縛った新聞の束を下の階へ運んだ。

☐② You *are* bound by law *to* pay taxes.　法律により税金を払う義務がある。

☐③ She *is* bound *to* arrive here soon.　彼女はきっとすぐにここに到着するはずだ。

☐④ This airplane *is* bound *for* Paris.　この飛行機はパリ行きである。

☐⑤ Her joy knew no bounds.　彼女の喜びは限界（とどまるところ）を知らなかった。

☐⑥ The dog bounded over the gate.　そのイヌは門を越えて跳び上がった。

☐① Can you extend the payment term?　支払い期限を延ばすことはできますか。

☐② During the term of employment, you should follow our work rules.　雇用期間中は，あなたは私たちの就業規則に従わなくてはならない。

☐③ We're *on* good terms *with* the neighbors.　私たちは近所の人たちとよい間柄だ。

☐④ The terms of the contract are fair.　その契約の条件は適切なものである。

☐⑤ This author uses many medical terms in his novels.　この作家は自分の小説の中にたくさんの医学用語を用いる。

☐⑥ This schedule isn't realistic *in* terms *of* time and costs.　この計画は時間と費用の点で現実的でない。

Level 5

355

注意すべき多義語

1803 fast

[fǽst]

しっかり力が込められた
状態

副詞 ① (力をこめて) 堅く, しっかりと (= □tightly)
　　　　➡ □fásten 動 を固定する, を締める

② 《fast asleep で》ぐっすり眠って

③ 速く, すばやく

形容詞 ④ (時計などが) 進んでいる

⑤ 速い

1804 wear

[wéər] 〈wore - worn〉

ものを身につけている・
ものをすり減らす

動詞 ① を着ている, を身につけている
　　　　➡ □wear glasses 眼鏡をかけている

② (ひげ・髪) をはやしている

③ (ある表情) を浮かべている
　　　　➡ □wear a ... look …の表情を浮かべている

④ 《wear (...) down で》…をすり減らす, すり切れ
　　る, …を弱らせる

⑤ 《wear (...) out で》…を疲れ果てさせる, すり切
　　れる　➡ □be worn out 疲れ果てている

⑥ 使用に耐える, 長持ちする

1805 appreciate

[əpríːʃièɪt]

対象となるものの価値
を実感する

動詞 ① (実感を持って) を正しく理解する
　　　　(= □understand), を認識する

② のよさがわかる, を鑑賞する, を楽しむ

③ 価値が上がる

④ に感謝する, をありがたく思う
　　　　(= □be grateful for ...)

□① He held fast to the handrail.	彼は手すりをしっかりと握った。
□② She is fast *asleep* on the sofa.	彼女はソファーでぐっすり眠っている。
□③ Don't drive so fast on a wet road.	濡れた道路でそんなに速く運転しないで。
□④ His watch is five minutes fast.	彼の腕時計は5分進んでいる。
□⑤ She is the fastest runner in the world.	彼女は世界最速のランナーだ。

□① He always wears a black shirt and blue jeans.	彼はいつも黒いシャツとブルージーンズを着ている。
□② She wears her hair long.	彼女は髪を長くはやして(のばして)いる。
□③ She wore an expression of embarrassment.	彼女は困惑した表情を浮かべていた。
□④ Months of walking every day wore *down* my shoes.	何か月も毎日歩き続けて靴がすり減った。
□⑤ All this arguing is wearing me *out*.	このすべての議論が私を疲れ果てさせている。
□⑥ This old wallet has worn well.	この古い財布はよく長持ちしている。
□① I appreciate the difficulty of your situation.	私は君が置かれた状況の困難さを正しく理解している。
□② He appreciates modern art.	彼は現代美術のよさがわかる。
□③ The land in this area is appreciating in value.	このあたりの土地は価値が上がりつつある。
□④ They appreciated our help.	彼らは私たちの助力に感謝した。

Level 5

[1] Many people in Japan are ①**bilingual**. By this I don't ②**mean** they can speak Japanese and another language. People who are raised in local areas can usually speak the local ③**dialect** as well as "standard Japanese." So *in a* ④**sense** they already have a ⑤**command** of two languages before they start studying English. They just ⑥**assume** this is normal. Because ③**dialects** ⑦**vary** from region to region, there are many ⑧**linguistic** differences in Japan.

[2] On another ⑨**matter**, I think everybody has the ⑩**potential** to master a foreign language. Although it's true that some people have a special ⑪**faculty** for learning foreign languages, anyone can ⑫**pursue** a language and master it, if they have ⑬**discipline** and patience. You don't have to speak English like a ⑭**native** *speaker*. The main point is to ⑮**express** your feelings and ideas.

[3] Don't be ⑯**embarrassed** if you make mistakes. Everyone does. Also, don't try to ⑰**impress** others with your language ⑱**ability**. Although mastering a foreign language is a great ⑲**achievement**, it doesn't necessarily ②**mean** you are more ⑳**intelligent** than someone who hasn't. The important thing is to ㉑**persist** *in* your efforts. You should always try to ㉒**expand** your ㉓**vocabulary**. To do this, ㉔**consult** a good dictionary whenever possible.

(201 words)

Quick Check!

⑥ 名詞 assumption の意味は？	⇨	_____
⑦「多様性」を意味する名詞は？	⇨	_____
⑧ 名詞 linguistics の意味は？	⇨	_____
⑫「追求」を意味する名詞は？	⇨	_____
⑮「表現」を意味する名詞は？	⇨	_____

また，右ページの問いと下のQuick Check!で，
読解力と語い力の定着を確認してみましょう。　　➡ 訳・解答は p.363

 音声 ▶

問1　下線部の指すものを①〜④の中から1つ選びなさい。

① many Japanese study another language besides Japanese

② many people can speak two dialects in Japan

③ people often speak standard Japanese and a dialect

④ there are a lot of different dialects in Japan

問2　本文の内容に合っているものを①〜④の中から1つ選びなさい。

① It is important to speak English like a native speaker.

② If you speak a dialect, you can learn English much more easily.

③ It is normal to make mistakes when you speak a foreign language.

④ Some people feel embarrassed when they speak English to native speakers.

Level 5

⑯ 名詞 embarrassment の意味は？　　　　　⇨ ＿＿＿＿＿＿＿＿＿＿

⑰「印象的な」を意味する形容詞は？　　　　⇨ ＿＿＿＿＿＿＿＿＿＿

⑲「を成し遂げる」を意味する動詞は？　　　⇨ ＿＿＿＿＿＿＿＿＿＿

⑳「知能」を意味する名詞は？　　　　　　　⇨ ＿＿＿＿＿＿＿＿＿＿

㉒「拡大」を意味する名詞は？　　　　　　　⇨ ＿＿＿＿＿＿＿＿＿＿

実践問題
Level 5

■正しい英文になるように，もっとも適当な語(句)を選び，番号で答えなさい。

□ **1.** The teacher's encouraging words ( ) all the students with new confidence.

    ① inspired ② inherited ③ inhibited ④ implied   〈関西学院大〉

□ **2.** Many students are ( ) in voluntary work in the local community.

    ① excluded ② involved ③ joined ④ participated   〈学習院大〉

□ **3.** ( ) a glance, I'd say these are the ten most recommended books.

    ① At ② Before ③ Off ④ On   〈立命館大〉

□ **4.** Those who are unable to ( ) money to the school building fund can help in many other ways.

    ① collect ② contribute ③ finance ④ prepare   〈南山大〉

□ **5.** In studying the brain, scientists have tried to learn what part of it ( ) to what kind of activity in our bodies.

    ① catches ② touches ③ corresponds ④ opens   〈亜細亜大〉

□ **6.** "Are you ( ) to cold weather?"
"Of course. I grew up in Alaska."

    ① accustomed ② alright ③ fond ④ liked   〈金沢工業大〉

□ **7.** Mental health refers to the successful performance of mental functions in ( ) of thought, mood, and behavior.

    ① case ② favor ③ place ④ terms   〈上智大〉

実践問題
Level 5
ANSWERS
(p.361)

8. ② ➡ 1633	**9.** ① ➡ 1725	**10.** ③ ➡ 1566
11. ① ➡ 1802	**12.** ② ➡ 1620	**13.** ④ ➡ 1554
14. ③ ➡ 1531	**15.** ① ➡ 1502	

➡ 訳・解説は p.362

□ **8.** We shouldn't ( ) that there is any connection between nationality and personality.
① concentrate　② conclude　③ exclude　④ explore　〈中央大〉

□ **9.** If a student ( ) to travel a long distance, he or she may find a job at a summer camp.
① is willing　② is beginning　③ is looking　④ is avoiding　〈近畿大〉

□ **10.** Writing a novel ( ) all his time, so he only ate once a day.
① designed　② mentioned　③ occupied　④ realized　〈立命館大〉

□ **11.** She is on very good ( ) with her mother-in-law.
① terms　② relationship　③ friendship　④ bond　〈昭和大〉

□ **12.** What a beautiful painting! I could ( ) at it for hours.
① watch　② gaze　③ see　④ glow　〈北里大〉

□ **13.** The child ( ) because she thought her mother would be angry at her.
① scares her　② was scary　③ did scare　④ was scared　〈杏林大〉

□ **14.** Don't make noise. I cannot ( ) on my work.
① emphasize　② absorb　③ concentrate　④ depend　〈芝浦工業大〉

□ **15.** "Do you miss your hometown?"
"Yeah, I have friends there, and I have a strong ( ) to my grandmother."
① attachment　② attendance　③ association　④ access
〈北海学園大〉

実践問題
Level 5
ANSWERS
(p.360)

1.	①	➡ 1736	**2.**	②	➡ 1702	**3.**	①	➡ 1621
4.	②	➡ 1599	**5.**	③	➡ 1659	**6.**	①	➡ 1500
7.	④	➡ 1802						

1. 先生の励ましの言葉が，学生すべてに新たな自信を抱かせた。
　※〈inspire A with B〉で「AにBを抱かせる」の意味。inherit は「を相続する」，inhibit は「を抑制する」，imply は「を示唆する」の意味。

2. 多くの学生が地域社会のボランティア活動にかかわっている。
　※〈be involved in ...〉で「…にかかわっている」の意味。

3. ざっと見たところ，私はこれらがもっとも勧めたい10冊の本であると思う。
　※〈at a glance〉で「一目（ひとめ）で」の意味。

4. 校舎建設基金に寄付できない人は，ほかの多くの方法で援助できる。
　※〈contribute A to B〉で「AをBに寄付する」の意味。

5. 脳の研究において，科学者たちは脳のどの部分が体のどんな種類の活動と対応するのか知ろうとしてきた。
　※〈correspond to ...〉で「…と一致（対応）する」の意味。

6. 「あなたは寒い天候に慣れていますか」「もちろんです。私はアラスカで育ちました」
　※〈be accustomed to ...〉で「…に慣れている」の意味。

7. 精神的健康とは，思考，感情，行為の点で，精神の働きがうまくいっていることを表す。
　※〈in terms of ...〉で「…の点で」，〈in case of ...〉は「…の場合は」，〈in favor of ...〉は「…に賛成で」，〈in place of ...〉は「…の代わりに」の意味。

8. 私たちは国籍と性格に何らかの関連性があると結論づけるべきではない。
　※conclude は「と結論づける」の意味。concentrate は「を集中する」，exclude は「を除外する」，explore は「を探検する」の意味。

9. 長距離旅行をする気がある学生なら，サマーキャンプで仕事（役目）を見つけるかもしれない。
　※〈be willing to do〉で「～する気がある」の意味。

10. 小説を書くことが，彼のすべての時間を占めたので，彼は1日1食しか食べなかった。
　※occupy は「を占める」の意味。

11. 彼女は義理の母親と非常によい間柄である。
　※〈be on (very) good terms with ...〉で「…と（非常に）よい間柄である」の意味。mother-in-law は「義理の母親」という意味。

12. なんて美しい絵なのだろう！　私は何時間でも見つめていられる。
　※〈gaze at ...〉で「…を見つめる」の意味。watch や see は他動詞なので前置詞は不要。glow は「輝く」の意味。

13. 母親が怒ると思ったので，その子どもは怖がっていた。
　※scare は「を怖がらせる」という意味の他動詞で，「怖がる」は〈be scared〉と受動態を用いる。

14. うるさくするな。私は仕事に集中できない。
　※〈concentrate on ...〉で「…に集中する」の意味。

15. 「故郷が恋しいの？」「ええ，そこには友だちがいるし，私は祖母に強い愛着を持っているの」
　※attachment は「愛着」の意味。

① 日本では多くの人々が①2言語を使用する。といっても，彼らが日本語とほかの言語を話せる②というのではない。地方で育った人々は，たいてい「標準語」だけでなく，その地方の③方言も話せる。だからある④意味では，彼らは英語を勉強し始める前に，2つの言語を⑤自由にあやつる能力をすでに持っているのである。彼らはこのことをふつうのことだと⑥思い込んでいるだけである。③方言は地域によって⑦異なるので，日本にはたくさんの⑧言語の違いがある。

② 別⑨問題である（話は変わる）が，誰もが外国語を身につける⑩潜在能力を持っていると，私は考える。外国語を学ぶのに特別な⑪能力を持っている人々がいるというのは確かだが，⑬訓練を受け，忍耐力があれば，誰でも言語を⑫追求し，身につけることができる。⑭母国語話者のように英語を話す必要はない。主要な点は，自分の気持ちや考えを⑮表現することだ。

③ 間違いをしても，⑯恥ずかしく思うことはない。誰もが間違いをする。また，自分の言語⑱能力を他人に⑰印象づけようとしてはいけない。外国語を身につけるのは大きな⑲達成であるけれども，身につけていない人よりも⑳知能が高いということを，必ずしも㉑意味しない。大事なことは，努力を㉑し続けることだ。いつも㉓語いを㉒広げようとするべきである。これをするためには，可能なときはいつでも優れた辞書で㉔調べることだ。

問1　③

第1段落第3文参照。

問2　③

第3段落第1・2文の内容に合致。

Level 5

 音声 ▶

日本語の中ですでにカタカナ語として定着していたり，カタカナ語として使われたりすることが多い語を，
発音や関連表現などとともに確認しておこう。英語の場合の発音と大きく異なるものもあるので注意しよう。

☐ **user** [júːzər] ユーザー

利用者。IT 分野では機器やソフトウェア，サービスなどの利用者を，ビジネス分野では企業側から見た顧客のことを指す場合が多い。user identification は「ユーザー ID」，user satisfaction は「顧客満足度」。

☐ **install** [ɪnstɔ́ːl] インストール

(器具・装置を) 取り付ける。(コンピュータにハードやソフトを) 組み込む。名詞には installment (取り付けること，分割払いの1回分) と installation (取り付けられたもの) などがある。

☐ **software** [sɔ́(ː)ftwèər] ソフトウェア

コンピュータ用のプログラム。これに対してコンピュータ本体や周辺機器などは hardware (ハードウェア) と言う。なお，hardware store は「金物屋」のこと。

☐ **link** [líŋk] リンク

関連。つながり。つなぐ。IT 用語では，インターネット上の情報を参照する仕組のこと。Click (on) the link below for more information. (より詳しい情報は，次のリンクをクリックしなさい) などのように使われる。

☐ **security** [sɪkjúərɪti] セキュリティ

安全。治安。防衛 (対策)。security against terrorism は「テロ対策」，security products は「防犯用品」という意味。形容詞の secure は「安全な，確実な」。

☐ **input** [ínpùt] インプット

(データや情報などの) 入力・提供。入力・提供する。対義語は output (出力 (する))。日常会話でも，I need your input. (あなたの意見が必要だ) のように使われる。

☐ **output** [áʊtpùt] アウトプット

(データや情報などの) 出力。出力する。agricultural output (農産物) や daily output (1日の生産高) のように，「生産物，生産高」の意味で使われることもある。

☐ **feedback** [fíːdbæk] フィードバック

(相手からの) 反応・感想・意見。I appreciate your feedback. (あなたの感想を聞かせていただければ，ありがたいです) のように使う。

☐ **monitor** [máːnətər] モニター

(コンピュータなどの) 画像表示装置。動詞としては「監視する，観察する」などの意味がある。

☐ **virtual reality** [vɔ́ːrtʃuəl riǽləti] バーチャル・リアリティ

(デジタル技術を活用して作り出された) 仮想現実。VR と略されることもある。

Level

6

難関大対策（2）

Level 6では，おもに「科学論」に関する語や，抽象的な概念を表す語など
難易度の高い単語，そしてasのように〈接続詞〉〈関係代名詞〉〈前置詞〉〈副詞〉など
さまざまな品詞で使われる多機能語を学習します。
Level 6のあとには，英作文で役立つ重要表現を盛り込んだ100の例文を掲載。
知識を確認するとともに，語い力の完成を目指しましょう。

◀)) 音声 ▶
Level 6

短い時間を表す語

1806 □ □	**immediate** [ɪmíːdiət] 発 ア	形 ① 迅速な, 即座の ② 直接の ➡ □ **immédiately** 副 ただちに
1807 □ □	**sudden** [sʌ́dən]	形 突然の ➡ □ **súddenly** 副 突然 (に) 名 《all of a sudden で》突然 (に), 急に, 不意に
1808 □ □	**temporary** [témpərèri] ア	形 一時的な, 間に合わせの (↔ □ **permanent** 永続的な, 永久の)
1809 □ □	**burst** [bə́ːrst]	動 破裂する, を破裂させる 〈burst - burst〉 ➡ □ **burst out -ing** (= □ **burst into ...**) 突然〜しだす 名 ① 破裂 ② 急に起こること

科学論①

1810 □ □	**artificial** [ùːrtəfíʃəl]	形 人工の, 人工的な ➡ □ **artificial intelligence** 人工知能
1811 □ □	**mammal** [mǽməl]	名 ほ乳動物, ほ乳類
1812 □ □	**brain** [bréɪn]	名 脳, 《通常 (複) で》頭脳 ➡ □ **brain death** 脳死
1813 □ □	**lung** [lʌ́ŋ]	名 肺
1814 □ □	**organ** [ɔ́ːrgən]	名 ① 臓器, 器官 ② (政治・情報の) 機関 ➡ □ **órganize** 動 を組織する, を準備する
1815 □ □	**transplant** [trǽnsplænt] ア	名 移植 動 [trænsplǽnt] ア を移植する
1816 □ □	**technology** [teknáːlədʒi] ア	名 科学技術, 工業技術 ➡ □ **technológical** 形 科学 (工業) 技術の
1817 □ □	**equipment** [ɪkwípmənt]	名 ① 設備, 装備, 道具 ② 能力 ➡ □ **equíp** 動 を備えつける, を身につけさせる
1818 □ □	**innovation** [ìnəvéɪʃən]	名 ① (技術) 革新, 刷新 ② 新機軸, 新考案 ➡ □ **ínnovate** 動 (を) 革新する
1819 □ □	**operation** [ùːpəréɪʃən]	名 ① 手術 ② 操作 ③ 活動 ④ 営業 ➡ □ **óperate** 動 を操作する, (に) 手術をする
1820 □ □	**breakthrough** [bréɪkθrùː]	名 ① (科学技術などの) 大発見 ② (交渉などの) 進展

☐ The government took immediate action to help unemployed people.	政府は失業者を支援する迅速な行動を取った。
☐ *All of a* sudden, it started raining.	突然, 雨が降り始めた。
☐ My current job is temporary.	私の現在の仕事は一時的なものだ。
☐ Then everyone burst *out* laugh*ing*.	そのときみんなが突然笑いだした。

☐ This robot is equipped with artificial *intelligence*.	このロボットは人工知能が備えつけられて(搭載されて)いる。
☐ Whales live the longest of all mammals.	クジラはすべてのほ乳類の中でもっとも長く生きる。
☐ The human brain is divided into three parts.	ヒトの脳は3つの部位に分かれている。
☐ Smoking can cause lung cancer.	喫煙は肺ガンを引き起こす可能性がある。
☐ Some organs become smaller as we age.	私たちが年をとるにつれ, より小さくなる臓器もある。
☐ Kelly's only hope of survival was a heart transplant.	ケリーが生き延びる唯一の望みは心臓移植だった。
☐ It's hard to keep up with new technology.	新しい科学技術についていくのは難しい。
☐ This research requires a variety of equipment.	この研究にはさまざまな設備が必要とされる。
☐ Innovation can also change the future of a country.	技術革新は国の未来を変えることもありうる。
☐ In that hospital, robots perform operations together with doctors.	その病院では, ロボットが医師たちとともに手術を行う。
☐ The treatment was a great medical breakthrough.	その治療法は医学上の大発見だった。

Level 6

1821	**contemporary** [kəntémpərèri]	形 ① 現代の　② 同時代の 名 同時代の人
1822	**nowadays** [náʋədèɪz]	副 今日では
1823	**recent** [ríːsnt]	形 最近の, 近ごろの ➡ □ **récently** 副 最近　注意 現在時制では使用しない。
1824	**annual** [ǽnjuəl] 🄐	形 ① 毎年の, 年1回の　② 1年間の　名 年刊誌 ➡ □ **annivérsary** 名 記念日, ～周年記念
1825	**previous** [príːviəs] 🄐	形 ① 先の, 以前の　② 直前の ➡ □ **previous to ...** …以前に 　　□ **préviously** 副 以前に(は), 前もって
1826	**decade** [dékeɪd] 🄐	名 10年 (間) ➡ □ **céntury** 名 100年 (間)
1827	**era** [íərə, érə]	名 (ある特定の) 時代 ➡ □ **prehistoric era** 先史時代

1828	**principle** [prínsəpl]	名 ① 原理, 法則, 原則　② 主義, 信条 ➡ □ **in principle** 原則として
1829	**phenomenon** [fɪnɑ́ːmənàːn] 🄐	名 ① 現象　(複) **phenomena** 　　② 珍しい人・もの　(複) **phenomenons**
1830	**material** [mətíəriəl]	名 ① 物質　② 材料, 原料　③ 資料, 題材 形 物質の, 物質的な
1831	**substance** [sʌ́bstəns] 🄐	名 ① 物質, 実質　② (ばくぜんと) もの ➡ □ **substántial** 形 実質的な, かなりの
1832	**solid** [sɑ́ːləd]	名 ① 固体　② 《通常 (複) で》固形食, 固形物 形 ① 固体の, 固形の　② 純粋の ➡ □ **solid state** 固体の状態
1833	**liquid** [líkwɪd]	名 液体, 流動体 形 ① 液体の, 液状の　② (音・声が) 澄んだ ➡ □ **liquid diet** 流動食
1834	**accurate** [ǽkjərət] 🄐	形 ① 正確な, 事実に基づいた　② 精密な ➡ □ **áccuracy** 名 正確さ　□ **áccurately** 副 正確に

□ I'm not so interested in contemporary art.	私は現代アートにあまり興味がない。
□ People live longer nowadays.	今日では人は以前より長生きだ。
□ I've listened to some recent songs on the internet.	インターネットで最近の曲をいくつか聴いている。
□ The school festival is an annual event.	学園祭は毎年(恒例)の行事だ。
□ I had a previous engagement.	私には先の約束があった。
□ A decade ago, there were many fields around here.	10年前,このあたりにはたくさんの畑があった。
□ We live in an era of instant communication.	私たちは即時コミュニケーションの時代に生きている。

□ First, you must understand the scientific principles.	まず,あなたは科学の原理を理解しなければならない。
□ Scientists cannot fully explain that phenomenon.	科学者はその現象を完全に説明することができない。
□ Diamond is the hardest natural material on earth.	ダイヤモンドは地球上で最も硬い天然の物質だ。
□ Smells vary depending on the substances in them.	においはその中の物質によって変わる。
□ Solids maintain a certain shape.	固体は一定の形状を保つ。
□ Water can be a liquid, a gas, or a solid.	水は液体,気体,または固体になることができる。
□ Science requires accurate measurements.	科学には正確な測定が必要とされる。

Level 6

1835 **bold**
[bóuld] 発
形 ① 大胆な, はっきりとした　② ずうずうしい
➡ 注意 □ **bald** [bɔ́:ld] 発 形 はげた, 毛のない

1836 **modest**
[má:dəst]
形 ① 控えめな, 謙虚な　② ほどほどの
➡ □ **módesty** 名 謙虚
□ **móderate** 形 適度の, 穏健な

1837 **positive**
[pá:zətɪv]
形 ① 積極的な　② 確実な　③ 陽性の
④ 肯定的な, 好意的な (↔ □ **negative** 否定的な)

1838 **passive**
[pǽsɪv]
形 ① 受け身の, 消極的な (↔ □ **active** 積極的な)
② 無抵抗の, 活気のない

1839 **diligent**
[dílɪdʒənt] ア
形 勤勉な (↔ □ **lazy** 怠惰な)
➡ □ **díligence** 名 勤勉

1840 **earnest**
[ɔ́:rnist]
形 ① 真剣な, まじめな　② 熱心な
➡ □ **éarnestness** 名 ① 真剣さ　② 熱心さ

1841 **sincere**
[sɪnsíər] 発 ア
形 誠実な, 心からの, 偽りのない
➡ □ **sincérity** 名 誠実　□ **sincérely** 副 心から

1842 **effect**
[ɪfékt]
名 ① 影響, 効果　② 結果　③ 趣旨, 意味
➡ □ **in effect** (法律などが) 有効な, 実際には
□ **to the effect that ...** …という趣旨の(で)
□ **efféctive** 形 効果的な

1843 **appearance**
[əpíərəns]
名 ① 《常に単数で》出現　② 外見, 見かけ
➡ □ **appéar** 動 現れる, ～のように見える

1844 **exception**
[ɪksépʃən]
名 例外　➡ □ **without exception** 例外なく
□ **with the exception of ...** …を例外として
□ **excépt** 前 ～を除いて
□ **excéptional** 形 例外的な

1845 **condition**
[kəndíʃən]
名 ① 《(複)で》状況, 環境
② 状態　③ 条件

1846 **process**
[prá:ses] ア
名 ① 過程　② 作用　③ 製法
動 を加工する, を処理する

1847 **attribute**
[ətríbju:t] ア
動 《attríbute ... to ～で》…を～に起因すると考える
名 [ǽtrəbjù:t] 特性

☐ He made a bold decision.	彼は大胆な決断をした。
☐ She seems modest at first.	最初は彼女は控えめそうに見える。
☐ You should have a more positive attitude about it.	それについてもっと積極的な態度を持つべきだ。
☐ If you are passive, your dreams won't come true.	受け身でいては，夢はかなわないだろう。
☐ Tony is a very diligent student.	トニーはとても勤勉な学生だ。
☐ You should not ignore their earnest appeal.	あなたは彼らの真剣な訴えを無視すべきではない。
☐ I was attracted to his sincere character.	私は彼の誠実な性格に引かれた。

☐ This chemical has a bad effect on the human body.	この化学薬品（物質）は人体に悪影響がある。
☐ The term "AI" first made its appearance in the 1950s.	「AI」という用語は1950年代に初めて出現した。
☐ There are some exceptions to the rule.	その規則にはいくつかの例外がある。
☐ We can see a rainbow under certain conditions.	ある一定の条件のもとで私たちは虹を見ることができる。
☐ Everyone must go through the same process.	誰もが同じ過程を経る必要がある。
☐ Rising sea levels are attributed to global warming.	海面上昇は地球温暖化に起因すると考えられている。

Level 6

1848	**fundamental**	形 ① 基本的な，根本的な　② 不可欠な
	[fÀndəméntəl]	名《(複)で》基礎，原理

1849	**primary**	形 ① 第1の，主要な　② 初等の
	[práɪmèri]	➡ □ **secondary** 第2の，中等の

1850	**foundation**	名 ①《通常(複)で》土台，基礎　② 財団　③ 設立
	[faʊndéɪʃən]	➡ □ **fóund** 動 を設立する

1851	**background**	名 ① (人の) 生い立ち，背景
	[bǽkgràʊnd]	② (事件・行動などの) 背景，背後事情

1852	**originate**	動 起こる，始まる，を発明する
	[ərídʒənèɪt]	➡ □ **órigin** 名 起源，生まれ

1853	**perceive**	動 ① (特に目で) を知覚する　② とわかる，に気づく
	[pərsí:v]	➡ □ **percéption** 名 知覚，認識

1854	**experience**	名 経験，体験　動 を経験する
	[ɪkspíəriəns]	➡ □ **well-expérienced** 形 経験豊富な

1855	**experiment**	名 ① 実験　② 新しい試み　動 ① 実験をする
	[ɪkspérəmənt] 🄰	② (考え・方法を) 試す　➡ □ **experimentátion** 名 実験

1856	**evidence**	名 証拠，証言　➡ □ **évident** 形 明白な
	[évədəns] 🄰	□ **évidently** 副 明らかに

1857	**analysis**	名 分析 (↔ □ **synthesis** 統合) (複) **analyses** [ənǽləsi:z]
	[ənǽləsɪs] 🄿	➡ □ **ánalyze** 動 を分析する

1858	**hypothesis**	名 仮説　(複) **hypotheses** [haɪpάθəsi:z]
	[haɪpά:θəsɪs] 🄿	➡ □ **make a hypothesis** 仮説を立てる

1859	**logic**	名 ① 論理，推論　② 論理学
	[lά:dʒɪk]	➡ □ **lógical** 形 論理的な

1860	**investigate**	動 (を) 調査する，(を) 捜査する
	[ɪnvéstəgèɪt] 🄰	➡ □ **investigátion** 名 調査，捜査

テーマ解説 ⑩　【科学論】科学的研究の3つの手法

　科学という学問分野は，その手法の観点から**実験科学**（experimental science），**観察科学**（observational science），**理論科学**（theoretical science）の3つに分類できる。実験科学は，「あることが起こると，それが別のことを引き起こす」という**原因と結果**（cause and effect）の関係を**実験**（experiment）を通じ**証明し**（prove）ようとする。まずその関係についての**仮説**（hypothesis）を立てた後に実験を行い**結論**（conclusion）を導き出す。それにより似た状況で

☐ The Japanese Constitution respects fundamental human rights.	日本国憲法は基本的人権を尊重する。
☐ Our primary aim is to exceed customer expectations.	私たちの第1の目標はお客様の期待を上回ることだ。
☐ The building's foundation was damaged in the earthquake.	その建物の基礎は地震で損傷を受けた。
☐ The painter's background is not well known.	その画家の生い立ちについてはあまり知られていない。
☐ It is said that the modern novel originated in France.	近代小説はフランスで起こったと言われている。
☐ Birds and insects can perceive colors that humans cannot.	鳥や昆虫はヒトには知覚できない色を知覚することができる。
☐ Science is about finding laws through experience.	科学とは経験を通じて法則を見つけるものである。
☐ The experiment was conducted on a rainy day.	その実験は雨の日に行われた。
☐ Medical care without scientific evidence is unacceptable.	科学的な証拠（根拠）のない医療は受け入れられない。
☐ Analysis revealed that it was a monkey bone.	分析でそれはサルの骨であることが明らかになった。
☐ Scientists *make a* hypothesis first.	科学者はまず仮説を立てる。
☐ They examined their logic many times.	彼らは自分たちの論理を何度も検証した。
☐ We are investigating the cause of the unusual smell.	私たちは通常でないにおい（異臭）の原因を調査している。

Level 6

未来に起こることの**予測（prediction）**が可能になる。先端技術や医薬品の開発などはこの手法によるところが大きい。観察科学は，**研究対象（subject of research）**が実験に適さない場合に**有効な（effective）**観察による手法で，天体観測で**宇宙の成り立ち（the origin of the universe）**を研究する**天文学（astronomy）**などがその例。理論科学は，数学的な検証を用いてある**理論（theory）**からさらに新しい理論を生み出していく手法で，宇宙の目に見えないエネルギーや**素粒子（particle）**が対象の**宇宙論（cosmology）**や**理論物理学（theoretical physics）**などがその例。

飲食に関する語

1861 appetite
[ǽpətàɪt] ⑦
名 ① 食欲　② 欲望，欲求
➡ □**áppetizer** 名 食前酒，前菜

1862 diet
[dáɪət]
名 ①（減量などのための）規定食，食事制限
　② 日常の食事　③《the Diet で》（日本の）国会
➡ □**be on a diet** 食事制限をしている
　□**go on a diet** 食事制限をする

1863 hunger
[hʌ́ŋɡər]
名 ① 飢え，空腹　② 切望
➡ □**húngry** 形 空腹で，飢えて

1864 ripe
[ráɪp]
形 ① 熟した　② 円熟した
➡ □**be ripe for ...** …の準備ができている

1865 thirst
[θə́ːrst]
名 ① のどの渇き　② 切望
動 切望する　➡ □**thírsty** 形 のどが渇いて

科学論⑤

1866 apply
[əpláɪ]
動 ① を応用する　②《apply to ...》…に適用される
　③《apply for ... で》（職など）に応募する

1867 application
[æ̀plɪkéɪʃən]
名 ① 応用，適用　② 申し込み，出願
　③（コンピュータの）アプリケーション

1868 invent
[ɪnvént]
動 ① を発明する　② をでっちあげる
➡ □**invéntion** 名 発明

1869 develop
[dɪvéləp] ⑦
動 ① を発達（発展）させる，発達（発展）する
　② を開発する　➡ □**devélopment** 名 発達

1870 advance
[ədvǽns] ⑦
名 進歩，前進　動 ① 進歩する，前進する
　② を進める，を深める　➡ □**adváncement** 名 発展
　□**advánced** 形 進歩した，上級の

テーマ解説 ⑪【科学論】宇宙開発の新たな段階

　近年，**宇宙開発（space technology development）**の勢いが加速している。天気予報のための**気象衛星（weather satellite）**や災害時のネットワークを確保するための**通信衛星（communication satellite）**，カーナビのGPS機能を提供する**航行衛星（navigation satellite）**など，地球を周回する人工衛星の数はかつての10倍以上になっている。さらに，地球周回軌道外には**宇宙望遠鏡（space telescope）**や**宇宙探査機（spacecraft）**が打ち上げられ，**太陽系（solar system）**の**惑星（planet）**のみならず，遠くの**銀河（galaxy）**や**ブラックホール**

☐ I don't have much of an appetite these days.	私は最近, あまり食欲がない。
☐ ⓐ Prisoners were given a diet of hard bread and vegetables.	ⓐ 囚人たちは堅いパンと野菜の規定食を与えられた。
☐ ⓑ I watched a live broadcast of *the Diet* on TV.	ⓑ テレビで国会の生放送 (生中継) を見た。
☐ There are many children in the world dying of hunger.	世界には飢えで死んでいく多くの子どもたちがいる。
☐ Those peaches don't look ripe yet.	あちらの桃はまだ熟していないようだ。
☐ She was weak from thirst.	彼女はのどの渇きで弱っていた。

☐ The rules apply *to* everyone.	そのルールは全員に適用される。
☐ Many scientific discoveries have applications to daily life.	多くの科学的な発見は日常生活に応用される。
☐ Do you know who invented the first washing machine?	誰が最初の洗濯機を発明したか知っていますか。
☐ Reading good books develops the brain.	よい本を読むことは脳を発達させる。
☐ In the 19th century, there were great advances in technology.	19世紀には, 科学技術に大きな進歩があった。

Level 6

(black hole) についても**科学的探査 (scientific research)** が進められている。
有人宇宙船 (manned spacecraft) による宇宙開発も新たな段階を迎えている。アメリカの NASA (米航空宇宙局) は**アルテミス計画 (Artemis program)** によって月の有人探査を進め, それを将来的には火星の有人探査にまでつなげようとしている。
こうした中, この分野に参入する**民間企業 (private company)** も続々と登場し, 各国の宇宙開発業務を請け負うのに加え, 自ら**宇宙観光 (space tourism)** ビジネスを展開するようにもなっている。いまや宇宙は人類にとって遠い世界ではなくなりつつある。

自然・自然現象に関する語

1871 **dawn**
[dɔ́:n] 発
名 ① 夜明け (↔ □dusk たそがれ, 夕やみ)
② (ものごとの) 始まり ➡ □at dawn 明け方に
動 ① 夜が明ける 注意 ② 現れ始める
➡ □dawn on 〈人〉 (ことが) 〈人〉 にわかり始める

1872 **landscape**
[lǽndskèɪp] ア
名 ① 景色, 景観 ② 風景画

1873 **steep**
[stí:p]
形 (坂などが) 険しい, 急な

1874 **stream**
[strí:m]
名 ① 小川 ② 流れ
動 流れる

1875 **blow**
[blóʊ]
動 ① (風が) を吹き飛ばす ② (風が) 吹く ③ を吹く
名 注意 ① 打撃, 強打 ② (精神的) 打撃 〈blew - blown〉

1876 **gravity**
[grǽvɪti]
名 ① 重力, 引力 ② 重大さ ③ 厳粛さ

1877 **reflect**
[rɪflékt]
動 ① を映し出す, を反射する
② をよく考える

科学論⑥

1878 **satellite**
[sǽtəlàɪt]
名 (天体の) 衛星, 人工衛星

1879 **explore**
[ɪksplɔ́:r]
動 を探検する, を探求する
➡ □explorátion 名 探検, 探求

1880 **orbit**
[ɔ́:rbət]
名 (衛星などの) 軌道
➡ □orbit of the earth 地球の軌道

1881 **instrument**
[ínstrəmənt] ア
名 ① (精密作業用の) 器具, 道具
② 楽器 (= □musical instrument)

1882 **universe**
[jú:nəvə̀rs]
名 《the universe で》宇宙, 全世界
➡ □univérsal 形 世界共通の, 普遍的な

1883 **planet**
[plǽnət]
名 惑星, 遊星
➡ □plánetary 形 惑星の

1884 **object**
[á:bdʒɪkt] ア
名 ① 物体 ② 目標, 対象
動 [əbdʒékt] ア 《object to ... で》…に反対する

ⓐ I awoke *at* dawn this morning.	ⓐ 私は今朝，明け方に目が覚めた。
ⓑ A new day is dawning.	ⓑ 新しい1日の夜が明けつつある。
The island's landscape is similar to Hawaii's.	その島の景色はハワイのものと似ている。
I walked up the steep slope.	私はその険しい坂道を歩いてのぼった。
A clear stream flows through the forest.	澄んだ小川が森の中を通って流れている。
ⓐ His hat was blown off by the wind.	ⓐ 彼の帽子が風で吹き飛ばされた。
ⓑ The disaster was a big blow to us.	ⓑ その災害は我々にとって大打撃だった。
There is very little gravity high above the earth.	地球のはるか上方には重力がほとんどない。
ⓐ The lake reflected the mountain like a mirror.	ⓐ 湖が鏡のように山を映し出していた。
ⓑ You must reflect on your mistakes.	ⓑ あなたは自らの過ちについてよく考えなければならない。

GPS is a system that uses satellites.	GPSは人工衛星を利用するシステムだ。
They explored the forest and found a temple.	彼らは森を探検して神殿を見つけた。
The Moon's orbit is not a perfect circle.	月の軌道は完全な円（形）ではない。
We conducted the experiment with a special instrument.	私たちは特別な器具でその実験を行った。
The universe is larger than we can imagine.	宇宙は私たちが想像する以上に広大だ。
The Earth is the third planet from the Sun.	地球は太陽から見て3番目の惑星である。
Some force is needed to move an object.	物体を動かすには何らかの力が必要だ。

Level 6

1885 **abundant**
[əbʌ́ndənt]

形 (あり余るほど) 豊富な
➡ be abundant in ... …が豊富である
abóund 動《abound in[with] ...で》…に富む

1886 **luxury**
[lʌ́gʒəri] ア

名 ぜいたく(品)
➡ luxúrious 形 ぜいたくな

1887 **plenty**
[plénti]

名 豊富さ, 十分, 多数, 多量
➡ plenty of ... 多数 (多量) の…
pléntiful 形 豊富な

1888 **privilege**
[prívəlɪdʒ] ア

名 特権, 特典, 恩典

1889 **prosperity**
[prɑ:spériti]

名 繁栄
➡ prósper 動 繁栄する
prósperous 形 繁栄している

1890 **gene**
[dʒíːn] 発

名 遺伝子
➡ genétic 形 遺伝 (子) の, 起源上の
genétics 名 遺伝学

1891 **breed**
[bríːd]

動 ① を繁殖させる, を飼育する, を品種改良する
② 繁殖する, 子を生む 〈bred - bred〉
名 品種 ➡ bréeding 名 繁殖 (行為)

1892 **device**
[dɪváɪs]

名 ① (特殊な目的で考案された) 装置, 道具
② 手段, 工夫

1893 **medicine**
[médəsn] 発

名 ① 医学, 内科 ② (内服用の) 薬
➡ médical 形 医学の

1894 **observe**
[əbzə́ːrv]

動 ① を観察する ② に気づく 注意 ③ (規則など) を守る
➡ observátion 名 観察
obsérvance 名 (規則などを) 守ること, 遵守

1895 **patient**
[péɪʃənt]

名 患者, 病人
形 注意 忍耐強い (↔ impatient がまんできない)
➡ pátience 名 忍耐

1896 **exhaustion**
[ɪgzɔ́ːstʃən] 発

名 ① 極度の疲労 ② 消耗, 枯渇
➡ exháust 動 を疲れ果てさせる

☐ This forest *is* abundant *in* wildflowers.	この森は野草が豊富だ。
☐ A few enjoy luxury while others endure poverty.	ぜいたくを楽しむ者が少数いる一方で、貧しさに耐える者もいる。
☐ We have plenty *of* data to analyze.	私たちは分析するための豊富なデータを持っている。
☐ Decent healthcare should not be the privilege of the rich.	手厚い医療が金持ちの特権であってはならない。
☐ The discovery of oil brought prosperity to that country.	石油の発見がその国に繁栄をもたらした。

☐ Genes have all the information of the body.	遺伝子は身体のすべての情報を持っている。
☐ Our laboratory breeds a lot of mice for experiments.	私たちの研究室ではたくさんの実験用マウスを繁殖させて（飼育して）いる。
☐ This device is equipped with a cooling system.	この装置には冷却システムが搭載されている。
☐ She studied medicine at a university in Tokyo.	彼女は東京の大学で医学を学んだ。
☐ They observed the monkeys in the trees.	彼らは木々に住むサルを観察した。
☐ A new drug was used on the patient.	その患者には新薬が用いられた。
☐ We studied the effect of exhaustion on the mind.	私たちは極度の疲労の心への影響を研究した。

Level 6

1897 **equivalent**
[ɪkwívələnt]
形 同等の, 相当する
名 同等のもの, 相当するもの

1898 **identical**
[aɪdéntɪkəl]
形 まったく同一の, そっくりの

1899 **complicated**
[ká:mpləkèɪtɪd] 🔄
形 ① 複雑な, 込み入った　② 難しい
➡ □ cómplicate 動 を複雑にする

1900 **elaborate**
[ɪlǽbərət]
形 ① 手の込んだ, 複雑な　② 入念な
動 [ɪlǽbərèɪt] ① を精巧に作り上げる　② 詳しく述べる

1901 **accord**
[əkɔ́:rd]
動 ① を与える　②《accord (with ~)》(~と) 一致する
➡ □ accórdance 名 一致, 合致
　□ in accordance with ~ ~に従って
名 ①《accord (with ~)》(~との) 一致 (合致)　② 協定
➡ □ in accord with ~ ~と一致して

1902 **counterpart**
[káʊntərpà:rt]
名 対応するもの(人), 同等のもの(人)

1903 **component**
[kəmpóʊnənt]
名 構成要素, 部品, 成分
形 (全体を) 構成している

1904 **layer**
[léɪər]
名 層, 重なり

1905 **molecule**
[má:ləkjù:l]
名 分子

1906 **particle**
[pá:rtɪkl]
名 (微) 粒子, 微量

1907 **motion**
[móʊʃən]
名 ① 運動, 動き　② 動作
動 (に) 身ぶりで合図する

1908 **intense**
[ɪnténs]
形 激しい, 熱烈な　➡ □ inténsity 名 激しさ, 強さ
□ inténsify 動 を強める　□ inténsive 形 集中的な

1909 **confirm**
[kənfá:rm]
動 ① を裏づける　② を認める
③ を確認する, を固める

1910 **predict**
[prɪdíkt]
動 を予測する, を予言する (= □ forecast)
➡ □ predíction 名 予測, 予言

380

☐ These two words are equivalent in meaning.	これらの2語は意味において同等 (同じ意味) だ。
☐ Your shoes are identical to mine.	あなたの靴は私のにそっくりだ。
☐ The situation in that part of the world is complicated.	世界のその地域の状況は複雑である。
☐ The elaborate design of the bridge is unique.	その橋の手の込んだデザインはユニークだ。
☐ His actions did not accord *with* his words.	彼の行動は彼の言葉と一致しなかった。
☐ Our CEO will be meeting with her Japanese counterpart tomorrow.	明日, 我々のCEOは日本の担当者と会談する予定だ。

☐ A car engine is made up of many components.	車のエンジンは多くの部品で構成されている。
☐ Our skin consists of three layers.	私たちの皮膚は3層から成る。
☐ The oxygen molecule contains just two atoms.	酸素の分子はたった2個の原子を含んでいるだけだ。
☐ Clouds are made of water and ice particles.	雲は水や氷の粒子でできている。
☐ Do you know who discovered the laws of motion?	あなたは誰が運動の法則を発見したか知っていますか。
☐ Some chemical reactions cause intense light and heat.	科学反応の中には激しい光や熱を生じるものもある。
☐ A hypothesis must be confirmed by experiments.	仮説は実験によって裏づけられなければならない。
☐ The results were not as we predicted.	結果は我々が予測したとおりではなかった。

Level 6

文学・出版に関する語 (1)

1911 **article**
[ɑ́ːrtɪkl]
名 ① 記事　注意 ② (法律などの) 条項　③ 品物
➡ □ news article ニュース記事

1912 **biography**
[baɪɑ́ːgrəfi] ⑦
名 伝記　➡ □ biógrapher 名 伝記作者
□ autobiógraphy 名 自伝

1913 **comment**
[kɑ́ːment] ⑦
名 論評, 批評, コメント　動 (と) 批評する
➡ □ make comments on ... …についてコメントする
□ cómmentary 名 論評, 注釈, (実況) 解説

1914 **fiction**
[fíkʃən]
名 ① フィクション, 作り話　② 小説
(↔ □ nonfiction ノンフィクション)

1915 **legend**
[lédʒənd] ⑦
名 伝説, 言い伝え
➡ □ légendary 形 伝説上の

1916 **manuscript**
[mǽnjəskrìpt] ⑦
名 原稿

行動・道徳などに関する語

1917 **moral**
[mɔ́ːrəl]
名 道徳, 教訓
形 ① 道徳的な (↔ □ immoral 道徳に反する) ② 道徳上の

1918 **strength**
[stréŋkθ] ⑱
名 ① 力, 強さ　② 訴える力
➡ □ stréngthen 動 を強くする, 強くなる

1919 **active**
[ǽktɪv]
形 活動的な, 積極的な (↔ □ passive 消極的な)
➡ □ áct 動 行動する, (を) 演じる　名 行い
□ áction 名 行為, 行動　□ actívity 名 活動

1920 **decent**
[díːsnt] ⑱
形 ① きちんとした, まともな　② 礼儀正しい
➡ □ décently 副 きちんと　□ décency 名 礼儀正しいこと

1921 **noble**
[nóʊbl]
形 ① 気高い, 立派な　② 高貴な, 貴族の
➡ □ nobílity 名 気高さ, 高潔

1922 **dignity**
[dígnɪti] ⑱
名 ① 威厳, 威信　② 尊厳
➡ □ dígnify 動 に威厳をつける

1923 **wisdom**
[wízdəm]
名 英知, 知恵, 分別
➡ □ wisdom tooth 親知らず

1924 **virtue**
[vɔ́ːrtʃuː]
名 ① 徳, 美徳 (↔ □ vice 悪徳)　② 長所
➡ □ by virtue of ... …のおかげで
□ vírtuous 形 徳の高い

I read an article about the actor today.	私は今日，その俳優についての記事を読んだ。
She's reading a biography of Steve Jobs.	彼女はスティーブ・ジョブズの伝記を読んでいる。
There were many positive comments about her novel.	彼女の小説には多くの好意的な論評があった。
The story turned out to be a complete fiction.	その物語は完全なフィクションであることがわかった。
Legends often have a hero and a heroine.	伝説にはしばしばヒーローとヒロインがいる。
I will send this manuscript to the publisher.	私はこの原稿を出版社に送るつもりだ。

Moral education is valued in that school.	その学校では道徳教育が重んじられている。
I admire her for her strength and courage.	私は彼女の強さと勇気に感心している。
The animal is active at night.	その動物は夜に活動的（夜行性）である。
I was expecting decent behavior from him.	彼にはきちんとしたふるまいを期待していた。
The queen was noble and beautiful.	女王は高貴で美しかった。
The king faced his death with dignity.	王は威厳をもって自らの死に臨んだ。
He is a man of great wisdom.	彼はすばらしい英知を備えた男だ。
Patience is a virtue.	忍耐は美徳だ。

文学・出版に関する語（2）

1925 **phrase**
[fréɪz]
名 ① 言い回し, 表現　② 成句, 慣用句
動 を言葉で表す, を表現する

1926 **proverb**
[prɑ́:vərb] ⑦
名 諺（ことわざ）（= □ saying）
➡ □ as the proverb goes[says] 諺にあるとおり

1927 **quote**
[kwóut]
動 (を)引用する　名 引用文
➡ □ be quoted as saying ... …と語ったと伝えられる
□ quotátion 名 引用（文）

1928 **remark**
[rɪmɑ́:rk]
名 発言, 意見
動 (意見などを)と述べる
➡ □ remárkable 形 注目すべき, 非凡な

1929 **tale**
[téɪl]
名 ① 物語, 話　② 作り話
➡ □ fairy tale おとぎ話, 作り話

1930 **theme**
[θí:m] ⑱
名 主題, テーマ, 題目
➡ □ súbject 名 話題, 題目

1931 **volume**
[vɑ́:ljəm] ⑦
名 ① (2冊以上から成る本の)1巻, 1冊
② (大きな)本, 書物　③ 量, 容積　④ 音量

気晴らし・娯楽に関する語

1932 **pastime**
[pǽstàɪm]
名 気晴らし, 娯楽, 趣味

1933 **recreation**
[rèkriéɪʃən]
名 娯楽, 気晴らし, レクリエーション

1934 **comedy**
[kɑ́:mədi]
名 喜劇（↔ □ tragedy 悲劇）

1935 **stage**
[stéɪdʒ]
名 ① 舞台, ステージ
注意 ② (発達の)段階, 時期

1936 **delight**
[dɪláɪt] ⑦
名 大喜び
➡ □ with[in] delight 大喜びして
□ take delight in ... …を楽しむ
動 (大いに)を喜ばせる, 大喜びする
➡ □ delíghtful 形 愉快な

1937 **mischief**
[místʃɪf] ⑦
名 いたずら
➡ □ míschievous 形 いたずら好きな

☐ I can't understand the meaning of this English phrase.	私はこの英語の言い回しの意味がわからない。
☐ *As the* proverb *goes*, seeing is believing.	諺にあるとおり，百聞は一見にしかずだ。
☐ The writer quoted Shakespeare in his novel.	その作家は彼の小説でシェイクスピアを引用した。
☐ I don't agree with the remarks of the politician.	私はその政治家の発言に同意しない。
☐ The princess in this *fairy* tale is brave.	このおとぎ話の中のお姫様は勇敢だ。
☐ What do you think the theme of the book is?	この本の主題は何だと思いますか。
☐ I am reading the second volume of the series.	私はそのシリーズの第2巻を読んでいる最中だ。

☐ Reading is her favorite pastime.	読書は彼女のお気に入りの気晴らしだ。
☐ We camped for recreation.	私たちは娯楽のためにキャンプをした。
☐ A comedy usually has a happy ending.	喜劇はたいていハッピーエンドだ。
☐ It was my first time to perform on the stage.	私は初めて舞台で演じた。
☐ The children watched the pandas *with* delight.	子どもたちは大喜びしてパンダを見た。
☐ Our dog likes making mischief.	私たちのイヌはいたずらをするのが好きだ。

Level 6

悲しみ・苦しみを表す語

1938 **despair**
[dɪspéər] ⑦
名 絶望, あきらめ (↔ □ hope 希望)
動 絶望する ➡ □ in despair 絶望して

1939 **grief**
[grí:f]
名 深い悲しみ
➡ □ grieve 動 悲しむ, を悲しませる

1940 **misery**
[mízəri] ⑦
名 みじめさ, 悲惨さ, 苦しみ, 惨状
➡ □ míserable 形 みじめな

1941 **shame**
[ʃéɪm]
名 ① 恥ずかしさ ② 《通常 a shame で》残念なこと
➡ □ Shame on you! 恥を知れ！

1942 **sorrow**
[sɑ́:rou]
名 悲しみ, 不幸
➡ □ sórrowful 形 悲しんでいる

1943 **tragedy**
[trǽdʒədi] ⑦
名 悲劇 (↔ □ comedy 喜劇), 惨事
➡ □ trágic 形 悲惨な

1944 **sympathy**
[símpəθi]
名 同情, 悔やみ, 共鳴 ➡ □ sýmpathize 動 同情する
□ in sympathy with ... …に同情して

人の性格・状態を表す語

1945 **characteristic**
[kèrəktərístɪk] ⑦
形 独特な, 特徴的な 名 特徴
➡ □ characteristic of ... …に特有な

1946 **enthusiasm**
[ɪnθ(j)ú:ziæzəm] ⑦
名 熱狂, 熱意, 熱中 ➡ □ with enthusiasm 熱中して
□ enthusiástic 形 熱狂的な

1947 **generous**
[dʒénərəs]
形 気前がよい, 寛大な
➡ □ generósity 名 気前よさ, 寛大さ

1948 **keen**
[kí:n]
形 ① 鋭い, 鋭敏な ② 熱心な
➡ □ be keen on -ing 〜するのに熱中している

1949 **mature**
[mət(j)úər] 発 ⑦
形 成熟した, 大人びた (↔ □ immature 未熟の)
➡ □ matúrity 名 成熟, 円熟

1950 **nerve**
[nɔ́:rv]
名 注意 ① 度胸, 勇気 ② 神経 ③ 《複》で》神経過敏
➡ □ nérvous 形 神経質な, 神経の

1951 **eager**
[í:gər]
形 熱望して, 熱心な ➡ □ éagerness 名 熱望
□ be eager to do しきりに〜したがっている

1952 **reluctant**
[rɪlʌ́ktənt]
形 気の進まない, しぶしぶの
➡ □ be reluctant to do 〜することに気が進まない

He walked home at night *in* despair.	彼は絶望の中で夜，家に歩いて帰った。
She was filled with grief when her cat died.	彼女はネコが死んだとき深い悲しみでいっぱいだった。
The criminal lived in misery.	その犯罪者はみじめな生活を送った。
I felt shame for saying such a thing to her.	私は彼女にそんなことを言って恥ずかしさを感じた。
They went to the funeral in sorrow.	彼らは悲しみのなか葬儀に行った。
The accident was a tragedy for the town.	その事故は町にとって悲劇だった。
I felt sympathy for him in his current situation.	私は彼の現状に同情した。

It is characteristic *of* you not to complain at any time.	いつでも不満を言わないのがあなたの特徴だ。
Mayumi has a lot of enthusiasm for her job.	マユミは自分の仕事にたいへん熱意を持っている。
He's always generous to the kids.	彼はいつも子どもたちに寛大だ。
ⓐ Satoshi has a keen eye for art. ⓑ The boy *was* keen *on* play*ing* games.	ⓐ サトシは芸術に対して鋭い目を持っている（芸術を見る目がある）。 ⓑ 少年はゲームで遊ぶのに熱中していた。
Laura is very mature for her age.	ローラは年の割にはとても大人びている。
I didn't have the nerve to ask her out on a date.	私は彼女をデートに誘う度胸がなかった。
He *is* eager *to* learn new things.	彼はしきりに新しいことを勉強したがっている。
My children *are* very reluctant *to* do their homework.	私の子どもたちは宿題をすることをとても嫌がる。

Level 6

387

1953	**abstract** [ǽbstrækt]	形 ① 抽象的な (↔ □concrete 具体的な) ② 観念的な 動 [æbstrǽkt] ⑦ ① を抽出する ② を要約する ➡ □abstráction 名 抽象的な観念, 抽象 (化)
1954	**illusion** [ɪlúːʒən]	名 幻想, 錯覚, 思い違い ➡ □be under an[the] illusion 幻想を抱いている
1955	**obscure** [əbskjúər] ⑦	形 ① (人が) 無名の, 世に知られていない ② 不明瞭な, わかりにくい (↔ □clear はっきりした)
1956	**subtle** [sʌ́tl] 発	形 ① 微妙な, とらえにくい, かすかな ② 手の込んだ
1957	**vague** [véɪg] 発	形 (考え・表現などが) あいまいな, ばくぜんとした ➡ □váguely 副 ぼんやりと, あいまいに
1958	**ambiguous** [æmbíɡjuəs]	形 あいまいな, 両義的な, 多義的な ➡ □ambigúity 名 あいまいさ, 両義性

1959	**pattern** [pǽtərn] 発 ⑦	名 ① 模様, 様子 ② 模範, 手本 ③ 傾向
1960	**architecture** [ɑ́ːrkətèktʃər] ⑦	名 建築 (様式), 構造, 構成 ➡ □árchitect 名 建築家
1961	**facility** [fəsíləti]	名 ① 《(複)で》施設, 設備 ② 才能, 器用さ ③ 容易であること
1962	**property** [prɑ́:pərti]	名 ① 財産, 所有物 ② 不動産 ③《通常(複)で》特性 ➡ □private property 私有財産, 私有地
1963	**shelter** [ʃéltər]	名 ① 避難, 保護 ② (雨露をしのぐ) 住居 ③ 避難所 ➡ □take shelter (雨などから) 避難する
1964	**structure** [strʌ́ktʃər]	名 ① 構造, 建造物 ② 構成 ➡ □strúctural 形 構造上の
1965	**vacant** [véɪkənt] 発	形 (席・家などが) 空いている, からの ➡ □vácancy 名 空席, 欠員, 空室, 空虚
1966	**tidy** [táɪdi] 発	形 きちんと片づいた, きれい好きな ➡ □neat and tidy 整然とした
1967	**routine** [ruːtíːn] ⑦	名 (日常の) 決まりきった仕事, 習慣的手順 ➡ □daily routine 日課

Human beings are the only creatures capable of abstract thought.	人間は抽象的な思考ができる唯一の生き物だ。
He *is under the* illusion that everyone likes him.	彼は誰もが自分を好きだという幻想を抱いている(錯覚している)。
This novel was written by an obscure writer.	この小説は無名の作家によって書かれた。
She speaks in a subtle way.	彼女は微妙な話し方をする。
His answer was very vague.	彼の答えは非常にばくぜんとしていた。
The ending of the movie is very ambiguous.	その映画の結末はとてもあいまいである。
I like the pattern of your wallpaper.	私はあなたの壁紙の模様が好きだ。
Mike wanted to learn about Japanese architecture.	マイクは日本の建築について学びたかった。
The company used the city's facilities for their large meeting.	その会社は大規模な会議のために市の施設を利用した。
He lost all his property because of the fire.	彼はその火事ですべての財産を失った。
We *took* shelter in the café because it started raining.	雨が降り出したので, 私たちはカフェに避難した。
This wooden structure is very old.	この木造建築物はとても古い。
Is this seat vacant?	この席は空いていますか。
His room is always *neat and* tidy.	彼の部屋はいつも整然としている。
Part of my morning routine is to walk my dog.	私の朝のルーティンの1つは愛犬の散歩だ。

Level 6

現実・明確さを表す語

1968 **actual**
[ǽktʃuəl]
形 実際の，実物の，現実の
➡ actuálity 名 現実

1969 **reality**
[riǽlɪti]
名 現実，真実性 ➡ réal 形 現実の，真の
réalize 動 に気づく，を実現する

1970 **evident**
[évədənt] 🅐
形 (証拠があって) 明白な，明らかな
➡ évidence 名 証拠

1971 **apparent**
[əpǽərənt] 🅐
形 ① 明白な，明らかな ② 外見上の
➡ appárently 副 どうやら～らしい，見たところ

1972 **obvious**
[ɑ́ːbviəs] 🅐
形 (間違える余地のないほど) 明白な，明らかな
➡ óbviously 副 明らかに

性質・状態などを表す語

1973 **stubborn**
[stʌ́bərn] 🅐
形 頑固な，強情な

1974 **coward**
[káuərd] 🅐
名 臆病者，ひきょう者

1975 **vain**
[véin]
形 ① むだな ② 虚栄心の強い
➡ in vain むだに，むなしく
vánity 名 うぬぼれ，虚栄心

1976 **selfish**
[sélfɪʃ]
形 わがままな，自己本位の
➡ sélf 名 自己 sélfishness 名 身勝手

1977 **notorious**
[noutɔ́ːriəs] 🅐
形 悪名高い，(悪い意味で) 有名な
➡ be notorious for ... …で悪名高い
fámous 形 (よい意味で) 有名な

1978 **negative**
[négətɪv]
形 ① 否定的な ② 消極的な ③ 陰性の ④ マイナスの
名 ① 否定 ② (写真の) ネガ ③ 陰極

1979 **prejudice**
[prédʒədəs]
名 偏見 動 に偏見を抱かせる
➡ racial prejudice 人種的偏見

1980 **idle**
[áɪdl]
形 ① 仕事をしていない ② 怠惰な
動 ① を一時的に休止させる ② をアイドリングさせる

1981 **indifferent**
[ɪndífərənt] 🅐
形 無関心な，どうでもよい
➡ be indifferent to ... …に無関心である
indífference 名 無関心，冷淡

☐ Those were his actual words.	それが彼の実際の言葉だった。
☐ Crime is one of the realities of living in the city.	犯罪は都会で生活することの現実の1つである。
☐ It was evident that she was unhappy.	彼女が悲しんでいるのは明らかだった。
☐ Her embarrassment was apparent to everyone.	彼女が当惑しているのは誰の目にも明らかだった。
☐ What you are saying is an obvious lie.	あなたが言っていることは明白なうそだ。

☐ The stubborn husband didn't listen to his wife's advice.	その頑固な夫は妻の忠告を聞かなかった。
☐ Bullies are often cowards.	弱い者いじめをする人は往々にして臆病者だ。
☐ Police searched *in* vain for the girl.	警察はその少女を捜索したがむだだった（発見できなかった）。
☐ How can you be so selfish?	君はどうしてそんなにわがままになれるのか。
☐ The king *was* notorious *for* his cruelty.	その王は残酷さで悪名高かった。
☐ Don't be so negative about everything.	すべてについてそんなに否定的になるな。
☐ Will we ever be free from people's prejudice?	私たちはいつか人々の偏見から解放されるだろうか。
☐ The factory has been idle since May.	その工場は5月から稼動していない。
☐ Some people *are* indifferent *to* world events.	世界のできごとに無関心な人もいる。

Level 6

効率・正確さを表す語

1982 efficient
[ɪfíʃənt] ⑦
形 効率的な (↔ □inefficient 非効率的な)、有能な
→ □efficiency 名 効率

1983 punctual
[pʌ́ŋktʃuəl]
形 時間を厳守する
→ □punctuálity 名 時間厳守

1984 prompt
[prɑ́:mpt]
形 即座の、速やかな
動 注意 ① を促す ② を引き起こす
→ □prómptly 副 速やかに、ちょうど

1985 precise
[prɪsáɪs] ⑦
形 ① 正確な、精密な ② まさにその
→ □precísion 名 精密、精度

1986 exact
[ɪgzǽkt] ⑦
形 正確な、厳密な
→ □to be exact 正確に言えば
□exáctly 副 正確に、ちょうど

ふつうでない状況を表す語

1987 odd
[ɑ́:d]
形 ① 奇妙な ② 奇数の (↔ □even 偶数の)
→ □ódds 名 見込み □óddly 副 奇妙に

1988 unusual
[ʌnjú:ʒuəl]
形 ① ふつうではない、異常な (↔ □usual ふつうの)
② (美しさ・才能などが) 並外れた

1989 peculiar
[pɪkjú:ljər] 発 ⑦
形 妙な、変わった
→ □be peculiar to ... …に特有である

1990 alien
[éɪliən] 発
形 ① 異質な、なじみがない ② 外国の
→ □be alien to ... …にとって異質である
名 ① (居留) 外国人 ② 地球外生命体

1991 irregular
[ɪrégjələr]
形 ① 不規則な、ふぞろいの (↔ □regular 規則的な)
② 不法な

1992 absurd
[əbsə́:rd, əbzə́:rd] ⑦
形 不合理な、ばかげた
→ □absúrdity 名 不合理

1993 silly
[síli]
形 愚かな、くだらない

1994 crucial
[krú:ʃəl]
形 決定的な、非常に重要な

1995 incredible
[ɪnkrédəbl]
形 信じられないほどすごい
→ □incrédibly 副 信じられないほど

☐ What is the most efficient way to do this?	これを行うのにもっとも効率的な方法は何ですか。
☐ Mark is always punctual.	マークはいつも時間を守る。
☐ Prompt action must be taken.	速やかな措置が取られなければならない。
☐ We must take precise measurements first.	まずは正確な計測をしなければならない。
☐ I don't remember his exact words.	彼が言った正確な言葉は覚えていない。

☐ There was something odd about him.	彼には奇妙なところがあった。
☐ It is unusual for her to be late.	彼女が遅刻するなんてふつうではない（珍しい）。
☐ This fruit tastes very peculiar.	この果物はとても妙な味がする。
☐ His way of thinking *is* alien *to* us.	彼の考え方は私たちには異質である（受け入れがたい）。
☐ He got sick because of his irregular lifestyle.	彼は不規則な生活のせいで病気になった。
☐ People sometimes do absurd things.	人はときに不合理なことをする。
☐ I made a lot of silly mistakes.	私はくだらない間違いをたくさんした。
☐ It was a crucial moment in history.	それは歴史における決定的な瞬間だった。
☐ She had an incredible talent for singing.	彼女には信じられないほどの歌の才能があった。

Level 6

1996 □	**focus** □ [fóukəs]	動 《focus (...) on ~で》 …を~に集中させる、~に集中する、~に焦点を合わせる 名 中心、焦点、集中
1997 □	**dim** □ [dím]	形 ① 薄暗い ② (音などが) かすかな
1998 □	**visible** □ [vízəbl]	形 ① 目に見える (↔ □ invisible 目に見えない) ② 明らかな ③ 人目につく
1999 □	**vision** □ [víʒən]	名 ① 視力 ② 洞察力、展望 ③ 幻覚 ➡ □ vísionary 形 洞察力のある、夢のような
2000 □	**insight** □ [ínsàit] ⑦	名 洞察 (力)、見抜くこと ➡ □ síght 名 視力、見ること、光景

2001 □	**element** □ [éləmənt]	名 ① 要素、元素 ② 初歩 ③ 《the elements で》自然の力 ➡ □ eleméntary 形 基本の、初歩の
2002 □	**factor** □ [fǽktər]	名 要因、要素 ➡ □ main factor おもな要因
2003 □	**aspect** □ [ǽspekt]	名 ① 面、側面 ② 様相、外観 ➡ □ in all aspects あらゆる面から
2004 □	**detail** □ [díːteil]	名 ① 細部 ② 詳細 ➡ □ in detail 詳しく 動 を列挙する、を詳しく述べる
2005 □	**portion** □ [pɔ́ːrʃən]	名 ① 部分 ② 分、分け前 (= □ share)
2006 □	**section** □ [sékʃən]	名 ① 部分 ② (新聞の) 欄、(文章の) 節 ③ (会社などの) 部門、課 ➡ □ séct 名 派閥、宗派
2007 □	**feature** □ [fíːtʃər]	名 ① 特徴 ② 《(複) で》顔だち ③ 特集 (記事) 動 ① を特徴にする ② を特集する
2008 □	**substitute** □ [sʌ́bstət(j)ùːt]	名 代わり(のもの)、代理人 ➡ □ as a substitute for ... …の代わりとして 動 ① 《substitute ... for ~で》~の代わりに…を使う ② 《substitute ... with ~で》~で…を代用する
2009 □	**various** □ [véəriəs]	形 さまざまな、多様な ➡ □ varíety 名 多様性、種類

We need to focus public attention *on* this issue.	私たちは世間の注目をこの問題に集める必要がある。
The light in the old museum was quite dim.	古い博物館の光はかなり薄暗かった。
The stars are clearly visible from here.	ここからは星々がはっきり目に見える。
After the crash, she suffered a temporary loss of vision.	その衝突事故のあと，彼女は一時的な視力喪失に見舞われた。
She was a person of great insight.	彼女は洞察力に優れた人だった。

Religion is one of the elements of a country's culture.	宗教は国の文化の要素の1つだ。
The rise in crime was mainly due to economic factors.	犯罪の増加はおもに経済的要因によるものだった。
I didn't know about that aspect of England.	私はイングランドのそういう面は知らなかった。
I can't remember the exact details.	私は正確な細部が思い出せない。
A major portion of the budget is spent on defense.	予算の大部分は防衛に費やされる。
My brother only reads the sports section of the newspaper.	私の兄（弟）は新聞のスポーツ欄しか読まない。
One feature of this city is its nice parks.	この街の特徴の1つは素敵な公園である。
ⓐ We have to find a substitute for her.	ⓐ 私たちは彼女の代わりを見つけなければならない。
ⓑ You can substitute sugar *for* honey.	ⓑ あなたはハチミツの代わりに砂糖を使うことができる。
The jacket is available in various colors.	そのジャケットはさまざまな色がある。

Level 6

仲間・共同を表す語

2010	**acquaintance** [əkwéintəns] 🔊	名 ① 知り合い, 面識　② 詳しい知識 ➡ □ **acquáinted** 形 知り合いで
2011	**companion** [kəmpǽnjən]	名 ① 仲間, 友だち, 連れ　② つきそい
2012	**crew** [krúː]	名《集合的に》乗組員, 乗務員
2013	**consent** [kənsént] 🔊	名 承諾, 同意　動 承諾する, 同意する ➡ □ **give one's consent to ...** …を承諾する □ **consent to ...** …を承諾する
2014	**affection** [əfékʃən]	名 愛情, 好意 ➡ □ **afféct** 動 に影響を与える, を感動させる
2015	**community** [kəmjúːnɪti] 🔊	名 ① 地域社会, 生活共同体　② 《the community で》一般社会
2016	**mutual** [mjúːtʃuəl]	形 相互の, 共同の ➡ □ **mutual understanding** 相互理解 □ **mútually** 副 お互いに

中間・中庸・安定を表す語

2017	**adequate** [ǽdɪkwət] 🔊	形 十分な, 適切な (↔ □ **inadequate** 不十分な) ➡ □ **be adequate for ...** …に適している
2018	**sufficient** [səfíʃənt] 🔊	形 十分な　➡ □ **sufficient to do** 〜するのに十分な □ **sufficiency** 名 十分足りること
2019	**appropriate** [əpróupriət] 🔊	形 適切な, ふさわしい (↔ □ **inappropriate** 不適切な) 動 [əpróuprièt] (資金など) を充当する
2020	**medium** [míːdiəm]	形 中間の, 中くらいの 名 ① 媒体　② 表現方法, 手段　(複) media, mediums
2021	**moderate** [máːdərət] 🔊	形 ① 適度の, ほどほどの　② 穏健な 動 [máːdərèɪt] を和らげる　➡ □ **moderátion** 名 節度, 穏健
2022	**steady** [stédi]	形 安定した, 確実な ➡ □ **stéadily** 副 じょじょに, 着実に
2023	**stable** [stéɪbl]	形 安定した, しっかりした ➡ □ **stábilize** 動 を安定させる　□ **stabílity** 名 安定

She is an acquaintance of mine.	彼女は私の知り合いです。
His dog was his closest companion.	イヌが彼のいちばんの友だちだった。
He was a member of the crew of the airplane.	彼はその飛行機の乗組員の一員だった。
They *gave their* consent *to* the marriage.	彼らはその結婚を承諾した。
The boy has strong affection for his grandparents.	その少年は祖父母に強い愛情を抱いている。
Foreigners are members of our community.	外国人は私たちのコミュニティの一員である。
Mutual respect is necessary for any relationship.	どんな関係においても相互の尊重が欠かせない。

This small computer *is* adequate *for* my needs.	この小さなコンピュータは私のニーズに適している。
We need sufficient time to deal with the problem.	私たちにはその問題に対処するのに十分な時間が必要だ。
It's not appropriate to wear that dress to a funeral.	葬儀にそのワンピースを着るのはふさわしくない。
ⓐ He is a man of medium height. ⓑ Writing is only one medium for communication.	ⓐ 彼は中くらいの身長の男性だ。 ⓑ 書くことはコミュニケーションの手段の1つに過ぎない。
Even moderate drinking can become a problem.	適度な飲酒でも問題になることがある。
Her breathing was slow and steady.	彼女の呼吸はゆっくりで安定していた。
That chair doesn't look very stable.	あのいすはあまり安定しているようには見えない。

Level 6

程度・軽さを表す語

2024 **mere**
[míər]
形《限定用法のみで》ほんの, ただの
➡ **mérely** 副 単に

2025 **slight**
[sláɪt]
形 ① 軽い, わずかな　② 細身の, やせた
➡ **slíghtly** 副 わずかに

2026 **scale**
[skéɪl]
名 ① 体重計, はかり　② 規模, 程度
➡ **on a large scale** 大規模に

2027 **degree**
[dɪgríː]
名 ①（温度・角度の）度　② 程度　③ 学位
➡ **to a degree** ① いくらか　② かなり

強い感情を表す語

2028 **fierce**
[fíərs]
形 獰猛な, 激しい

2029 **hostile**
[háːstl] ⑦
形 敵意のある　➡ **be hostile to ...** …に敵対する
hostílity 名 敵意

2030 **passion**
[pǽʃən]
名 激情, 情熱
➡ **pássionate** 形 情熱的な

2031 **violence**
[váɪələns]
名 ① 暴力　② 激しさ
➡ **domestic violence** 家庭内暴力, DV
víolent 形 暴力的な, 激しい

2032 **temper**
[témpər]
名 ① 短気　② 怒り, かんしゃく　③ 機嫌, 気性
➡ **lose one's temper** かっとなる
keep one's temper 平静を保つ
témperament 名 気質

2033 **upset**
[ʌpsét] ⑦
動 ① を動揺させる　注意 ② をひっくり返す
形 気が動転した　名 [ʌ́psèt] 動転, 転覆　〈upset - upset〉

2034 **urge**
[ə́ːrdʒ] 発
動《urge〈人〉to do で》〈人〉に～するよう強く促す
名 強い衝動

2035 **impulse**
[ímpʌls] ⑦
名（心の）衝動, でき心
➡ **on impulse** 衝動的に

2036 **harsh**
[háːrʃ]
形 厳しい, 手厳しい

2037 **tackle**
[tǽkl]
動 ① に取り組む　② と議論を戦わす　③ をつかむ

398

She lost the election by a mere 20 votes.	彼女はほんの20票差で選挙に敗れた。
He seems to have a slight cold.	彼は軽いかぜをひいているようだ。
I weigh myself on the scale every day.	私は毎日体重計で体重を量っている。
The world's temperature will rise by 1.5 degrees.	世界の気温は1.5度上昇するだろう。

The lion is a fierce animal.	ライオンは獰猛な動物である。
She looked at me with a hostile expression.	彼女は敵意に満ちた表情で私を見つめた。
The passion of young people is amazing.	若者の情熱は驚くべきものだ。
I took his words as an act of violence.	私は彼の言葉を暴力行為と受け取った。
ⓐ I'm fed up with your temper.	ⓐ 私はあなたの短気にうんざりしている。
ⓑ He *lost his* temper because of the server's attitude.	ⓑ 彼は接客係の態度に腹を立てた。
Don't do anything to upset him.	彼を動揺させることを何もするな。
The police urged drivers *to* avoid the area.	警察はドライバーにその地域に近寄らないよう強く勧告した。
She felt an impulse to scream.	彼女は叫びたい衝動に駆られた。
Don't be so harsh on him for such a little thing.	そんなささいなことで彼にそんなに厳しくするな。
Let's tackle this problem together.	一緒にこの問題に取り組もう。

Level 6

2038	**worthy**	形 値する、ふさわしい
	[wə́ːrði] 発	➡ **be worthy of ...** …に値する、…にふさわしい
		wórth 前 〜の価値がある　名 価値

2039	**merit**	名《通常（複）で》長所、利点
	[mérət]	(↔ **demerit** 短所、欠点)

2040	**talent**	名 才能
	[tǽlənt] ア	➡ **tálented** 形 才能のある

2041	**fault**	名 ① 欠点、短所　② 責任、過失
	[fɔ́ːlt] 発	➡ **find fault with ...** …の欠点を探す

2042	**mental**	形 精神の、知的な (↔ **physical** 肉体の)
	[méntəl]	➡ **mentálity** 名 精神性、知力

2043	**psychology**	名 心理学、心理（状態）　➡ **psychólogist** 名 心理学者
	[saɪkáːlədʒi] 発	**psychológical** 形 心理学の

2044	**emotion**	名 (強い) 感情、情緒、感動
	[ɪmóuʃən]	➡ **emótional** 形 感情的な、情緒的な

2045	**conscious**	形 ① 自覚して、意識して　② 意識のある
	[káːnʃəs]	(↔ **unconscious** 無意識の)
		➡ **be conscious of ...** …に気づいている
		cónsciousness 名 意識

2046	**fancy**	動 ①《fancy -ing で》〜したいと思う　② を心に描く
	[fǽnsi]	形 ① 高級な　② 奇抜な
		名 ① 好み　② 空想　③ 思いつき

2047	**physical**	形 ① 身体の　② 物質の　③ 物理学の
	[fízɪkəl]	➡ **phýsics** 名 物理学　**phýsicist** 名 物理学者
		physícian 名 内科医、医者

2048	**naked**	形 ① 裸の　② 赤裸々な
	[néɪkɪd] 発	

2049	**therapy**	名 治療（法）、心理療法、いやし
	[θérəpi]	

2050	**blush**	動 ① 顔を赤らめる　② 恥じる
	[blʌ́ʃ]	名 赤面

The movie *is* worthy *of* praise.	その映画は賞賛に値する。
Each of these approaches has its merits.	これらのどのやり方にもそれぞれ長所がある。
She showed a talent for acting from an early age.	彼女は幼い頃から演技の才能があった。
She is always *finding* fault *with* my work.	彼女はいつも私の仕事の欠点を探している。

Exercise is good for your mental health.	運動は精神衛生によい。
I became interested in psychology.	私は心理学に興味を持った。
She usually doesn't show her emotions.	彼女はふだん感情を表に出さない。
I *was* conscious *of* someone watching me.	私は誰かに見られていることに気づいていた。
ⓐ I don't fancy go*ing* out tonight. ⓑ Harry took me to a fancy restaurant.	ⓐ 私は今夜は出かけたいと思わない。 ⓑ ハリーは私を高級なレストランへ連れて行ってくれた。
We are keeping track of our kids' physical development.	私たちは子どもたちの身体の発達を記録している。
She isn't used to being naked in a public bath.	彼女は公衆浴場（銭湯）で裸になることに慣れていない。
I'm having therapy for my bad back.	私は腰が悪いので治療を受けている。
She blushed when I made a joke about her.	私が彼女について冗談を言うと彼女は顔を赤らめた。

Level 6

頻度・傾向を表す語

2051 frequent
[fríːkwənt] ⑦
形 頻繁な, しばしばの
→ fréquently 副 頻繁に　fréquency 名 頻度, 周波数

2052 apt
[ǽpt]
形 ①《be apt to do で》〜しがちである
②《be apt for ... で》…に適している　③ 頭のよい
→ áptitude 名 適性, 才能

2053 lean
[líːn]
動 ① 傾く　② 寄りかかる　③ 傾向がある
→ lean on[against] ... …に寄りかかる

2054 tend
[ténd]
動《tend to do で》〜しがちである, 〜する傾向がある
→ téndency 名 傾向

2055 trend
[trénd]
名 動向, 傾向

運命・結果に関する語

2056 fate
[féɪt]
名 運命, 宿命
→ fátal 形 命とりの, 致命的な

2057 fortune
[fɔ́ːrtʃən]
名 ① 幸運　② 財産　③ 大金　④ 富
→ fórtune-tèller 占い師
misfórtune 名 不運, 災難

2058 fortunate
[fɔ́ːrtʃənət]
形 幸運な, 幸せな (↔ unfortunate 不運な)
→ fórtunately 副 幸運にも

2059 incident
[ínsədənt] ⑦
名 (付随的な)できごと, (暴動などの)事件
→ incidéntal 形 付随的な　incidéntally 副 付随的に

2060 inevitable
[ɪnévətəbl] ⑦
形 避けられない, 必然の
→ inévitably 副 必然的に

2061 probable
[prάːbəbl]
形《it is probable that ... で》たぶん…だろう
→ próbably 副 たぶん
probabílity 名 起こりそうなこと, 確率

2062 prospect
[prάːspekt] ⑦
名 ① (成功の)見込み, 予想　② 眺め, 景色
→ prospéctive 形 見込みのある

2063 consequence
[kάːnsəkwèns] ⑦
名 結果, 重要さ
→ as a consequence of ... …の結果として
cónsequent 形 結果として起こる, 当然の
cónsequently 副 したがって (= therefore)

☐ His absences became more trequent.	彼の欠席はより頻繁になった。
☐ He *is* apt *to* forget things easily.	彼は簡単に物事を忘れがちだ。
☐ She was leaning *on* his shoulder.	彼女は彼の肩にもたれていた。
☐ I tend *to* eat out on weekday nights.	私は平日の夜は外食しがちである。
☐ This magazine introduces various trends in the business world.	この雑誌はビジネス界のさまざまな動向を紹介している。

☐ No one knows what the fate of the country will be.	その国の運命がどうなるかは誰にもわからない。
☐ We came into some good fortune recently.	私たちは最近, いくつか幸運があった。
☐ It was fortunate that he was not hurt in the accident.	彼がその事故でけがをしなかったのは幸運だった。
☐ The novel is based on a true incident.	その小説は実際のできごとに基づいている。
☐ Death is inevitable for all living things.	死は生きるものすべてにとって避けられないものだ。
☐ *It is* probable *that* France will win the World Cup.	たぶんフランスがワールドカップで優勝するだろう。
☐ There is a prospect that they will find a cure.	彼らが治療法を見つける見込みがある。
☐ Reflect on the consequences of your actions.	自分の行動の結果をよく考えなさい(反省しなさい)。

Level 6

2064	**burden** [bə́:rdən]	名 重荷, 負担, 荷物　動 に重荷を負わせる ➡ **búrdensome** 形 負担になる, やっかいな
2065	**conflict** [ká:nflɪkt]	名 ① 対立, 衝突　② 紛争　③ 葛藤 ➡ **in conflict with ...** …と対立して 動 [kənflíkt] 衝突する, 矛盾する
2066	**contrary** [ká:ntrèri]	名 (正) 反対, 逆　形 反対の, 逆の ➡ **contrary to ...** …に反して **on the contrary** 《文頭で》それどころか, 逆に **... to the contrary** それとは逆の…
2067	**pressure** [préʃər]	名 ① 圧力, 強要　② (精神的な) 重圧　③ 苦境 ➡ **be (put) under pressure to do** 〜するように圧力を かけられている
2068	**hazard** [hǽzərd]	名 ① 危険要素　② 危険 ➡ **házardous** 形 危険な, 有害な
2069	**recession** [rɪséʃən]	名 不況, 景気後退, 後退

2070	**notion** [nóuʃən]	名 ① 考え, 概念　② 意見, 意向 ➡ **have no notion of ...** …がわからない
2071	**concept** [ká:nsept]	名 概念, 着想 (≒ **idea**)
2072	**myth** [mɪ́θ]	名 ① 間違った通念, 俗説　② 神話
2073	**clue** [klú:]	名 手がかり, 糸口 ➡ **find a clue** 手がかりを見つける
2074	**conscience** [ká:nʃəns] 発	名 良心 ➡ **on one's conscience** 気に病んで, 気がとがめて **consciéntious** 形 良心的な
2075	**explanation** [èksplənéɪʃən]	名 説明, 弁解 ➡ **expláin** 動 を説明する
2076	**rational** [rǽʃənəl]	形 理性的な, 合理的な (↔ **irrational** 不合理な)

☐ I don't want to be a burden on other people.	私はほかの人の重荷にはなりたくない。
☐ He always tries to avoid conflict with others.	彼はいつも他人との対立を避けようとする。
☐ His apology didn't help. *On the contrary*, it made things worse.	彼の謝罪は何の助けにもならなかった。それどころか, 事態を悪化させた。
☐ The minister *was under* pressure *to* resign.	その大臣は辞職するように圧力をかけられていた。
☐ The garbage on the street is a hazard to drivers.	道路のゴミは運転者にとって危険である。
☐ That country is in a deep recession.	その国は深刻な不況である。

☐ I believe in the notion of helping the poor.	私は貧しい人を助けるという考え方がよいと信じている。
☐ It's a good concept, but will it really work?	それはよい着想だが, 本当に機能するだろうか。
☐ It's a myth that birds can't see anything in the dark.	鳥は暗闇で何も見えないというのは迷信だ。
☐ We've *found a* clue to solving the mystery.	謎を解く手がかりを見つけた。
☐ Doesn't your conscience bother you?	あなたの良心はあなたを苦しめないですか(良心は痛まないですか)。
☐ They demanded an explanation for the mistake.	彼らはそのミスに対する説明を求めた。
☐ Make rational decisions, not emotional ones.	感情的なものでなく, 理性的な決断をしなさい。

Level 6

2077 defect
[díːfekt]
名 欠陥, 欠点
➡ **deféctive** 形 欠陥のある

2078 doubtful
[dáʊtfl]
形 疑わしい, 疑いを抱いている
➡ **dóubt** 動 を疑う 名 疑い

2079 obstacle
[ɑ́ːbstəkl] ⑦
名 障害（物）

2080 threat
[θrét] 発
名 ① 脅威, おどし ② （悪いことの）きざし
➡ **thréaten** 動 をおどす, をおびやかす

2081 risk
[rísk]
名 （自ら冒す）危険
➡ **at any risk** どんな危険を冒しても
at one's own risk 自分の責任で
rísky 形 危険な

2082 solution
[səlúːʃən]
名 ① 解決（策） ② 溶解, 溶液
➡ **sólve** 動 を解決する, を解く

2083 overcome
[òʊvərkʌ́m] ⑦
動 ① に打ち勝つ ② を克服する
〈overcame - overcome〉

2084 succeed
[səksíːd]
動 ① 《succeed in ... で》…に成功する
② を継承する, 《succeed to ... で》…を継承する
③ （の）あとに来る
➡ **succéss** 名 成功 **succéssion** 名 連続, 継承

2085 extent
[ɪkstént]
名 ① 範囲, 程度 ② 広さ, 大きさ
➡ **to the extent that ...** …の程度まで
to some extent ある程度まで
exténsive 形 広大な
exténsively 副 広範囲にわたって

2086 parallel
[pérəlèl]
形 平行の 副 平行して 名 類似点, 平行線
動 ① と並行する ② に匹敵する

2087 angle
[ǽŋgl]
名 ① 角度, 角 ② 観点 動 を斜めに向ける
➡ **ángular** 形 角ばった

2088 billion
[bíljən]
名 10億
➡ **tríllion** 名 1兆

We found some defects in the machine.	その機械にいくつか欠陥があることがわかった。
The company's future looks doubtful.	その会社の将来は疑わしく見える。
Fear of change is an obstacle to progress.	変化を恐れる気持ちが進歩の障害となる。
The government will never give in to terrorist threats.	政府はテロリストの脅威には決して屈しないだろう。
You can swim here *at your own* risk.	ここでは自己責任で泳ぐことができる。
There is no perfect solution to the energy problem.	エネルギー問題の完全な解決策はない。
He struggled to overcome his shyness.	彼は自分の内気を克服しようと奮闘した。
They finally succeeded *in* reaching the Moon.	彼らはついに月への到達に成功した。
ⓐ Let me know the extent of the damage.	ⓐ 被害の程度を私に知らせてください。
ⓑ I agree with him *to some* extent.	ⓑ 私はある程度まで彼に同意する。
Lines AB and CD are parallel.	直線ABと直線CDは平行だ。
Draw a 30-degree angle on the paper.	紙に30度の角度を描きなさい。
The final cost was over a billion yen.	最終的な費用は10億円を超えた。

Level 6

2089	**tough** [tʌf] 発	形 ① 困難な, 厳しい　② たくましい, 頑丈な
2090	**delicate** [délɪkət] ⑦	形 ① 微妙な, 繊細な　② かよわい ➡ □**délicacy** 名 繊細さ, かよわさ, ごちそう
2091	**presence** [prézns]	名 存在 (すること), 出席 ➡ □**in the presence of ...** …のいるところで □**présent** 形 出席して, 存在して
2092	**instance** [ínstəns]	名 例, 場合 (= □**example**) ➡ □**for instance** たとえば
2093	**porcelain** [pɔ́:rsəlɪn]	名 磁器, 磁器製品 (= □**china** [**chinaware**])

2094	**elderly** [éldərli]	形 ① 年配の　② 《the elderly で名詞として》高齢者 注意 senior citizens の方が好まれる。
2095	**fellow** [félou]	名 ① 男, やつ　② 《米》特別研究員 形 同僚の, 同輩の
2096	**household** [háʊshòʊld]	名 家族, 世帯
2097	**immigrant** [ímɪɡrənt]	名 (外国からの) 移民 ➡ □**immigrátion** 名 移住, 入国管理 □**émigrant** 名 (外国への) 移民
2098	**resident** [rézədənt]	名 住民, 居住者 ➡ □**résidence** 名 住宅
2099	**pedestrian** [pədéstriən]	名 歩行者
2100	**status** [stǽtəs, stéitəs]	名 地位, 身分
2101	**strive** [stráɪv]	動 ① 努力する ② 《strive for[against] ... で》…を目指して励む
2102	**sustain** [səstéin]	動 ① を持続させる, を維持する (= □**maintain**) ② (損害・損失など) を被る, (傷など) を負う ➡ □**sustáinable** 形 持続可能な

She had a tough life as a child.	彼女は子どもの頃に厳しい生活を送った。
That is kind of a delicate issue.	それは少しデリケートな問題だ。
He didn't seem to be aware of my presence.	彼は私の存在に気づいていないようだった。
We have several plans– *for* instance, tours without meals.	私たちにはいくつかのプランがある——たとえば，食事のないツアーなど。
The French dinner was served on fine porcelain.	そのフランス料理は立派な磁器に盛られて出された。

Two elderly ladies were talking on the park bench.	2人の老婦人が公園のベンチで話していた。
Paul is an easygoing sort of fellow.	ポールはのんきなタイプの男だ。
There are three members in our household.	わが家は3人家族だ。
They are immigrants from Mexico.	彼らはメキシコからの移民だ。
I became a resident of this town ten years ago.	私はこの町の住民になってから10年になる。
Car drivers must watch for pedestrians.	車の運転手は歩行者に注意を払わなければならない。
She has a high status in the community.	彼女はそのコミュニティで高い地位にある。
We always strive to produce the best products.	私たちは常に最高の製品を生産するよう努めている。
She found it difficult to sustain the children's interest.	彼女は子どもたちの興味を持続させるのは困難だとわかった。

Level 6

その他の重要な名詞・形容詞 (2)

2103 stick
[stík]
名 棒切れ, つえ　動 ① をくっつける, くっつく
② を突き刺す, 突き出る　〈stuck - stuck〉
➡ stick to ... …に固執する, …をやり通す
stúck 形 動きがとれない, 窮する

2104 function
[fʌ́ŋkʃən]
名 ① 機能, 働き　② 職務　動 機能する
➡ fúnctional 形 機能的な

2105 superficial
[sùːpərfíʃəl] ⑦
形 表面的な, 浅薄な
➡ superficial understanding 表面的な理解

2106 reward
[rɪwɔ́ːrd]
名 ほうび, 報酬, 礼金, お礼
動 に報いる

2107 remarkable
[rɪmáːrkəbl] ⑦
形 注目すべき, 非凡な
➡ remárk 動 と述べる

2108 resource
[ríːsɔ̀ːrs]
名 《通常(複)で》資源, (臨機応変の)資質, 手段
➡ natural resources 天然資源

2109 specific
[spəsífɪk]
形 明確な, 特定の　➡ spécify 動 を明記する
specifically 副 特に, 明確に

2110 aware
[əwéər]
形 気づいている, 認識している
➡ be aware of ... …に気づいて(…を認識して)いる

その他の重要な動詞

2111 assign
[əsáın]
動 ① を割り当てる　② を任命する　③ を選定する
➡ assígnment 名 任務, 割り当て

2112 deserve
[dızɔ́ːrv]
動 (賞・罰など) を受けるに値する, にふさわしい

2113 possess
[pəzés] 発
動 ① を所有する ② にとりつく　➡ posséssion 名 所有(物)
be possessed of ... …を所有している
be possessed by[with] ... …にとりつかれている

2114 exceed
[ıksíːd] ⑦
動 (限度) を超える, に勝る
➡ excéss 名 超過　excéssive 形 過度の

2115 freeze
[fríːz]
動 凍る, を凍らせる, こごえる　〈froze - frozen〉
➡ frozen food 冷凍食品

2116 bathe
[béıð] 発
動 ① を入浴させる, 入浴する　② を水にひたす
➡ bath [bǽθ] 名 入浴, ふろ(の湯)

ⓐ We collected sticks for the fire.	ⓐ 私たちはたき火用に棒切れを集めた。
ⓑ Reporters should stick *to* investigating the facts.	ⓑ 記者は真相の調査をやり通すべきだ。
Schools have an important function in society.	学校は社会において重要な機能を持っている。
I have only a superficial knowledge of Chinese history.	私は中国の歴史について表面的な知識しかない。
There is a reward for finding the lost cat.	迷子のネコを見つけた人にはほうびがある。
It's a remarkable work of science fiction.	それは注目すべき SF 作品である。
Japan lacks *natural* resources.	日本は天然資源に乏しい。
He gave us specific orders to stay here.	彼は私たちにここに留まるよう明確な指示を与えた。
She *was* aware *of* the problems in the department.	彼女は部署の問題に気づいていた。
I was assigned a sales position in the company.	私はその会社で営業職に配属された。
I don't deserve this praise.	私はこの称賛に値しない。
She doesn't possess a driver's license anymore.	彼女はもう運転免許を所有していない。
The cost of the construction exceeded the budget.	建設費が予算を超えた。
The top of this lake freezes in winter.	湖の表面は冬に凍る。
The tourists wanted to bathe in a hot spring.	観光客は温泉で入浴したがった。

Level 6

組織・交流に関する語

2117 **corporation**
[kɔ̀ːrpəréɪʃən]
名 ① 企業　② 法人
➡ □ **córporate** 形 ① 企業の, 法人の　② 共同の

2118 **colleague**
[káːliːg] 🔈
名 同僚, 仲間 (= □ coworker)

2119 **interaction**
[ìntərǽkʃən]
名 ① 交流　② 相互作用, 相互影響
➡ □ **interáct** 動 交流する, 相互に作用する

2120 **agent**
[éɪdʒənt]
名 ① 代理人, 代理店　② 捜査官
➡ □ **ágency** 名 ① 機関　② 代理店

2121 **executive**
[ɪgzékjətɪv] 🔈
名 管理職, 重役
形 重役の, 行政上の

2122 **cooperation**
[kouɑ̀ːpəréɪʃən]
名 ① 協力　② 援助
➡ □ **coóperate** 動 協力する

2123 **cope**
[kóup]
動 《cope with ... で》…にうまく対処する,
…をうまく処理する

2124 **formation**
[fɔːrméɪʃən]
名 ① 編成　② 構造　③ 配列

その他の重要な副詞

2125 **frankly**
[frǽŋkli]
副 率直に
➡ □ **fránk** 形 率直な
□ **frankly speaking** 率直に言って

2126 **thus**
[ðʌ́s]
副 したがって, それゆえ

2127 **somehow**
[sʌ́mhàu]
副 ① 何とかして, どうにかして　② どことなく
➡ □ **sómewhere** 副 どこかに(で, へ)

2128 **altogether**
[ɔ̀ːltəgéðər]
副 ① まったく, 完全に (= □ completely)
② 全部で

2129 **moreover**
[mɔːróuvər]
副 そのうえ, さらに (= □ furthermore)

2130 **nevertheless**
[nèvərðəlés] 🔈
副 それにもかかわらず (= □ nonetheless)

2131 **regardless**
[rɪgɑ́ːrdlɪs]
副 それでも
➡ □ **regardless of ...** …に関係なく

☐ He works for a large global corporation.	彼は巨大グローバル企業で働いている。
☐ She discussed the idea with some of her colleagues.	彼女は何人かの同僚たちとその考えについて話し合った。
☐ This cafeteria is a place for interaction among students.	このカフェテリアは学生同士の交流の場の1つだ。
☐ Mr. Watson is an agent for the actor.	ワトソン氏はその俳優の代理人である。
☐ Ms. Clifford is an executive of a computer company.	クリフォードさんはコンピュータ会社の管理職だ。
☐ Thank you for your patience and cooperation.	皆さんの辛抱強さとご協力に感謝します。
☐ Everyone had to cope *with* the problem.	誰もがその問題にうまく対処しなければならなかった。
☐ The birds were flying in perfect formation.	鳥たちは完ぺきな配列で飛行していた。

☐ Frankly *speaking*, that shirt doesn't suit you.	率直に言って,そのシャツは君には似合わない。
☐ Jack is the only son, and thus he will inherit the fortune.	ジャックは一人息子だ,したがって財産を継ぐだろう。
☐ We'll get the money back somehow.	私たちは何とかしてそのお金を取り返すつもりだ。
☐ We live an altogether different life today.	私たちは今日,まったく異なる人生を送っている。
☐ The rent is reasonable, and moreover, the apartment is close to the station.	家賃は手ごろで,そのうえ,そのアパートは駅から近い。
☐ It was raining, but he went by bicycle nevertheless.	雨が降っていたが,彼はそれにもかかわらず自転車で行った。
☐ Everybody will enjoy the movie, regardless *of* age.	年齢に関係なく,誰もがその映画を楽しむだろう。

Level 6

413

医療・健康に関する語

2132 **immune**
[ɪmjúːn]
形 免疫のある
➡ □**immúnity** 名 免疫, 免除

2133 **infection**
[ɪnfékʃən]
名 ① 感染症, 伝染病　② 感染, 伝染
➡ □**inféct** 動 に感染させる
□**inféctious** 形 伝染性の

2134 **nutrition**
[n(j)u(ː)tríʃən]
名 ① 栄養摂取　② 栄養学

2135 **calorie**
[kǽləri]
名 カロリー
➡ □**count calories** カロリーを計算する, ダイエットする

2136 **obesity**
[oubíːsɪti] 発
名 肥満

2137 **surgery**
[sɔ́ːrdʒəri]
名 ① (外科) 手術　② 外科
➡ □**súrgeon** 名 外科医

2138 **sneeze**
[sníːz]
動 くしゃみをする
名 くしゃみ

2139 **ingredient**
[ɪngríːdiənt]
名 材料, 成分, 要素

2140 **vaccine**
[væksíːn] 発
名 ワクチン

2141 **pandemic**
[pændémɪk]
名 パンデミック, 世界的流行病
➡ □**epidémic** 名 ① (病気の) 流行　② 伝染病
□**endémic** 名 風土病

テーマ解説 12 【医療・健康に関する語】新型コロナ感染症

近年, 世界中を巻き込んだ**感染症 (infection)** として**新型コロナ感染症 (Covid-19)** が記憶に新しい。2019年に発生, 翌年にはその爆発的な感染の広がりから**世界保健機関 (WHO)** によって**パンデミック (世界的流行病：pandemic)** として緊急事態宣言が発せられた。各国は**感染地域の封鎖 (lockdown)** や**感染者の隔離 (quarantine)**, **外出禁止 (curfew)** などの施策によって感染を**封じ込め (contain)** ようとした。だがその勢いはとどまらず, やがてはあまりの患者数に対応できない**医療崩壊 (healthcare collapse)** が各地で発生した。

Some people are immune to the virus.	そのウイルスに免疫のある人もいる。
Wash your hands to prevent infection.	感染を防ぐために手を洗いなさい。
To stay in good health, nutrition is important.	健康を維持するために，栄養摂取が重要である。
I am *counting* calories to lose weight.	私は体重を減らすためにカロリーを計算している。
Obesity can lead to serious health problems.	肥満は深刻な健康問題につながる可能性がある。
She will have surgery on her right leg.	彼女は右足の手術を受ける予定だ。
Please cover your mouth and nose when you sneeze.	くしゃみをするときは口と鼻を覆ってください。
The cream's active ingredient reduces small wrinkles.	そのクリームの有効成分が小さなしわを減らす。
Multiple vaccines were developed in that country.	その国では複数のワクチンが開発された。
It was one of the worst pandemics in history.	それは歴史上最悪のパンデミックの1つだった。

その後，抗体検査（antibody test）やワクチン接種（vaccination）の普及から徐々に事態は沈静化に向かったが，回復後の後遺症（aftereffects）に苦しむ人も少なくなかった。社会においては人との接触を伴う飲食業や観光業，イベント関連業などが封じ込め政策（containment policy）により大きな打撃を受け，個人でも在宅勤務（telework）やオンライン授業（online education）などによって人との交流が減り，精神的なストレスを抱える人が増えた。世界は完全な撲滅（eradicate）ではなく，コロナと共生していく（live with Covid-19）社会の構築へと舵を切るようになった。

Level 6

2142 vast
[vǽst]

形 膨大な, 広大な
➡ a vast number of ... 膨大な数の…
the vast majority of ... …の大多数

2143 enormous
[ɪnɔ́:rməs]

形 巨大な, ばく大な
➡ an enormous amount of ... 膨大な量の…

2144 numerous
[n(j)úːmərəs]

形 多数の, たくさんの

2145 approximately
[əprάːksəmətli]

副 およそ, 約

2146 somewhat
[sʌ́mwʌ̀t]

副 いくらか, 若干

2147 multiple
[mʌ́ltəpl]

形 多数の, 多様な 名 倍数
➡ múltiply 動 ① (数)を掛ける ②を増やす, 増える

2148 absolute
[ǽbsəlùːt]

形 ① 絶対的な (↔ relative 相対的な) ② 完全な
➡ ábsolutely 副 完全に, まったく
ábsolutism 名 絶対主義, 専制政治

2149 entire
[ɪntáɪər]

形 ① 全体の ② 完全な
➡ entírely 副 完全に, まったく

2150 extreme
[ɪkstríːm] 🄰

形 ① 極度の ② 過酷な ③ 過激な
名 極端 (な状態)

2151 ultimate
[ʌ́ltəmət] 🄰

形 最終的な, 究極の
➡ últimately 副 結局 (は), 最終的には

2152 maximum
[mǽksəməm] 🄰

形 最大限の
➡ maximum speed 最高速度
名 最大限, 最高点
(↔ minimum 形 最小限の 名 最小限)

2153 supreme
[su(ː)príːm]

形 最高の, 至高の
➡ suprémacy 名 優位, 至高, 主 (導) 権

2154 genuine
[dʒénjuɪn]

形 ① 心からの, 真の ② 本物の (↔ fake false)
➡ genuine leather 本革

☐ ⓐ There are *a* vast *number of* trees in the forest.	ⓐ その森には膨大な数の木がある。
☐ ⓑ *The* vast *majority of* students study hard.	ⓑ 学生の大多数は一生懸命勉強している。
☐ She made *an* enormous *amount of* money through stocks.	彼女は株でばく大な金額を稼いだ。
☐ You need to sign numerous documents to buy a house.	家を買うためには多数の書類にサインする必要がある。
☐ The next train will arrive in approximately five minutes.	次の電車はおよそ5分で到着する予定だ。
☐ The price is somewhat higher than I expected.	値段は私が予想したよりもいくらか高い。
☐ The company offers multiple healthcare plans.	その会社は多様な健康保険プランを提供している。

☐ Cause and effect is an absolute law of nature.	原因と結果は自然界の絶対的な法則である。
☐ It was the happiest day of my entire life.	それは私の全人生でいちばん幸せな日だった。
☐ He has an extreme fear of the dark.	彼には極度の暗闇恐怖がある。
☐ Her ultimate goal is to work and live abroad.	彼女の究極の目標は海外で働き暮らすことだ。
☐ For maximum effect, do the exercises slowly.	最大の効果を得るために，ゆっくりエクササイズを行ってください。
☐ This is a red wine of supreme quality.	これは最高品質の赤ワインだ。
☐ I'm not sure if her sympathy was genuine.	彼女の同情が心から(のもの)だったかどうかはわからない。

Level 6

417

生活・病気に関する語

2155	**utility** [juːtíləti]	名 公共料金、(電気・水道などの) 公益サービス

2156	**deposit** [dɪpɑ́ːzət]	動 ① を預金する ② を置く 名 ① (銀行) 預金 ② 手付金、保証金

2157	**withdraw** [wɪðdrɔ́ː]	動 ① (お金) を引き出す ② を引っ込める ③ 手を引く ➡ □withdráwal 名 (お金の) 引き出し、撤退

2158	**questionnaire** [kwèstʃənéər]	名 アンケート用紙

2159	**detergent** [dɪtə́ːrdʒənt]	名 洗剤 ➡ □laundry detergent 洗濯洗剤

2160	**dye** [dáɪ]	名 染料 動 を染める、染まる

2161	**appliance** [əpláɪəns]	名 (家庭用の) 電気器具、機器

2162	**antibiotic** [æ̀ntɪbaɪɑ́ːtɪk]	名 抗生物質

2163	**diagnosis** [dàɪəgnóʊsɪs]	名 診断 ➡ □make a diagnosis 診断をする

2164	**diabetes** [dàɪəbíːtiːz]	名 糖尿病

2165	**pneumonia** [n(j)ʊ(ː)móʊniə] 発	名 肺炎

2166	**dementia** [dɪménʃə]	名 認知症 ➡ □senile dementia 老人性認知症

2167	**chronic** [krɑ́ːnɪk]	形 慢性の (↔ □acute 急性の)

2168	**epidemic** [èpədémɪk]	名 ① (病気の) 流行 ② 伝染病 ➡ □pandémic 名 世界的流行病

2169	**asthma** [ǽzmə]	名 ぜんそく

2170	**heal** [híːl]	動 を癒やす、を治す、癒える、治る

☐ Our utilities this month are unbelievably high.	今月の公共料金は信じられないほど高い。
☐ I deposited the money in my bank account.	私はそのお金を銀行の口座に預金した。
☐ He withdrew 30,000 yen from the ATM.	彼はATMから3万円を引き出した。
☐ Could you answer this questionnaire?	このアンケートに答えていただけますか。
☐ I bought a bottle of liquid detergent yesterday.	私は昨日，液体洗剤のボトルを買った。
☐ This dye is made from a plant.	この染料はある植物から作られている。
☐ I have to buy some appliances for my new apartment.	新しいアパートのためにいくつかの家電製品を買わなければならない。
☐ I was given antibiotics for my cold.	私はかぜのために抗生物質をもらった。
☐ I waited for the doctor's diagnosis.	私は医師の診断を待った。
☐ Diabetes is a serious disease.	糖尿病は深刻な病気である。
☐ It was a mild case of pneumonia.	それは軽度の肺炎だった。
☐ My grandmother got dementia at age 80.	祖母は80歳で認知症になった。
☐ She has chronic back pain.	彼女には慢性的な背中の痛みがある。
☐ We were facing an epidemic.	私たちは流行病に直面していた。
☐ My brother had asthma in junior high school.	兄（弟）は中学生のときにぜんそくを患っていた。
☐ That small cut will heal in time.	その小さな切り傷は時間が経てば癒える。

Level 6

災害などに関する語

2171 **evacuation**
[ɪvæ̀kjuéɪʃən]
名 避難

2172 **hygiene**
[háɪdʒiːn]
名 清潔, 衛生

2173 **devastating**
[dévəstèɪtɪŋ]
形 壊滅的な

2174 **donation**
[doʊnéɪʃən]
名 寄付, 寄付金

2175 **blackout**
[blǽkàʊt]
名 停電, 気絶

2176 **infrastructure**
[ínfrəstrÀktʃər]
名 インフラ, 構造基盤

IT に関する語

2177 **website**
[wébsàɪt]
名 ホームページ, ウェブサイト

2178 **browse**
[bráʊz]
動 を閲覧する, 検索する

2179 **hack**
[hǽk]
動 (コンピュータ・システムなどに) 不法侵入する

2180 **copyright**
[kɑ́:pìràɪt]
名 著作権, 版権

2181 **text**
[tékst]
名 文章, 教科書,
《**text message**で》(携帯電話の) メール
動 (携帯電話で) メールを送る

テーマ解説 13 【IT に関する語】生成 AI

生成 AI (generative artificial intelligence) とは，人が**入力した指示 (プロンプト: prompt)** に対し，文章や音声，画像，動画などさまざまな**コンテンツ (contents)** を新たに生成する技術のこと。**ウェブサイト (website)** で学習した**膨大なデータ (huge amounts of data)** をもとに AI 自らが分析・判断する**ディープラーニング (深層学習: deep learning)** が最大の特徴である。ビジネスのみならず，医療，芸術，学問，教育などの**分野 (field)** でこれまで人間が行ってきた**知的作業 (intellectual task)** の**効率を高めてくれる (increase efficiency)**

420

☐ Before the battle, there was an evacuation of the town.	戦闘の前に，町の避難が行われた。
☐ It's difficult to maintain hygiene during a war.	戦争中は衛生状態を維持するのが難しい。
☐ The damage after the typhoon was devastating.	台風後の被害は壊滅的だった。
☐ You can make a donation in this box.	この箱に寄付をすることができる。
☐ The heavy storm caused blackouts in several areas.	ひどい嵐でいくつかの地域で停電が発生した。
☐ The infrastructure of our city is getting old.	私たちの都市のインフラは老朽化している。

☐ For more information, see our website.	より多くの(詳しい) 情報は，当社のホームページをご覧ください。
☐ I browsed some websites for international news.	私は国際ニュースのいくつかのウェブサイトを閲覧した。
☐ Somebody hacked into the company's main computer.	何者かがその会社のメインコンピュータに不法侵入した。
☐ Who holds the copyright for this article?	この記事の著作権は誰が持っていますか。
☐ This text *message* appears too small on my smartphone.	このメールは私のスマートフォンではとても小さく表示される。

Level 6

ことが期待されている。しかし，ウェブサイト上にある情報が利用されるため，その**生成物**（**output**）は必ずしも正しかったり最新のものであったりする保証はない。また，生成されたデータの**著作権**（**copyright**）の帰属が**あいまい**（**uncertain**）で，場合によっては**訴訟**（**lawsuit**）にまで発展する可能性がある。本物と誤解される**フェイクニュース**（**fake news**）や，特定の人物の顔をさしかえる**人物画像合成**（**deep fake**）など，**悪用**（**abuse**）も発生している。さらに社会に与える影響として，知的分野に従事する**職業人**（**professional**）がAIに仕事を奪われ，**失業**（**unemployment**）が増えるとも言われている。

経済・政治に関する語

2182	**revenue** [révən(j)ùː]	名 ① 収益, 収入 ② 歳入 (↔ □expenditure 支出)
2183	**deficit** [défəsɪt]	名 赤字 (↔ □surplus 黒字, 余剰金)
2184	**fluctuation** [flʌ̀ktʃuéɪʃən]	名 変動
2185	**launch** [lɔ́ːntʃ]	動 ① (新製品) を発売する, (事業などを) 起こす ② (人工衛星など) を発射する
2186	**estate** [ɪstéɪt]	名 地所, 財産 ➡ □real estate 不動産
2187	**bureaucratic** [bjùərəkrǽtɪk]	形 官僚的な ➡ □buréaucracy 名 官僚主義
2188	**diplomacy** [dɪplóʊməsi]	名 外交
2189	**enforce** [ɪnfɔ́ːrs]	動 (法律など) を遵守させる, を施行する
2190	**fiscal** [fískəl]	形 ① 財政上の ② 国庫収入の
2191	**regime** [rəʒíːm]	名 ① 政権, 体制 ② 制度
2192	**census** [sénsəs]	名 国勢調査
2193	**corruption** [kərʌ́pʃən]	名 汚職, 買収
2194	**administration** [ədmìnəstréɪʃən]	名 ① 政権, 政府 ② 管理, 運営
2195	**subsidy** [sʌ́bsədi]	名 補助金, 助成金
2196	**bribe** [bráɪb]	名 わいろ
2197	**session** [séʃən]	名 ① 会議, 会合 ② 開会, 開廷 ③ 活動, 講習会

Most of the theater's revenue comes from ticket sales.	その劇場は収益の大半をチケットの売り上げで得ている。
The country had a large trade deficit last year.	昨年その国は大きな貿易赤字を抱えていた。
There have been fluctuations in the stock market recently.	最近，株式市場で変動があった。
The company will launch the new product soon.	その会社は間もなく新製品を発売する。
Real estate prices are on the rise.	不動産価格は上昇している。
I'm tired of your bureaucratic thinking.	私はあなたの官僚的な考え方にはうんざりだ。
We tried to end the conflict through diplomacy.	我々は外交によって紛争を終わらせようとした。
International rules should be properly enforced.	国際的な規則は適切に遵守されるべきである。
The government needs to come up with a better fiscal policy.	政府はよりよい財政上の政策を考え出す必要がある。
The country had a regime change in the 1970s.	その国は1970年代に政権交代を経験した。
When was the first U.S. census taken?	アメリカで最初の国勢調査が行われたのはいつですか。
The two officials were accused of corruption.	2人の高官が汚職で告発された。
The new administration has many problems to deal with.	新政権は多くの問題に取り組む必要がある。
Some subsidies to farmers may be cut.	農業従事者への補助金のいくらかが削減されるかもしれない。
The news reported that the politician had taken bribes.	ニュースはその政治家がわいろを受け取っていたと報じた。
Both houses were in session discussing the budget.	両院は予算について会議中だった。

Level 6

2198 □ □ □	**refugee** [rèfjʊdʒíː] ⑦	名 難民
2199 □ □	**tolerance** [táːlərəns]	名 寛容, 寛大 ➡ □ **tólerate** 動 を許容する, を我慢する
2200 □ □	**transition** [trænzíʃən]	名 移行, 転換, 変化
2201 □ □	**negotiate** [nəgóuʃièit]	動 交渉する
2202 □ □	**controversial** [kàːntrəvə́ːrʃəl]	形 物議をかもす, 議論を引き起こす
2203 □ □	**sanction** [sǽŋkʃən]	名 《(複)で》(他国に対する) 制裁
2204 □ □	**boundary** [báʊndəri]	名 ① 境界 (線) ② 限界, 限度
2205 □ □	**mission** [míʃən]	名 ① 任務, 使命 ② 使節団 ③ 伝道, 布教
2206 □ □	**warfare** [wɔ́ːrfèər]	名 戦闘行為, 戦争状態 ➡ □ **information warfare** 情報戦
2207 □ □	**integrate** [íntəgrèit]	動 ① を統合 (統一) する, 集約する ② を融和させる, を溶け込ませる ➡ □ **íntegrated** 形 統合した, 一体化した

テーマ解説 ⑭ 【国際問題に関する語】難民問題

世界各地には今でも何らかの理由で自分の国を去らざるを得ない人たちが多く存在する。そうした人たちは**難民 (refugee)** と呼ばれ, 自発的な意思で外国に移住しようとする**移民 (immigrant)** とは区別される。なお, 難民の中でも特に政治的な理由で国外に逃れて他国の保護を得ようとする人は**亡命希望者 (asylum seeker)** と呼ばれる。難民を装った**不法移民 (illegal[unlawful] immigrant)** 問題も発生しており, 事態をいっそう複雑にしている。

1951年に設立された**国連難民高等弁務官事務所 (Office of the United Nations High**

☐ Refugees tried to cross the border.	難民たちは国境を越えようとした。
☐ We need to have tolerance for cultural differences.	私たちは異文化に対する寛容さを持つ必要がある。
☐ The country is in transition to a democratic system.	その国は民主主義制へ移行中だ。
☐ The government will never negotiate with terrorists.	政府はテロリストとは決して交渉しないだろう。
☐ What the president said yesterday was controversial.	昨日，大統領が言ったことは物議をかもした。
☐ The sanctions against the country were finally lifted.	その国に対する制裁がついに解除された。
☐ The boundary between the two countries wasn't clear.	両国の境界は明確ではなかった。
☐ They were on a special mission to Africa.	彼らはアフリカへの特別任務に向かっていた。
☐ Warfare underwent great changes in the 20th century.	20世紀において戦争は大きな変革を経験した。
☐ He integrated himself into the new community.	彼は新しいコミュニティに自分を溶け込ませました。

Commissioner for Refugees: UNHCR）は，世界各地で地元の政府やNGO（**non-governmental organization**）と協力して難民の保護や生活支援にあたっている。ただし難民の受け入れは各国政府の判断で行われているため，その対応には大きな差があるのが実情である。さらに国によっては受け入れに対する国内の激しい反対の声もあり，政府は対処に苦慮している。難民を受け入れたのちも，**異なる文化や慣習への適応（adjusting to a new culture and customs）**への継続的な支援が必要であり，各国が取り組まなければならない課題は山積している。

Level 6

その他の重要な名詞・形容詞（3）

2208	**branch**	名 ① 支店　② 枝
	[bræntʃ]	

2209	**masterpiece**	名 （最高）傑作, 名作, 代表作
	[mǽstərpìːs]	

2210	**opponent**	名 相手, 敵対者, 反対者
	[əpóunənt]	

2211	**passage**	名 ① 道, 通路　② 通行　③ （文章の）一節
	[pǽsɪdʒ]	

2212	**scheme**	名 ① 計画, たくらみ　② 体系, 組織
	[skíːm]	

2213	**shed**	名 小屋, 物置
	[ʃéd]	動 を流す　➡ □shed tears 涙を流す

2214	**stem**	名 茎, （木の）幹（=□trunk）
	[stém]	動 生じる, 由来する

2215	**trait**	名 （人・物の）特性, 特色
	[tréɪt]	

2216	**ease**	名 ① 容易さ　② 楽, 安心
	[íːz]	動 ① やわらげる　② 緩める

2217	**gross**	形 総体の, 全体の
	[gróus]	名 総体, 総計

2218	**initial**	形 ① 初めの, 初期の　② 語頭の　名 ① 頭文字
	[ɪníʃəl]	② イニシャル　➡ □inítially 副 初めに

2219	**acute**	形 ① 鋭い, 先のとがった　② 激しい　③ 急性の
	[əkjúːt]	

2220	**casual**	形 ① くだけた, 気まぐれな
	[kǽʒuəl]	② 思いつきの, さりげない

2221	**ethical**	形 倫理的な, 道徳上の
	[éθɪkəl]	➡ □éthic 名 倫理, 道徳

2222	**indispensable**	形 ① 欠かせない（=□integral　□essential）
	[ìndɪspénsəbl]	② 避けることのできない

2223	**worthwhile**	形 価値のある, やりがいのある
	[wɔ́ːrθwáɪl]	

☐ I opened a bank account at their branch.	私はその銀行の支店で口座を開設した。
☐ The novel is considered Franz Kafka's masterpiece.	その小説はフランツ・カフカの傑作とみなされている。
☐ We face a powerful opponent in the final game.	私たちは最終戦で強力な相手に立ち向かう。
☐ You can get to the station through this passage.	この道を通って駅に行くことができる。
☐ They are planning some kind of scheme.	彼らは何らかの計画を練っている。
☐ While they were all playing, he hid in the shed.	彼ら全員が遊んでいる間, 彼は小屋に隠れた。
☐ Hold the rose by its stem, but be careful!	バラは茎を持ちなさい, でも注意して！
☐ Patience is a trait you need to develop.	忍耐力はあなたが身につける必要のある特性だ。
☐ I was surprised at the ease of the process.	そのプロセスの容易さに驚いた。
☐ What was the gross weight of the cruise ship?	クルーズ船の総重量はいくらでしたか。
☐ My initial reaction to the news was shock.	そのニュースに対する私の最初の反応はショックだった。
☐ Dogs have an acute sense of hearing.	イヌは鋭い聴覚を持っている。
☐ Don't speak to the boss in such a casual manner.	上司にそんなにくだけた態度で話すな。
☐ The question is whether his actions were ethical or not.	問題は彼の行動が倫理的か否かである。
☐ The smartphone is an indispensable tool of modern life.	スマートフォンは現代生活の欠かせないツールだ。
☐ Volunteering is a worthwhile activity.	ボランティアは価値のある(やりがいのある)活動だ。

Level 6

2224

as

[ǽz]

2つのことが同時に存在する

接続詞 ① …するときに~【時間】
《**2つの事柄が同時に起こる**》

② …するにつれて~【比例】
《**2つの事柄が比例して進行する**》

③ …するように~【様態】
《**2つの程度・様子が類似している**》

④ …なので~【理由】
《**2つの事柄に原因と結果の関係がある**》

⑤ …ではあるが~【譲歩】
《**2つの事柄が譲歩関係で共存している**》
注意 〈形容詞（副詞）＋ as ＋主語＋動詞〉の語順となる。

関係 ⑥《先行詞に such, the same がついて》
代名詞 …するような~

⑦《前の文またはあとにくる主節の内容を先行詞として》
…するとおり~，それは…だが~
➡ ☐ as is often the case (with ...)
（…には）よくあることだが

前置詞 ⑧ ~として

⑨ ~のように

⑩ ~のころ

副詞 ⑪《as ＋形容詞（副詞）＋ as ... で》…と同じように~
注意 右の例文の2番目のas は接続詞。③ を参照。

⑫ 同じくらい~

□① As I got off the bus, I noticed the blue sky.	バスを降りたときに，私は青い空に気づいた。
□② As time passed, things got better and better.	時間が経つにつれて，事態はますますよくなった。
□③ You must always behave as a gentleman does.	あなたはいつも紳士のように振る舞わなければならない。
□④ As her dress was old, Anne bought a new one.	ドレスが古かったので，アンは新しいものを買った。
□⑤ Great as he was as a painter, he was not a good father.	彼は画家として偉大であったが，よい父親ではなかった。
□⑥ Don't trust *such* people as praise you easily.	安易にあなたをほめるような人を信用するな。
□⑦ As we expected, she passed the test.	私たちの予想通り，彼女はテストに合格した。
□⑧ As parents, we are concerned about our children's future.	親として，私たちは子どもたちの将来を心配している。
□⑨ All the children were dressed up as animals.	子どもたちはみんな動物のように仮装していた。
□⑩ As a child, he lived in London.	子どものころ，彼はロンドンに住んでいた。
□⑪ He is as busy *as* a bee from morning till night.	彼は朝から晩までハチと同じように忙しい。
□⑫ He has hundreds of friends and as many enemies.	彼には何百人という味方がいて，それと同じくらい多くの敵もいる。

2225

that

[ðǽt]

距離／時間的に離れた
もの・前出の内容

指示
代名詞
① 《前出の内容を指して》それ，あれ

② 《前出の名詞を指し，名詞の反復を避けて》それ
注意 前出の〈the ＋名詞〉と同じ内容，複数のときは those
となる。

指示
形容詞
③ 《this より遠いものを指して》その，あの
注意 距離的・時間的に離れたものを指す。

接続詞
④ 《目的語・主語・補語となる名詞節を導いて》
…ということ

⑤ 《直前の名詞と同格の名詞節を導いて》…という〜
注意 that の前には，belief「信念」，idea「考え」，feeling
「感じ」，suggestion「提案」，fact「事実」などの名詞
が置かれる。

⑥ 《原因・理由を表す副詞節を導いて》
…して，…だから，…するなんて

⑦ 《程度・結果を表す副詞節を導いて》
とても〜なので…，…するほど〜
注意 〈so ＋形容詞 (副詞) ＋ that ...〉，〈such ＋名詞 ＋
that ...〉の形で用いる。

関係
代名詞
⑧ 《who, which, whom の代用で》
…する，…である (ところの) 〜
注意 〈前置詞＋関係代名詞〉，非制限用法のコンマのあと
ではこの that は用いられない。

関係
副詞
⑨ 《when, where, why, how の代用で》
…する，…である (ところの) 〜
注意 入試ではあまり問われない。

強調
構文
⑩ 《it is ... that 〜で》
〜するのは…である，〜なのは…である

副詞
⑪ 《形容詞・副詞を修飾して》
それほど〜，そんなに〜 (＝ so)

□① I said I disliked her, but that was a lie. — 私は彼女を好きではないといったが, それはっそだった。

□② The climate of England is milder than that of Scotland. — イングランドの気候はスコットランドのそれ (気候) より温暖である。

□③ *This* book is more interesting than that one. — この本はその本よりおもしろい。

□④ I heard that the meeting was put off. — 私は会議が延期されるということを聞いた。

□⑤ I had a feeling that someone was looking at me. — 誰かが私を見ているという感じがした。

□⑥ Are you angry that I was late? — あなたは私が遅刻して (遅刻したから), 怒っているのですか。

□⑦ She is *so* tall that she can reach things in high places. — 彼女はとても背が高いので高いところの物に手が届く。

□⑧ This is the key that opens the box. — これはその箱を開ける (ところの) 鍵だ。

□⑨ 1969 is the year that he was born. — 1969 年は彼が生まれた (ところの) 年だ。

□⑩ *It is* the cooks that must work all night. — 徹夜で働かなければならないのは料理人たちだ。

□⑪ I can't get up that early. — 私はそれほど早起きすることはできない。

2226 □ □ □ but

[bʌ́t]

…しかし,
次の〜という事実は別
の話である

副詞 ① ほんの, たった (= □ only)

前置詞 ② 〜を除いて(ほかはすべて…) (= □ except)

接続詞 ③ …しかし〜【逆接を表す等位接続詞】
　　➡ □ not A but B A ではなく B

④《条件を表す副詞節を導いて》…でなければ〜
　【除外を表す従属接続詞】

⑤《否定文で, 結果を表す副詞節を導いて》
　…しないでは〜ない

⑥《名詞節を導いて》…ではないということ
　(= □ that ... not)
　注意 believe, expect, know, think, say などの否定文・
　疑問文のあとで用いられる。古い用法であり, 現在は
　あまり使われない。

関係
代名詞 ⑦《否定文で》…しない〜はない
　　　注意 古い用法であり, 現在はあまり使われない。

2227 □ □ □ while

[wáɪl]

**2つの事柄が同時進行し
ている**

名詞 ① しばらく(の間)【ある一定の時間】
　　➡ □ in a little while 少ししたら, すぐに
　　　□ It's been a while. お久しぶりです。

接続詞 ②《期間を表して》…している間に〜【同時進行】

③《譲歩を表して》…ではあるが〜【並列関係】

④《対照を表して》…のに, (その一方で) 〜【並列
　関係】

□① They had run <u>but</u> a few yards.	彼らはほんの数ヤードしか走っていなかった。
□② Nobody appreciated her work <u>but</u> me.	私を除いて誰も彼女の作品のよさがわからなかった。
□③ ⓐ She can be very rude, <u>but</u> she is kind. ⓑ He is *not* my friend <u>but</u> (he is) my brother's (friend).	ⓐ 彼女にはとても失礼なところがある, しかし, 彼女は優しい。 ⓑ 彼は私の友人ではなく私の兄 (弟) の友人だ。
□④ I would buy the car <u>but</u> I am poor.	私が貧乏でなければその車を買うのだが。
□⑤ It *never* rains <u>but</u> it pours. (Whenever it rains, it pours.)	どしゃ降りにならずに雨が降ることはない。(降れば必ずどしゃ降り。)《諺》
□⑥ I ca*n't* believe <u>but</u> he agrees with you.	私は, 彼が君に賛成しないということは信じられない。
□⑦ There is *nobody* <u>but</u> has his own faults.	欠点のない人はいない。
□① He will be back *in a little* <u>while</u>.	彼は少ししたら戻って来ます。
□② The child fell <u>while</u> she was running.	その子どもは走っている間に倒れた。
□③ <u>While</u> the work was difficult, it was interesting.	その仕事は難しくはあったが, おもしろかった。
□④ Nick was short, <u>while</u> his brother was very tall.	ニックは背が低いのに, 彼の兄 (弟) はとても背が高かった。

Level 6

²²²⁸ □
□
□ **if**

[ɪf]

事実かどうか疑問である,
この場で問題にしてい
ない

接続詞 ① 《名詞節を導いて》…かどうか (= □ **whether**)

> 注意 ask, doubt, know, see, wonder などの目的語の位
> 置に置かれる。
> whether ... は主語としても用いられるが, if ... は主
> 語には用いられない。

② 《直説法の動詞とともに用い, 副詞節を導いて》
もし…すれば, もし…なら【条件】

> 注意 if 節内の動詞は, 未来のことも現在形で表す。

③ 《直説法の動詞とともに用い, 副詞節を導いて》
たとえ…だとしても【譲歩】 (= □ **even if ...**)

> 注意 if や even if は事実かどうか不明だが, even though
> は事実に対して「…だけれども, …なのに」という意
> 味で用いられる。

④ 《**if**+ 仮定法で, 副詞節を導いて》
もし…すれば, もし…なら【条件】

⑤ 《**even if** + 仮定法で, 副詞節を導いて》
たとえ…だとしても【譲歩】

⑥ 《**as if** + 仮定法で, 副詞節を導いて》
まるで…であるかのように【様態】

²²²⁹ □
□
□ **whether**

[(h)wéðər]

2つのうち正しいのはど
ちらか一方

接続詞 ① 《名詞節を導いて》…かどうか (= □ **if**)

② 《副詞節を導いて》…かどうかはともかく

③ 《**whether to do** で》〜するべきかどうか

²²³⁰ □
□
□ **much**

[mʌtʃ]

とても, 非常に,
おおいに, はるかに,
ずっと, 断然

副詞 ① 非常に《**too ...** の強調》

② とても《前置詞句の強調》

③ ずっと, はるかに《比較級の強調》

④ ずばぬけて, 断然《最上級の強調》

□① Let me know if the report is true (or not). その報告が事実かどうか知らせてくれ。

□② If you practice hard, you will improve. もし一生懸命練習すれば，上達します。

□③ If he is noisy, at least he is polite. たとえ騒がしくても，少なくとも彼は礼儀正しい。

□④ If I *went* into space, I *would take* photos of the Earth. もし私が宇宙に行くなら，地球の写真を撮る。

□⑤ *Even* if you *were to* fail the first time, you *could try* again. たとえ最初に失敗したとしても，もう1度やれますよ。

□⑥ He is walking *as* if he *were* drunk. 彼はまるで酔っているかのように歩いている。

□① I don't know whether she is telling the truth (or not). 彼女が真実を言っているのかどうか私にはわからない。

□② You must obey the rules whether you like them (or not). 君がその規則が好きかどうかはともかく，君はそれに従わなければならない。

□③ Please advise me whether *to* accept his offer (or not). 彼の申し出を受けるべきかどうか，私に助言してください。

□① She is much too young. 彼女は非常に若すぎる。

□② Much to my surprise, he was alive. とても驚いたことに，彼は生きていた。

□③ My brother is much taller than I am. 私の兄（弟）は私よりずっと背が高い。

□④ This is much the best. これはずばぬけていちばんよい。

2231
otherwise

[ʌ́ðərwàɪz]

今あるものと別の（方法・点・条件で）

副詞 ① 別の方法で

② そのほかの点では

③ そうでないと，さもないと

④ そうでなければ（〜だっただろうに）
注意 otherwiseに仮定の意味を持たせ，仮定法とともに用いることもある。

形容詞 ⑤ 異なって，そうではない

2232
once

[wʌ́ns]

現在・過去・未来を問わず，一度

副詞 ① 1度，1回
➡ twíce 2度，2回

② かつて，昔

接続詞 ③ 1度（いったん）…すると

2233
since

[síns]

**判断の基準となるものから，
そのあとずっと**

接続詞 ① …して以来，…したときからあとは
注意 主節の動詞は完了形を用いる。

② …なので，…だから，…である以上
注意 becauseよりもわかりきった理由を表す。

前置詞 ③ 〜以来
注意 主節の動詞は完了形を用いる。
➡ Since when? いつからですか。

副詞 ④ それ以来

□① I had no choice and could not do otherwise.	私には選択の余地がなく，別の方法ですることはできなかった。
□② He is quiet, but otherwise he is a good leader.	彼は無口だが，そのほかの点では優れたリーダーだ。
□③ You must obey the order; underline{otherwise} you will be punished.	君はその命令に従わなければならない。そうでないと処罰されることになる。
□④ We lost our way; underline{otherwise} we *would have been* here sooner.	私たちは道に迷った。そうでなければもっと早くここに来ていただろう。
□⑤ I know that the facts are underline{otherwise}.	私は事実は異なっていることを知っている。
□① My uncle visits us underline{once} a year.	私のおじは1年に1度私たちを訪ねてくる。
□② I was a kid underline{once} too.	私もかつては子どもだった。
□③ underline{Once} you hear the song, you will never forget it.	1度その歌を聞くと，絶対に忘れられなくなるよ。
□① underline{Since} the factory shut down, he *has been* out of work.	工場が閉鎖されて以来，彼はずっと失業中だ。
□② underline{Since} you look very tired, you should take a rest.	あなたはとても疲れているように見えるので，休むべきだ。
□③ I *have* not *heard* from her underline{since} last summer.	去年の夏以来，彼女から私に何の便りもない。
□④ The administration changed, and the economy has improved underline{since}.	政権が変わり，それ以来経済が好転した。

Level 6

1 Shakespeare had a lot of ①**wisdom**. He knew a lot about the world and the ②**universe**. In one of his ③**stage** plays, "Hamlet," he said the ②**universe** was filled with more strange things than we human beings could imagine.

2 He was right. For the ④**oddest** ⑤**object** in the heavens that is known to human beings must surely be the black hole.

3 Although a black hole was once considered as something ⑥**absurd** found only in science ⑦**fiction** novels, ⑧**recent** ⑨**evidence** from modern ⑩**technology** has proven that black holes are in fact a ⑪**reality**. They have become ⑫**apparent** to us <u>thanks to</u> the Hubble Space Telescope, in ⑬**orbit** around our ⑭**planet** Earth.

4 We cannot actually ⑮**perceive** a black hole directly, but we can ⑯**observe** the ⑰**effects** of these ⑱**obscure** ⑤**objects** on other ⑤**objects** in space. Black holes have so much ⑲**strength** that even light cannot escape from them, when a star comes by. Hubble has taken ⑳**plenty** *of* photographs of bright ㉑**structures** made of hot gases in space that are caused by black holes.

5 Although many people *are* ㉒**reluctant** *to* believe that something as strange as a black hole could possibly exist, many scientists think that an ㉓**ultimate** gigantic black hole exists at the center of our own galaxy.

(207 words)

Quick Check!

② 「世界共通の」を意味する形容詞は？　　　⇨　_____

④ 「偶数の」を意味する odd の反意語は？　　⇨　_____

⑨ 形容詞 evident の意味は？　　　　　　　⇨　_____

⑩ 「科学技術の」を意味する形容詞は？　　　⇨　_____

⑫ 副詞 apparently の意味は？　　　　　　⇨　_____

また，右ページの問いと下のQuick Check!で，
読解力と語い力の定着を確認してみましょう。　→ 訳・解答は p.443

 音声 ▶

問1　下線部と同じ意味を表す英文を①〜④の中から選びなさい。

① according to

② as a result of

③ in favor of

④ with the help of

問2　本文の内容に合っているものを①〜④の中から1つ選びなさい。

① Black holes consist of bright structures made of hot gases.

② The Hubble Space Telescope has been in orbit around a black hole.

③ Many scientists have considered science fiction novels as absurd.

④ We can observe only the effects that are caused by black holes.

Level 6

⑮ 「知覚」を意味する名詞は？　　　　　　　⇨ _____

⑯ 名詞 observation の意味は？　　　　　　⇨ _____

⑰ 「効果的な」を意味する形容詞は？　　　　⇨ _____

⑲ 「を強くする」を意味する動詞は？　　　　⇨ _____

㉑ 形容詞 structural の意味は？　　　　　　⇨ _____

□ **1.** A good ( ) helps the body to build up a resistance to disease.

①diet　②shame　③patient　④consciousness　〈獨協大〉

□ **2.** The politician tried to convince the audience, but most of them were ( ) to his arguments.

①dead　②indifferent　③insignificant　④pointless

〈関西学院大〉

□ **3.** Jealousy is alien ( ) my nature.

①for　②in　③to　④with　〈創価大〉

□ **4.** The boss said to the workers, "Please pay attention! Focus ( ) your work!"

①in　②on　③to　④with　〈南山大〉

□ **5.** He has never been seen to ( ) his temper.

①have　②lose　③save　④take　〈大阪電通大〉

□ **6.** All ( ) a sudden, she remembered.

①at　②of　③on　④during　〈千葉工業大〉

□ **7.** I didn't say I liked her; ( ), I said I didn't like her.

①at any rate　②in contrast　③of course　④on the contrary

〈東京理科大〉

□ **8.** It is ( ) from a recent survey that a large proportion of the students is satisfied with the program.

①precise　②particular　③evident　④visible　〈日本大〉

実践問題
Level 6
ANSWERS
(p.441)

9.	②	➡ 2085	10.	③	➡ 2109	11.	①	➡ 1910
12.	③	➡ 1847	13.	③	➡ 1924	14.	④	➡ 1952
15.	③	➡ 1866						

440

□ **9.** Everybody suffers from colds (　　) some extent.
　① on　② to　③ at　④ with　　　　　　　　　　　〈上智大〉

□ **10.** I'm afraid I don't understand exactly what you mean. Could you be more (　　)?
　① peculiar　② public　③ specific　④ vague　　　　〈学習院大〉

□ **11.** The government has (　　) that economic growth will exceed three percent next year.
　① predicted　② prepaid　③ prepared　④ prevented　〈中央大〉

□ **12.** Some people (　　) this to violent comics and video games.
　① accuse　② assume　③ attribute　④ blame　　　　〈東邦大〉

□ **13.** She won her position by (　　) of hard work.
　① effort　② agency　③ virtue　④ lack　　　　　　〈西南学院大〉

□ **14.** Mary was (　　) to go to the party at first, but she found that it was fun.
　① pleasant　② likely　③ willing　④ reluctant　　　〈中央大〉

□ **15.** I'm going to apply (　　) that job they advertised.
　① in　② on　③ for　④ at　　　　　　　　　　　　〈亜細亜大〉

実践問題
Level 6
ANSWERS
(p.440)

1. ①	➡ 1862	2. ②	➡ 1981	3. ③	➡ 1990
4. ②	➡ 1996	5. ②	➡ 2032	6. ②	➡ 1807
7. ④	➡ 2066	8. ③	➡ 1970		

441

1. **適切な日常の食事は，体が病気に対する抵抗力を作り上げるのに役立つ。**
   ※ diet で「規定食」の意味のほか，「日常の食事」という意味もある。

2. **その政治家は聴衆を納得させようとしたが，彼らのほとんどが彼の議論に無関心だった。**
   ※〈be indifferent to ...〉で「…に無関心である」の意味。

3. **嫉妬は私の性質には受け入れがたい（嫉妬は私の性に合わない）。**
   ※〈be alien to ...〉で「…にとって異質である，…には受け入れがたい」の意味。

4. **上司は従業員たちに，「よく聞いてください！ 仕事に集中しなさい！」と言った。**
   ※〈focus on ...〉で「…に集中する」の意味。

5. **彼は，かっとなるところを見られたことがない。**
   ※〈lose one's temper〉で「かっとなる」の意味。

6. **突然，彼女は思い出した。**
   ※〈all of a sudden〉で「突然（に）」の意味。

7. **私は彼女のことが好きだとは言わなかった。それどころか，私は彼女が好きではないと言ったのだ。**
   ※〈on the contrary〉で「それどころか」の意味。contrary は「反対（の），矛盾（した）」の意味。

8. **最近の調査から，学生の大多数がそのプログラムに満足していることは明らかである。**
   ※〈It is ... that ～〉「～は…だ」の構文。it は that 以下を指す形式（仮）主語。evident は「明らかな」という意味。

9. **みんなある程度は風邪に苦しんでいる。**
   ※〈to some extent〉で「ある程度まで」の意味。

10. **申し上げにくいのですが，あなたの言いたいことが正確にはわかりません。もう少し明確にしてくれませんか。**
    ※ specific は「明確な」，peculiar は「妙な」，public は「公共の」，vague は「あいまいな」の意味。

11. **政府は，経済成長が来年は3％を超えると予測している。**
    ※ predict は「を予測する」，prepay は「を前払いする」，prepare は「を準備する」，prevent は「を妨げる」の意味。

12. **このことを，暴力的な漫画やテレビゲームに起因すると考える人もいる。**
    ※〈attribute A to B〉で「A を B に起因すると考える」の意味。

13. **彼女は，その地位を勤勉のおかげで勝ち取った。**
    ※〈by virtue of ...〉で「…のおかげで」の意味。

14. **メアリーは最初，パーティーに行くことに気が進まなかったが，それが楽しいということがわかった。**
    ※〈be reluctant to do〉で「～することに気が進まない」の意味。

15. **私は，広告があったその仕事に応募するつもりだ。**
    ※〈apply for ...〉で「（職など）に応募する」の意味。

①シェークスピアはたくさんの①**知恵**を持っていた。彼は世界と②**宇宙**についてたくさんのことを知っていた。彼の③**舞台劇**の1つ,『ハムレット』で,彼は言っている。②**宇宙**は私たち人間が想像できる以上に,奇妙なものごとであふれているのだと。

②彼は正しかった。というのは,人間に知られている,天空で④**もっとも奇妙な**⑤**物体**は,きっとブラックホールであるに違いないからだ。

③ブラックホールはかつて,⑦**作り話の科学**(空想科学・SF)小説の中だけに出てくる,何か⑥**ばかげた**ものだと考えられていた。しかし現代の⑩**科学技術**による⑧**最近の**⑨**証拠**が,ブラックホールは実際に⑪**現実のもの**だということを証明した。私たちの⑭**惑星**である地球を回る⑬**軌道**上にあるハッブル宇宙望遠鏡のおかげで,ブラックホールが私たちに⑫**明らか**になった。

④実際には,私たちはブラックホールを直接⑮**目で見る**ことはできないが,この⑱**はっきりしない**⑤**物体**が,宇宙にあるほかの⑤**物体**に及ぼす⑰**影響**を⑯**観察**することはできる。ブラックホールはとても強い⑲**力**を持っているので,星が通り過ぎるとき,光でさえも逃れることができない。ハッブルは,ブラックホールがもたらした宇宙の熱い気体でできた輝く㉑**構造物**の⑳**多数**の写真を撮っている。

⑤ブラックホールのような奇妙なものがひょっとしたら存在するかもしれないということを信じるのは㉒**気が進まない**人が多いけれども,多くの科学者たちが㉓**究極**の巨大なブラックホールが私たちの銀河の中心に存在すると考えている。

問1　④

thanks toは「〜のおかげで」という意味の群前置詞。「〜の助けを得て」という意味のwith the help ofで言い換えられる。

問2　④

第4段落第1文の内容に合致。

Quick Check!

② universal　　④ even　　⑨ **明白な**　　⑩ technological
⑫ **どうやら〜らしい,見たところ**　　⑮ perception　　⑯ **観察**　　⑰ effective
⑲ strengthen　　㉑ **構造上の**

日本語の中ですでにカタカナ語として定着していたり，カタカナ語として使われたりすることが多い語を，発音や関連表現などとともに確認しておこう。英語の場合の発音と大きく異なるものもあるので注意しよう。

☐ **sensation** [senséɪʃən] **センセーション**

感覚。興奮。大評判。形容詞の sensational は「衝撃的な，人騒がせな，すばらしい」という意味。

☐ **terror** [térər] **テロ**

恐怖。テロ（行為）。英語の発音は異なるので注意。同意語の terrorism もよく使われる。

☐ **default** [dí:fɔ:lt] **デフォルト**

（コンピュータなどでの）初期設定。（債務や義務の）不履行。in default of ... は「…の不足のため」という意味のイディオム。

☐ **script** [skrípt] **スクリプト**

（劇や放送などの）台本。原稿。手書き文字。movie script（映画の台本）や，I received a letter from her in neat script. （彼女から，きれいな手書きの手紙をもらった）のように使う。

☐ **stereotype** [stériətàɪp] **ステレオタイプ**

固定観念。典型的なイメージ。 He doesn't fit my stereotype of a doctor. （彼は，私が医者について抱いていたイメージと合わない）のように使う。

☐ **propaganda** [prɑ̀:pəɡǽndə] **プロパガンダ**

根拠が不明な情報や主張などを故意に流すこと。デマ。動詞は propagate（広める，宣伝する）。

☐ **metaverse** [métəvə̀:rs] **メタバース**

（ネット上に作り出された）3次元の仮想空間。利用者はそのコミュニティの中で自分の分身であるアバター（avatar）を使って他の利用者と交流する（interact）ことができる。

☐ **sequence** [sí:kwəns] **シーケンス**

（原因と結果が）連続して起こること。順番。The news reported the strange sequence of events. （ニュースは一連の奇妙な事件を報道した）のように使う。in sequence は「次から次へと」という意味の表現。

☐ **stroke** [stróʊk] **ストローク**

勢いよく打つこと。「時計や鐘の鳴る音」「心臓の鼓動」「（病気による突然の）発作」「水泳のひとかき」などの場合にも使われる。backhand stroke はテニスなどでの「バックハンド打ち」のこと。

☐ **agenda** [ədʒéndə] **アジェンダ**

（会議などでの検討すべき）議題。課題。議事日程。political agenda は政党などが掲げる「政治課題」のこと。

☐ above all 何よりも重要なのは

① ☐ This dish looks nice. <u>Above all</u>, it is delicious. | この料理は見栄えがいい。何より，それはおいしい。

☐ a risk that ... …という危険

② ☐ There is always <u>a risk that</u> your personal information may be stolen. | あなたの個人情報が盗まれるかもしれないという危険は常にある。

☐ achieve を成し遂げる (▶753)

③ ☐ It is important to make efforts to <u>achieve</u> your dream. | 夢を成し遂げるために努力することが大切だ。

☐ after all 結局

④ ☐ I thought I would be late for school, but I made it in time <u>after all</u>. | 学校に遅刻すると思ったが，結局間に合った。

☐ allow (〜のおかげで)可能になる (▶93) ☐ those who ... …する人々
☐ in person (本人が)直接

⑤ ☐ Computers <u>allow</u> you to keep connected to <u>those who</u> you cannot see <u>in person</u>. | コンピュータのおかげで実際に会えない人々とつながることができる。

☐ as a result その結果

⑥ ☐ She worked hard and <u>as a result</u>, she was promoted. | 彼女は一生懸命働き，その結果，昇進した。

☐ average 平均(の) (▶895) ☐ according to ... …によると
☐ on average 平均して (▶895)

⑦ ☐ The <u>average</u> temperature in Japan has been rising steadily. | 日本の平均気温は着実に上昇している。

⑧ ☐ <u>According to</u> U.N. data, women live <u>on average</u> 4.5 years longer than men. | 国連のデータによると，女性は男性より平均して4.5年長生きである。

☐ be aware of ... …を認識している (▶2110)

⑨ ☐ People should <u>be aware of</u> the importance of diversity. | 人々は多様性の大切さを認識するべきだ。

☐ be based on ... …に基づいている
☐ 名詞 + based on ... …に基づいた〜 (▶1003)

⑩ ☐ The doctor's advice <u>is based on</u> science. | その医者の助言は科学に基づいている。

⑪ ☐ It is important to develop a relationship <u>based on</u> trust and respect. | 信頼と尊敬に基づいた関係を築くことが重要だ。

□ be likely to do 〜しそうである，〜する可能性がある (▶228)

12 □ When we are in a hurry, we <u>are</u> <u>likely</u> <u>to</u> make mistakes.

急いでいるときに，ミスをしがちだ。

□ be moved 感動する (▶414)

13 □ I <u>was</u> deeply <u>moved</u> to see my old friend.

私は旧友に会って深く感動した。

□ be related to ... …と関係がある (▶1660)
□ 名詞 + related to ... …と関係した〜

14 □ Dinosaurs <u>are</u> <u>related</u> <u>to</u> modern birds.

恐竜は現代の鳥類と関係がある。

15 □ There are many health problems <u>related</u> <u>to</u> lack of sleep.

睡眠不足と関係した健康問題は多い。

□ be short of ... …が不足している (▶100)

16 □ After eating ramen, I found that I <u>was</u> <u>short</u> <u>of</u> money.

ラーメンを食べた後，お金が足りないことに気づいた。

□ be supposed to do 〜することになっている (▶536)

17 □ Our flight <u>was</u> <u>supposed</u> <u>to</u> leave at 11 a.m.

私たちの飛行機は午前11時に出発することになっていた。

□ cause を引き起こす (▶94) □ 名詞 + caused by ... …によって起こる〜

18 □ People's industrial activities <u>cause</u> global warming.

人々の産業活動が地球温暖化を引き起こす。

19 □ Abnormal weather <u>caused</u> <u>by</u> global warming has a bad influence on food production.

地球温暖化によって起こる異常気象は食料生産に悪影響を及ぼす。

□ compared to ... …と比べて (▶1128)

20 □ <u>Compared</u> <u>to</u> other countries, Japan has a low crime rate.

他の国々と比べて，日本は犯罪発生率が低い。

□ considering ... …を考慮すると (▶1060)

21 □ <u>Considering</u> the weather, I think we should stay home today.

天気を考慮すると，今日は家にいたほうがいいと思う。

□ consume を消費する (▶366)

22 □ Our society <u>consumes</u> too much energy.

私たちの社会はエネルギーを大量に消費し過ぎる。

□ contribute to ... …に貢献する，…の一因となる (▶1599)

23 □ I want to <u>contribute</u> <u>to</u> the international community.

私は国際社会に貢献したい。

24 □ Carbon dioxide <u>contributes</u> <u>to</u> global warming.

二酸化炭素は地球温暖化の一因となる。

convenient 便利な (▶915)　☐ inconvenient 不便な (▶915)

25 ☐ Smart watches are very convenient because they have so many useful functions.
スマートウォッチは役に立つ機能がたくさんあって、とても便利だ。

26 ☐ Without computers, our lives would be much more inconvenient.
コンピュータがなければ、私たちの生活はもっとずっと不便だろう。

deal with ... …に対処する (▶1193)

27 ☐ You shouldn't deal with the problem alone.
その問題にあなた1人で対処するべきではない。

depend on ... …次第である、…に頼る (▶432)

28 ☐ Whether you will succeed or not depends on your efforts.
成功するかしないかは、あなたの努力次第だ。

29 ☐ I still depend on my parents.
私はまだ両親に頼っている。

development 発達 (▶1869)

30 ☐ The majority of brain development takes place in the first 1,000 days of life.
脳の発達の大部分は生後の1,000日に起きる。

differ from ... …と異なる (▶1503)　☐ in that ... …という点で

31 ☐ Human beings differ from animals in that they can think and speak.
人間は考えたり話すことができるという点で、動物と異なる。

distinguish 区別する (▶1281)　☐ reliable 信頼できる (▶1721)
unreliable 信頼できない

32 ☐ It is important to distinguish between reliable and unreliable sources on the internet.
インターネット上では、信頼できる情報源と信頼できない情報源を区別することが重要だ。

due to ... …の理由で (▶1797)

33 ☐ The train was delayed due to heavy rain.
大雨のため電車が遅延した。

electricity 電気 (▶1625)

34 ☐ Are you trying to save electricity at home?
家で電気を節約しようとしていますか。

enable (〜のおかげで) 可能になる (▶158)　☐ access にアクセスする (▶952)

35 ☐ Smartphones enable people to access the internet anytime and anywhere.
スマートフォンのおかげで人はいつでもどこでもインターネットにアクセスすることができる。

era 時代 (▶1827)

36 ☐ We are living in the era of globalization.
私たちはグローバル化の時代に生きている。

essential 不可欠な (▶499)

37 □ It is essential that every child should have the same educational opportunities.

すべての子どもたちが同じ教育を受ける機会を持つことが必要不可欠だ。

even if ... たとえ…でも (▶1404)

38 □ These days you can do some shopping even if you don't carry cash.

このごろはたとえ現金を持ち歩かなくても買い物ができる。

every time ... …するときはいつも (▶1017) □ in trouble 困っている

39 □ Every time I'm in trouble, she helps me.

私が困ったときにはいつも彼女が助けてくれる。

experiment 実験 (▶1855)

40 □ The researchers carried out the difficult experiment last week.

先週, 研究者たちはその困難な実験を実行した。

for this reason これが理由で
These are the reasons why ... これらが…の理由だ

41 □ The weather forecast predicted heavy rain. For this reason, we decided to stay home.

天気予報では豪雨の予想だった。これが理由で私たちは家にいることにした。

42 □ These are the reasons why there is often an electricity shortage in summer.

これらが, 夏によく電力不足が起こる理由だ。

get in touch with ... …に連絡する (▶336)

43 □ Please feel free to get in touch with me.

ご遠慮なく私に連絡してください。

get used to -ing 〜することに慣れる

44 □ It may take a few weeks to get used to studying in university.

大学での勉強に慣れるのには数週間かかるかもしれない。

have a chance to do 〜する機会がある

45 □ If you have a chance to visit Kyoto, don't miss Arashiyama.

京都を訪れる機会があるなら, 嵐山をお忘れなく。

have an opportunity to do 〜する機会がある

46 □ I hope to have an opportunity to meet you soon.

近いうちにお会いする機会があればと思います。

have difficulty -ing 〜するのに苦労する □ device 装置 (▶1892)

47 □ My grandparents have difficulty using new electronic devices.

祖父母は新しい電子機器を使うのに苦労している。

have something to do with ... …と何か関係がある (▶1039)

48 □ I want to get a job that has something to do with music.

私は音楽と何か関係のある仕事に就きたい。

have the courage to do ～する勇気がある

49 ☐ When I first went abroad, I still didn't <u>have the courage to</u> talk to people in English.

初めて外国に行ったときは，私にはまだ英語で人々に話しかける勇気がなかった。

have trouble -ing ～するのに苦労する

50 ☐ I <u>had trouble</u> mak*ing* myself understood in English.

私は英語で意思を伝えるのに苦労した。

in addition 加えて

51 ☐ He is a good guitarist, and <u>in addition</u>, he sings very well.

彼は上手なギター奏者で，加えて歌がとても上手だ。

in conclusion 終わりに，結論として (▶920) ☐ reduce を減らす (▶507)

52 ☐ <u>In conclusion</u>, I agree with the opinion that the government should <u>reduce</u> taxes.

結論として，政府は減税するべきだという意見に私は同意する。

in contrast 対照的に (▶1490)

53 ☐ We had a lot of snow last year. <u>In contrast</u>, we have little snow this year.

去年は雪がたくさん降った。対照的に，今年は雪がほとんど降らない。

in fact 実際に (▶134)

54 ☐ She is a talented writer. <u>In fact</u>, her latest book is a bestseller.

彼女は才能ある作家だ。 実際に，彼女の最新作はベストセラーになっている。

in one's opinion ～の意見では (▶133)

55 ☐ <u>In my opinion</u>, living in the countryside is better than living in the city.

私の意見では，都会より地方に住むほうがよい。

in short 要するに (▶100)

56 ☐ <u>In short</u>, I want to go to India to eat real Indian food.

要するに，本物のインド料理を食べにインドに行きたいのである。

in the middle of ... …の半ばに

57 ☐ <u>In the middle of</u> the Meiji Period, Niigata Prefecture had the largest population in Japan.

明治時代の半ばに，新潟県は日本でもっとも人口が多かった。

including ... …を含めて (▶370)

58 ☐ This hotel has excellent facilities, <u>including</u> a private beach.

このホテルはプライベートビーチを含む素晴らしい設備がある。

instead of ... …の代わりに

59 ☐ John studied at home <u>instead of</u> going to the library.

ジョンは図書館に行く代わりに家で勉強した。

interact with ... …と交流する，…とふれあう

60 □ While traveling, I want to <u>interact with</u> many local people.

旅行中，私はたくさんの現地の人と交流したい。

invention 発明 (▶1868)

61 □ The <u>invention</u> of the airplane changed the world.

飛行機の発明は世界を変えた。

It is certain that ... …ということは確かだ

62 □ <u>It is certain that</u> humans originally came from Africa.

人類がアフリカ起源であることは確かだ。

It is desirable that ... …ということが望ましい □ at least 少なくとも (▶1413)

63 □ <u>It is desirable that</u> applicants have <u>at least</u> three years of work experience.

応募者は少なくとも3年の職務経験があることが望ましい。

It is true that ... …ということは本当だ

64 □ <u>It is true that</u> in modern society we can't live without the internet.

現代社会ではインターネットなしで生活することができないというのは本当だ。

keep in mind that ... …ということを覚えておく

65 □ Please <u>keep in mind that</u> the store closes at 8 o'clock.

お店は8時に閉店するということを覚えておいて。

major in ... …を専攻する (▶464) □ rather than ... …よりもむしろ

66 □ I want to <u>major in</u> economics <u>rather than</u> law in college.

大学では，法律よりもむしろ経済を専攻したい。

make progress (in ...) (…において) 進歩をとげる (▶269)

67 □ This country has <u>made</u> great <u>progress in</u> reducing poverty.

この国は貧困削減において大きな進展を見せた。

means 手段 (▶1085)

68 □ Music can be used as a <u>means</u> of communication.

音楽は意思の疎通の手段として使うことができる。

moreover そのうえ (▶2129)

69 □ It was very hot last summer, and <u>moreover</u>, many typhoons hit Japan.

去年の夏はとても暑く，そのうえ多くの台風が日本を直撃した。

nevertheless それにもかかわらず (▶2130)

70 □ I know you don't like wearing the school uniform; <u>nevertheless</u>, you have to follow the rules.

あなたが制服を着ることが好きではないのは知っているが，それでも規則は守らなければならない。

next time ... 次に…するときは

71 ☐ **Next time** we meet, let's have dinner together.

次に会うときは，一緒にディナーを食べましょう。

not necessarily ... 必ずしも…ではない

72 ☐ Getting more sleep is **not necessarily** a waste of time.

より多くの睡眠をとることは必ずしも時間のむだではない。

on the other hand 一方では

73 ☐ You are good at offense, but **on the other hand**, the opponent plays defensively.

あなたは攻撃が得意だ。一方，対戦相手は守備的なプレーをする。

on top of that そのうえ

74 ☐ She finished the test earliest, and **on top of that**, she scored highest in our class.

彼女は一番早くテストを終え，そのうえクラスで一番の点数を取った。

... online インターネットで…

75 ☐ Nowadays we can purchase whatever we want **online**.

今日では私たちは，ほしいものを何でもインターネットで購入することができる。

overcome に打ち勝つ (▶2083)

76 ☐ I know that you can **overcome** your difficulties.

あなたなら困難に打ち勝つことができますよ。

pay attention to ... …に注意を払う (▶122)

77 ☐ Some students didn't **pay attention to** what their teacher was saying.

何人かの生徒は先生の言っていることを注意して聞かなかった。

play an important role in ... …で重要な役割を果たす (▶65)

78 ☐ Music **plays an important role in** the movie.

音楽はその映画で重要な役割を果たしている。

prevent を防ぐ (▶373)
prevent ... from -ing …が～するのを妨げる (▶373)

79 ☐ What should we do to **prevent** global warming?

私たちは地球温暖化を防ぐために何をすべきだろうか。

80 ☐ It is not easy to **prevent** the disease **from** spread*ing*.

その病気が広まるのを防ぐのは簡単ではない。

pursue を追求する (▶1465)

81 ☐ I want to **pursue** a career as an artist.

私は芸術家として生涯の仕事を追求したい。

☐ **rapidly** 急速に (▶436) ☐ **while** その一方で (▶2227)

☐ **gradually** だんだんと，徐々に (▶768)

82 ☐ These days prices are rising <u>rapidly</u> <u>while</u> wages are rising <u>gradually</u>.

最近，物価は急速に上昇しているが，その一方で賃金はゆっくりと上昇している。

☐ **remind ... of 〜** …に〜を思い出させる (▶347)

83 ☐ This picture always <u>reminds</u> me <u>of</u> my trip to London.

この写真でいつも私はロンドン旅行を思い出す。

☐ **show** を示す (▶58) ☐ **... out of 〜** 〜のうち…

84 ☐ A survey <u>shows</u> that *nine <u>out</u> <u>of</u> ten Japanese people* are interested in staying healthy.

ある調査（が示すこと）によれば，日本人10人のうち9人が健康維持に関心を持っている。

☐ **speak ill of ...** …の悪口を言う (▶345)

85 ☐ It is impolite to <u>speak</u> <u>ill</u> <u>of</u> others.

他人の悪口を言うのは失礼だ。

☐ **such as ...** …のような

86 ☐ Most children dislike bitter vegetables <u>such</u> <u>as</u> green peppers.

ほとんどの子どもはピーマンのような苦い野菜が嫌いだ。

☐ **suggest** を提案する (▶482)

87 ☐ I <u>suggested</u> to him that he *go* on a diet.

私は彼にダイエットすることを提案した。

☐ **take ... for granted** …をあたりまえに思う (▶305)

88 ☐ Don't <u>take</u> it <u>for</u> <u>granted</u> that you are served water for free.

水がただで提供されることをあたりまえに思ってはいけない。

☐ **take measures** 対策をとる (▶871)

89 ☐ It is important for Japan to <u>take</u> <u>measures</u> for the production of safe food.

日本が安全な食品を生産するための対策をとることは重要である。

☐ **take responsibility for ...** …に責任を持つ

90 ☐ Whatever you do, you have to <u>take</u> <u>responsibility</u> <u>for</u> your actions.

何をしようとも，自分の行動に責任を持たなければならない。

☐ **thanks to ...** …のおかげで

91 ☐ <u>Thanks</u> <u>to</u> the internet, it is easy to communicate with friends in foreign countries.

インターネットのおかげで，外国にいる友人と通信するのは簡単だ。

☐ **the amount of ...** …の量 ☐ **decrease** 減る (▶937)

92 ☐ <u>The</u> <u>amount</u> <u>of</u> rice Japanese people eat is <u>decreasing</u> year by year.

日本人が食べる米の量は年々減っている。

the difference between ... and ～ …と～の違い

93 □ Do you know the difference between a sheep and a goat? | ヒツジとヤギの違いがわかりますか。

the fact that ... …という事実

94 □ We must recognize the fact that about 60% of our food comes from abroad. | 私たちは食料の約60%を海外から輸入しているという事実を認識しなければならない。

the number of ... …の数 □ increase 増える (▶506)

95 □ The number of people who work at home has increased. | 在宅で仕事をする人の数が増えてきた。

the problem is that ... 問題なのは…

96 □ The problem is that we don't have enough time. | 問題なのは，私たちに十分な時間がないことだ。

the trouble is that ... 困ったことに…

97 □ The trouble is that he is in a bad mood. | 困ったことに，彼は機嫌が悪い。

there is a possibility that ... …という可能性がある

98 □ There is a possibility that the damage will become worse in a few days. | あと数日で被害が深刻化する可能性がある。

until recently 最近まで

99 □ Until recently, China had the largest population in the world. | 最近まで，中国は世界最大の人口を抱えていた。

various さまざまな (▶2009) □ material 材料 (▶1830)

100 □ Japan imports various raw materials from abroad. | 日本はさまざまな原材料を外国から輸入している。

●本文に収録されている単語をABC順に掲載しています。数字はWord No.です。p.は単語の掲載されているページ数です。なお，**見出し語は太字**で示しています。

C

456

458

熟語さくいん

●本文に収録されている熟語・重要表現をABC順に掲載しています。数字はWord No.です。
p.は熟語等の掲載されているページ数です。なお，**見出し熟語は太字**で示しています。

472

476

桐原書店オリジナル
入試出現 ▶ ▶ ▶
予想単語

「きほんごレシピ」で句動詞を効率的に覚える

DataBaseシリーズ 特別コンテンツ　https://www.kirihara.co.jp/kihongo_recipe/

　熟語を覚えることが苦手という人は多いかもしれません。特に句動詞は，基本語である動詞と前置詞・副詞で組み合わされた熟語であるにもかかわらず，覚えるのに苦労することが少なくありません。ここでは，入試問題で頻出する句動詞を効率的に覚えられる方法をご紹介したいと思います。

　たとえば，「わかる」を意味するturn outという熟語があります。turnもoutも，中学校で学習する単語です。しかし，2つの単語が組み合わさることにより，一種の化学反応に似た現象が起きます。もとの単語からは想像もできない意味になり，この現象が句動詞を覚えにくくしている原因なのです。

　けれども，こんなふうに考えてみてはどうでしょうか。turn outは，「向きを変える（turn）」ことによって，中に隠れていたものが「外（out）」に出てきて，その存在を認識できることを表す——そうすれば，なぜturn outが「わかる」を意味するのか納得できるのではないでしょうか。

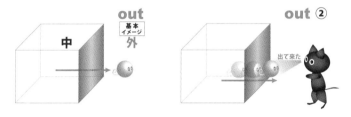

　このように，納得しながら学習することが句動詞を効率的に覚える秘訣なのです。句動詞は基本語を組み合わせたものであるため，簡単な単語で難しい意味を表現することもできます。たとえば，「延期する」や「目立つ」を表す単語がすぐに頭に浮かんでこない人でも，putやstand，offやoutといった単語は知っていると思います。実は，それぞれput off，stand outというように基本単語を組み合わせるだけで表現できるのです。今後ますますコミュニケーション能力が求められる世界において，会話で頻繁に用いられる句動詞を覚えておくと表現できる内容も広がります。

　「きほんごレシピ」は，納得しながら句動詞を効率的に覚えられるアニメーションです。類義語とのニュアンスの違いなども学ぶことができます。ぜひ，活用してみてください。

中川右也

※このアニメーションは，平成23年度〜24年度科学研究費補助金・若手研究（B）「句動詞をイメージを使って効果的に習得するための教材開発」（課題番号：23720307，研究代表：中川右也）の一環として作成されたものである。

- **制作協力** 荻野治雄（元東京家政大学教授）
- **英文校閲** Karl Matsumoto, Catherine Grotherr

 桐原書店の
デジタル学習サービス

営業所のご案内

札幌 / 仙台 / 東京 / 東海 ‥‥‥‥‥‥ (03) 5302-7010

大阪 / 広島 / 福岡 ‥‥‥‥‥‥‥‥‥ (06) 6368-8025

営業時間 9:00〜17:00（土日祝を除く）

データベース 4800 完成英単語・熟語

2023 年 10 月 10 日　初　版第 1 刷発行
2024 年 4 月 10 日　初　版第 3 刷発行

監修者	望月 正道
発行人	門間 正哉
発行所	株式会社 桐原書店
	〒114-0001　東京都北区東十条 3-10-36
	TEL：03-5302-7010（販売）
	www.kirihara.co.jp
装　丁	山田幸廣＋津嶋亜紀（primary inc.,）
本文レイアウト	大滝奈緒子（blanc graph）
DTP	有限会社マーリンクレイン
イラスト	小松聖二
印刷・製本	図書印刷株式会社

ISBN978-4-342-26495-5
Printed in Japan

１ 人を表す名詞を作る接尾辞

□ **-ar**	lí*ar*「うそつき」, schól*ar*「学者」
-or	áct*or*「俳優」, colléct*or*「収集家」, édit*or*「編集者」
-er	láwy*er*「弁護士」, bróadcast*er*「アナウンサー」, writ*er*「作家」
□ **-ian**	histórí*an*「歴史家」, pedéstrí*an*「歩行者」, magící*an*「奇術師」, librárí*an*「司書」
□ **-ant**	ápplic*ant*「志願者」, assíst*ant*「助手」
-ent	páti*ent*「患者」, clí*ent*「依頼人」
□ **-ist**	álchem*ist*「錬金術師」, psychólog*ist*「心理学者」, dént*ist*「歯科医」, sóloist*ist*「独奏者」
□ **-ee**	emplóy*ee*「従業員」, interview*ée*「面接を受ける人」
□ **-eer**	pion*éer*「開拓者」, volunt*éer*「志願者」
□ **-ess**	prínc*ess*「王女」, gódd*ess*「女神」

２ 抽象名詞を作る接尾辞

□ **-age**	advánt*age*「有利」, dám*age*「損害」, shórt*age*「不足」
□ **-ance**	appéar*ance*「出現」, allów*ance*「許容量」
□ **-cy**	ténden*cy*「傾向」, flúen*cy*「流暢さ」
□ **-dom**	wís*dom*「賢明さ」, frée*dom*「自由」
□ **-hood**	chíld*hood*「子ども時代」, néighbor*hood*「近所」
□ **-ment**	appóint*ment*「約束」, envíron*ment*「環境」, púnish*ment*「処罰」, apárt*ment*「アパート」
□ **-ness**	háppi*ness*「幸福」, kínd*ness*「親切」, ténder*ness*「柔らかさ」, íll*ness*「病気」
□ **-ship**	fríend*ship*「友情」, hárd*ship*「困難」
□ **-tion**	áct*ion*「行動」, perféct*ion*「完全」, appreciá*tion*「正しい理解」, suggést*ion*「提案」
□ **-ty**	beaú*ty*「美」, póver*ty*「貧困」, anxíe*ty*「不安」

３ 副詞を作る接尾辞

□ **-ly**	cómfortab*ly*「心地よく」, sincére*ly*「心から」, quíet*ly*「静かに」, sécret*ly*「ひそかに」